旧約聖書神学用語辞典
響き合う信仰

Reverberations of Faith
A Theological Handbook of Old Testament Themes
Walter Brueggemann

W. ブルッゲマン

小友 聡、左近 豊［監訳］

大串 肇、大住雄一、小河信一、楠原博行、佐藤 泉、重富勝己、德田 亮、長谷川忠幸［訳］

日本キリスト教団出版局

クリスティナ・マキュー・ブルッゲマン
リサ・シムコックス・ブルッゲマン
のために

Reverberations of Faith
A Theological Handbook of Old Testament Themes

by Walter Brueggemann
ⓒ Walter Brueggemann, 2002

Japanese Edition Copyright ⓒ 2015
Translated by Permission of Westminster John Knox Press
Louisville, KY U.S.A.
Published by
The Board of Publications
The United Church of Christ in Japan
Tokyo, Japan

日本語版監訳者　まえがき

「神学的至宝。明快でわかりやすく、旧約聖書神学用語が現代社会にとってどのような意味を持つのかを気軽に問うことのできる本。もしブルッゲマンの本が一冊だけしか入手できないなら（そんな不幸はあってはならないが）、これこそまさにその一冊！」と本書を強く推薦するのは、ブルッゲマンとは研究方法も神学的傾向も（人柄も！）大きく異なるにもかかわらず、長年にわたって互いに深い信頼と敬畏をもって共に北米旧約学界の中核を担ってきた、P. D. ミラー（プリンストン神学大学院名誉教授、現代聖書注解シリーズの旧約編集責任者）である。ハーヴァード大の G. E. ライトや F. M. クロス（『カナン神話とヘブライ叙事詩』）の学問的系譜に属するミラーは、旧約聖書テキストの背後にある歴史に強い関心を寄せる多くの研究を世に問い続けてきた人物である。ニューヨーク・ユニオン神学大学院において S. テリエンや J. マイレンバーグを師と仰ぎ、テキストの内部にある文芸学的要素や修辞に注目し、かつテキストの前方に広がる世界への適用を社会学的手法を用いて展開してきたブルッゲマンとの共通点を見つけることは、一見容易なことではない。けれども異なる賜物が互いに反発し合い排斥し合うよりも、この二人の間には相互補完的で違いを受け入れ合い、それぞれの賜物を一層輝かせるような信頼と友情が培われ、ブルッゲマンはミラーの厳密な歴史批判的視点に謙虚に耳を傾け、その成果によく学び、ミラーはブルッゲマンの天才的な聖書テキストの読みに感嘆しながら、早くからブルッゲマン神学の独自性を見抜いて、次々に本や雑誌に発表される論文を神学的に整理して編集し、序文を添えて発刊させてきたのである。現在のブルッゲマン神学にミラーの果たした役割は決して小さなものではない。（ちなみにミラーは米国長老教会で、ブルッゲマンは米国合同教会で按手を受けた牧師でもあり、み言葉と聖礼典に仕えながら、常に神学校を舞台に神学を追求し、ミラーの双子の姉［牧師］がブルッゲマンの前妻であったことも神学的対話に共通基盤を備えていたといえよう。）

ブルッゲマン神学、そして著書、論文について最も良く知る一人であるミラー教授が自信をもって必携の書と推している以上、本書についてこれ以上私が口を差し挟む余地などないようにも思うが、ミラー教授にとっては言わ

日本語版監訳者　まえがき

ずもがなのことも私たち日本の読者にとってはそうではないことも多々あるので、いくつかの特長を以下に述べて本書の紹介としたいと思う。

　これまでに代表作である『旧約聖書神学』（1997 年、未邦訳）をはじめとして、60 冊を超える著書（注解書、神学書、信仰書）と数百本に及ぶ論文でブルッゲマンが扱ってきたテーマは、旧約聖書の全領域に及ぶと言っても決して過言ではない。その膨大な聖書学的蓄積と深遠な神学的思索が縦横無尽に編み合わせられているのが本書である。

　ブルッゲマンの研究領域の広範な地平については、長年の友人でもある K. D. サーケンフェルド（『現代聖書注解 ルツ記』の著者）も驚きをもって語っていた。「一体ウォルター（ブルッゲマン教授）には著書や論文で扱ったことのない旧約文書などあるのだろうか？」と。それがあながち誇張とばかりも言えないのは、ブルッゲマンが手掛けた注解書だけを例にとってみても、邦訳されている『創世記』（現代聖書注解シリーズ）の他に、『出エジプト記』（The New Interpreter's Bible シリーズ）、『申命記』（Abingdon Old Testament Commentary シリーズ）、『サムエル記 上下』（Interpretation シリーズ、下巻のみ現代聖書注解シリーズで邦訳出版ずみ）、『列王記 上下』（Smyth & Helwys Bible Commentary シリーズ）、『イザヤ書』（Westminster Bible Companion シリーズ）、『エレミヤ書』（International Theological Commentary on the Old Testament シリーズ）、『詩編』（New Cambridge Bible Commentary シリーズ）などがあり、さらに詩編や預言書に関する著作群は、（各書を章ごとに網羅する）注解書の形態は採っていないものの、詩編と預言書の重要な神学的テーマをくまなく覆うものとなっていることからも十分に頷けよう。

　このような広範囲にわたる旧約聖書の諸テーマに精通した著者だからこそ編むことができた本書の原題を、ブルッゲマンは「Reverberations of Faith」と付けている。これは「信仰の共振」「信仰の響き合い」と訳すこともできよう。多岐にわたる旧約聖書の諸テーマの広がりを、あたかも交響曲を奏でるかのように、それぞれの特質を引き出しつつ、豊かなハーモニーに仕上げている。

　取り上げられている項目は、著者が現代において特に重要であると判断し

た 105 の神学用語に絞られている。どれもただの事項解説に終わることなく、項目を追ってページを繰る者に向けて熱く語りかけながら、他の関連用語への関心をかき立てるような記述となっている。単なるテーマの客観的説明に終わらず、著者自身の声が聞こえてくるような印象を与える叙述なのである。それは私も参加したことのあるブルッゲマンの詩編やエレミヤ書に関するクラスを彷彿とさせる。教室で学生が教師にある事柄についての問いを発し、その問いの本質を見極めた教師が学生の好奇心の翼に風を吹き込み、発せられた問いを新たな次元へと飛翔させるような応えを提供し、新たなる問いへと跳躍させる対話が展開されているのである。

　まず旧約聖書における用例と意味が概説され、次いで新約聖書における展開、そして教会や信仰共同体における神学的解釈に触れられ、ブルッゲマンのテーマに関する洞察が語られ、最後に当該テーマに関する文献が紹介される形で叙述が進んでゆく。

　たとえば「嘆き」の項目をひも解いてみると、それが旧約聖書全般に見られる祈りの様式のひとつであること、詩編の三分の一を占めること、イスラエルの神に対する正当な訴えと祈りであること、個人的な諸問題に関する祈りの様式であるとともに、エルサレム崩壊に際しての共同体の祈りの様式でもあること、そして最も顕著な点として嘆きは賛美で終わることが詩編 13 編を例に述べられる。続いて解釈上重要な視点がいくつか挙げられる。すなわち単なる心理学的解釈を戒め、激しく毒々しい言い回しは神への信頼の現れと理解すべきこと、また喜びをもって閉じられる祈りには神の介入を求め切なる信仰が示唆されており、現代人の冷めた信仰への挑戦があることが指摘される。さらに「嘆き」は、あまりに生々しく「敬虔なクリスチャン」にとってはふさわしくないと考えられるゆえに、教会の様々な祈りや式文から除外される傾向が強い現実が浮き彫りにされる。そしてこのような「嘆き」を学び、その祈りを用いることが神を中心とする信仰生活に意義を持つことが語られる。参考文献としては、英語圏で代表的な基本的文献が紹介されている。

　このように、各項目は旧約聖書、新約聖書、そして現代に至るまでの歴史においてそれぞれのテーマが神学的にどのように理解されてきたのかを短い

日本語版監訳者　まえがき

エッセー調で叙述し、最後にブルッゲマンの独自の視点が開陳されるものとなっている。そしてテーマが相互に有機的に連関し、単なる項目の羅列ではなく、ほとんどの項目が何らかの仕方で補完的に関連づけられている。個々の項目はそれ自体で複雑かつ多面的に記述されているので、興味ある項目だけ読んでも旧約聖書の豊かさに触れられるが、全体を読むことで古代イスラエルの信仰のダイナミズムをつかむことができるように構成されている。

　ブルッゲマンはこの書物を牧師、および聖書とその信仰について理解を深めたい信徒向けに、ただデータを提供するためではなく、聖書テキスト内ですでにそうであり、また解釈学的に現在も熱い議論が闘わされているテーマへと読者を誘うために著したと序言で述べている。それによって現代を生きる私たちと聖書テキストとの対話を促進させるためである。通常の神学用語辞典にとどまらない神学的対話の宝庫としてこの書物が用いられることを心より願うものである。

　　　　　　　　　　　　　　　　　2014年　アドヴェントを前に　　左近 豊

旧約聖書神学用語辞典

響き合う信仰

目次

日本語版監訳者　まえがき……………3
序言……………12

愛（Love）……………17
贖い（Redemption）……………21
アシェラ（Asherah）……………25
アッシリア（Assyria）……………27
荒れ野（Wilderness）……………31
安息日（Sabbath）……………33
イゼベル（Jezebel）……………37
一神教（Monotheism）……………43
祈り（Prayer）……………50
栄光（Glory）……………56
エジプト（Egypt）……………60
エズラ（Ezra）……………64
選び（Election）……………67
エリヤ（Elijah）……………74
エルサレム（Jerusalem）……………78
王権／王制（Kingship）……………85
応報（Retribution）……………90

割礼（Circumcision）……………95
カナン人（Canaanites）……………99
金（Money）……………102
神顕現（Theophany）……………110
神の似姿（Image of God）……………116
神の箱（The Ark）……………121
感謝（Thanksgiving）……………124
義（Righteousness）……………128

聞く（Listening）……134
犠牲（Sacrifice）……138
奇跡（Miracle）……142
希望（Hope）……146
教育（Education）……150
共同体（Community）……156
寄留者（Sojourner）……160
悔い改め（Repentance）……163
苦難の僕（Suffering Servant）……169
苦しみ（Suffering）……173
契約（Covenant）……181
契約の書（Book of the Covenant）……186
混沌（Chaos）……190

祭司（Priests）……194
祭司伝承（Priestly Tradition）……199
サタン（Satan）……207
サマリア人（Samaritans）……210
賛美（The Hymn）……213
死（Death）……217
十戒（The Decalogue）……223
祝祭（Festivals）……226
祝福（Blessing）……229
出エジプト（Exodus）……233
主の日（The Day of the Lord）……239
書記（Scribes）……243
贖罪（Atonement）……247
神義論（Theodicy）……250
信仰（Faith）……254
神殿（Temple）……260
申命記神学（Deuteronomic Theology）……268

目次

救い（Salvation）……………274
性（Sexuality）……………278
聖／聖性（Holiness）……………287
正典（Canon）……………292
聖なる高台（High Place）……………298
戦争（War）……………302
創造（Creation）……………308
族長（The Ancestors）……………314

堕罪（The Fall）……………319
ダビデ（David）……………322
地（Land）……………326
知恵（Wisdom）……………332
罪（Sin）……………338
天使（Angel）……………344
伝承（Tradition）……………347
天上の会議（Divine Council）……………352
トーラー（Torah）……………355

嘆き（The Lament）……………360
残りの者（Remnant）……………363

バアル（Baal）……………365
バビロン（Babylon）……………368
ハンナ（Hannah）……………372
ヒゼキヤの改革（Reform of Hezekiah）……………376
復讐（Vengeance）……………380
復活（Resurrection）……………385
プリム（Purim）……………388
フルダ（Huldah）……………390
ペルシア（Persia）……………393

ヘレム（Ḥerem）……396
豊穣宗教（Fertility Religion）……400
暴力（Violence）……406
捕囚（Exile）……410

ミリアム（Miriam）……414
メシア（Messiah）……417
黙示思想（Apocalyptic Thought）……422
モーセ（Moses）……429

約束（Promise）……433
寡婦（Widow）……437
赦し（Forgiveness）……440
預言者（Prophets）……445
ヨシヤの改革（Reform of Josiah）……451
ヨベル（Jubilee）……456

隣人（Neighbor）……459
倫理（Ethics）……462
霊（Spirit）……469
礼拝（Worship）……472
歴史（History）……477
歴代誌史家（The Chronicler）……483

災い（Plague）……490

YHWH（主）……494

　　聖句索引・人名索引……498
　　日本語版監訳者　あとがき……523

序言

　本書は、シンシア・トンプソンさんの発案により、その後はウエストミンスター・ジョン・ノックス出版社の編集スタッフの協力によって刊行の運びとなった。トンプソンさんは旧約聖書で用いられる 100 項目の神学用語を扱う本を提案してくれた。同僚のキャスリーン・オコーナーさんとクリスティン・ヨーダーさんに相談すると、二人ともどのような項目を選ぶべきかについて示唆を与えてくれ、大いに参考になった。特に、キャスリーン・オコーナーさんは、本書が個々別々の項目の単なる寄せ集めではなく、解釈学的に一貫性を有する解説――つまり、全体は個々の総合以上であるという――であるべきだという意見を寄せ、それが役に立った。この示唆がずっと私の頭から離れず、読者に読み取ってもらえるかどうかはわからないが、私は選んだ項目の中に神学的な意図を反映させようと努力した。実際、それぞれの項目はたいていの場合、他の項目と密接に関係し合っている。ティム・シンプソンさんは、信頼しうる編集者であり、よき助言者であった。彼には大いにお世話になった。

　本書の題名 *Reverberations of Faith*（『響き合う信仰』）は、私の以前の著作 *Cadences of Home*（『故郷の調べ』Westminster John Knox Press, 1997）だけでなく、「濃密な記述」に関するクリフォード・ギアーツの有名な概念をも念頭に置いている。私は本書の項目がいかに反響し続け、またいかに解釈学的に「濃密」かを示したつもりである。本書は、単にそれぞれの用語の特徴説明をするだけの辞書的な概念定義集ではない。むしろ、私は本書で扱う項目の内容的複雑さ、深さ、相互関係を考察しようと努めた。それぞれの項目の意味を十分に理解するために、すべての項目を読んでいただきたい。

　そういうわけで、私は二つの響き合い（reverberations）を心に思い描いている。まず、本書の個々の項目はその主張と内容において他の項目と響き合っている。従って古代イスラエルの信仰のダイナミズムを感じ取るために、その項目だけにとどまることなく他の項目も読まねばならない。次に、本書の大部分の項目は、その一つだけを取ってみても、旧約聖書の中でたくさんの用例を有し、その一つ一つが違ったニュアンスを示す。それらの言葉

はそれ自体として複雑で、常に複数の次元を有する。私はジョージ・リンドベック教授の文化的─言語学的解釈〔宗教を、文化─言語的な社会環境を通して形成される「包括的解釈図式」と理解する見方〕を採用している。この解釈に基づくなら、これらの言葉のどれかひとつを、賢明かつ確実に扱うためには、この特別な言説の様式の内側に生きなければならない。言葉を換えれば、我々は、ある言葉が他の言葉を、ある場合は補強しある場合は疑問視するという関係性に気づく必要がある。さらに私が信じるところでは、アメリカ合衆国の教会が伝道のエネルギーを回復するためには、この言説の複雑な様式を回復することが重要なのである。というのも、一般的に言って、アメリカの教会は自分たちにしか通用しない考え方に固執しているからである。

　私は「100項目」書くことを目標にして本書に取り組んだが、それは全くの思いつきであった。しかし書いていくうちに、100とは実に大きな数であることに気づいた。おそらく本書のほぼ四分の一の項目は「大項目」であって、その重要性は明らかである。それ以外の小項目は重要度が比較的減じる。私は数を満たそうとしたので、あまり重要ではない項目も入ったし、どれを入れてどれを省くかという大原則はなく、単なる好みで、ある項目を他の項目よりも優先して採用することにもなった。このように広範囲におよぶ項目を扱う場合、いかなる解釈者であれ、ある題材には他の題材ほど通じていないものであり、それゆえ、ある場合には他の学者の研究に多くを依存することになる。目ざとい読者は、（もし私の数え間違いでなければ）105項目がここに並べられてあるために、「100項目」が単なる思いつきだったという事実にすぐに気づくはずである。105項目になったのは、最後にいくつかの項目を省略できなくなったからではない。私が単純に数え間違いをしただけであって、最初にうっかり数え間違って書いたために、超過した項目をそのまま残すことにしたのである。

　私の願いは、この研究が牧師たちにとって、また、聖書とその信仰を十分に理解したいと考えている信徒の皆さんにとって、価値あるものとなることである。私の関心事は「情報」を提示することよりも、むしろ用語の解釈をめぐる果てしない論争の中に読者を誘うことである。その解釈問題は聖書テキストそのものの中ですでに論争的に作用している。どの用語も自明な意

味を持っていないゆえに論争的なのである。私の説明の手順はおおよそ次のとおりである。（a）最近の学界では必ずしも明白な結論に至っていないにせよ、多かれ少なかれ合意を得ている見解を述べる。（b）その項目と関連した解釈上の問題において論争となっている事柄を述べる。（c）その解釈上の問題が教会の真摯な牧師や信徒にとっていかに重要となりうるかを示す。この最後の段階においては、古代のテキストと現代との関連を示す際に何が解釈上危険かを私なりに考えた。

　この序言を締め括るにあたって、忍耐強く関わってくださったウエストミンスター・ジョン・ノックス出版社の方々、そしてまた、とりわけこの原稿を完成させてくれたテンピ・アレクサンダーさんに感謝を申し上げる。アレクサンダーさんとはこれまで長い間一緒に仕事をしてきたが、今回が私の秘書として彼女の最後の仕事になった。彼女には大いにお世話になり、私は心から感謝している。本書を私の義理の娘たちであるリサとクリスティナに捧げる。二人を通して、私の息子たちが恵みを受けたのは確かである【「祝福」の項を見よ】。

ウォルター・ブルッゲマン
コロンビア神学大学院
〈訳：小友　聡〉

凡例

1. 聖書文書名、略語、聖句箇所は原則として『聖書　新共同訳』に従った。

2. 〔　　〕で括られた箇所は、訳者が補った部分である。

3. 原著のイタリック体の箇所は、原則として圏点にして示した。

4. 雑誌名やシリーズ名などに下記の略語を用いた。

AB	Anchor Bible
BZAW	Beihefte zur Zeitschrift für die alttestamentliche Wissenschaft
CBQ	Catholic Biblical Quarterly
HBT	Horizons in Biblical Theology
HTR	Harvard Theological Review
JAOS	Journal of the American Oriental Society
JBL	Journal of Biblical Literature
JSOT	Journal for the Study of the Old Testament
JSOTSup	Journal for the Study of the Old Testament: Supplement Series
JSS	Journal of Semitic Studies
NCB	New Century Bible
NIB	The New Interpreter's Bible
OBT	Overtures to Biblical Theology
OTL	Old Testament Library
RB	Revue biblique
SBLDS	Society of Biblical Literature Dissertation Series
SBT	Studies in Biblical Theology
SVTP	Studia in Veteris Testamenti pseudepigrapha
VT	Vetus Testamentum
ZAW	Zeitschrift für die alttestamentliche Wissenschaft

装丁:桂川 潤
本文デザイン:株式会社 m2design

愛（Love）

　旧約聖書が感情の全領域を組み込み、それゆえ愛の様々な面を内包しているのは、決して意外なことではない。その点で、イスラエルの詩人が、YHWH の生命と人格に愛の豊かな多様性を認めているのは特記すべきことである。その YHWH とは、イスラエルの生活において常に接することのできるお方なのである。そしてもちろん、この神の似姿としての存在、すなわち人間すべてもまた、様々な愛の能力を持っている。

　聖書テキストの主要な強調点ではないが、情熱的な恋愛は、旧約聖書において、とりわけ強烈に性愛を描いた詩である雅歌において際立っている。この詩は、創造のすばらしさと栄えある創造の一部としての性、その両方を肯定しつつ、あふれるほど豊かに男と女の間の性愛の相互作用を言祝いでいる。これらの詩は伝統的な神学的解釈では、神と神の民の間、あるいは、キリスト教の伝統では非常に重要な事柄として、キリストと教会の間（後者に関してエフェ 5:25 を見よ）に生起する激烈な感情的相互作用として理解されてきた。この伝統において神は、親密な関係を結ぶことが十分にできるお方で、愛する者が最愛の人に示すのに劣らないほど熱烈な仕方で、神の民に関わられる。契約による忠実な関係は、熱情の一種である。というのは、神は熱情的に関わっているからである。申命記というよりいっそう深い自覚を有する神学的伝統においては、こうした契約関係の特性は、ḥšq「感情的に密着した」〔新共同訳「心引かれて」〕という動詞によって表されている（申 7:7; 10:15）。そこでは、イスラエルへの熱情は、イスラエルが不誠実な時、イスラエルに対する YHWH の激怒を引き起こす。というのは、まさにそのようなむき出しの感情的な関わりは、愛する者を否定し破壊する過激さへ、すなわち、依然として深遠な熱情に根差す否定へと押しやることもあるからである。テキストはイスラエルの詩人の筆によって、YHWH がそのような過激さを発揮しうることを示している（エゼ 16:40-43 を見よ）。

　神学的企図としてより中心的なのは、契約による愛、つまり二人のパートナーの間の信頼と尊敬と従順に基づく相互の献身である。愛についての主要

な術語 *ahab* は、政治上の条約文書に見出される（Moran）。そのような用法において、この術語は感情の尺度を含んではいるが、明らかに契約のパートナーがお互いに交わす忠誠が厳粛で公的なものであることを指し示している。ダビデに関して使われているこの言葉は確かにその意図において政治的である。サウルはダビデを愛する（サム上 16:21）。ヨナタンがダビデを愛する（サム上 18:1）。イスラエルとユダはダビデを愛する（サム上 18:16）。ダビデの家臣は皆、彼を愛する（サム上 18:22）。このように、契約的愛においてYHWH は、YHWH が保護する契約パートナーとしてイスラエルを選ぶ。それに応えてイスラエルは、トーラーの命令に服従することによって YHWH を十分に愛すると約束する。従って、イスラエルに対するモーセの命令の核心は、聞くことと愛すること、また従うことと物語ることである（申 6:4-7。出 20:6; 申 5:10 を見よ）。愛するとは、決定的な政治権力に基づく命令に服することである。「愛」という言葉は、厳粛で公的な契約上の関わりを示すために用いられている。そこには、情緒や意図性を越え、強制的な義務へと向かわせる公的な具体的要求が込められている。

しかしながら、公的な相互義務の概念は決して熱情を欠いたものではない。例えば、ホセア書 2:21-22 では詩がこの関係性を婚約の表現を使って示している。エレミヤは特に胸を打つ語り方で、親―子関係について示し（31:20。ホセ 11:8-9 を見よ）、またイザヤは 66:13 において明白に母親としての言葉を用いている。詩人たちは、この愛の関係を表す象徴として、個人間の最も熱情的な関係性を活用しようとしている。というのは、命令と服従の公的関係はそれ自体の中に、あらゆる変遷を通して発動され持続する熱情を持っているからである。

契約的愛の一部分は枝分かれして、レビ記 19:18 の簡潔な命令「自分自身を愛するように隣人を愛しなさい」において最もよく知られている隣人愛の形をとる。この隣人愛は感情を欠いているわけではないが、主たる力点は公的な義務に置かれている。すなわち、隣人との契約という枠組みにおいて、隣人の幸福と尊厳に心を配り、促進しようとすることである。

これらの契約的な関わりと義務は、YHWH とイスラエルの民に、またイスラエルの民同士にのみ関わるものと見なされる傾向があるが、その契約共

同体を越える射程もまた存在することが証言されている。例えば、申命記10:18 では、YHWH は（孤児と寡婦の他に）「寄留者を愛している」と断言されている。さらに、YHWH は「正義を愛している」（イザ 61:8; 詩 99:4）。すなわち、YHWH の契約関係はとりわけ、父権的社会において十分な位置づけを持たない、寄るべのない人々に及んでいる。さらに、レビ記 19 章には「隣人に対する戒め」が記されているが、その 34 節では、トーラーは隣人を越えて、寄留者にまで手を差し伸べている。

> あなたたちのもとに寄留する者をあなたたちのうちの土地に生まれた者同様に扱い、自分自身のように愛しなさい。なぜなら、あなたたちもエジプトの国においては寄留者であったからである。わたしはあなたたちの神、主である。

　この戒めが遂行されるならば、YHWH 自身の特性に根差している古代イスラエルの社会的展望は、最良の場合、信仰または民族を同じくする内輪の共同体を越えて、その共同体の外側の人々、すなわち、まさにその人々の存在のゆえに隣人的連帯が必要となる人々にまで及ぶのである。このように、ルカ福音書 10:29 でイエスに向かって差し出された「隣人とは誰か」という問いは、もともとイスラエルの心を捉えてはなさないものであったことがわかる。YHWH 自身の特性に根差している、愛せよ（連帯して行動せよ）という戒めは、部外者に対して排他的で差別的であり続けようとする、弱々しい感情とは相容れないものなのである。

　「愛」に関するその他の主要な術語は *ḥesed* である。しばしば「不変の愛、慈愛」と翻訳される。この術語は、契約的義務を遂行することを指示している。それは、契約上のパートナーに対し、先になされた誓約に基づき、忠誠と連帯の点で一貫した行動をとることである。例えば、ラハブはイスラエルに対して *ḥesed* を行ったので、ほめたたえられている（ヨシュ 2:12。6:17 を見よ）。ダビデはヨナタンに対して（サム上 20:14-17; サム下 9:1)、また曲がりなりにもアンモン人に対して（サム下 10:2) 誓いを守っている。*'ahab* と異なり、*ḥesed* は、すでに確立された契約関係内の相互性を意味する。すなわち、こ

のような連帯の行為に参与する人は、忠誠に基づく新しい関係性を確立し義務を喚起されるか、もしくはすでに存在している義務を遂行するのである。この *hesed* という術語は、連帯、忠誠、そして義務といった人間相互のやり取りに関係している。しかしながらイスラエルから見るならば、YHWH もまた、揺るぎない忠誠の誓約に基づいて、誠実に行動するお方である（出 20:5-6; 34:6-7; サム下 7:11-16 を見よ）。

　上述したような聖書のレトリックから認識されるのは、次のことである。すなわち、社会生活が成り立つかどうかは、すでに受け入れている義務の維持と遂行とにかかっているということである。契約の前提の中に浸透しているこの聖書の独特なレトリックは、何ものも商品化と利益に帰着させられる最近の現代世界の慣例とは著しく異なっている。そのような世界では、持続的な忠誠が公共生活を支えることは決してない。契約的忠誠の伝統と電子化された商品経済との間における、現代の緊張が深刻であることは想像に難くない。結論的に、これらの義務こそが（申 30:15-20 のように）「命と死の道」であると言うのは、決して言い過ぎではない。「死」は凶暴な襲撃と懲罰によってではなく、むしろ、健全で持続可能な人間生活に不可欠の忠誠という人間的基盤が衰弱し喪失されることによって到来する。〈訳：小河信一〉

　　参考文献：
Heschel, Abraham J., *The Prophets* (New York: Harper & Row, 1962) 〔『イスラエル預言者』上下、森泉弘次訳、教文館、1992 年〕; Moran, William L., "The Ancient Near Eastern Background of the Love of God in Deuteronomy," *CBQ* 25 (1963): 77-87; Sakenfeld, Katharine Doob, *Faithfulness in Action: Loyalty in Biblical Perspective* (OBT; Philadelphia: Fortress Press, 1985); idem, *The Meaning of Hesed in the Hebrew Bible* (Missoula, Mont.: Scholars Press, 1978); Snaith, Norman H., *The Distinctive Ideas of the Old Testament* (London: Epworth Press, 1955); Weinfeld, Moshe, "The Covenant of Grant in the OT and in the Ancient Near East," *JAOS* 90 (1970): 184-203.

贖い（あがない）(Redemption)

聖書神学の主題にはよくあることだが、三位一体論やキリスト論に関するキリスト教の理解において重要な「贖罪」の主題は、その起源が日常生活の普通の習慣にある。この主題は全く異なった二つの仕方で取り扱われてきた。すなわち、贖うこと（redeem）と〔身代金を払って〕解放すること（ransom）である。

ヘブライ語の「贖う者（redeemer）」（go'el）はもともと家族が〔家族の他のメンバーに対して〕有する義務の実行や維持に関係している。「贖う者」は家族の一員、おそらく最近親者であり、家族の名誉を守り、放っておけば危険にさらされるかもしれない家族の財産を保護する責任を持つ（創 38:8 を見よ）。例えば申命記 19:4-6〔新共同訳では 19:6 に「復讐をする者」とだけあるが、ヘブライ語の原文には「血の」がついている〕では、血の復讐をする者は、家族を殺されたことに報復することによって家族の名誉を守るように行動するのであり、エレミヤ書 32:6-15 やルツ物語では、エレミヤやボアズが家族の財産を守るように行動している。さらに、トーラーのヨベルの年の規定の中では、親類はその家族のために土地を「買い戻す」（redeem）ことをしなければならない。申命記 25:5-10 では、兄弟は彼の兄弟の血統と家名を存続するように行動しなければならない。父権制の社会では、夫や息子のいない女性には利用できる財産や生活の糧が全くないので、男性の擁護者を与えるという責任が重大なことだったのである。

古代イスラエルの神学的な解釈の想像力が、具体的な家族の慣習を広がりのある神学的な表象に置き換えたのである。その置き換えにおいて、YHWH はイスラエルの「贖う者」として、すなわちイスラエルの生を保護し、その未来を守るように行動する最も近しい親族として描かれている。例えば、出エジプト記 6:6-7 や 15:13 において、出エジプトの出来事は「贖う者」の隠喩のもとに置かれており、YHWH はイスラエルを保護して、ファラオに捕らわれた状態からイスラエルを確かに解放するように活動している（詩 74:2; 77:15; 78:35; 106:10 を見よ。どの用例もイスラエルの最初の脱出物語

と一致している)。バビロンからの解放は、その特徴から言って、「第二の出エジプト」と見なされているので、変化をもたらすその救済行為においてYHWHが再びイスラエルの「贖う者」として描かれているのは、驚くことではない(イザ 41:14; 43:1, 14; 44:6, 22-24; 47:4、その他の多くの用例)。イスラエルはあの出来事を商取引として解釈した。商取引によってイスラエルは生き残り、守られ、幸福のありかである「故国」へと戻ったのである。

　イスラエルのより個人的な信仰の言葉も同じ表象に訴えている。イスラエルは、非常時や危機にさらされた時に、YHWHが特定の状況において「贖う者」として行動してくださるように嘆願するのである。

　　わたしの魂に近づき、贖い
　　敵から解放してください。(詩 69:19。詩 103:4; 107:2 を見よ)

　このような敬虔な信仰の慣習を考えるならば、ヨブ記 19:25 には特に注意を払ってよいかもしれない。ヘンデルの「メサイア」でよく知られているが、誤って読まれている箇所である。ヨブが信頼している「贖う者」とはおそらく神ではなくて、神に対するヨブの潔白をその死後でさえ擁護してくれるものと彼が期待している、特定できない仲介者なのであろう。この用例は興味をそそるが、我々に思い出させるのは「贖う者」という概念が無垢の表象ではなく、大きな危険や危機の時代における極めて重要な力だということである。

　これとは別の一連の表象は「〔身代金を払って〕解放する」(*pdh*)という二番目の用語によって喚起されるのだが、それは代償の支払いや現金取引による自由の獲得をほのめかすものである。最も衝撃的な例は、その肉体がいけにえとして捧げられるにせよ、その生涯が宗教上の役職に捧げられるにせよ、初子が神に属していると考えている規定の中に見出される。注目すべきことに、代用についての規定が準備されているのであって、その代用品は犠牲の初子に代わる動物である(出 13:13-15; 34:20)。このような交換は現金取引に等しく、代用品の支払いをするために必要な金銭的備えを持っていた人々にだけ役に立ったのであろう。

おそらく以前には何ら珍しくもない商業取引の用語だったものが、その特徴に注目して神学的な隠喩へと置き換えられているのである。例えば、イザヤ書 43:3-4 では、イスラエルを自由にするために YHWH はイスラエルの代わりに他の民を捧げている。詩編 44:13 では、イスラエルをあまりにも安値で売り渡して奴隷としたことについて YHWH は小言を言われている。「贖う」と同様に、「〔身代金を払って〕解放する」という概念も出エジプトに関して使われているし（申 7:8; 9:26; 13:6; 15:15, 21:8）、バビロンからの解放への言及に関して再び使われるのである（イザ 50:2; 51:11）。その表象が民全体にとっての YHWH の「奇跡」に関して使われるように、同じ用語がイスラエルの個人的な祈りの中でも取り上げられている（詩 31:6; 44:27; 55:19）。イスラエルの祈りは次のことの期待である。つまり嘆願に動かされた YHWH が必要とされる代償を支払い、嘆願者を拘束する状況や耐えられない状況から解放するだろうという期待なのである。（「支払い」という概念が、もはや隠喩として扱われなくなると、キリストの贖いに関するキリスト者の理解の中に、非常に大きな弊害を引き起こすことになった。その弊害はアンセルムスによって提起された「充足説」に見られるものである。）

「贖う」と「〔身代金を払って〕解放する」という言葉の隠喩の力はそれぞれの事例でかなり異なっていて、一方は家族の責任に関連するが、他方は代用品を用いた商業取引に関連する。だが賛美・告白・嘆願というイスラエルの伝統が育んできた、想像力に富む表現においては、この二つの用語が共通の声の中で交じり合って証言しているのである。これらの言葉はまず非神学的に用いられていたが、イスラエルはやがてその同じ言葉を神学的表現に用いるようになった。それゆえ、我々は、その用語の神学的な扱い方にも、それよりも前の特別なニュアンスが引き続いてこだましていると確信してもよいだろう。より大きな解釈上の展望の中に置かれる時に、その用語が証言しているのは、すばらしい生を妨げる諸々の力や状況に対して YHWH が効果的に介入する力であり、喜んでそれをしようとする YHWH の気持ちなのである。イスラエルはそのような YHWH による介入の前例を証言しながら、それと類似の YHWH による介入というものが現在の状況や来るべき時にもあると期待し続けているのである。〈訳：佐藤　泉〉

参考文献：

Levenson, Jon D., *The Death and Resurrection of the Beloved Son: The Transformation of Child Sacrifice in Judaism and Christianity* (New Haven, Conn.: Yale University Press, 1993); Newsom, Carol A., "The Book of Job: Introduction, Commentary, and Reflections," in *NIB IV* (Nashville: Abingdon Press, 1996), 477-79; Perdue, Leo G. et al., eds., *Families in Ancient Israel* (Louisville, Ky.: Westminster John Knox Press, 1997); Stuhlmueller, Carroll, *Creative Redemption in Deutero-Isaiah* (Analecta Biblica 43; Rome: Biblical Institute Press, 1970); Unterman, J., *From Repentance to Redemption* (JSOTSup 54; Sheffield: Sheffield Academic Press, 1987).

アシェラ（Asherah）

　アシェラは旧約聖書ではごく時折、また周辺的にしか説明されないが、イスラエル宗教の特性を研究する学者たちを魅了してきた。アシェラはセム的宗教、とりわけ男性神と女性神が混成する地域であるウガリトの諸文書に際立って見られる女神として知られている（アシュトレトという語もこれに関わるかもしれないが、その関係ははっきりしない）。

　旧約に「アシェラ」は何度も出てくるとはいえ、その語意は全くわからず学者たちは議論を重ねている。このカナンの女神はイスラエル宗教のいくつかの形態においても知られている（王上 15:13; 18:19 を見よ）。その見解は、南王国の隊商停泊地〔Kuntillet Ajrud〕で発見された前 9 世紀に由来する、YHWH と「彼のアシェラ」について語る銘文によって、より確かなものになっている。この銘文によれば、古代近東で他の神々がそうであったように、ある集団において YHWH が配偶者を有すると見られていたことがわかる。

　旧約では、この語はしばしば聖なる物体、おそらく「聖なる柱」を示す（王下 21:3; 23:4〔NRSV は sacred pole、新共同訳は「アシェラ像」〕）。ヘブライ語からギリシア語やラテン語に訳されたテキストでは、この語は、初期段階には、肥沃な状態をほのめかす樹木や木々の茂みとして解された。旧約のテキストはアシェラを YHWH への信仰を脅かす祭儀的対象だと非難するが（申 16:21）、この「柱」は、その存在と機能がイスラエルにとってどうであったにせよ、YHWH への信仰にとって必ずしもはっきりと有害なものではなかった。さらに、ほかの箇所に見られる女神と、イスラエルのあちこちに存在した「柱」との関係もまた確かではない。このような祭儀的対象が古代イスラエルに存在したということは明らかだが、その位置と意義は少しもはっきりせず、見解は大いに揺れている。

　このアシェラについての議論は錯綜し、資料は疑問を解決せず、学者たちは現在見つかっている乏しい資料の意味について同一の見解を示さない。イスラエルがこのような女神を知り、注目する限り、また聖なる柱が直接にこの女神を暗示する限り（たとえそれが非難であっても）において、二つのこと

が学び取れる。第一に、古代イスラエルの宗教的慣習は極めて多様で一致していなかったということである。我々が手にしている旧約聖書は、紛れもなくかなり党派性の強い古代の慣習の一面的な披瀝である。この旧約という正典文書を編纂した人々はYHWHへの信仰を強調し、自分たちが不適切で危険だと見なしたものを本文伝承から排除しようとした【「一神教」の項を見よ】。さらに、旧約の編纂者たちは自分たちが解釈したものが共同体の規範となるべきだと考えた。まさしく今日の教会の慣習では、聖書正典において我々に与えられている規範的な伝統こそが支配権を有し、またそれは信仰と生活を導く信頼しうるものとして広く受け入れられている。けれども、この規範的に解釈されたものを読み取ろうとするなら、その規範性が確立する過程で何が取り入れられ何が排除されたかが注目されるだろう。実際、旧約を正典とした共同体はそれを正統で信仰的な判断として受容したのである。

　第二に、アシェラが女神である限り、アシェラへの言及があるということは（それを非難する場合ですら）、女性神の性質と機能がイスラエルの信仰に、またおそらくはYHWHの性質に結合している事実を示すかもしれないということである。疑いなく、一神教の古典的伝承は神の性質における女性的なものを可能な限り排除した。旧約に見られるアシェラの存在（あるいは、その存在を覆い隠そうとすること）は、神の女性的な次元がYHWHの性質の中に吸収されているということを暗示するかもしれない。いずれにしても、旧約におけるアシェラの出現は、YHWHの単純で一面的な性格付けを排除する。YHWHは、テキストによれば、錯綜し対立する宗教的環境において出現したと理解されなければならない。〈訳：小友 聡〉

　　参考文献：
Albertz, Rainer, *A History of Israelite Religion in the Old Testament Period*, vol. 1, *From the Beginnings to the End of the Monarchy* (OTL; Louisville, Ky.: Westminster John Knox Press, 1994); Day, John, "Asherah in the Hebrew Bible and Northwest Semitic Literature," *JBL* 105 (1986): 385-408; Hadley, Judith, *The Cult of Asherah in Ancient Israel and Judah: Evidence for a Hebrew Goddess* (Cambridge: Cambridge University Press, 2000); Miller, Patrick D., *The Religion of Ancient Israel* (Louisville, Ky.: Westminster John Knox Press, 2000).

アッシリア（Assyria）

　アッシリアは北部メソポタミア（現在のイラク）に位置する国で、帝国を形成した。数世紀にわたって存在し、不気味な「北の大国」としてイスラエルの歴史を脅かし続けた。アッシリアの長い複雑な歴史は資料的に比較的よく記録保存されている。それによれば、アッシリアは巨大な権力を持った冷酷な専制君主を擁する国家であった。我々の目的として数世紀にわたるこの国の歴史を考察する必要はない。我々が必要とするのは、アッシリアの利害がイスラエル王国とユダ王国の利害と重なり合ういくつかの点に注目することである。

　前9世紀の中頃、サマリア、すなわちイスラエル王国のアハブ王は、シリア王国のダマスコと共に同盟を組んでアッシリアの王シャルマナサル3世と抗争した。この抗争は、アッシリアが建てた戦勝碑から知ることができる。ただし、その結末は実際には膠着状態であったらしい。

　イスラエルがアッシリアと関係するさらに大きく重要な事件は前8世紀に起こった。それは北王国イスラエルが滅亡する前後の時代である。不安定な時期を経て、アッシリアの国際的な支配権力は「プル」と呼ばれるティグラト・ピレセル3世（前745-727年）の指導力によって復活した。ティグラト・ピレセルはアッシリアの軍事力を動員し、西方に領土を拡大して地中海をめざし、二つのイスラエル国家と衝突した。前734年から732年にかけて、北王国イスラエルは再び同盟を組んでアッシリアの力に対抗した。けれども、イスラエル王国はアッシリア帝国の猛攻撃の前に敗れ去った。サルゴン2世（前721-705年）の支配権のもとで、アッシリア軍は前721年に北王国の都サマリアを征服し、イスラエル王国を滅亡させた。また、上層階級の市民を捕囚民としてサマリアから帝国内の諸地域へ移住させた（王下17:5-23を見よ）。結果として、独立国家であったイスラエルは近東世界の政治的舞台から消え去ったのである。

　北王国の征服と終焉は、センナケリブによるユダ王国の攻略（前705-681年）およびエルサレムの包囲（705-701年）と歴史的に並行しているが、エル

アッシリア

サレムは包囲から「奇跡的に」救済された。アッシリア帝国は前663年のエジプト侵略によって全盛期に達したが、わずか50年後に帝国は力を失った。前612年に都ニネベは陥落し、アッシリアは滅亡した。ナホム書はその出来事を記録している。

イスラエルの神学的省察がこれらの事柄をYHWHと結び付けて再解釈していることを考えると、我々は列王記下とイザヤ書という二つのテキストに注目しなければならない。列王記下では、アッシリア人はもっぱら北王国の滅亡とエルサレムへの脅威の記述の中に現れる。すでにサマリアの王メナヘムの時代（前745-737年）にイスラエルはティグラト・ピレセルの属国となり、貢ぎ物を納めて独立を確保した（王下15:17-22）。前722年にシャルマナサル5世（前727-722年）はイスラエル最後の王ホシェアから貢納を受け取ったが、甲斐がなかった（王下17:3-4）。北王国はアッシリアの攻撃によって倒れた。それは物語の中ではYHWHの裁きとして理解される危機であった（王下17:5-6, 7-18）。

南王国ユダもまた同様の脅威を免れることはできず、列王記下16章では、ユダの王アハズがティグラト・ピレセルに次のように屈したと報告されている。

> わたしはあなたの僕、あなたの子です。どうか上って来て、わたしに立ち向かうアラムの王とイスラエルの王の手から、わたしを救い出してください。（王下16:7）

この記述は、ユダの契約上の自己理解によれば、ユダの王が本来YHWHに対してのみ示すことができる恭順の誓いである。従って、アハズの政治的な発言は神学的にはシナイ十戒の第一戒（出20:3）に違反するものだと理解される。ユダとエルサレムがアッシリアによってすでに占領されていたことは、列王記下18-20章に記述される注目すべき出来事に決定的に現れる。イザヤ書36-39章はその並行箇所である。前705-701年に、センナケリブはエルサレムを包囲した。けれども、やがてアッシリア軍は勝利を放棄して本国に戻った。イスラエルの人々はこのエルサレムの救済をYHWHの力の勝利

と理解し、それにさらに、エルサレムが不可侵の町であることを確証することに寄与した（王下 19:32-34, 35-37）。

第二の重要なテキストはイザヤ書にある。そこでは、絶えずエルサレムに言及され、またアッシリアとイスラエルが対峙する状況に関する三つの重要な箇所がある。

1. アハズがまずアッシリアの力に直面し、さらに緊急の事態としてシリアの脅威に直面した時、預言者イザヤはユダ王国の危機を信仰の危機としてアハズ王に示した（イザ 7:9）。すなわち、その帝国の脅威にさらされて、預言者は YHWH に信頼することこそが防衛政策の基盤であるべきだと促したのである。この文脈において、イザヤは信仰の意味を説明しようとしているように見える。

2. ヒゼキヤ王の時代にセンナケリブがエルサレムを包囲した時、預言者イザヤはヒゼキヤに向かって、ついには YHWH がアッシリアの脅威を覆すであろうと大胆に宣言した（イザ 37:22-29）。

3. 前 8 世紀のイザヤ以降のテキストの中で、イザヤ伝承は来るべき時を思い描き、イスラエルがアッシリアと平和の関係を結ぶのみならず、アッシリア人が YHWH によって選ばれた民の一つになるであろうと語る（イザ 19:23-25）。

イザヤの預言者伝承の中で、アッシリアは残酷で強大な力を発揮する時ですら、YHWH の支配を確かめる機会として理解されている。アッシリアは様々に YHWH の目的を実現する道具であり（イザ 10:5）、YHWH の敵であり（イザ 37:22-29）、時には YHWH によって保護され愛された家臣ですらある（イザ 19:23-25）。預言者的解釈においては、現実政策の「闘技場」は、YHWH の活力と支配権が決定的となる「母体」へと根本から転換する。このような世界では、アッシリアの力は自治的な権力のメタファーであるが、二番手にすぎない。アモス書 7:10-17 のように明瞭に語られていない箇所ですら、アッシリアは YHWH の脅威の道具として背景に姿を隠している。

アッシリアに関して、列王記下やイザヤ書とは全く異なる第三のテキストはヨナ書である。この物語はおそらく後代のものだが、アッシリアには関心を示さず、その首都であるニネベを利用して、イスラエルに、YHWH の本

性と従順で包括的な信仰の本質を示そうとする。〈訳:小友 聡〉

参考文献:
Clements, Ronald, *Isaiah and the Deliverance of Jerusalem* (JSOTSup 13; Sheffield: JSOT Press, 1980); Oppenheim, A. L., *History of Assyria* (Chicago: University of Chicago Press, 1923); Saggs, H. W. F., *The Might That Was Assyria* (London: Sidgwick & Jackson, 1984); Seitz, Christopher R., *Zion's Final Destiny: The Development of the Book of Isaiah: A Reassessment of Isaiah 36-39* (Minneapolis: Fortress Press, 1991).

荒れ野 (Wilderness)

　出エジプト記 15:22-17:15 と民数記 10:33-22:1、および 33:1-37 にある荒れ野伝承は、イスラエルにとって規範となる神学的記憶の中でも特に重要なモチーフである。伝統的に荒れ野の彷徨は四十年間にわたるもので、物語様式を用いてイスラエルの不従順と YHWH の怒り、そして YHWH の寛容が両者の絶え間ないせめぎ合いの中にあったものとして描き出されている。

　イスラエルの初期の諸伝承と同様、荒れ野の旅に関する史実性は、多くの問題をはらんでいる。デイヴィース (Davies) は、オアシスの位置から旅のルートを割り出すことによって信憑性の高い説を発表した。けれどもほとんどの場合、読者の関心は、荒れ野伝承の神学的意図に向けられる。イスラエルはシナイ山での契約に至るため、そして約束の地に到達するために、エジプトを脱して以来、息つく暇なく常に滅びの危険性と隣合わせで生きることを余儀なくされた。荒れ野は、契約と土地の両方に先立つ条件なのである。神学的に捉えれば、荒れ野は寄る辺なさを示すものである。可視的な生命維持システムのない中で、ただひたすら YHWH の庇護に依り頼む以外になく、その不安たるや留まるところを知らない。このように荒れ野は、イスラエルの信仰の真実さと YHWH の存在と約束の確実さを見出すための「試み」の場となっているのである（出 17:1-7。マタ 4:1-11; ルカ 4:1-13 を見よ）。

　この伝承において支配的重要性を有する物語は、出エジプト記 16 章に出てくるマナの話である。緊迫した関係にあるあらゆる要素がこのテキストに盛り込まれている。

　　　イスラエルに不安のあまり不平を述べ立てる（2-3 節）
　　　YHWH は糧をもって応える（13-14 節）
　　　イスラエルに集め、満ち足りる（16-18 節）
　　　イスラエルに集めたものをためこみ、それを失う（19-21 節）

この話が 22-30 節の安息日に言及する部分で終わる点は、創世記 2:1-4a で創

世物語が終わるのと並行している。糧の付与は、荒れ野もまた、創造主なる神の、万物を生み出す主権の下にある場所であることを意味する。

　荒れ野の旅は、イスラエルの礼拝生活の中で、およびダイナミックな伝承過程の主題として大いに思い起こされるものであった（詩 78; 105; 106 編を見よ）。荒れ野に関して書かれているテキストの最終形態が、捕囚の要素を含んでいる事実が示唆するのは、「荒れ野」が「捕囚」を的確に表す隠喩となっていたということである。つまり捕囚期の共同体は、想起された荒れ野の共同体と同じように、YHWH が驚くべき仕方で与える命の糧に依存していたのである。それは、彼らにとっての険しい環境の中で、そして YHWH の契約の民としての存続を保証する通常の手立てを喪失した中で、行われたのだった。捕囚というフィルターを通して荒れ野はこのように、YHWH をおいて外には生命存続の源はありえないゆえ、この方のみに信頼する信仰のあり方を理解する一つの道筋となったのである（捕囚の文脈にあるイザ 55:1-2 を見よ）。

　荒れ野伝承が、危険と危機と争いを物語る一方で、ホセア書 2:16-22 とエレミヤ書 2:21 では、この伝承が、元々の「蜜月」状況を言い表すのに用いられている。それは、契約関係には何らの係争もなく、ただ純粋な信頼と、そこから湧き上がる喜びがあった頃のことである。

　荒れ野の隠喩は、長期にわたる解釈を経て、驚くほど柔軟なものとなっていった。それが新約聖書に持ち込まれると、イスラエルの信仰における荒れ野のテーマは敷衍されて、イスラエルの子であるイエスが命の源を絶たれたままに捨て置かれた十字架の極限状況を表すものへと変容されているのである。〈訳：左近　豊〉

参考文献：

Coats, George W., *Rebellion in the Wilderness* (Nashville: Abingdon Press, 1968); Davies, Graham I., *The Way of the Wilderness: A Geographical Study of the Wilderness Itineraries in the Old Testament* (Cambridge: Cambridge University Press, 1979); Sakenfeld, Katharine Doob, "The Problem of Divine Forgiveness in Numbers 14," *CBQ* 37 (1975): 317-30.

安息日 (Sabbath)

　「シャッバート」の根源的意味は「やめる、もしくは止まる」である。イスラエルの信仰において、一週間の七日目は、生産に従事する仕事と日常的な活動をやめるための日であった。七日目の遵守は、おそらく近東の文化に前例を持っており、イスラエルの信仰を特徴づけるものとなったのは、時代が下ってからにすぎない。それにもかかわらず、旧約聖書のテキストの最終形態において、安息日はユダヤ人の信仰を特徴づける指標（信仰共同体を取り巻く社会の一般的な文化と、その信仰共同体のメンバーとを区別する、目に見える形での不変の規律）となった。

　安息日は、出エジプト記20:8-11と申命記5:12-15の命令によると、二つの全く異なった神学的基礎を持つ。出エジプト記のバージョンでは、安息日は創造の七日目に神が創造の業を休まれた（創2:1-4a）という記憶によって権威づけられる。従って、休止と休息は、YHWHが命じ、また祝福するというまさに創造の構造に根拠を持つのである。この解釈と同様の伝統は、おそらく出エジプト記16:27-30と31:12-17の土台となっている。出エジプト記16章では、安息日は、次のことを認めるために遵守されている。すなわち、神の命の祝福から外れているかのように見える荒れ野においてさえ、生命を維持するための賜物と創造主の存在とが機能しているということである。出エジプト記31章では、安息日は出エジプト記25-31章における幕屋建設の頂点である。従って、創世記2:1-4aにおける創造の極みとしての安息日に対応するものである。三つのテキストはどれも、世界を生命に向けて秩序づけようとする神の業に、安息日の根拠を置いているのである。

　もうひとつのバージョンである申命記5章は、安息日の根拠を全く別のところに置いている。申命記5章では、YHWHが命じた安息日の休息は、ファラオによってなされた生産の要求と対比されている。すなわち、エジプト脱出によってファラオが課した生産のノルマから解放されたことは、イスラエルの共同体にとって、安息日を守るという、それまでとは異なる行動をとることの根拠となる。安息日を守ることは、自分の生命を生産活動にすっかり

注ぎ込むことへの拒絶なのである。

　信仰の点からなされる安息日の特質の定義は、他の二つのテキストの中で明らかにされる。アモス書 8:4-6 において、預言者は、商業に従事する者たちをたしなめている。というのは彼らが、商取引に欠かせない搾取的な慣習に戻ろうと、しびれを切らして安息日が終わるのを待っているからである。イザヤ書 56:3-7 はユダヤ教に現れる包括性に関する後代のテキストだが、そこでは驚くことに、安息日の遵守が共同体に加わるための二つの必要条件の一つとして挙げられている。ここでは、すべてのことが安息日の実践（規則正しく、完全に、目に見える形で生産を休止すること）にかかっているのである。

　この遵守の特質は二つの関連する方法で理解されるだろう。第一に、安息日の祝祭は経済的問題に関係がある。この日は、一種のストライキなのである。

> 七日目は、あなたの神、主の安息日であるから、いかなる仕事もしてはならない。あなたも、息子も、娘も、男女の奴隷も、牛、ろばなどすべての家畜も、あなたの町の門の中に寄留する人々も同様である。そうすれば、あなたの男女の奴隷もあなたと同じように休むことができる。（申 5:14）

出エジプトの記憶という文脈で読むと、この遵守は人がどれだけ多く生産したかによって人の生を規定することに対する抵抗の行為なのである。第二に、ツェバット（Tsevat）が言及しているように、安息日の遵守は神学的行為である。安息日は、単なる仕事からの休息なのではなく、自律と自己充足を放棄する日なのである。

> 第七日にはいつも、イスラエルは自律を放棄し、自らを治める神の統治を確言する。……言い換えるならば、空間と時間に対する神の統治は、大まかに言って同じ事柄についての二つの側面である。二つの側面とはすなわち、人に対する神の統治と、特にイスラエルに対する統治であ

る。従って、以下のように結論づけても、何ら差し支えないだろう。すなわち、七日毎にイスラエルは時間の統治を放棄しなければならず、その結果、自律を放棄し、神が時間の統治者であること、ゆえに自分自身の統治者であることを認めなければならない。従って、安息日を守り続けることは神の主権を受け入れることなのである。(Tsevat, 48-49)

このように、安息日とはYHWHの意思と目的に対して命を捧げるという、イスラエルの最も根本的な主張の目に見える形での宣言なのであり、その聖なる使命に矛盾するあらゆる意思と目的とを放棄することなのである。安息日遵守の経済的局面と神学的局面とは、互いに緊密なつながりを持っている。

現代世界において安息日を回復するために、まさに今、大きなエネルギーがつぎ込まれる必要がある。際限のない成長に傾倒し、すべてのものを商品に変えてしまう消費経済において、有能な者たちは自らを超えた評価基準を持っていないため、次のようにたやすく考えがちである。すなわち、自分たちは自力で立身し、自己充足できており、そして自己実現できている、と。従って、仕事（生産）を抑制し、私たちが自らの生活を生産しているのではないという認識を迫る古い圧力は今や、消費を抑制すること、すなわち私たちは貪るために生命を与えられているわけではないと認めることと同じと言える。さらに言えば、生産と消費の観点から人間社会を再定義する今日の世界観は、ますます多くの命を人間の支配下に置くような技術の伸長によって、強化されている。

人間社会をこのような形で再定義するなら、その社会的犠牲は甚大なものとなる。商品を際限なく追求することが生活となり、最も生産力があるものに価値が置かれる一方、生産力の低いものや非生産的なものは、ぞんざいな扱いを受けるのである。生きることは、無限に商品を奪い合う競争へと姿を変え、隣人関係は完全に破棄される。そこに浸透している態度は「神がいなければ何でもできる」という態度であるように見える。

安息日は、神が生活の中心におられることの目に見える証拠である。言い換えれば、生産と消費は、万物を創造した神によって命じられ、祝福され、

支配された世界の中で行われているということの証拠である。安息日を中心として社会的な時間を再配列することは、すべての時間が神の御手の中にあるということの明確な宣言であり、そして、生産と消費の力を人間が管理することは、せいぜい二番目の大切さしか持たないのであり、それは隣人を愛せよと命じる神の愛によって制限されている、ということの明確な宣言なのである。

　キリスト教の慣習では、安息日は、復活の祝祭を中心とするために土曜日から日曜日へと置き換えられている。しかしながら、その変更を受けてもなお、旧約聖書の安息日の意義、恵み、義務はキリスト者の実際の生活に関わり続けているのである。〈訳：長谷川忠幸〉

参考文献：

Brueggemann, Walter, *Finally Comes the Poet: Daring Speech for Proclamation* (Minneapolis: Fortress Press, 1989), chap. 4; Dawn, Marva J., *Keeping the Sabbath Wholly: Ceasing, Resting, Embracing, Feasting* (Grand Rapids: Eerdmans, 1989); Heschel, Abraham Joshua, *The Sabbath: Its Meaning for Modern Man* (New York: Farrar, Straus & Giroux, 1951)〔『シャバット――安息日の現代的意味』、森泉弘次訳、教文館、2002年〕; Lowery, Richard H., *Sabbath and Jubilee* (St. Louis: Chalice Press, 2000); Miller, Patrick D., "The Human Sabbath: A Study in Deuteronomic Theology," *The Princeton Seminary Bulletin* 6 (1985): 81-97; Peli, Pinchas H., *The Jewish Sabbath: A Renewed Encounter* (New York: Schocken Books, 1988); Plaut, W. Gunther, "The Sabbath as Protest: Thoughts on Work and Leisure in the Automated Society," in *Tradition and Change in Jewish Experience*, ed. A. Leland Jameson (Syracuse, N.Y.: Syracuse University Press, 1978), 169-83; Tsevat, Matitiahu, "The Basic Meaning of the Biblical Sabbath," in *The Meaning of the Book of Job and Other Biblical Studies: Essays on the Literature and Religion of the Hebrew Bible* (New York: KTAV Publishing House, 1980), 39-52.

イゼベル（Jezebel）

　旧約聖書は確かに父権的である。男性がこの文学のほとんどで、重要な役割を占めている。予想通りの結果として、女性は脇役であることが多く、ほとんどの部分について、現代の読者には、彼女らの存在と重要性の痕跡しか見出すことができない。しかしながら、ハガル、ルツ、そしてエステルの記述にあるように、いくつかの注目に値する例外もあり、最近のフェミニスト神学の研究者の研究は、伝統的な父権的解釈が見逃してきた、聖書における女性の役割の重要性に注意を払うよう呼びかけている。そうだとしても、聖書において父権的な記述が優位であることは、ほとんどの解釈が示すように明らかである。本書には、モーセ、ダビデ、エリヤ、そしてエズラの、四人の極めて重要な男性とともに、ミリアム、ハンナ、イゼベル、そしてフルダの四人の著名な女性についての解説を含めた。これらの男性それぞれが、伝承形成過程で、各々の実像を超える隠喩的重要性を担っているのではないだろうか。そして、ハンナ、ミリアム、イゼベル、さらにフルダもまた、伝承形成過程において過小評価を受け続けてきたにもかかわらず、隠喩的重要性を持っているのではないだろうか。これらいくつかの主題について、フェミニスト神学の研究者の視点から書かれた広範な文献は、父権的な伝承形成過程の成果とその過程で見過ごされてきたものを理解するために、極めて重要な示唆を含んでいる。

　代表的な類型として私が考察する他の三人の女性、すなわちミリアム、ハンナ、そしてフルダとは異なり、イゼベルは、悪であり、古代イスラエルにおいて拒絶されたすべてのものの象徴である。

　イゼベルは、オムリ王朝と、この王朝がイスラエルでどのように覚えられているかという文脈の中で理解されなければならない。相当な経済的かつ政治的成功を享受したオムリ王朝は、創始者オムリ、彼の息子アハブ、そしてアハブの二人の息子アハズヤとヨラム（即位した順）によって成り立っていた（前876-842年）。しかしながら、聖書の解釈学的観点からは、その王朝は、YHWHへの敬虔な信仰のまさに正反対で、結果として、特にエリヤ、そし

てそれより控えめにはミカヤとエリシャによって表現されているように、持続的に非難を浴びた。

　カルメル山での論争の極めて重要な劇的な事件（王上 18 章）は、YHWHとバアル（王上 18:21）、もしくは、ことによると YHWH とアシェラ（王上 16:31-33 を見よ）という、二つの宗教的忠義の間の対立として見られている。不確かなことはさておき、この根深い対立の宗教的側面は、競合する社会理論、つまり経済的、そして政治的観点からの考えと親密かつ明確に関連している。列王記上 18 章の宗教的論争は、従って、21 章の物語にある、土地（そして土地についての競合する理論）についての対立と確かに関連している。結局、オムリ王朝は、YHWH への信仰の純粋主義者によって打ち負かされ、息の根を止められた。この純粋主義者は、却下されるべき（宗教的、経済的、政治的）制度を追放し、それによって「純粋な」YHWH への信仰を回復するために武力を用いた（王下 9-10 章を見よ）。

　外国人でシドンの王家の王女のイゼベルは、アハブの妻としてオムリの王家に嫁ぎ（王上 16:30-31）、そしておそらく、アハズヤ（王上 22:53）とヨラム（王下 3:2）の母であった。オムリ王朝は、その隣国である都市国家シドンとの戦略的平和を築こうとしていた。オムリは港の商業的利用を是が非でも必要としており、地中海に面しているシドンは港を提供してくれるからである。オムリの王家のアハブとイゼベルとの結婚は、このように、オムリ王朝にとって、大いなる外交的成果であった。同時に、イゼベルがイスラエルの王宮に来た時に、彼女自身の慣習と宗教的関連物を持ち込むことは予想外ではなかった（同様の事例として王上 11:1-8 を見よ）。それは当然のことだった。というのは、王太后は王室政治において著しい役割を果たすものだし、イゼベルは、北王国の首都サマリアの政治的環境において、特に強力な力を持つ者として表現されているからである。

　申命記史家は「外国人の妻たち」に強く反対する。外国の宗教的信仰や、史家たちが信奉しているイスラエルの契約の伝統とは相容れない社会経済的、政治的思想を、彼女たちが必ずイスラエルに持ち込んでくるからである（より一般的な非難として王上 11:1-8 を見よ）。シドンの王家のイゼベルが彼女とともにイスラエルに、王家の者には当然備わっていると思われる資格と特

権を持ち込み、それがイスラエルの契約的信仰と慣習に害を及ぼしたことは、完全に疑う余地がない。オムリ王朝は、「外国人の王女」が嫁いでくることを歓迎する意志を見せていたので、彼女の宗教的かつ社会的傾向は、北イスラエルの王室の集団において、すぐに認められたように思われる。彼女は、厳格なYHWHへの信仰についてすでに懐疑的だった王室の取り巻きを説得する必要がなかった。

　カルメル山での論争（王上18章）と、ナボトのぶどう園をめぐる出来事（王上21章）は、三朝（とイゼベル）に、聖書の伝統中、おそらく最も急進的なYHWHへの信仰の代弁者であるエリヤとの全面対決をもたらした。それらの出会いは、聖書全体において、最も鋭い対決である。申命記史家の観点から報告された、その出会いの結果は、オムリ王朝への厳しい糾弾と死刑宣告（王上21:19-26）であり、この宣告は列王記下9:30-37において荒々しく実行される。この刑の実行は、エリヤの正当性を証しするものとして、また、YHWHへの信仰を示す行為、すなわちこの先の物語の展開に見られるように、バアル信仰の脅威と誘惑を根絶することになる行為として報告されている。

　イゼベルは、いやが応でも、その激しい対立の一部分である。彼女は、第一に、イスラエルの生活に外国のイデオロギーを無理矢理持ち込んだ「外国人」として理解されることになる。後代、エズラとネヘミヤは、現れつつあるユダヤ教を「純化」しようとして「外国人の妻」を拒絶する（エズ9:1-4; ネヘ13:23-27）が、イゼベルはおそらくこの妻の前触れである。ヨセフ物語（創39章）にすでに見られる「外国人の妻」の危険性を見よ。このようにイゼベルは、伝統の至る所に流れる体系的な対立についての、「論点となる人物」である。

　イゼベルに対する非難はおそらく、彼女が「外国人」であるのみならず、「外国人の女性」でもあることによっていっそう激しいものとなり、父権制の重要性もそれに拍車をかけている。アハブは「その妻イゼベルに唆され」（王上21:25）たとあるが、おそらくこれは、誘惑する女性の声を示唆しているのだろう。その役割は、列王記下9:30の報告では、「目に化粧をし、髪を結い……」と一種の性的魅力を添えることによって、強められているように

思われる。

　このように根本的に体系化された対立は、女性の行動によって強められており、彼女は、夫と息子と、最終的に全イスラエルを「誘惑する」のである。彼女の誘惑する女性としてのこの特徴は、キリスト教の伝統において、ヨハネの黙示録 2:20 に反映されている。ヨハネの黙示録におけるそのレトリックは、特に性についてのものではないのだが、イゼベルはここで、人々を惑わして淫らなことをさせると書かれている。とにかく、フランキー・レイン（Frankie Laine）のポップソングに反映されているような、性についての強調は、信仰を追い求める基本的な努力に関わる、より一層重要な体系的対立から目をそらさせる。1950 年代に人気のあったレインの歌は、楽園を約束してくれた目の魅力について語り、こう言った。「イゼベル……それは君だ！」

　体系的対立と後から描かれるようになった性的描写のどちらをとっても、イゼベルは、申命記史家が純粋なものと見なした YHWH への信仰を力強く支持した預言者エリヤと対照的に、悪であり歪められたものであるすべてを体現する。

　この著しい全面的な対照は、確かに、聖書のテキストの意図するところである。そして私はそれで満足するところだった。しかし近年のフィリス・トリブル（Phyllis Trible）の研究を読み、それだけでは足りないと思うようになった。彼女はもちろん、テキストにおいて確認された全面的な対照に気づいている。しかしながら、トリブルの鋭くも冗談めいた分析は、エリヤとイゼベルが同類で、同じ種類のことをやっていることを示している。

　　彼の勝利（カルメル山でのエリヤの勝利）における皮肉は、読者に、カルメル山ではいったい誰が誰に勝ったのかと考え込ませる。エリヤがイゼベルに勝ったのか、イゼベルがエリヤに勝ったのか。勝者と敗者を入れ替えることができるとなれば、対決の不毛さが浮き彫りになってくる……高い立場から見ると、二人の人物は同じように振る舞う……エリヤはアハズヤをなじるのに何の恐れも示さない、イゼベルはイエフをなじるのに何の恐れも示さない。それにもかかわらず、結果は徹底的に異な

る。エリヤは勝った。アハズヤは「エリヤが告げた主の言葉どおりに」死んだ（王下 1:17）。イゼベルは負けた。イエフは彼女の殺害を命じた。しかしながら、このことが起きるはるか昔に、エリヤは消えた……エリヤとイゼベル、愛された者と忌み嫌われた者。生と死において、彼らは分けられていない。彼らの欲するものを得るために権力を利用して、YHWH の信仰者とバアルの信仰者の両者は、彼らの神について布教し、陰謀を企て、殺人を犯す。彼らの話が現れる文脈を入れ替えてみると、彼らの類似点が明らかになる。イゼベル側の見方からは、エリヤは、次の理由で非難されるだろう。預言者たちを殺し、彼の神学を王国に課し、王が彼の命令を実行するように煽り立て、そして王国にトラブルを巻き起こしたために。……一方、イゼベルは、その宗教的信念を貫き、王族の特権を維持し、夫と子どもを支え、そして敵と死ぬまで戦い続けたことによって、大きな尊敬のうちにいるだろう……それぞれが、他方の命を脅かすのは無理もないことである。（Trible, 8, 14, 17-18）

トリブルの分析は、もちろん、このテキストの性質に反している。テキストは、この二人において、「絶対的な善」と「絶対的な悪」を対比させようという揺るぎない意図を持ったものだからである。彼女の分析は、しかしながら、イゼベルが異なったように読まれえたことを、私たちに気づかせる。イゼベルがイゼベルであったことには必然性がある。バアル信仰は、北イスラエルにおいて幅広い支持と勢いを持っていたかもしれず、あのイゼベルは、バアルを固く信仰するという点において、例外ではなかったかもしれない。そのことは、エリヤを支持し激しく抗戦しているテキストと、バアルに仕えた 450 人の預言者の存在とによって、証言されるだろう。エリヤ（とテキスト）が有する好戦的な YHWH 信仰は、イスラエルの、有害で実際には少数派の意見を代表することもありうる。しかしながら現在、私たちがテキストの中に見出すイゼベルは、そのイデオロギーゆえに、イスラエルではいかなる同情の余地もなく、彼女を理解しようといういかなる試みも受け付けない女性となっている。テキストにおいて彼女は完全に否定されているが、それはイデオロギーをめぐる激しい対立の結果である。あの対立さえ、結

局、彼女が女性であるということによって、より厳しいニュアンスを与えられたのは疑いの余地がない。彼女は解釈の極限を誘い、目一杯の極端な解釈を受け取っている。〈訳：德田 亮〉

参考文献：

Brodie, Thomas L., *The Crucial Bridge: The Elijah-Elisha Narrative as an Interpretive Synthesis of Genesis-Kings and a Literary Model for the Gospels* (Collegeville, Minn.: The Liturgical Press, 2000); Camp, Claudia V., "1 and 2 Kings," in *The Women's Bible Commentary*, ed. Carol A. Newsom and Sharon H. Ringe (Louisville, Ky.: Westminster John Knox Press, 1992), 103-4〔『女性たちの聖書注解』、新教出版社、1998 年〕；Renteria, Tamis Hoover, "The Elijah/Elijah [sic] Stories: A Socio-cultural Analysis of Prophets and Peoples in Ninth-Century B.C.E. Israel," in *Elijah and Elisha in Socioliterary Perspective*, ed. Robert B. Coote (Atlanta: Scholars Press, 1992), 75-126; Rofé, A., "The Vineyard of Naboth: The Origin and Message of the Story," *VT* 38 (1988): 95-102; Toorn, Karel van der, *Family Religion in Babylon, Ugarit and Israel: Continuity and Changes in the Forms of Religious Life* (Leiden: Brill, 1996); Trible, Phyllis, "Exegesis for Storytellers and Other Strangers," *JBL* 114 (1995): 3-19.

一神教 (Monotheism)

　一神教は古典的な西方キリスト教神学に提示されているように、唯一の神が万物を支配するという観念的な主張である。そのような観念的な主張は、従来言明されているように、聖書にとってほとんど関心の対象ではない。それどころか、聖書を理解するうえで、おびただしい害を引き起こしてきた。聖書的観点から、そのような主張が退屈で有害である理由は、次の通りである。すなわち、聖書は YHWH を計り知れない複雑さと深い内面性をもってその業を行うペルソナとして描いており、その複雑さと内面性は、「一つの神」に関する旧来の合理的理解がその性質上排除しているものだからである。聖書固有の問いは、神々の数（一つ！）にあるのではなく、神々が競合すると見なされる多神教的世界における YHWH の業と特性、この神が（他の神々の間で）知られている仕方、そしてイスラエルがこの神に結び付けられている仕方にある。この「一つの神」という主張は、単一神教 (henotheism)、すなわち、おのおのの神が彼または彼女自身の縄張りを支配するが、その縄張りに限定されているという古代世界に一般的な前提（サム上 26:19 を見よ）とは区別されるべきである。

　旧約聖書は最終形態において確かに、「YHWH のみが神である」という断言に至っている。この断言は捕囚期のイザヤ書 (43:11; 48:12) に最も明確である。頌栄の様式でなされたその告白は、観念的なあるいは合理的な帰結ではない。むしろその断言は、最も基本的な信仰の誓約に基づく、全く実際的な意図による信仰の告白である。捕囚により追放されたイスラエルは、この告白に基づいて「信頼し、従い」続けているのである。イスラエルが（差し迫った必要に応じて）この断言に到達したことは、「頌栄的な一神教」に至るまでのイスラエルの信仰と「頌栄的な一神教」の結果としてのイスラエルの信仰とを見渡す一つの視点を提供している。

　現代の学問は概して、歴史的な視点から聖書の一神教の問題を熟考し、イスラエルの信仰告白を構成する一連の言説を研究し、そのようにして歴史的文脈の角度からその一連の言説を解明しようとしている。

一神教

今日の大まかな学問的合意は、次の通りである。すなわち、他の多数の神々の間において、活発な多神教の豊饒な世界において、そしてエル（エル・エルヨン）という至高神の統括的な支配の下にある神々の世界において、YHWH はイスラエルの記憶の中に見出されるということである。初めのうち YHWH は神々の世界の中で全く下位の者と見なされていたかもしれないが、多分最初からイスラエルに連なり関わっていたのだろう。イスラエルは、解釈の伝統において時代と共に YHWH についての証言を繰り返し明確にしてきた。下位に位置していたイスラエルの神は、次第により大きな領域を支配下に治めていき、最終的に YHWH はイスラエルの証言の中で卓越した地位を割り当てられるに至った。エルが長らく天上の会議の議長の地位を得ていたという神学的想像力の中で、YHWH はその役割を独占したのである【「天上の会議」の項を見よ】。

イスラエルは旧約時代の後期まで他の神々の存在を否定せず、また無効にもしなかった。むしろ、イスラエルは、イスラエルに関与する YHWH の契約上の排他性に固着した。なるほど他の神々が存在したかもしれないが、イスラエルはその神々に頼ったり従ったりすることを免れた。というのは、イスラエルはすでにシナイ山で YHWH と独占的に契約を結んでいたからである。従って、YHWH の「ねたみ」は契約上の排他性を訴える一つの手だてである（エゼ 16:41-42 を見よ）。そのような YHWH の怒りを引き起こすイスラエルの罪は、出エジプト記 20:2-3 の第一戒に示されている究極の忠誠への誓いを危うくする。

YHWH の排他的な要求の正当性を強調する一方で、イスラエルはまた、他の神々は無力であり、彼らの約束を果たすこともできず、それゆえにいかなる注目や献身にも値しないという否定的な主張を貫き通した。このような主張が詩歌や物語の中で、YHWH の前でのダゴンの無力（サム上 5 章）やカルメル山でのバアルの沈黙（王上 18:26-29）を描き、またバビロンの神々は担がれねばならないこと（イザ 46:1-2）を暴き立てつつ、繰り広げられた。なるほど、これらの神々は影のように存在するのかもしれないが、彼らは弱く、無力である（詩 115:4-8; 135:15-18）。彼らは、イスラエルによる全幅の信頼と完全な服従に値する、力にあふれる YHWH と著しい対照を成している。

> きゅうり畑のかかしのようで、口も利けず
> 歩けないので、運ばれて行く。
> そのようなものを恐れるな。
> 彼らは災いをくだすことも
> 幸いをもたらすこともできない。
>
> 主よ、あなたに並ぶものはありません。
> あなたは大いなる方
> 御名には大いなる力があります。
> 諸国民の王なる主よ
> あなたを恐れないものはありません。
> それはあなたにふさわしいことです。
> 諸国民、諸王国の賢者の間でも
> あなたに並ぶものはありません。
> ……
> 主は真理の神、命の神、永遠を支配する王。（エレ 10:5-7, 10）

　より最終形態に近い一神教の見通しは、エリヤとホセアの伝承に遡る。前6世紀になってようやく、この見通しが伝承の中にはっきり現れてきた。イスラエルの最も絶望的な捕囚状況の中で、イスラエルの詩人により、YHWHについて最も言葉を尽くした証言がなされたのは、注目すべきことである。

> わたしの前に神は造られず
> わたしの後にも存在しない……。
> わたし、わたしが主である。
> わたしのほかに救い主はない。……
> わたしは神
> 今より後も、わたしこそ主。

> わたしの手から救い出せる者はない。
> わたしが事を起こせば、誰が元に戻しえようか。（イザ 43:10-13）

頌栄の主張は、実際的で論争的である。それは結局、バビロン帝国の神々の追放とその結果としてのバビロン帝国の権威失墜をもたらした。

この頌栄の主張は、牧会的かつ実存的な力を持っており、それはその後も取り上げられ続けた。だが西方キリスト教神学における支配的な伝統は、次第に活気と〔神との〕関係性に満ちたこの主張を、信念の退屈な原理へと移し替え、聖書における生き生きとした頌栄をほとんど欠いたものとしてしまったのである。挙げ句の果てに、合理的で哲学的な定式化の圧力のもとで、この移し替えられた主張は、頌栄の持つ力を多分に欠いたお定まりの絶対的・神学的陳述になってしまった。これらの定式化のうちで最もおなじみのものは、神は「全能で、遍在し、全知である」という教理問答の硬直した主張である。もちろん論理的には弁護できるものである。しかし、そのような定式化は、聖書的信仰が告白の言葉として与えられた、その方法から乖離するものである。すなわち聖書的信仰は、生きるか死ぬかという状況の中で感謝と服従をもって与えられるものなのである。

従って、頌栄的な一神教が確立されるには——つまり捕囚期のイザヤ書においてYHWHに対する主張が確立された後に——、一神教についての解釈がさらに為される必要があった。イスラエルにとっては、YHWHは何者からも影響を受けない卓越した主権者ではない。そうではなく、YHWHはイスラエルに関与する方として知られ、またその命と力がイスラエルと世界の生命に関与する、完全に人格的な神として理解されるべきであるというのがイスラエルの主張だった。

サリー・マクフェイグ（Sallie McFague）がすでに解明したように、一神教は非常に退屈で貧弱になる危険にさらされており、偶像崇拝にさえ陥ることがある。すなわち一神教が、一つの神を固定させ定着させて、人の予測のつくものに変えていった結果、あらゆる活力が神から奪われてしまうのである。一神教を偶像崇拝に陥らせないようにするイスラエルの表現技法の方策は、次の通りであった。すなわち、それぞれがYHWHの何かを描き出すよ

うに機能するが、どれもその他のものを支配したり削除したりすることが許されない、隠喩の豊かな装いによってYHWHの奥深い唯一性を表現することだった。異なる系列の隠喩が、ほとんど無数の多様性の中で、軍事、裁判、家族、医療、芸術、農業、そして政治などの分野を含めて、イスラエルの「唯一の神」の言説のために用いられた（Brueggemann, 229-66）。YHWHの最も豊かな隠喩は、深刻な危機の時代に現れ出る傾向があった。最も魅力的なものは、ホセア（北イスラエル王国崩壊の時）、エレミヤ（南ユダ王国崩壊の時）、そして第二イザヤ（捕囚終結の時）の伝承の中にある。それぞれの事例において、詩人はその時代の危機にとって格別に心に響き、またそれに深く関わりのあるYHWHの有する何かを十分に活写するために想像力を駆使している。

　これらの豊かな隠喩は、YHWH自身の生命に匹敵するほど豊かな内面性を示している。YHWHは、イスラエルの申し立てと、他の神々の間でYHWH自身が申し立てねばならないこととの対立を、絶えず解決する必要があるので、YHWHの内面には誠実さと異議を唱える態度が共存するのである。エイブラハム・ヘッシェル（Abraham Heschel）がすでに説明したように、YHWHの豊かな内面性は、ただ大胆な詩人のみが巧みに描出しうるのだが、その内面はYHWH自身の苦しみを表す激情（パトス）によって特徴づけられている。その激情こそ、やがてイスラエルと世界の生命の中に新しさをもたらす基盤となったのである。

　テキストに示されている一神教の豊かな隠喩は、イスラエルが一つの神を証言していることを物語っているが、この神は伝統的な神学的定式によって囲い込まれも飼い馴らされもしない。この一神教は、一つの神についての発語であり、実演である。この神は前例のない方法で、来ては行き、傷つけては癒し、裁いては救うお方なのである。頌栄的な一神教のテキストに明らかなように、そのような活動的な神は、制御できる範囲で確実性を保とうとする制度的な信仰にとって、あまりに豊かで荒々しく手に負えないことが多い。そのため、制度的な神学のならわしで、この神が存在し、この神がイスラエルで知られている豊かな隠喩の領域を際限なく制限し、偏狭にし、単調にしようとする。

最終的に、イスラエルは告白できる。

> 聞け、イスラエルよ。我らの神、主は唯一の主である。（申 6:4。マコ 12:29 を見よ）

いずれにしても、この「YHWH は一つ」あるいは「唯一なる YHWH」という単刀直入な断言は大きな「傘」となり、その下でイスラエルは信仰を表明する際に豊かで詩的な言説を育んでいる。YHWH は一つ、唯一なる者である。唯一、しかし豊かなる唯一であり、そのお方は、戦士、王、母、医師、芸術家、そして岩といった様々な形で、イスラエルにおいて知られている。聖書の読者は、じっとこの証言に耳を傾けて、狭い所に閉じ込めようとするお定まりの伝統的なやり方に逆らうがよい。そのようにして、一神教の告白は、実際的な問題になっていくのである。複雑さの中で豊かに応じる神が、これまた複雑さの中で豊かに応じる契約的共同体の相方であるのだから。

申命記 6:4 の原初の告白は、イスラエルが危うい状況の中で、契約上のアイデンティティにおいて揺るがないようにした。信仰が脅威にさらされている状況においては、神々の性質や数についての合理的な命題など全く役立たない。イスラエルにとって重要なのは、誠実と熱情の豊かなレトリックへの揺るぎない確信である。それが全く信頼に足るものであるのは、そのレトリックが、イスラエル自身の生活の中で経験した唯一なるお方について表現されたものだからである。〈訳：小河信一〉

参考文献：

Banks, Robert, *God the Worker: Journeys into the Mind, Heart, and Imagination of God* (Valley Forge, Pa.: Judson Press, 1994); Brueggemann, Walter, *Theology of the Old Testament: Testimony, Dispute, Advocacy* (Minneapolis: Fortress Press, 1997), 229-313; Edelman, D. V., ed., *The Triumph of Elohim: From Yahwisms to Judaisms* (Grand Rapids: Eerdmans, 1996); Heschel, Abraham, *The Prophets* (New York: Harper & Row, 1962)〔『イスラエル預言者』上下、森泉弘次訳、教文館、1992 年〕; Johnson, William Stacy, "Rethinking Theology: A Postmodern, Post-Holocaust, Post-Christendom Endeavor," *Interpretation* 55 (2001): 5-18〔「神学再考」、廣石望訳、『日本版インタープリテイ

ション』61 号、2001 年〕; McFague, Sallie, *Metaphorical Theology: Models of God in Religious Language* (Philadelphia: Fortress Press, 1982); Miles, Jack, *God: A Biography* (New York: Knopf, 1995) 〔『GOD　神の伝記』、秦剛平訳、青土社、1997 年〕; Sanders, James A., "Adaptable for Life: The Nature and Function of Canon," in *Magnalia Dei: The Mighty Acts of God: Essays on the Bible and Archaeology in Memory of G. Ernest Wright*, ed. Frank Moore Cross et al. (Garden City, N.Y.: Doubleday, 1976), 531-60; Schwartz, Regina M., *The Curse of Cain: The Violent Legacy of Monotheism* (Chicago: University of Chicago Press, 1997); Smith, Mark S., *The Early History of God: Yahweh and the Other Deities in Ancient Israel* (San Francisco: Harper & Row, 1990).

祈り

祈り（Prayer）

　旧約聖書の中の祈りは、相互に作用し合う会話である。すなわち、双方が役割を持っているドラマまたは対話である。そこでの明らかなる前提は、YHWHの特徴である。すなわち、イスラエルの多数の頌栄と記憶の中でその名を呼ばれているお方として、またこれまでイスラエルのために積極的に執り成し、イスラエルに対し永続的な忠誠を誓ってくださるお方として知られ、信頼されているという特徴である。祈りの対話のもう片方は、イスラエルである。イスラエルは、YHWHの善の第一の受益者であり、これまでYHWHに対して、またYHWHのトーラーの命令に対して忠誠を誓ってきた。

　祈りの中には、イスラエルが共同体として語っているものもある。また、共同体の一個人が語り手となっている祈りもある。このような祈りの語り手は、それが誰なのか特定できるイスラエルの指導者であることもある。その人がイスラエルのために祈っている。しかしより多くの場合、イスラエルの共同体の無名の一員がかなり個人的で親密な祈りを捧げている。ただし、それは常に共同体の一員としての祈りであり、また常にイスラエルの頌栄の伝統を背景として、そしてイスラエルがYHWHと交わりを結んだ過去についての記憶を背景として、捧げる祈りなのである。このように祈りは、本質的な前提として契約の現実に即した営みであり、その契約において〔YHWHとイスラエルの〕双方が互いに永続的な忠誠を誓っているのである。マルティン・ブーバー（Martin Buber）の『我と汝』の中には、祈りの前提、背景、そして実践としての対話的な現実を説き明かした有名な文言がある。それは、イスラエルの生活（そしてより広範に捉えれば、イスラエルがその代表となっている個々人の生活）が、祈りにおいて語りかけることのできるこの神に常に由来し、またこの神に結び合わされているというユダヤ人的な証言である。

　イスラエルの祈りは、契約の状態、すなわち、それが十分に働いているかどうかという角度から理解されるかもしれない。契約が十分に働いている時、イスラエルはYHWHの賛美に専心している。賛美はYHWHへの語り

かけである。それは詩編の中に豊富に表現されているが、その賛美は概して祈りという表題の下に扱われていない。契約がよい状態にある時、祈りは親密と確信の行為であり、信頼の行為であるかもしれない。

　しかし、契約が混乱し十分に働いていない時、あるいは、当事者がある種の疎外を体験している時、イスラエルはそこでまたYHWHに関わっている。その時、祈りは、契約がうまく働いていないために生じている隔たりを越えていこうとする試みである。イスラエルの信仰は主に、法律のカテゴリーにおいて定義されるので、隔たりを超えてYHWHと接触しようとすることは、罪責と過失という法的用語によって表現される。私たちに最もなじみがあるのは、その中でイスラエルが契約上の過ちの責任を受け止め、自身の罪責と過失を認めている懺悔の祈りである。そのような祈りで最もよく知られているのは、伝統的にダビデが語ったとされている詩編51編である。

　しかしながら、最も注目すべきは、イスラエルが契約の過失は自分自身ではなくYHWHの側にあるという考えを心に抱き、言い表すことに逡巡していないことである。これらの祈りの言葉はたいてい、YHWHの活動上の失敗ではなく、むしろYHWHの無視、沈黙、あるいは不在を暗示している（詩13:2-4; 35:17, 22-23; 71:12; 77:8-10を見よ）。しかしながら祈る人は概して、罪責や告発に心を奪われてはいない。むしろ祈る人は、ただひたすら絶望的な状態に陥っており、YHWHが助け、癒し、守り、そして救ってくださるようにと嘆願しているのである。というのは、祈る人はもはや独力では適切に行動できないからである。この気分と情況は、イスラエルの祈りの中心が嘆願であることを、その特徴として示唆している。すなわち、イスラエルは命令の形で語りかけ、神の活動的な臨在と介入を追い求めて「叫んでいる」のである。その命令は、イスラエル自身のための嘆願、あるいは他者または共同体に対する執り成しであるかもしれない。どちらにしても、YHWHへの切なる語りかけは、YHWHと共に歩んできた歴史と信頼あふれる親密さを基とし確信をもって表明されている。

　命令形の嘆願は多分それ自体、祈りの最も原初的な、最も本質的な形態として理解できる。その嘆願は、イスラエルにおいて高度に様式化された。その嘆願には、神への呼びかけ（「わたしの神よ」）が含まれ、またYHWHがそ

の命令に心を留め、それに適切に応えてくださるべきであるという動機づけあるいは理由がほのめかされている。その動機づけとしては、緊急の必要の申し立て（詩 3:2-3）、イスラエルに対する YHWH の過去の忠実さへの訴え（詩 22:4-6）、あるいは威光と威厳に満ちた方であるという YHWH の評判への訴え（詩 7:7-9）が含まれるだろう。こうした動機づけには、YHWH を説得して行動させるというもくろみがあるらしい。そして、それらの中には、イスラエルに対する YHWH の責務に向けて、そしてまたその役割や名声に応じる YHWH の見識と誇りに向けて訴えかける要素も含まれている。

　イスラエルが YHWH と交わす対話には、人生で起こりうるあらゆる問題が取り上げられている。そこには、契約の神があらゆる状況に適正に関わってくださるという確信がある。イスラエルの祈りにおいては、病気、家族との離別、そして見捨てられた感覚など内密で私的な問題ばかりでなく、戦争の際の後ろ盾または干ばつへの介入のような公的な要求をも取り上げられている。実に、詩編にはイスラエルの祈りの実践が豊富に積み重ねられている。それらには、大祭日に公に用いられたに違いない祈りが含まれている。またそれらには、それほど公でない場で私的に捧げられた、より個人的な祈りも含まれている。さらに詩編以外にも、祈りの言葉は旧約聖書の物語の隅々にまで見出される。従って、生きられた生の報告の中には、イスラエルの記憶の中で最も代表的な人物たちが YHWH に対し、具体的な問題に関して語りかけたものが含まれる。以下は、その例である。

　　ソドムのために要求を突きつけるようにして嘆願するアブラハム（創 18:22-32）

　　兄弟エサウと対面することになり深い恐れのただ中にあるヤコブ（創 32:10-13）

　　YHWH の怒りに直面してイスラエルのために執り成すモーセ（出 32:11-14; 民 14:13-19）

YHWHの託宣が告げられた直後に、YHWHの遠大な約束を確認するダビデ（サム下 7:18-29）

　YHWHはあらゆる呪われた状況を克服できると簡明に祈るソロモン（王上 8:31-53）

　アッシリアの脅威に瀕してYHWHが十二分に対処してくださるようにと祈るヒゼキヤ（イザ 37:16-20）

パトリック・ミラー（Patrick D. Miller）がすでに考察しているように、ハガルの祈り（創 21:15-19）、ハンナの祈り（サム上 1-2 章）、そして詩編 131 編の特筆すべき祈りを含めて、女性たちの祈りはとりわけ注目に値する。

　このような豊富な事例から、イスラエルは特徴的にまた自覚的に祈りの民であったことがわかる。YHWHの支配と意志の前に、その生のあらゆる局面を通じ大胆かつ熱心に訴えかけていたのである。イスラエルのこの際立つ現実性は、以下のことを示唆している。

　1. イスラエルの祈りは、現実の応答を期待して発せられる、現実の相手への現実の語りかけである。イスラエルが自己を包み隠さず開いていることは、祈りが聞かれてきた歴史を前提にしている。契約に基づく祈りに関して驚嘆させられる一つのことは、YHWHに向けられている命令が、現実の応答を引き出せるということである。有力な学問的仮説によれば、イスラエルの嘆願は、人間の仲保者を通して、YHWHの現臨と援助を約束する「救済の託宣」をもたらした。この神学的な現実主義（リアリズム）の特質は、祈りが聞き届けられた後にイスラエルが表す、告白と感謝の祈りの言葉に明白である。

　　主にのみ、わたしは望みをおいていた。
　　主は耳を傾けて、叫びを聞いてくださった。
　　滅びの穴、泥沼からわたしを引き上げ
　　わたしの足を岩の上に立たせ
　　しっかりと歩ませ（詩 40:2-3）

> 苦難の中から主に助けを求めて叫ぶと
> 主は彼らを苦しみから救ってくださった。（詩 107:6。13, 19, 28 節を見よ）

> わたしは主を愛する。
> 主は嘆き祈る声を聞き
> わたしに耳を傾けてくださる。
> 生涯、わたしは主を呼ぼう。（詩 116:1-2）

2. それと同時にイスラエルは、YHWH がロボットではない、ということを知っている。祈りへの YHWH の応答が、嘆願に応じてあらかじめ規定されているというようなことは決してない。ヨブ記のドラマは、ヨブが彼のあまたの抗議に対して神から回答を受けていることを示している（ヨブ 38-41 章）。しかし、それは、ヨブの要求通りのたやすく受諾できるような返答ではない。さらに詩編 88 編は、熱心に何度も祈った後ですら、祈りが全く応えられないことがあるというイスラエルの側の驚くべき認識である（詩 89:47-50 も見よ）。なるほど YHWH はイスラエルに対し情熱的で忠実で思いやりがあるが、しかし YHWH は、御自分が望む通り応答するか、あるいは全く応答しないか、イスラエルに対して（またイスラエルの祈りの言葉に対して）自由にふるまわれる。イスラエルは祈りを信用しているかもしれない。しかし、そこで自己満足に浸ったり、当たり前のように YHWH に寄りかかったりするわけではない。

3. 祈りに対するイスラエルの不断の実践は、信頼の念に満ちた神学的な純真さを立証している。現代的で、科学への指向性を持ち、工業技術に飼い馴らされた（私たちの大多数がそうである）人々は、そのような純真さを信頼するのが困難である。結果として、祈りは常に現代社会に合わせて調整されてしまっている。つまり、祈りは生気を失い、（どうせ何も与えられないだろうという確信的な疑いの中で）実際のところ何も祈り求めていない。あるいは、祈りは私たちの気分を良くするための感情浄化の心理的作用に置換されている。あるいは、祈りはグループでの分かち合いのプロセスになってい

る。この古代よりの信仰の純真さは、私たちの間で事もなく受け入れられるものではない。しかし、私たちは次のことを認めることから始められる。祈りについての、私たちがこれまでやってきたような過度の単純化は、イスラエルが実践していたような祈りの、おぼろげで不十分な写しにすぎないと。この純真さの回復は、ただ祈りの内で始まるのではなく、イスラエルの神を語り直すことにおいても始まる。そのお方は、教会の神であり、信仰のレトリックの奥底の律動においてその存在を認識させられるお方なのである。

〈訳：小河信一〉

参考文献：

Balentine, Samuel E., *Prayer in the Hebrew Bible: The Drama of Divine-Human Dialogue* (OBT; Minneapolis: Fortress Press, 1993); Boyce, R. N., *The Cry to God in the Old Testament* (Atlanta: Scholars Press, 1988); Clements, Ronald E., *In Spirit and in Truth: Insights from Biblical Prayers* (Atlanta: John Knox Press, 1985); Greenberg, Moshe, *Biblical Prose Prayer As a Window to the Popular Religion of Ancient Israel* (Berkeley: University of California Press, 1983); *The Living Pulpit* 2/3 (July-September 1993); Miller, Patrick D., "Prayer and Divine Action," *God in the Fray: A Tribute to Walter Brueggemann*, ed. Timothy Beal and Tod Linafelt (Minneapolis: Fortress Press, 1998), 211-32; idem, "Prayer as Persuasion: The Rhetoric and Intention of Prayer," *Word & World* 13 (1993): 356-62; idem, *They Cried to the Lord: The Form and Theology of Biblical Prayer* (Minneapolis: Fortress Press, 1994); Newman, Judith, *Praying by the Book* (Atlanta: Scholars Press, 1999); Reif, Stefan, *Judaism and Hebrew Prayer: New Perspectives on Jewish Liturgical History* (Cambridge: Cambridge University Press, 1995).

栄光（Glory）

　「栄光」という語は、栄誉と力のオーラ、統治の能力を語っている。ヘブライ語で *kbd* という語は、字義通りには「重い」を意味している。「栄光」を持っている人とは、重要で影響力があり、力強く、信望があり、威厳のある人であった。この語が重要な人間を指すために使われてきた一方で、それは多くの語と共に、神学的用語に置き換えられて、YHWHの栄誉、尊厳、比類なき力を証言するようになった。

　これと近い意味を持つ「聖」（holiness）という語と同様に、「栄光」という語は、旧約聖書の用法においては、祭司伝承と申命記伝承の二つの異なった方向に向けられる。祭司伝承の中では、その語はイスラエルにおけるYHWHという崇拝すべき存在——詩編50:2に見られるように、目に見えて「輝く」光の輝きの中でわかる存在——を暗示する【「祭司伝承」の項を見よ】。フォン・ラート（von Rad）によれば、栄光の神学は御名の神学と対照をなすべきもので、それぞれ祭司伝承と申命記伝承に現れ、それぞれ視覚に訴えるものと聴覚に訴えるものとに強調が置かれている。YHWHの臨在は祭司伝承の中では、容易に知覚できるほとんど物質的存在として、理解されている。そうすることで出エジプト記24:15-18でのシナイ山において、また、幕屋に関する出エジプト記40:34-38において、その臨在は圧倒的で、空間に満ち満ちている。

　関連した伝承においては、エゼキエル書はエルサレム神殿へのYHWHの出入りと、そこでの臨在と不在とを証言するために、栄光という概念を取り上げている。それゆえエゼキエル書10:18-19においては、栄光は神殿から出て行き、ケルビムの翼に乗って、バビロンの捕囚民のもとへと向かう。テキストの注意深いけれども広がりのある言葉遣いは、預言者が神の力について語りえないことを、何とかして語ろうとしていることを示唆している。エゼキエル書43:1-5の補足的な章句で、栄光は神殿に戻って来る。栄光は本質的には目に見えるものである一方、エゼキエル書の報告は、神の栄光を聞く体験も含んでいる。聖なる場所で見られる（あるいは聞かれる）栄光は、

イスラエルにとって、YHWH が、近づくことができ手の届く存在であることを示している。しかしながら、同時に YHWH は、祭儀の枠内で囚われたままの状態にあるのではなく、いつも自由で、行き来が可能な存在として描かれている。

　祭儀の中で知られている神は、しかし、優しくて受動的な存在ではない。そしてそれゆえに、「栄光」という同じ語が、よりダイナミックに用いられ、YHWH が支配力と主権をめぐる戦いに従事していることを証言する。YHWH は他の神々もまた統治権を主張する世界に住んでいるため、時には挑戦者と交戦して他の神々を打ち負かす能力を持っていることを示さねばならない。そうすることで、比類なき統治権を主張するのである。それゆえに、その語はいくぶん軍事的な意味合いをも帯び、時には、イスラエルの軍事行為に伴う神の箱と関連づけられる。YHWH の栄光が神の箱に付着していると理解されているのである（民 10:35-36 を見よ）。イスラエルの頌栄の中で、YHWH は礼拝において他の礼拝者から栄光を受け取ると言われており、その礼拝者の中には、イスラエルとおそらく諸国民も、そして打ち負かされて YHWH の統治権を認めた他の神々も含まれる（詩 29:1-2, 9; 96:4; 97:6-7）。事実、詩編 19:1 では、天と地は世界中のあらゆるところで明らかな統治者のオーラの喜ばしき目撃者となる。礼拝の文脈の中では、YHWH は栄光を所持していると見られるが、YHWH は YHWH の威厳に満ちた輝きを認めて敬意を表する人々から、また明らかに挑戦や競争の対象とはなりえない YHWH の主張に彼ら自身の主張を委ねる人々から、栄光を受け取りもするのである。

　しかしながら、YHWH の明白な栄光（あるいは統治者のオーラ）は、礼拝に限定されるのでなく、この世の生活の中で現される。それゆえ出エジプト記 14:4, 17 では、出エジプトの出来事は YHWH がファラオに対して「栄光を勝ち取った」行為であると言われている。すなわち、競争相手になろうとしていたファラオを屈服させ、打ち倒した力を証拠づけているのである。サムエル記上 4-5 章には kbd に関する巧妙で軽妙な言葉遊びが含まれている。契約の箱の略奪に具現されたイスラエルの（そして YHWH の）敗北は、「イカボド」つまり「栄光（kabod）は去った」と要約されるのである。しかし、

栄光

その後に物語の形勢は逆転する。サムエル記上 5:6, 7, 11 で、YHWH の手は「重い」〔新共同訳では 7 節は「災難をもたらす」〕と言われており、同じ語 *kbd* が用いられている。すなわち YHWH の統治権は取り戻され、ペリシテ人も、また YHWH のより優れた力によって打ち負かされ、面目を失わされた彼らの神であるダゴンも、その統治をしっかり目にしたのである。さらにバビロン捕囚の間、バビロンの神々の方が強く、YHWH を打ち負かしてしまいそうに思われた時、YHWH の統治権の主張は、大変な試みに遭う。しかしながら詩人によると、YHWH は決して狼狽することなく、YHWH から権力を奪うか、自らも権力の座につこうと敵対する神々に何ひとつ譲歩をしない。

「わたしは主、これがわたしの名。
わたしは栄光をほかの神に渡さず
わたしの栄誉を偶像に与えることはしない。」（イザ 42:8）

「わたしは私の栄光をほかの者には与えない。」
（イザ 48:11。46:1-7 を見よ）

権力を求めるいかなる争いにおいても、テキストは YHWH をどんな挑戦をもはねつける完全な力を持つ者として特徴づける。競争相手になろうとしたところで、誰も YHWH と張り合うことはできないのである。このように、神殿において限りなく賛美され、誉め讃えられ、栄光を帰されるお方は、実際の戦いの中で、また世界中の争いの中で、無敵で正統な主権を獲得し、確立し、そして証明してきたお方である。イスラエルのただ中に「寄留する」お方は、賛美と従順に確かに値するお方である。

　キリスト者は礼拝においてその語にあまりにも親しんでいるので、「栄光」に注意を向けることはほとんどない。良く知られたことだが、この用語はルカ物語のイエス誕生の知らせの中で、神の御使いたちの唇にのぼった。そしてそれによって、神の御使いたちは、神の「統治のオーラ」がこの新しく生まれる赤ん坊と関連していると断言している（ルカ 2:14）。さらにキリスト者は「父と子と聖霊に栄光あれ」といつもほめ歌う。そしてそれによって、

教会は喜んで、そして余すところなく、賛美と従順の正当な理由を持つ三位一体と呼ばれている神に全主権を譲り、それを認めている。初期の教会で、イエスに対してなされた重要な主張は、ナザレのイエスにおいて、「その栄光――それは父の独り子としての栄光であって、恵みと真理とに満ちていた」（ヨハ 1:14）が見える存在となったということである。そのような深い主張は、YHWH の正統な支配を確立し証明するところの、イスラエルの祭儀的かつ物語的伝統に関わる時にだけ、理解できるものである。

〈訳：重富勝己〉

参考文献：

Balthasar, Hans Urs von, *The Glory of the Lord* vols. 1-3 (San Francisco: Ignatius Press, 1982-86); Brueggemann, Walter, *(I)chabod toward Home* (Grand Rapids: Eerdmans, 2002); Rad, Gerhard von, *Studies in Deuteronomy* (SBT 9; Chicago: Henry Regnery Co., 1953), chap. 3; Terrien, Samuel, *The Elusive Presence: Toward a New Biblical Theology* (New York: Harper and Row, 1978).

エジプト

エジプト (Egypt)

　旧約聖書の時代においてすでにそうであったように、エジプトは太古の古代文明として肥沃な三日月地帯の南部に置かれた錨のように揺るぎない存在だった。また、この国を特徴づけるのは、栄枯盛衰を繰り返す北方勢力に対して、政治的軍事的に対峙する存在としての役割を果たしていたことである。このようなわけで、エジプトは北方の敵国に対する盾となる存在として、定期的にシリア・パレスチナという中間地帯の領有権を主張した。その結果、イスラエルの領土の征服は常にエジプトの目指すところであり、時々、その目的を遂げた。旧約聖書の時代、イスラエルへのエジプトの侵入がとくに確実なのは、〔エジプト王〕シシャクが行った侵略（王上 14:25）と、それより時代が降った王国時代のことであり、その時エジプトは新興国バビロニアの進撃を阻止する役目を果たした（王下 23:28-29 を見よ）。

　旧約聖書におけるエジプトに関する想像的解釈では、政治的・軍事的な実体として、エジプトは明らかに重要で象徴的、比喩的な支配勢力であり、歴史上この国に勝る強大国はないものとして描かれている。イスラエルの側から見た、エジプトを特徴づける五つの重要な要点について述べる。

　1. ヨセフ物語では（創 37-50 章）、エジプトはその周辺地域をうるおす穀倉地帯であり、飢饉がひどくなると、人々はエジプトへ逃れてきた（創 12:10-20 を見よ）。しかし、豊かな収穫をもたらす土地を有していたエジプトは、創世記 47:13-26 ですでに富を独占する勢力として描かれ、農民から農地と生計手段を奪っている。「穀倉地帯」というエジプトに好意的な呼称でさえ、次の書である出エジプト記に描かれる物語の前触れという役目を負う。創世記 47 章の記述から、民がいかにして奴隷の身分に堕ちたかはすでに明白になっている。

　2. 旧約聖書におけるエジプトへの主要な言及は出エジプト記の物語であり、エジプトは奴隷の地として描かれ、YHWH はイスラエルの人々を奴隷の身分から解放させた。エジプトの支配勢力は YHWH の意志とは完全に対立するものとして描写され、その結果、出エジプト記 7-12 章でのファラオ

と YHWH の間の戦いは、エジプトの真の統治者を決定する争いである。イスラエルの賛歌や物語で主張される YHWH の勝利は、旧約聖書の信仰に関係する決定的な要素である。否定的には、申命記 28 章の長い呪いの朗唱の中で、究極の呪いはエジプトに関連するものである。

> 「あなたは二度と見ることはない」とかつてわたしが言った道を通って、主はあなたを船でエジプトに送り返される。そこでは、あなたたちが自分の身を男女の奴隷として敵に売ろうとしても、買ってくれる者はいない。(申 28:68)

この呪いは、エジプトへの劇的な逆戻りを描く、エレミヤ書 43-44 章の物語の中で実行されたように思われる。つまり、奴隷からの解放に関する全歴史を無効にするものだった(申 17:16 を見よ)。

3. ソロモン物語の中で (王上 3-11 章)、この聖書本文は、結婚という方法でソロモンがファラオに結びついたことを、痛みをもって記述する (王上 3:1; 7:8; 9:24; 11:1)。物語の中でたびたびこの事実に言及するので、ソロモンとエジプトとの間には政治的に重要な同盟関係があったと見なしてよいかもしれない。しかし、この聖書本文がもつ皮肉な側面を読むことが許されるなら、繁栄と贅沢を極めたソロモンは、ファラオのように無慈悲で搾取的なやり方で国を支配し始めたことを、読者に気づかせようと意図しているのかもしれない。従って、この物語はソロモンの罪をこの〔ファラオとの〕親密な関係によって立証することに寄与している。というのは、ソロモンの統治は、イスラエルの自己理解の中心である、契約下の制限や可能性を大いに無視したからである。

4. おそらくソロモンの記憶と関係して、エジプトの諸伝承は確かにイスラエル人の知恵に影響を与えている。箴言 22:17-23:12 の聖書本文は明らかにエジプトの『アメンエムオペの教訓』に依拠したものである。このことから、互いに文化を共有し、共通の原則をもっていたことがわかる。

5. 後代の諸国民への託宣の中で、エジプトはひときわ目立つ (イザ 19 章; エレ 46 章; エゼ 29-30, 32 章)。このように言及するのは、後の時代になると

エジプトはイスラエルの内政にたびたび干渉したからであろう。イスラエルの記憶の発端から、エジプトは YHWH の支配に反対する敵であったという決定的なイメージがすでに出来上がっていたに違いない。それゆえ、エゼキエル書 29:3 では、エジプトは大いなる独立を要求した国として引き合いに出される。まさにこの独立とは、創世記 47 章において、ファラオに独占支配を許し、出エジプト記の物語の中では圧政的な政策を可能にしたものである。詩編 87:4 では、エジプトを「ラハブ」と呼ぶことで、エジプトに対する同様の否定的判断の度合いが強められている。ラハブとは邪悪な海獣で、混沌の中、YHWH の支配に反対の声をあげる（イザ 30:7 を見よ）。エジプトは YHWH に抵抗する勢力の象徴であり、その抵抗の試みが不成功に終わったエジプトに対する嘆きを、エゼキエル書が記している。YHWH に抵抗して生き残ることはできないからであり（エゼ 30-32 章）、それは驚くことではない。反抗的な「エジプト」の姿さえ、YHWH による統治を肯定する手段となっているのである。

　注目すべき聖書本文が二箇所あり、イスラエルの究極の希望が示される。つまり、最終的にはエジプトでさえ YHWH の支配の手から逃れて存在することはできないのである。イザヤ書 19:23-25 は、エジプトが「わが民」となるだろうことを予期する。エゼキエル書 32:31 では、デイヴィス（Davis）が示すように、ファラオは最後に悔い改め、YHWH に従うことになる。こうした記述は、YHWH の偉大な支配におけるイスラエルの最後の希望として重要である。しかし、ほとんどの場合、イスラエルはエジプトを脅威や誘惑と見なしている。唯一それに対抗できるのは、YHWH による解放や契約に基づく法である。

　このエジプトに対するイメージは長く続き、新約聖書の中でも明らかである。マタイ福音書でもエジプトについて言及されており、イエスとその両親がエジプトから帰国する様子が記述されている（マタ 2:19-23）。〈訳：大串 肇〉

　参考文献：
　Ash, Paul S., *David, Solomon, and Egypt: A Reassessment* (JSOTSup 292: Sheffield:

Sheffield Academic Press, 1999); Brueggemann, Walter, "Pharaoh as Vassal: A Study of a Political Metaphor," *CBQ* 57 (1995): 27-51; Davis, Ellen, " 'And Pharaoh Will Change His Mind...'(Ezekiel 32:31): Dismantling Mythical Discourse," in *Theological Exegesis: Essays in Honor of B. S. Childs*, ed. Christopher R. Seitz and Kathryn Green-McCreight (Grand Rapids: Eerdmans, 1998), 224-39; Fretheim, Terence E., "The Plagues as Ecological Signs of Historical Disaster," *JBL* 110 (1991): 385-96; Friedman, Richard E., "From Egypt to Egypt: Dtr1 and Dtr2," in *Traditions in Transformation: Turning Points in Biblical Faith*, ed. Baruch Halpern and Jon D. Levenson (Winona Lake, Ind.: Eisenbrauns, 1981), 167-92; Grimal, N., *A History of Ancient Egypt* (Oxford: Blackwell, 1992); Redford, Donald B., *Egypt, Canaan, and Israel* (Princeton: Princeton University Press, 1992).

エズラ（Ezra）

　本書のような神学的主題を扱う書物の中で、人物を取り上げて語ることは少々奇妙に思えるかもしれない。しかし私は、伝承から四人の男性——モーセ、ダビデ、エリヤ、エズラ——を取り上げて語ることにする。なぜなら、それぞれの事例において、その個々人が旧約聖書の重要な神学的主張を体現しているからである。

　前5世紀中頃、書記官エズラは官吏のネヘミヤとともに、エルサレムを再建し、前587年の破壊以後完全に復興することがなかったイスラエルの信仰を復活させた。キリスト教の学問分野においては概して、最近までエズラは軽視されてきた。その理由は疑いようもなく、捕囚後のユダヤ教全般とエズラが行った運動に対してキリスト教徒が通常抱いている風刺画的イメージのせいである。しかしユダヤ教においては、ユダヤ人社会の伝統における大変に重要な人物として、モーセに次いでエズラは高く評価されている。そして捕囚後、ユダヤ教をよみがえらせた貢献者として認識されている。

　本書の目的にとって、以下の三点がエズラについて注目すべき事項である。

　1. 次第に明らかになることだが、エズラはユダヤ教全体にとってやがて決定的となる基準点として、トーラーの果たす中心的役割を確立（あるいは復興）させた。彼は、トーラーに従って、ユダヤ人の生活全般にわたる厳格で徹底した改善を指示した（エズ6:19-22; 9:1-4。ネヘ10-13章を見よ）。もっと劇的なのは、ネヘミヤ記8章において、ユダヤ教の基礎を築く出来事と一般に認められている集会をエズラが主宰したことである（捕囚後のユダヤ人の信仰は、あらゆる面において、「初期イスラエル」が持っていた信仰と区別される）。この出来事で書記官エズラは仲間と共に、

> その律法を民に説明したが、その間民は立っていた。彼らは神の律法の書を翻訳し、意味を明らかにしながら読み上げたので、人々はその朗読を理解した。（ネヘ8:7-8）

すなわち、モーセが申命記で行ったように（申 1:5 を見よ）、エズラとその仲間たちは、当時の状況に適合するように古いトーラーの教えを解釈した。モーセのように、エズラは、解釈を許し、解釈を要求するトーラーのダイナミズムを理解し、実践したのである。

2. エズラとネヘミヤはペルシア王国から与えられた許可に従って行動した。つまり、ペルシア当局がエルサレムと礼拝共同体の復興を財源的に援助し、認可を与えたのである。この活動は、一般的にペルシアの政策と矛盾しない。そのため、とりわけユダヤ人にとって、ユダヤ教は政治的能力を要求したり主張したりすることのない、礼拝共同体となった。それ以後のユダヤ教の特色として、ユダヤ教が持つ固有の宗教上の主張に常に無関心で、冷淡な、帝国の権力者たちの存在に実践的に適応しなければならなかったことが挙げられる。従ってエズラの成功の背後にはペルシア帝国があり、それはユダヤ教を特徴づける、一つの指標のような存在になったのである。

3. エズラとネヘミヤはペルシアによって権限を授与され、ペルシア帝国の理解を得るために順応する必要があったが、その一方、二人はユダヤ人捕囚共同体の一員であり、代表者でもあった。ユダヤ人たちはバビロンに強制移住させられたが、影響力があり、高度に学問的なディアスポラのユダヤ教を発展させた。ここで述べているユダヤ人共同体は、それ以外の競合するユダヤ教に対して次第に優勢になっていった。つまり、エズラのなした仕事の実際的な効果の一つとは、ユダヤ教を再度特色づける過程で、バビロニア居住のユダヤ人たちに優位と特権を与えたことである。エズラとネヘミヤはおそらく都市部に住むエリート集団の一員であり、この集団はエレミヤ書 24 章で「良いいちじく」と見なされた捕囚民に由来する。伝承の中において、彼らは古代イスラエルの契約主義を受け継ぐ主たる継承者として現れ、申命記やエレミヤ書の伝承の中に表されているトーラー重視の姿勢を引き継ぐ。トーラーに対する彼らの前向きで誠実な取り組みは、強制移住という状況に対処した解決策である。それゆえ、ユダヤ教はどこに居場所を変えても、ユダヤ教を維持できる資源を持ったのである。エズラの指導力はこの成功を象徴するものであり、この成功はおそらく本質的に彼によって実現されたもの

であろう。〈訳：大串 肇〉

参考文献：

Blenkinsopp, Joseph, *Ezra-Nehemiah* (OTL; Philadelphia: Westminster Press, 1988); Brueggemann, Walter, "Always in the Shadow of the Empire," in *The Church as Counter-Culture*, ed. Michael L. Budde and Robert W. Brimlow (Albany: SUNY Press, 2000): 39-58; Grabbe, Lester L., *Judaism from Cyrus to Hadrian: Sources, History, Synthesis: The Persian and Greek Periods*, Vol. 1 (Minneapolis: Fortress Press, 1991); Klein, Ralph, "Ezra and Nehemiah in Recent Studies," in *The Mighty Acts of God: In Memoriam G. Ernest Wright*, ed. Frank M. Cross et al. (Garden City, N.Y.: Doubleday, 1976): 361-76.

選び（Election）

　「選び」とは、YHWHが世界の中からイスラエルを特別な自分の民として「選んだ」こと、またYHWHが御自身の未来をイスラエルの幸いのために献げることへの確信を言い表す伝統的な手法である。動詞「選ぶ」（$bḥr$）によって特別に表現されるこの確信は、旧約聖書全体に広く普及した、旧約信仰の主たる前提である。その前提の下で断固主張していることは以下の通りである。つまり、YHWHはこのような決定をなす神であり、絶対にぶれることはなく、イスラエルと結びついている神である。こうしてイスラエルの生と未来はYHWHの人格と意志とに堅く結びついている。

　いくつかの旧約聖書の伝承の中に、以上の信念が言い表されている。アブラハムに関して、聖書はこう述べている。「わたしがアブラハムを選んだ」（創18:19）。出エジプト記の伝承によれば、イスラエルはYHWHの「長子」である（出4:22）。シナイにおいて、イスラエルは「あなたたちはすべての民の間にあってわたしの宝となる」と言われている（出19:5）。比較的最初期の詩の中では、イスラエルは「主に割り当てられたのはその民／ヤコブが主に定められた嗣業。主は荒れ野で彼を見いだし／獣のほえる不毛の地でこれを見つけ／これを囲い、いたわり／御自分のひとみのように守られた」と謳われている（申32:9-10）。申命記の伝承において、選びに関する確信はこのうえなく明瞭かつ明確に述べられている。

> あなたは、あなたの神、主の聖なる民である。あなたの神、主は地の面にいるすべての民の中からあなたを選び、御自分の宝の民とされた。主が心引かれてあなたたちを選ばれたのは、あなたたちが他のどの民よりも数が多かったからではない。あなたたちは他のどの民よりも貧弱であった。ただ、あなたに対する主の愛のゆえに、あなたたちの先祖に誓われた誓いを守られたゆえに、主は力ある御手をもってあなたたちを導き出し、エジプトの王、ファラオが支配する奴隷の家から救い出されたのである。（申7:6-8。申9:4-7; 14:2を見よ）

選び

> 見よ、天とその天の天も、地と地にあるすべてのものも、あなたの神、主のものである。主はあなたの先祖に心引かれて彼らを愛し、子孫であるあなたたちをすべての民の中から選んで、今日のようにしてくださった。（申 10:14-15）

　YHWH の選民というイスラエルの特別な身分には、トーラーを遵守することを通して、YHWH に服従して生きるための、根本的な、交渉の余地のない要求が伴うことは明白である。YHWH が、地上のすべての民の中から自分の宝としてイスラエルを選んだのは、イスラエルが YHWH の意志に従うためである。それゆえに、選びという驚くべき出来事は、トーラーの戒めの本質に密接に結びつく。イスラエルを愛する神は、イスラエルの生を支配しようとする神であり、そのため、前 7、8 世紀に登場した預言者たちはこの特別な身分こそ、不服従のゆえに下される刑罰の根拠となることを繰り返し語るのである。

> 地上の全家族の中からわたしが選んだのは
> お前たちだけだ。
> それゆえ、わたしはお前たちを
> すべての罪のゆえに罰する。（アモ 3:2）

　否定の程度については諸々の伝承は一致してはいないが、前 6 世紀に起きた災い――エルサレムの破壊と捕囚――は、イスラエルが YHWH によって選ばれた民であることの強固な否定であると言いうる。いずれにしろ、捕囚中に語られたイザヤ書の救済託宣を通して、YHWH に選ばれた民であるという、深い混乱を持ちこたえるイスラエルの身分が再確認される。

> わたしの僕イスラエルよ。
> わたしの選んだヤコブよ。
> わたしの愛する友アブラハムの末よ。

> わたしはあなたを固くとらえ
> 地の果て、その隅々から呼び出して言った。
> あなたはわたしの僕
> わたしはあなたを選び、決して見捨てない。
> 恐れることはない、わたしはあなたと共にいる神。
> たじろぐな、わたしはあなたの神。（イザ 41:8-10、傍点は著者による）

> そして今、わたしの僕ヤコブよ
> わたしの選んだイスラエルよ、聞け。
> あなたを造り、母の胎内に形づくり
> あなたを助ける主は、こう言われる。
> 恐れるな、わたしの僕ヤコブよ。
> わたしの選んだエシュルンよ。
> （イザ 44:1-2、傍点は著者による。イザ 43:1; エゼ 20:5 を見よ）

これらの言明においては、捕囚という耐えがたい喪失でさえ、選びは持続するという確信の中に収められる。

　伝承によっても支持されていることだが、YHWH は――選ぶ神として、さほど公にしない仕方で――別の仕方で補助的な選びをなす。その中には特殊な身分である祭司（申 18:5; 詩 105:26）や、エレミヤ（1:5）、そしてイスラエルを「僕」として擬人化しているイザヤ書 49:5 の場合のような特定の個人も含まれる。もっとも興味深い主張は詩編 78 編に見られる。ここで YHWH はエルサレムの創設に従事し、神殿（代下 7:16 を見よ）や王国を築いた。

> 主はヨセフの天幕を拒み
> エフライム族を選ばず
> ユダ族と、愛するシオンの山を選び
> 御自分の聖所を高い天のように建て
> とこしえの基を据えた地のように建てられた。

> 僕ダビデを選び、羊のおりから彼を取り
> 乳を飲ませている羊の後ろから取って
> 御自分の民ヤコブを
> 御自分の嗣業イスラエルを養う者とされた。
> （詩 78:67-71、傍点は著者による）

このように、選民という確信は非常に特殊なものともなりえ、また容易にイデオロギーのために利用されたことは明白である。上述の聖書本文はエルサレムの立場を明白にするだけでなく、北方、特にシロの聖所（詩 78:60）に対抗する主張を裏付けるものである。

　旧約聖書におけるこの典型的な確信は、同じように聖書本文に言い表されたある認識と矛盾して存在する。その認識とは、イスラエルの神は天地の造り主であり、それゆえ多くの人々の神であるということである。伝統的な言い回しで言えば、「ノアの契約」の役割は、YHWH は全世界の神であるというこの主張を明らかにすることである（創 9:8-17）。この旧約聖書の本文は、YHWH による支配の広大な広がりと、YHWH のイスラエルに対する特別な責任の両方を、同時に肯定するようまとめられている。しかし、別の箇所の記述は、異なる方向へ緊張を傾ける。創世記 12:1-3 で、アブラハムに対する YHWH の約束によると、アブラハムを通して、すべての人々が祝福されることになっている。個人に対して約束を結んだ行為にもかかわらず、他者も考慮されている。例えばアモス書 9:7 で、詩人はある考えを謳いあげている。つまり、イスラエルの出エジプトとともに、YHWH は多くの民族——イスラエルの敵を含む——を「脱出」させている。イザヤ書 42:6-7 と 49:6 では、イスラエルは「諸国の光」になる。加えて、イザヤ書 19:23-25 は、来たる日のことを想像する。その日が来ると、YHWH から選ばれる民は複数となり、イスラエルは独占的な身分を持たなくなる。この聖書本文が度々示唆することは、この神が他民族にもそれぞれ固有の選びの物語を与えているということである。

　選びの主張は疑いもなく、すべての特殊性を避ける「普遍的根拠」に立ち向かうものであり、神は世界の諸国民の味方であるという考えと対立する。

このいわゆる「特殊性の躓き」── YHWH が「イスラエルを選んだ」という事実──はオグデン・ナッシュ（Ogden Nash）の詩の中で軽やかに賛美されている。「神は何て奇妙なことをなさるのだろう。ユダヤ人を選ばれるとは」。選びが聖書本文に典型的な特異な出来事であることは間違いない。その上、聖書本文の決定的な主張の本質がわからなければ、旧約聖書本文をどれほど深く誤解してしまうことになるかがわかる。それを示す事例が、西欧文化の中にある情け容赦のない反ユダヤ主義の長い歴史である。これは聖書が成り立つか否かがかかっている特殊性の主張を根こそぎにしようとする悪意に満ちた試みである。しかし、どのように試みたとしても結局のところ、以下の主張は確固としている。すなわち、YHWH はこの特殊な手法によって世界に関わってきたのであり、不偏不党で、公平な、中立の神ではないし、そうであろうと意図したこともない。イスラエルを選ぶことが前提であり、それに関しては何の説明も施されてはいない。これは神のなす業であり、説明をなす必要などないのである（出 33:19 を見よ）。

　選びに関して、そこから派生する三つの論点を以下に挙げることは有益である。

　1. YHWH がイスラエルを選んだことに発する「特殊性の躓き」は、キリスト教信仰に絶えず付きまとっている。そのことはローマの信徒への手紙 9-11 章におけるパウロの難解な議論の中にも明らかに示されている。さらに、「メシアとしてのイエス」というキリスト教の主張はたとえ派生的であろうとも、本質的にはこれと並行する主張であり、この主張の上に、キリスト教の信仰が成り立つか否かがかかっている──すなわち、天地の造り主の存在は、この唯一の人間〔イエス〕を通して完全に示されたという信仰である。それゆえに、ユダヤ教とキリスト教は天地の造り主に関するこの「人を躓かせる主張」を共有しているのである。

　2. 中央アメリカのローマ・カトリック教会が説く解放の神学は、「神は貧しき者を優先して選ぶ」という表題、神が特別な民として貧しい人々を選ぶと断言する簡潔な言葉を通して、選びについての新しい考えを表明する。この主張はある聖書解釈に根差している。つまり、イスラエルは最初から民族的共同体だったわけではなく、神がその土地の貧しい人々を集め、イスラエ

ルという共同体を作りあげたと考えられている。この選びに関する主張は、選びに関するユダヤ人の主張と対立する。ユダヤ人の主張には、民族的な側面があるからである。解放の神学による主張はもっともな主張であるとして認められるかもしれない。だがそれは、選びについて、当初からあるユダヤ人の選びの主張から生まれた副次的な主張にすぎない。

　3. 選びのような独特の主張は、恥知らずで多分に破壊的なイデオロギー操作にも利用されやすい。聖書本文そのものの中でも、ヨシュア記では、この選びの概念が他民族を根絶する根拠になっている（ヨシュ 12:7-24）。教会の長い歴史において――おそらくイスラエルの現状においても――選びの概念は、自分たちを選ぶ神の意志にふさわしくない行動を自己正当化する道具として役立ってきたし、今後もその役割を果たし続けるだろう。

　キリスト教神学の後の発展過程において、特にジャン・カルヴァンの伝統において「選び」の概念は強化された。そしてそれは不幸にも、予定説や二重予定説の教義として具体化されたように思われる。このような公式化は、計り知れない神の意志の中に救済の保証を捜し出す試みである。しかし、こうした公式化は探求する範囲を大きく逸脱しており、YHWHによる選びという概念を、聖書本文において意図されず、描かれてもいない方法で歪曲することになる。21世紀の教会的使命に関する、より新しい洞察力を通して、キリスト教徒の中からは自分たちだけが「神の選民」であるという勝ち誇った考えはあまり出てこなくなるだろう。〈訳：大串 肇〉

参考文献：
Bellis, Alice Ogden, and Joel S. Kaminsky, eds., *Jews, Christians, and the Theology of the Hebrew Scriptures* (Atlanta: Society of Biblical Literature, 2000); Brueggemann, Walter, " 'Exodus' in the Plural (Amos 9:7)," in *Many Voices, One God: Being Faithful in a Pluralistic World: In Honor of Shirley Guthrie*, ed. Walter Brueggemann and George W. Stroup (Louisville, Ky.: Westminster John Knox Press, 1998), 15-34; idem, "A Shattered Transcendence? Exile and Restoration," in *Biblical Theology Problems and Perspectives: In Honor of J. Christiaan Beker*, ed. Steven J. Kraftchick et al. (Nashville: Abingdon Press, 1995), 169-82; Levenson, Jon D., *The Hebrew Bible, the Old Testament, and Historical Criticism* (Louisville, Ky.: Westminster John Knox Press, 1993), 127-59;

Miller, Patrick D., "God's Other Stories: On the Margins of Deuteronomic Theology," in *Israelite Religion and Biblical Theology: Collected Essays* (JSOTSup 267; Sheffield: Sheffield Academic Press, 2000), 593-602; Rowley, H. H., *The Biblical Doctrine of Election* (London: Lutterworth Press, 1950); Van Buren, Paul, *Discerning the Way: A Theology of the Jewish-Christian Reality* (New York: Seabury Press, 1980).

エリヤ（Elijah）

　本書のような神学的主題を扱う書物の中で、人物を取り上げて語ることは少々奇妙に思えるかもしれない。しかし私は、伝承から四人の男性——モーセ、ダビデ、エリヤ、エズラ——を取り上げて語ることにする。なぜなら、それぞれの事例において、その個々人が旧約聖書の重要な神学的主張を体現しているからである。

　エリヤは旧約聖書の物語の中に少し現れるだけで、その題材というのは、通常「伝説」として扱われるものである。つまり、学者が重要な判断材料として聖書本文に求める、確かな「歴史的証拠」の類がない物語のことである。モーセやダビデに関することと同様に、聖書の記述からエリヤの人物像を探ることには限りがある。

　エリヤは、モーセに次ぐ非常に重要な預言者として語られる。おそらく申命記 18:18 で約束された「あなたのような預言者」に当てはまり、明らかにモーセと関連づけられ、モーセを手本とする人物である。

　1. 驚くほどの力を授けられたエリヤは変容の奇跡をおこし、その生涯を通じて、YHWH の生き生きとした存在感を示す（王上 17:8-16, 17-24）。

　2. エリヤは YHWH の偉大なる擁護者として、また、バアル崇拝の中で生きるか死ぬかの困難に直面していた YHWH の宗教を守り抜いた者（王上 18 章）として描かれている。カルメル山で行われたいわゆる「力競べ」は、イスラエルの宗教史上決定的な瞬間である。その当時、北イスラエルのオムリ王朝によって庇護されていたバアル崇拝は、YHWH への信仰と完全に対立するものであり、YHWH による支配を根底から覆す脅威でもあった。預言者的な猛々しさをもつエリヤは、何も恐れることなく YHWH を擁護する人物として表現され、敵対する宗教的・政治的権力に囲まれながら YHWH のみに従う主張を確立した。

　3. YHWH とバアルの宗教的対立は激しく、根深かった。物語の描写によれば、土地・財産の経済理論も同じように激しく競合し、対立した。その理論は宗教的主張につながっているからである。列王記上 21 章で、エリヤは

ナボトを支持して、部族の相続権に関する古い理論を代弁し、土地を売買可能な商品と見なす王家の見解をはねのけようとする。列王記上 18 章の宗教的な対立を 21 章の経済的な争いと関連づけることで、宗教的な忠誠心と経済的・政治的な実践とが互いに密接に関係し合っていることを、この聖書本文は明らかにしている。ナボトの土地を巡る争いの結果を見ると、エリヤはアハブ王家に対し預言者として威嚇の言葉を堂々と告知する（王上 21:20-24）。この預言的威嚇の言葉は、後に列王記下 9:30-37 で完全に実現される。この託宣と成就の物語との結合は、エリヤの預言者としての言葉が、歴史的過程において確かに強大で、影響力があることを証明する役目を果たしている。

4. 列王記下 2:9-12 で、エリヤは目撃者たちの目の前で完全に天に引き上げられる。彼が「天に上って行った」ことは、死んだのではなく、生き続けることの証言である（旧約聖書におけるもう一つの似たような出来事はエノクについてであり、聖書本文は簡潔に「神が取られた」と述べるにとどまる［創 5:24］。この報告はユダヤ教神秘主義においてその豊かな創造性を発揮し、エノクに関する長大で思索的な文学を生むに至った）。この物語は、この驚くべき昇天の出来事に何の興味も示さない。そのかわり、この伝承が発展する過程で重要なのは、エリヤは今も生きているという主張である。また、彼の旅立ちが意味するのは、思いがけない方法で未来のイスラエルに再び現れる可能性、力をもって未来に「再来する」ことである。列王記下の物語がエリヤの弟子であるエリシャを、エリヤが見せたような計り知れない力を受け継いだ人物として理解していることは疑いもない。エリヤの力が永続する証拠は、（ユダヤ教のヘブライ語聖書とは違う）キリスト教の旧約聖書にある。そのマラキ書の最後の一節、約束の中にエリヤが出てくるようにその文学作品が編纂されている。

> 見よ、わたしは大いなる恐るべき主の日が来る前に預言者エリヤをあなたたちに遣わす。彼は父〔原著は parents〕の心を子に、子の心を父〔原著は parents〕に向けさせるだろう。わたしが来て、破滅をもってこの地を撃つことがないように。（マラ 3:23-24）

キリスト教の旧約聖書のこの最後の一節を見ると、エリヤを預言者として劇的に未来にすぐさま飛躍させる態勢を整えて聖書正典は結ばれているように思える。実際、エリヤはやってくる。このエリヤの昇天思想に基づいて、聖書正典以外の多くの文学作品が生まれ、未来に関する思索の発展を促した。（同じ理由で、エノクに由来する文学作品も生まれた。）

　未来へのこのような跳躍の一つとして、新約聖書におけるエリヤの登場は異彩を放つ。しかもその登場には重要な意味がある。要するに、エリヤの重要性とは、イスラエルの根幹を成す預言者的信仰が新約聖書へと伝達されるための、主要な伝達手段としての役割にある。彼の存在は歴史的な可能性を超えたものであり、未来を呼び起こすための仕掛けである。というのは、エリヤの預言者的視点が未来に影響を及ぼし続けるからである。〔以下のような〕十分な理由から、新約聖書の初代教会は、エリヤが未来を呼び起こす者であり、そのことが自分たちのイエス理解と響き合っていることに気づいたのである。

　　エリヤは先駆者として、洗礼者ヨハネと密接につながっている。（マタ 11:14; 17:11-12; マコ 9:11-13; ルカ 9:8, 19）

　　イエスをエリヤと混同する人々もいる。（マタ 16:14; マコ 8:28; ヨハ 1:21-25）

　　エリヤはモーセとともに山でイエスの前に現れる。おそらくこの二人は「律法と預言者」を具体化する存在である。（マタ 17:3; マコ 9:4-5; ルカ 9:30-33）

　　十字架につけられたイエスは、エリヤを呼んだと考えられている。（マタ 27:47-49; マコ 15:35-36）

加えて、ルカ福音書 1:17 はマラキ書 3:23-24 を想起させる。さらに広げれば、

ルカ福音書 4:25-26、ローマの信徒への手紙 11:2-4、ヤコブの手紙 5:17 の記述はすべて、キリスト教徒が抱える目の前の現実を理解する手段として、エリヤの生涯や宣教を思い出させる。このように、エリヤは旧約聖書における主要な人物であり、引き続き新約においても存在感と生命力を有したまま登場し、旧約聖書と新約聖書を結びつけ、異なる解釈をもつ二つの共同体を結びつける働きを担う。

　キリスト教徒だけが、エリヤの未来を独占しているわけではない。ユダヤ教徒も過越祭で誰も座らない椅子を用意し、ユダヤ教徒の生活と信仰の現実の中に、メシア時代の先駆けであるエリヤの再来を待ち望んでいる。

〈訳：大串　肇〉

参考文献：

Brueggemann, Walter, *Testimony to Otherwise* (St. Louis: Chalice Press, 2001); Culley, Robert C., *Studies in the Structure of Hebrew Narrative* (Philadelphia: Fortress Press, 1976); Napier, Davie, *Word of God, Word of Earth* (Philadelphia: United Church Press, 1976).

エルサレム (Jerusalem)

　エルサレムは、古代イスラエルの政治的想像力において最も重要であり、この場所は、ユダヤ教徒とキリスト教徒の両者に、現在もなお、政治的エネルギーを与え続けている。古代にはエブスと呼ばれたその都市は、イスラエルよりもはるかに古くからあったが、ダビデに征服され、不可避的に「ダビデの町」とされた時に、イスラエルの歴史と信仰の展望に組み込まれた（サム下 5:6-10）。考古学者は、「古都」のどの部分が「ダビデの町」――決して「イスラエルの町」ではない――として機能していたのか、そして、実際にどの部分が「シオン」だったのかを見つけ出した。その都市は、一度もイスラエル王国またはユダ王国の一部分だったことはなく、ダビデ王家の私的財産であったのである。そのような区別はつけられるかもしれないが、イスラエルの神学的な言説において、「シオン」と「ダビデの町」は、イスラエルの信仰と未来において、計り知れない重要性をもつ都市景観すべてを指している。

　エルサレムは、旧約聖書において、二つの理由から、歴史的に重要である。(1) その町が、ダビデの側近をヘブロンから移して以来、ダビデ王朝の所在地になり（サム下 5:5）、その後、彼の王国が、驚くべきことに、四百年もの間続いたこと。そして、(2) その町がソロモンの神殿の所在地であり、イスラエルの政治的経済的成功の中心およびそれを正当化するもの、YHWH によって与えられるであろう未来に向けてイスラエルが抱く希望の多くの中軸となったこと。イスラエルの典礼的想像力において、ダビデの王国と神殿への要求は、YHWH がイスラエルに対して立てた二つの特徴的な約束として対をなしている。

　　（主は）ユダ族と、愛するシオンの山を選び
　　御自分の聖所を高い天のように建て
　　とこしえの基を据えた地のように建てられた。
　　僕ダビデを選び、羊のおりから彼を取り……

> 御自分の民ヤコブを
> 御自分の嗣業イスラエルを養う者とされた。（詩 78:68-71）

　時間の経過とともに、人々の想像力と解釈においてエルサレムが有する重要性は、その具体的な政治機能をはるかに凌駕するようになった。というのは、その町が、現在の YHWH の住む場所として（王上 8:12-13）、そして将来は YHWH の約束した光り輝く新しさの中心地として、イスラエルの多くの信仰の中心地となったためである。具体的な政治的現実と、具体的現実を超えた深遠な神学的希望の相互作用と緊張は、都市エルサレムが保証した信仰の驚異の中にある。

　イスラエルの典礼的想像力において、エルサレムは次の三つの特徴を持つようになった。

　1.　エルサレム、神殿、そしてダビデの町のすべては、典礼的リアリティとして理解されている。そこは、YHWH が住み、イスラエルが YHWH の臨在に踏み入る可能性を持つ場所なのである。ダビデの町において、イスラエルに対する YHWH の関与が確認され、YHWH は、特に、即位式の偉大な賛美の中で、王、そして創造主として、常に賞賛された（詩 93; 96-99 編）。結果として、エルサレムは、YHWH の敬虔な礼拝者が、定期的に、大いなる喜びと期待のうちに巡礼者として帰ってくる場所となった（詩 122:1）。詩編で用いられている表現が正確には何を意味するのかを知ることは難しいが、信仰深い人はエルサレムで、神にまなざしを注ぎながら思いを巡らせた（詩 11:7; 17:15 を見よ。直接関連するわけではないが 73:17 をも見よ）。

　エルサレムは、イスラエルの命を保証する YHWH が住む場所であり、イスラエルの信仰を最も確信させるものが集まる場所である。イスラエルの信仰とともに、政治において、その都市が有する決定的重要性は、シオンの歌の中で最もよく表現されている。その中でも詩編 46 編が最も有名である。

> 神はわたしたちの避けどころ、わたしたちの砦。
> 苦難のとき、必ずそこにいまして助けてくださる。……
> 大河とその流れは、神の都に喜びを与える

> いと高き神のいます聖所に。
> 神はその中にいまし、都は揺らぐことがない。
> 夜明けとともに、神は助けをお与えになる。……
> 万軍の主はわたしたちと共にいます。
> ヤコブの神はわたしたちの砦の塔。
> （詩 46:2, 5-6, 8。詩 48; 76; 84; 87 編を見よ）

安全と幸福に関するこの栄光に満ちた証言は、神学的内容を豊かに含んでいる。しかしながら、この典礼的主張が、YHWH を、その町に住む、ダビデ王家の保証人、そして後ろ盾にするという、かなり明らかなイデオロギー的機能も果たしていることに注目せよ。その結果、古代の「シオニズム」の祭日には、典礼的神学的な構成要素と政治的イデオロギー的構成要素が完全に混ざり合い、両者を区別することはほとんど不可能となった。そのような融合は、覇権的な権力が正当性を求めて行きついたゴールであった。従って、この町についての神学的主張は、ヒゼキヤ王が、預言者イザヤの命令に従って、アッシリアの侵攻に耐えることのできた、前 705 年から 701 年の危機において、政治的に実を結んだ（イザ 37:22-38）。

　2. エルサレムの決定的な危機で、旧約聖書の信仰にとっての最悪の事態は、前 587 年の、バビロニア人の手による、町と神殿の破壊だった。聖書本文においてこの災難は、バビロンを単なる手段とした、YHWH の意図した懲罰——こうして古くからの預言者の警告を現実にした——として、あるいはバビロニアの残忍きわまる暴虐行為によって完膚なきまでに打ちのめされたエルサレムの犠牲として理解された。どちらにせよ旧約聖書は、信仰の確かな核心を粉々に砕いた、エルサレムの莫大な損失に声を与えている。この損失は、この町の辱めを嘆く哀歌と、追放された人々の苦しみと困惑を語る、詩編 74 編、79 編、そして 137 編 において、十分に明確に表現された。例えば、「バビロンの流れのほとりに座り、シオンを思って、わたしたちは泣いた」という詩編 137 編の冒頭の節は、真の故郷としてのエルサレムへの深い心からの切望において、流浪中の民の信仰の中心テーマとなっている。シオンの歌（詩 46; 48; 84; 87 編）と悲しみの歌（詩 74; 79; 137 編）の並置は、

旧約聖書の信仰にとって決定的な、ほとんど耐えられない衝撃を語る。

3. 復興し、新しくされ、再建されたエルサレムへの深い希望が、捕囚によって生じた。YHWH が、最終的には、YHWH の本当の家であり創造物すべての中心地と見なされるに至ったものを放棄することはないだろうという理由からである（ゼカ 1:14; 8:2-8 を見よ）。エルサレムの「歴史的」回復は、ハガイ書とゼカリヤ書 1-8 章の預言的発言、そしてエズラとネヘミヤが先導した控えめだが具体的な再建に反映されている。新しいエルサレムへの詩的に描かれた希望は、破壊され尽くしたその町の目に見える現実とは正反対であったが、それでもなお続いたのである。

捕囚において、そしておそらく特に捕囚された者において、深く確固たる、詩的に表現された期待が生じた。それはエルサレムが、ソロモンのかつての輝かしい日々から記憶されてきたすべてを超えて、新しい栄光の姿に復興するという期待である。こうして、第一次捕囚のさなかにエレミヤは、驚くべき帰還とその町の再建に思いを巡らせた（エレ 31:4-14）。祭司としての立場からは、エゼキエルは、栄光のうちに、YHWH が神殿に帰還し（エゼ 43-44 章）、それゆえその町の名が「主がそこにおられる」となる（エゼ 48:35）ことを予測した。それは、YHWH がその町にいないという現状と相反するものであった。最も雄弁なものとして、後期イザヤは、新しいエルサレムこそ、YHWH の「新しい天」と「新しい地」にふさわしいと想像した（イザ 65:17-25）。この驚くべき詩は、YHWH が来るべき日々に与える、完全なる幸福、あらゆる脅威からの解放、神に直接近づくこと、そしてその都市にある命のあらゆる側面の和解によって特徴づけられる、新しい町の有り様を詳細に述べている。

> 彼らが呼びかけるより先に、わたしは答え
> まだ語りかけている間に、聞き届ける。
> 狼と小羊は共に草をはみ
> 獅子は牛のようにわらを食べ、蛇は塵を食べ物とし
> わたしの聖なる山のどこにおいても
> 害することも滅ぼすこともない、と主は言われる。（イザ 65:24-25）

エルサレム

　この希望の様相の一つは、エルサレムが長い間追放されてきたユダヤ教徒の住むところとなるという、疑いのない排他主義である。しかしながら、この断言と並行して、YHWHによって与えられる、来るべきエルサレムのより包括的な展望となるかもしれないものにおいて、エルサレムが、トーラーを学ぶためにやって来るすべての民にとって、巡礼の中心となることが思い描かれた。なぜならトーラーは、来るべき世界平和の鍵を提供するからである。

　　多くの民が来て言う。
　　「主の山に登り、ヤコブの神の家に行こう。
　　主はわたしたちに道を示される。
　　わたしたちはその道を歩もう」と。
　　主の教え（トーラー）はシオンから
　　御言葉はエルサレムから出る。……
　　彼らは剣を打ち直して鋤とし
　　槍を打ち直して鎌とする。
　　国は国に向かって剣を上げず
　　もはや戦うことを学ばない。（イザ 2:3-4。ミカ 4:1-4 を見よ）

　来るべきエルサレムについてのこの展望は、ユダヤ教徒の特別な地位や、ダビデ家の支配の回復について全く言及しない。このテキストにおいては、ユダヤ的特殊性の超越が、来るべき時において思い描かれているからである。しかしながら同時に、イスラエルのトーラーは、厳密に、平和の新構想の中心である。このように、イスラエルの希望は、詳細は明確でないが、特定のユダヤ教徒の未来と、ユダヤ教の神がダビデの町を通して世界に贈る、大きな人類の未来とを支えている。
　旧約聖書の地平において、約束されたエルサレムは、もちろん、具体的な結実には至らない。その町が大いに回復されてきた一方で、古代の希望は、明らかに未解決の仕事として残っている。それゆえエルサレムは、創設者で

あり建設者である神がまだ建設していない町への、未完結の招きとして残っているのである。現代のシオニズムにおいて、未完成のエルサレムは、ユダヤ教徒が「エルサレムの平和」のために祈っているように、ユダヤ教徒にとって徹底的に安全であるとして期待されている場所である。違う角度から見ると、キリスト教徒の伝統においてエルサレムは、神がすべてにおいてすべてとなる、来るべき神の支配を期待する根拠として機能している。

> 更にわたしは、聖なる都、新しいエルサレムが、夫のために着飾った花嫁のように用意を整えて、神のもとを離れ、天から下って来るのを見た。そのとき、わたしは玉座から語りかける大きな声を聞いた。「見よ、神の幕屋が人の間にあって、神が人と共に住み、人は神の民となる。神は自ら人と共にいてくださる。(黙 21:2-3)

いくらか異なった調子で、ユダヤ教徒とキリスト教徒は、「エルサレム」が、神が被造物への約束を究極的に果たすことに言及する方法であることを見いだした。これらの異なった調子は、古代の記憶に基づくが、同時に、未来を生み出し都市を再建する YHWH の能力への確信を表現してもいる。異なった調子でありながらも、共通の声をもって、ユダヤ教徒とキリスト教徒、そして疑いなくイスラム教徒もエルサレムの平和を祈る。エルサレムが平和を獲得する時に、世界は YHWH がはじめに意図していたものにいっそう近づくであろうから。その新しいエルサレムは、古代の記憶、古い諍い、そして深い傷を保持するだろうが、古代イスラエルは次のことをも知っている。それは、YHWH の新しさ——それが記憶、諍い、そして傷によって特徴づけられる時でさえ——が具体的な形をとり、神の民を言いようのない喜びの内に置くだろうということである。これらの特徴すべては、この、古く、破壊され、再建され、待ちわびられ、そして約束された一つの町によって担われるのである。〈訳:德田 亮〉

参考文献:
Brueggemann, Walter, "A Shattered Transcendence? Exile and Restoration," in *Biblical*

Theology: Problems and Perspectives, ed. Steven J. Kraftchick et al. (Nashville: Abingdon Press, 1995), 169-82; Hoppe, Leslie J., *The Holy City: Jerusalem in the Theology of the Old Testament* (Collegeville, Minn.: Liturgical Press, 2000); Hess, Richard, and Gordon Wenham, *Zion, City of Our God* (Grand Rapids: Eerdmans, 1999); Ollenburger, Ben C., *Zion, The City of the Great King: A Theological Symbol of the Jerusalem Cult* (JSOTSup 41; Sheffield: Sheffield Academic Press, 1987); Porteous, Norman W., "Jerusalem-Zion: The Growth of a Symbol," in *Verbannung und Heimkehr: Beiträge zur Geschichte und Theologie Israel's im 6. und 5. Jahrhundert v. Chr.*, ed. Arnulf Kuschke (Tübingen: J. C. B. Mohr, 1961), 235-52; Rad, Gerhard von, "The City on the Hill," in *The Problem of the Hexateuch and Other Essays* (New York: McGraw-Hill, 1966), 232-42; Roberts, J. J. M., "The Davidic Origin of the Zion Tradition," *JBL* 92 (1973): 329-44.

王権／王制 (Kingship)

　王制は、古代イスラエルが現れた世界において、大変古くからある理念、そして制度であった。一人の、完全に権威を与えられた人間の支配者による統治は、古代世界において主流を占める社会的権力の形態であり、民主化にはゆっくりとしか移行しなかった。人間である王という理念は、その特徴として、神である王という概念に基づいていた。神である王は地上のすべてのことを統括する支配者であり、時には低位の神々による諮問機関を従えていた。

　イスラエルは、その文化的文脈から、神である王という思想と人間が王となる制度の両方を採用した。イスラエルの神であるYHWHは、地上のすべての事柄を統括し、多神教の世界において、すべての神々の事柄をも統括する、「天地の造り主」（創14:19に記されているように）、そして「神々の中の神、主なる者の中の主、偉大にして勇ましく畏るべき神」（申10:17）と認められている。YHWHの聖なる王権はさらに、エルサレムの神殿の賛美的礼拝において定期的に祝われ（詩93:1; 96:10; 97:1; 98:6; 99:1を見よ）、その中でYHWHは完全な統治者として承認される。そのような賛歌は、本質的に、その統治の完全な確立と将来のすべての敵の打破を期待する、希望の実践なのだろう。あるいは、賛歌を歌うという礼拝の行為それ自体が、YHWHを王座につける効果的実践として理解されたかもしれない。すなわちイスラエルの賛美の礼拝がYHWHを王にし、YHWHを「聖所にいまし／イスラエルの賛美を受ける方」（詩22:4）とするのである。

　どちらにせよ、イスラエルと全世界の比類ない統治者としてのYHWHの完全な権威は、混沌、悪、または死のすべての力が小さくなったことを意味する。ただYHWHのみが、殺し、生かし（申32:39）、平和をもたらし、災いを創造する（イザ45:7）。王としてのYHWHは、世界が秩序づけられていることを意図し（詩99:4; イザ61:8）、特に、弱く、傷つきやすいもののために、世界に正義を創造する（詩146:7-10）ように働きかける「正義を愛するもの」である。

王権／王制

　しかしながら、イスラエルの民の中には、そのような神である王を、自らが生活している日々の要求からは乖離していて、イスラエルが直面せざるをえない危機には無力であるように見る人々も出てきた。出エジプト以来、YHWH が「主」であり（出 15:18）、YHWH はイスラエルを御自分の「祭司の王国」（出 19:6）にすることを望んでいるのかもしれないが、まもなくイスラエルにおいては差し迫った軍事的、経済的、そして法的問題に対応する人間の王を任命するための努力が払われることとなった。人間が王となることが、古代世界において、現実的に不可欠だと思われたのだ。その制度は、しかしながら、次の二つの根拠から、古代イスラエルのいくらかの人の抵抗にあった。すなわち、(1) YHWH が王であり、人間の王は YHWH 自身の統治に対する不必要な拒絶である、(2) 特徴として、人間の王は必然的に、不公平で搾取的である（サム上 8:10-17）、という根拠である。人間が王となる制度については、YHWH の「直接統治」のほうが適していると考える人々と、おそらくより実利的な考えから、人間による安定した統治が政治的に不可欠だと考えるようになった人々とが、熱い議論を戦わせた（サム上 7-15 章）。

　サウルの王としての務めが不成功に終わった後に（サム上 13-15 章を見よ）、イスラエルの物語は、ダビデ（サム上 16- 王上 1 章）、彼の息子ソロモン（王上 3-11 章）、そして、前 587 年に終焉を迎えるダビデの長く続く王朝（王上 14- 王下 25 章）に焦点を合わせた。王国を建設しようと企てる勢力におそらく支持されたダビデは、魅力的な指導者かつ効果的な軍司令官であることが証明された。彼は、王として正式に油を注がれた。油を注ぐことは、神から認められたことを示す「サクラメンタル」な行為である（サム上 16:1-13）。「油注ぎ」は、ヘブライ語の動詞 $m\check{s}h$ に由来し、YHWH の油を注がれた代理人である「メシア」という名詞も、この動詞から派生したことに注目。こうしてダビデの到来とともに、人間が王となることについての緊張状態は、ダビデとその家族への息の長い忠誠の中に消えていった。

　不吉な皮肉に違いないが、ダビデは聖書本文において大いなる注目を集める。詩編は（詩 2; 72; 89; 110; 132 編を見よ）、サムエル記下 7:1-17 の預言とともに、YHWH の意思を実行するものとして、ダビデの王権に強力な神学的

かつ典礼的支持を与える。しかしながら、その権威付けと並行して、サムエル記下の物語は、ダビデとその一族の恥多き生活を巧みに描く（王上 15:4-5 を見よ）。そのテキストの証言は、これらの物語の叙述と詩編における詩的な宣言を調和させるために全く労力を払わない。おそらく、現実的な物語と典礼的な観念の並列は、君主制について、イスラエルが感じていた深い両面性を証言しているのである。

　王朝への支持と緊張関係にあるシナイ契約の伝承は、イスラエルの王はトーラーにどこまでも従うべきだと主張する。具体的に言うと、トーラーは、王に服従を命じ、王家の強欲さを抑制しようとする（申 17:14-20）。列王記上下における、君主制について長い物語的説明が行う評価は、全体的に見ると、イスラエルの君主制が、トーラーの要求への気配りのなさゆえに、失敗に終わったというものである。結局、王による統治の失敗は、エルサレムの破滅と、指導的な立場にいる人々の国外追放を招くことになった（王下 21-25 章；エゼ 34 章）。王がトーラーを守れなかったのは、典礼で王に割り振られている務め（詩 72 編を見よ）である公正な裁きを、契約に従う形で実践できなかった、利己性や身勝手さのせいであると表現されている。こうして王朝は、追放と強制退去で最終章を迎え、ダビデ王家の最後の王ヨヤキンが〔バビロンの〕監視下に置かれるという屈辱的状況をもって終わったのである（王下 25:27-30）。

　しかしながら、旧約聖書の信仰の揺るぎなさを示すことの一つとして、前 587 年の悲劇的な出来事が、イスラエルの君主制への夢を終わらせなかったことが挙げられる。破壊され、王国の息の根を止められた前 587 年のこれらの出来事の中に、神である王 YHWH の統治力が働いていることを疑う者は、誰もいなかった。この厄災は YHWH の統治の業であると理解されていたからである。しかしながらその上でイスラエルは、人間が王となることについて、また YHWH がダビデ王家に、その家系が永遠に続くと保証してくださった厳粛な約束について、疑問を感じたのである（詩 89:39-52）。

　地上における、YHWH の代理人として油を注がれ、権威を付与されたダビデ王家の王は、前 587 年に終わりを告げた。しかし、ダビデ家への、YHWH の約束の託宣は生き残る（サム下 7:1-17）。この理由から、その最も

ひどい敗北の中にあってさえ、古代イスラエル人は次のことを信じた。やがて YHWH が王権を回復し、新たに油を注がれた王を立てるだろう。その「メシア」が世界において YHWH の意思を実行するであろう、と。旧約聖書の預言的資料は、現状の、ダビデ家の王たちの失敗に直面しつつも、来るべき「メシア」である、油を注がれた未来の王が、正しく統治するだろう、という約束と期待で満ちあふれている（イザ 9:1-6; 11:1-9, エレ 23:5-6; 33:14-16; エゼ 34:23-24; アモ 9:11-12; ゼカ 9:9-10）。

古代ペルシアの時代にダビデ家の王の回復という、現実的で切迫した希望が挫折したので、来るべき王（メシア）への、預言的かつ詩的な期待は、直面する現実にもかかわらず、雄弁に、そして勇ましく唱えられた。未来のダビデへのその重要な希望と並行して、驚くべきことにイスラエルにとって外国人であるキュロスという人物が、イザヤ書 45:1 において、「メシア」と呼ばれている。期待は、YHWH からの古い約束に根差した、来るべき、待ち望まれたダビデ家の王が、来るべき時に YHWH に代わって、事実上の統治をするというものである。そのような統治の結果、地上が、社会的、政治的、経済的、環境的に、神の統治のように、つまり「神の国」として回復されるというのである。

神である王と人間である王の二つの要素からなる確約は、聖書に始まり、ユダヤ教徒とキリスト教徒の希望へと続く。両者の伝統において、神が神の統治を確立するようにという期待が育まれ、そしてキリスト教徒は「御国が来ますように。御心が行われますように、天におけるように地の上にも」（マタ 6:10 を見よ）と常に祈る。さらに、ユダヤ教徒とキリスト教徒はどちらも、人間として神の意志を行う、来るべきメシアへの期待を言葉で表現する。ユダヤ教の伝統においては、来るべき方はまだ名前がなく、これから認識される。キリスト教の伝統では、もちろん、「メシア」の確信は、ナザレのイエスを中心に展開される。初期の教会は、「来るべき方は、あなたでしょうか」（ルカ 7:20）という問いかけをした。さらに教会は、聖餐式において、定期的に、歓喜にあふれて、「……主が来られるまで」と断言する。神によって約束され、油を注がれた方であるメシアとしてのイエスのアイデンティティは、もちろん、ユダヤ教徒とキリスト教徒を決定的に分かつが、

とはいえどちらも来るべきメシアを待っているのである。〈訳：德田 亮〉

参考文献：
Frick, Frank, *The Formation of the State in Ancient Israel* (Sheffield: JSOT Press, 1985); Gray, John, *The Biblical Doctrine of the Reign of God* (Edinburgh: T. & T. Clark, 1979); Halpern, Baruch, *The Constitution of the Monarchy in Israel* (Chico, Calif.: Scholars Press, 1981); Roberts, J. J. M., "In Defense of the Monarchy: The Contribution of Israelite Kingship to Biblical Theology," in *Ancient Israelite Religion: Essays in Honor of Frank Moore Cross*, ed. Patrick D. Miller Jr. et al. (Philadelphia: Fortress Press, 1987), 377-96; Whitelam, Keith, *The Just King: Monarchical Judicial Authority in Ancient Israel* (Sheffield: JSOT Press, 1979).

応報

応報 (Retribution)

　応報に関する神学的概念とは、世界は、そのすべてのものが彼もしくは彼女の行いに相応しい報いを受けるべく、あるいは罰という公平な結果を受けるべく、神が秩序づけたという推定あるいは確信である。神はこの世界にもともと存在する道徳定式の請負人である。ゆえに、「善人」（従順な人）は栄え、「悪人」（反抗的な人）は苦しみを受けるのである。このような考え方は以下のことを保証する働きを持つ。すなわち、（a）世界は道徳的に首尾一貫したものであり、（b）結局のところ、人間の行為は世界の未来に密接に関連しており、（c）人間は道徳的混沌の中では生きることができない。世界の秩序がこのように信頼に足るものであることは、明確な道徳的、倫理的観点において不可欠と見なされているのである。

　この応報に関する一般的な確信は旧約聖書の信仰に広く浸透している。この確信は二つの修辞システム（すなわち、信仰についての異なった表現）によって表現される。第一に、申命記や預言書に見られる「熱い」応報の概念は、人間の行為に対する神の警告と応答を規定している。その警告と応答はときに、神御自身の意思と名声を貶める不服従に対する怒りゆえになされる。創世記6-9章の洪水物語はそのドラマチックな例である。

> わたしがイスラエルの罪を罰する日に
> ベテルの祭壇に罰を下す。
> 祭壇の角は切られて地に落ちる。
> わたしは冬の家と夏の家を打ち壊す。
> 象牙の家は滅び、大邸宅も消えうせると
> 主は言われる。（アモ 3:14-15）

> 災いだ、寝床の上で悪をたくらみ
> 悪事を謀る者は。
> 夜明けとともに、彼らはそれを行う。

力をその手に持っているからだ。
彼らは貪欲に畑を奪い、家々を取り上げる。
住人から家を、人々から嗣業を強奪する。
それゆえ、主はこう言われる。
「見よ、わたしもこの輩に災いをたくらむ。
お前たちは自分の首をそこから放しえず
もはや頭を高く上げて歩くことはできない。
これはまさに災いのときである。」（ミカ 2:1-3。申 30:15-20 を見よ）

　この修辞における決定的な特徴は、YHWH が積極的な行為者であるということである。YHWH の介入は服従もしくは不服従によって引き起こされ、YHWH は自ら報酬と罰とを監督する。修辞システム全体は YHWH の能動的行為に従属しており、YHWH はその動作の主体なのである。同様の修辞法のより完全な形はレビ記 26:14-39 と申命記 28:15-68 にある呪いに関する説明に見られるので参照されたい。
　第二に、前述のものとは非常に異なる「冷めた」修辞パターンも旧約聖書にはっきりとうかがえる。このパターンは、特に箴言の知恵的教えに見られる。だがこの修辞パターンは前述のものとはかなり異質なものであり、コッホ（Koch）は次のように主張する。これは本来の「応報」ではなく、それぞれの行動がその行為によって生じる固有の結果を持つという、単純なシステムにすぎないのだ、と。行動と結果との関係は創造の秩序を持った現実の一部であり、イスラエルの信仰にとって、その関係は創造主が注意深く監視を続けているということへの信頼性に依拠しており、またそこから生じているのである。この修辞パターンの中には、報酬や罰をもたらす監督者は現れず、喜び、怒り、道徳的憤りも表現されていない。ただ行為それ自体の不可避的な結果のみが現れるのである。
　これら二つのシステムは、道徳的な一貫性（行為に対する報酬もしくは罰、そして行動に対する結果）を有する一方で、修辞的に大きく異なってはいるが、しかし本質的には次の意味で同等である。すなわち表現は異なるものの、共に上述の三つの機能 a、b、c を果たしているのである。確かに、異な

る修辞パターンは、決定的な違いを生む。行為──結果を説明する第二のシステムは、科学主義の時代においては、監督者の熱烈な要求を前提にする説明よりも、おそらくは信頼しうるものであろう。しかし、両方のシステムの論じ方は、共に行動と結果の強固なまでの関連を示している。

　この二つの修辞パターン──すなわち、契約というコンテキストの中に置かれた第一のパターンと、創造の現実に訴える第二のパターン──は両者ともに、間違いなく旧約聖書倫理の基本線を構成する。これらの主張は確かに重要である。しかしながら問題が全くないというわけではない。次のことを示す数多くの証拠が生活経験において現れており、旧約聖書のテキストに反映されている。すなわち、人生はこれらの整然とした公式に従って送られるのではない。実際に、しばしば神に不従順な者が繁栄し、従順な者が苦しむ。応報に関するどのような主張も、生活経験は整然としたシステムに矛盾するという、神義論の危機に不可避的につながっていく。神義論の危機は、神に従順な一人の男が深刻な苦しみに陥るというヨブのドラマの中で如実に語られている（ヨブ 31 章を見よ）。誰であれ成功を収めているにもかかわらず、「私はそれを受けるに値しません」と、驚嘆すべき表明をするなら、それは功績に勝る祝福を述べたのであって、同様の問題が肯定的な仕方で生じたのである。

　旧約聖書は、神義論の問題を取り上げているいくつかのテキストにこの問題を認めている【「神義論」の項を見よ】。箴言（ヨブ記が異議を唱えている書）に関するフォン・ラート（von Rad）の洞察は注目されるべきである。彼は、知恵の教えが行為と結果の切っても切れない関係を前提としていることを認めるが、同時に、箴言における一連のテキストが、次のことをはっきりと認めていると主張している。すなわち、秩序に関して人の知恵が断定したり推定したりすることは適切ではない、と（von Rad, 98-101〔邦訳 153-58 頁〕）。

　　人間の心は自分の道を計画する。しかし主が一歩一歩を備えてくださ
　　る。（箴 16:9。16:1, 2; 19:14, 21; 20:24; 21:30-31 を見よ）

知恵の教師は、この認識が、「通約可能性」（commensurability）についての私

たちにとってより馴染みのある教えとどのように融和するのか、ということへのヒントを与えない。それにもかかわらず、先に引用された格言に含まれているものは、教師が問題の複雑さを認め、そしてその疑問に安易な答えを出すことを拒絶したということを指し示すのである。ヨブの詩はそもそも、知恵の教師が詳細に説明したこの計り知れない矛盾についての黙想なのかもしれない。そして、この矛盾が、あらゆる簡単な教訓的結論を、疑わしいものにしたとは言わないまでも、少なくとも結論に至る一歩手前のものにしてしまったのである。

応報の問題（また、神義論の問題にも通じるその複雑さ）は、具体的な実践において差し迫った問題である。

1. 旧約聖書それ自体の中で、前6世紀の捕囚は、応報の観点から大胆な解釈がなされた（列王記上下といくつかの預言書において）。エルサレムは破壊され、イスラエルはYHWHに対する長い不従順の歴史のゆえに神罰として捕囚を体験するのである。この神罰としての捕囚という見解は、おそらくこの件に関する旧約聖書の標準的な意見だろう。それにもかかわらず、哀歌3:40-57からはっきりとわかるように、詩は有罪の加害者から罪のない犠牲者へと移行する。長い時間の経過の中で、前6世紀の危機に関するどのような単純な道徳的説明も、より複雑な因果関係に直面せざるをえなくなり、その結果、その説明の確実性を失うことになった。

2. 応報に関する明白な概念は、旧約聖書の信仰の基本線にすぎない。そして、ここで示されているように、それは大きな変化と複雑化へと開かれている。旧約聖書に関して十分な知識を持たないキリスト者の固定観念（ユダヤ教の伝統については、キリスト者の間でさらに広くこの固定観念が認められるが）は、解釈の過程において現れた複雑さに気づいていない。その結果、旧約聖書を読んでいないキリスト者は、「怒りの神」（すなわち、功績に関する閉じられたシステムを熱心に統括する監督）を提示するものとしてしばしば旧約聖書を戯画化する。そのような誤読は、単純には説明しきれない経験の複雑さを、テキストが実際的に捉えていることを見落としているのである。旧約聖書における、また特にバビロン捕囚の伝承における、赦しについての力強い確言は、知識の不十分なキリスト者によるどんな誤った解釈をも退ける

応報

【「赦し」の項を見よ】。

　3. 応報に関する厳格なシステムの概念は、ルーベンスタイン（Rubenstein）が早くから注目していたように、ユダヤ人のホロコーストを理解することにおいて特に重要であった（かつ損害を与えるものであった）。そのような理論は、ホロコーストとはユダヤ人の頑なさゆえの罰であったという結論を容易に下すのであった。だが、いかなる批判的考察も、ホロコーストをそのような理論で割り切ることはできないという結論を下さなければならない。少なくとも、人間悪の凶暴性を考慮に入れる必要があるだろう。さらにそれ以上に、どんな説明をも拒むような出来事の中に存在する理解不可能な現実に、人は気づかなければならないのである。

　応報の概念は、旧約聖書の倫理的情熱にとって重要なものであるのだが、しかし他方で、ともに取り上げられている人間の営みにおける現実、人間の営みのはかなさについての認識、生きられた現実の複雑さといったものが、あらゆる簡潔な応報の理論を真剣に問い直すことを要求しているのである。生きられた現実のあいまいさと複雑さは、そのように安易な読み取り方を許さない。人間の営みにおける悲惨と栄華は単純に割り切れる説明には収まらない。従って、旧約聖書自体が、そのテキストが提示する明快な道徳定式を、際限なく改訂し続けなければならないのである。〈訳：長谷川忠幸〉

参考文献：

Brueggemann, Walter, *Old Testament Theology: Essays on Structure, Theme, and Text* (Minneapolis: Fortress Press, 1992), 1-44; Koch, Klaus, "Is There a Doctrine of Retribution in the Old Testament?" in *Theodicy in the Old Testament*, ed. James L. Crenshaw (Philadelphia: Fortress Press, 1983), 57-87; Miller, Patrick D., Jr., *Sin and Judgment in the Prophets: A Stylistic and Theological Analysis* (Chico, Calif.: Scholars Press, 1982); Rad, Gerhard von, *Wisdom in Israel* (Nashville: Abingdon Press, 1972)〔『イスラエルの知恵』、勝村弘也訳、日本キリスト教団出版局、1988年〕; Rubenstein, Richard E., *After Auschwitz: History, Theology, and Contemporary Judaism*, 2d ed. (Baltimore: Johns Hopkins University Press, 1992).

割礼（Circumcision）

　割礼の起源、並びに古代宗教における割礼の意義については十分に知る由もないが、少なくとも古代イスラエル成立以前から行われていたものであり、しかもそれを遙かに遡る時期から行われていたことだけは確かである。ヨシュア記 5:2-9 は、新しい約束の地に入った諸部族としてのイスラエル人の割礼を物語っている（出 4:24-26 については言及することしかできない。その意義については最近の研究では全くと言っていいほど扱われていないからである）。捕囚期に成立した祭司文書に属する創世記 17 章が、割礼についての神学的理解に最も重要な箇所であることは言を俟たない。このテキストにおいて割礼は契約のしるしと理解され、YHWH の約束と要求を担う群れの一員であることを示す。「しるし」の機能が非常に重要であることは、祭司伝承が理解するとおりである。というのは、しるしは、ある種の重要な秘跡的方法によって、それが示す事柄そのものと重なるからである（祭司伝承における安息日［創 2:1-4a］と虹［創 9:12］の意義にも注目）。祭司文書は通常前 6 世紀の捕囚期のものとされていることから、割礼は捕囚期において初めてユダヤ人であることのしるしとなったと言うことができるだろう。捕囚期は、捕囚されたユダヤ人が彼らを取り巻く諸国民から自らを区別し、ユダヤ人としてのアイデンティティを保持するための規律と意志が求められた時代であった。

　このようにして割礼は、イスラエルを他から際立たせるためのしるしとなったのである。YHWH の民はそれゆえ「割礼なき者」とは一線を画す存在とされた。こうして「割礼なき者」は、神が受け入れられた「割礼ある者」からは社会的にも神学的にも忌避されるものとされた。割礼なき者の中でも特筆すべきはペリシテ人であり、彼らは旧約聖書では、退けられるべき「他者」の範例となり、イスラエルは彼らに対抗することで自身の社会的アイデンティティを確立することになった（士 14:3; 15:18; サム上 14:6; 17:26, 36; 31:4）。さらに広義には、同じ規準が死に定められた「他者」に適用されている（エゼ 28:10; 31:18; 32:19-32）。

割礼

　中でも特に興味をひくのは、割礼を受けたイスラエルと割礼なき民のリストを対比させているエレミヤ書 9:24-25 である。しかしながらこの対比は、驚くべき転回を見せ、割礼なき者に対する非難ではなく、「包皮に割礼を受け」つつも「心に割礼のない」イスラエルに対する非難へと転じてゆくのである。このようにテキストは、肉体的なしるしとしての割礼と重大な神学的アイデンティティとしての割礼に区別を設けているのである。文字通りのものから隠喩的な理解への移行は、より広範囲にわたる隠喩として割礼を捉えてゆく道を開くものであった。

　　心に施される割礼（レビ 26:41〔口語訳「無割礼の心が砕かれ」〕；申 10:16;
　　　30:6; エレ 4:4）
　　耳に施される割礼（エレ 6:10）
　　唇に施される割礼（出 6:12, 30）

　これらのテキストは割礼概念を隠喩的に、YHWH 契約の要求に忠実に応答する（ペニス以外の）器官に適用している。この用法が示唆するのは、その器官をより敏感に、かつ感度良くすることであり、割礼は今や肉体に文字通り刻まれるものから神学的献身を意味するものへと移行している。
　ここで旧約聖書時代を超えたところでの二つの重要な発展に目を留めよう。まず第一に、ヘレニズム世界において割礼は、かなりのユダヤ人の若者の間で恥ずかしさを伴うユダヤ性を表すしるしとなっていたという点である。割礼は錬成場ではユダヤ人としてのアイデンティティを示すものであり、彼らは男同士の間で割礼を受けていない自然な状態と比べられて好奇の目にさらされることを望んでいなかった。ヘレニズム的状況下では、第 1 マカバイ記 1:15 が伝えているように、ユダヤ人は包皮を回復させることができたため、他には見られないユダヤ人の特徴であり、気後れの原因となるしるしを取り除いたのである。そのような包皮の回復は、身体的な事柄であるに留まらず、ユダヤ教の神学的アイデンティティへの戸惑いを含んだものでもあった。
　第二にパウロは福音の神への信頼を、「律法」に基づく外観的行為と対照

させながら、ユダヤ教を「外観重視の」宗教であるとして批判する一つの手段に割礼概念を用いた。この批判のためにパウロは、割礼を無効な外的しるしとして退けたのである（ロマ 2:25-29; ガラ 5:3, 6; 6:15; Ⅰコリ 7:19）。ユダヤ人との論争におけるパウロの議論は、キリスト教信仰の霊的現実がユダヤ教の粗野な身体的しるしよりも優れていることを示そうとするものの、彼は、すでにエレミヤ書 9:24-25 で言明されている批判を繰り返す以上のことはしておらず、それはガラテヤの信徒への手紙 5:6 に示されている通りである。

> キリスト・イエスに結ばれていれば、割礼の有無は問題ではなく、愛の実践を伴う信仰こそ大切です。

パウロにとって契約の外的しるしは、エレミヤ書 9:24-25 にあるように、もし真剣かつ心からの神学的・契約的情熱に合致し、それを物語るものでないならば、それは神学的に意味のないものであった。

しかしながらユダヤ人の割礼に対する反論は、キリスト教界の反セム主義の長い歴史の中で利用されることはあったものの、キリスト者に助けや安心を与えるとは限らない。というのも、神学的献身を伴わない外面的割礼に匹敵するものとして、長きにわたって欧米キリスト教世界の歴史を貫いて行われてきた、キリスト教徒の洗礼があるからである。洗礼はほとんど意味のないしるしとされ、信仰における〔割礼に代わる〕もう一つのアイデンティティを与えるという重要な働きを、全く果たさなくなってしまった。事実、早ければ 16 世紀以来メノナイトの伝統において生じた、キリスト教世界とその洗礼に対する反論は、キリスト教世界において洗礼がほとんど意味を持たないしるしとなってしまっていたことを暴露したのである。それだからこそキリスト教は実践面において、その入信儀式を真実な神学的しるしとして回復するための弛まぬ努力をユダヤ教と共有するのである。割礼は確かに、ユダヤ教共同体の男性メンバーだけに関わることではあるが、多少事情は違うものの同様の事柄がキリスト教にも見出されるのであり、神学的アイデンティティに関する重要な課題はユダヤ教にもキリスト教にも存在するのである。

〈訳：左近　豊〉

参考文献：

Eilberg-Schwartz, Howard, *The Savage in Judaism: An Anthropology of Israelite Religion and Ancient Judaism* (Bloomington: Indiana University Press, 1990); Fox, Michael V., "The Sign of the Covenant: Circumcision in Light of the Priestly 'oth Etiologies," *RB* 81 (1974): 557-96; Hays, Richard B., *Echoes of Scripture in the Letters of Paul* (New Haven, Conn.: Yale University Press, 1989), 34-83; Jobling, David, *1 Samuel* (Berit Olam; Studies in Hebrew Narrative and Poetry; Collegeville, Minn.: The Liturgical Press, 1998), 199-211; Neusner, Jacob, *The Enchantments of Judaism: Rites of Transformation from Birth through Death* (New York: Basic Books, 1987), 43-52.

カナン人（Canaanites）

「カナン人」とは、イスラエルが YHWH によって約束された土地と見なすに至った領域に、すでに住んでいた人々のことである。そのため、カナン人はイスラエルにとって、土地を巡る争いの相手であり、文化的にも宗教的にも脅威であり、受容しがたい「他者」と見なされた。

「カナン」とは領域を指すものであるゆえ、旧約聖書における「カナン」は、第一義的には土地、すなわち伝統的なキリスト教信仰において「聖地」とされるに至った具体的な領域を指して使われるものである（例えば、創 11:31; 12:5; 13:12; 16:3）。カナン人が民族的に識別されうるグループを形成したとは考えにくいが、その土地に住む民は、ペリシテ人とは明確に異なり、セム系民族であったことだけは確かである。ほとんどの学者は、人種的にも民族的にも言語学的にも、さらに文化発展においても、カナン人と初期イスラエル人の間に差異を認めることは困難であると考えている。

旧約聖書における「カナン人」とは観念的なものであり、ほとんどの場合、非イスラエル人に見られる以下の二つの事柄に関わる。まず第一に、宗教学的観点から見て、カナンの神々に関して練り上げられた物語は、種まきと刈り入れの農繁期と、農閑期の休眠状態とに関連した祭儀的機能を有していたに違いない。この神話的資料として知られているものに、古代ウガリトの粘土板に遡るものがある。その物語には、至高神エルと、若く際立った力を有する神バアルを含む神々と女神らが登場する【「天上の会議」の項を見よ】。旧約聖書の信仰が、至高神エルに違和感を抱かないばかりか YHWH をエルと重ね合わせて理解しているようにさえ見える一方で、イスラエルの視点から見てカナン宗教の要となる神はバアルにほかならない（創世記の物語で YHWH とエロヒーム（＝エル？）が並置されていることに注目せよ）。イスラエルのテキストは、バアルに対して非常に敵対的であり、バアルは神学的に YHWH に挑み、対峙するものと捉えている（特に王上 18:17-40 を見よ）。

第二に、カナンの地の社会政治的、経済的体制は、特権階級・都市の王侯らによって統括される都市国家封建制度であった。その王侯らは、経済の

カナン人

底辺で搾取される側にいる小作農の生産物によって恵まれた生活を送っていた。多くの学者が「カナン人」を、封建経済制度の特権支配者、受益者を指して使われるものと指摘しており、「カナン人」に対するイスラエルの反発は、その土地を支配していた搾取の構造、そしてその支配を行って利益を享受していた者たちに対する反発であることを示唆している。この仮説によるならば、初期イスラエルの「諸部族」は、カナン人都市君侯への搾取的従属を拒絶した小作農によって構成されていたと言える。そうすると「カナン人―イスラエル人」の対立は、搾取される生産者と特権を享受する消費者の間の階級の違いに関連しているということになる。その帰結は、「カナン人」も「イスラエル人」も民族性を指すものではなく、むしろ両者は多分に観念的なものであり、経済的立場を示すものと言えよう。ただし、その経済的立場は、つねに宗教的に特徴づけられ、正当化されていたのである。

「カナン宗教」と言われる宗教形態と、「カナンの政治経済」の権力構造を、明確に区別することは可能だが、実はこの二つは表裏一体の関係にあり、「バアル」は「イスラエル人」小作農にとって、その経済構造において最も耐え難いものを体現している。これに対して YHWH 主義は、神学的なものとして理解される一方で、抑圧的社会層から離れて契約による共同体主義を目指す政治的経済的理念とも深く直結するものである。

それゆえ最も有効なアプローチは、「カナン」と「カナン人」を、YHWH 主義運動が強く反対する社会的現実の構造全体を観念的に指し示すものと理解することである。カナン人について書かれたいくつかの箇所を読む時は、彼らについて付随的に語られている記事も逸話的に語られている記事も、宗教的なものから経済的、政治的なものに至るまで、生活のあらゆる局面に介在する構造的対立に関するものとして読むと実によくわかる。イスラエルの YHWH 主義運動も、社会の既存の秩序に対する革命的挑戦と理解すると最もわかりやすい。このように YHWH は、既存の体制に対するたゆまぬ挑戦としてイスラエルが体現する社会政治的、経済的抵抗に正当な理由を与える。その挑戦は、イスラエルの記憶によれば、暴力的な仕方で実現される。例えば列王記下 10 章に記されたバアル宗教に対する粛清は、単なる宗教的行為と見なすべきではなく、生産と分配の公的構造の根幹にある象徴を撃つ

ことで、その構造全体に挑み、それに取って代わることを意図した行為と見なすべきである。

　学者たちは一致して、聖書における「カナン人」への言及は、歴史的実像からはかけ離れた観念的言及であると理解している。ヨシュア記の征服物語と申命記における批判において「カナン人」はそれゆえ、可能な限り最も激しく破壊される他者として描かれている。

　さらに、このカナン人の描写は、現代の批判にまで引き継がれており、カナン人に対するイスラエルの観念的憎悪は、パレスチナ人に対するものに移しかえられている。ユダヤ人、キリスト教徒双方が一般に理解しているように、パレスチナ人はイスラエルの主張に対する現代の挑戦となっている。

〈訳：左近　豊〉

参考文献：

Ahlstrom, Gosta W., *The History of Ancient Palestine* (Minneapolis: Fortress Press, 1993); Freedman, David Noel, and David Frank Graf, eds., *Palestine in Transition: The Emergence of Ancient Israel* (The Social World of Biblical Antiquity Series 2; Sheffield: Almond Press, 1983); Gottwald, Norman K., *The Politics of Ancient Israel* (Library of Ancient Israel; Louisville, Ky.: Westminster John Knox Press, 2001); idem, *The Tribes of Yahweh: A Sociology of the Religion of Liberated Israel, 1250-1050 B.C.* (Maryknoll, N.Y.: Orbis Books, 1979); Lemche, N. P., *The Canaanites and Their Land* (JSOTSup 110; Sheffield: Sheffield Academic Press, 1991); Levenson, Jon D., "Is There a Counterpart in the Hebrew Bible to New Testament Antisemitism?" *Journal of Ecumenical Studies* 22 (1985): 242-60; Thompson, Thomas L., *The Bible in History: How Writers Create a Past* (New York: Basic Books, 1999); Whitelam, Keith W., *The Invention of Ancient Israel: The Silencing of Palestinian History* (London: Routledge, 1996).

金

金(かね)（Money）

「金(かね)」についての神学的問題は、貨幣制度の歴史に関わっているのではなく、むしろ信仰がどのように経済を認識し実践しているかに関わっている。旧約聖書の背景はおおむね、金それ自体よりも、むしろ土地または他の不動産の形態に関わる土地所有経済である。実際に、土地経済から貨幣経済への移行は、私たちが旧約聖書の中に決定的な緊張を発見するのを可能にするだろう。最初から、旧約聖書は単独の意見をもって経済学について語ってはいない。様々な意見があるということは、相容れずに対立する主張があることを示している。それらの数々の主張は、聖書解釈が継続していく中で繰り返し浮上してさえいるのである。

一方では、古代イスラエルについて記憶されている部族経済は必然的に、隣人間の経済であり、そこでは小規模農民がお互いに頼り合い、また農業共同体の全員がおそらくは貧困の脅威の下に生活していた（例えば出 21:37-22:14 を見よ）。この経済的状況を考慮すれば、共同体の構成員が共同体のより貧しい構成員と自らの保有する富を分け合う、ある程度分配的な経済的実践が出現したことは驚くにはあたらない。

このような正義の分配的な観念は、現実には農民にとって実用的なものであったかもしれないが、その実践は旧約聖書の中でまさに YHWH の特徴に根差した契約上の義務になっている。このように眺めてみると、これらの初期の伝承において理解されたような YHWH の特徴の幾分かは、社会の具体的現実から、また同時に、列挙されている寡婦、孤児、そして寄留者（申 24:17-21 を見よ）のような貧困者と弱者に対して共同体が特別な配慮の義務を負っているという認識から生じていることがわかるだろう。ゼカリヤ書 7:9-10 では、貧しい者が旧来の三者〔寡婦、孤児、寄留者〕に追加されている。この倫理においては、共同体の中で経済的に自立した者は経済的に恵まれない者と富を分かち合うように義務づけられている。その義務はただ「慈善行為」をよりどころとしているのみならず、組織のきまりとして「法」に記されている。こうした取り組みは、「解放の年」（申 15:1-18）と「ヨベルの

年」（レビ 25 章）にとりわけ強く打ち出されている【「ヨベル」の項を見よ】。

　その上、このような経済的義務の根拠は YHWH の特徴に見出せる。YHWH は、エジプトの奴隷状態からの「解放の年」を最初に実行したお方であり（申 15:15 を見よ）、つまり、第一戒「わたしは主、あなたの神、あなたをエジプトの国、奴隷の家から導き出した神である」に周知の通り表明されている観念を実行したお方なのである。この神は寄留者と弱者すべてを愛している（申 10:18 を見よ）。イスラエルは、隣人の状態を向上させるにあたり、YHWH をまねるように命じられている。YHWH の特徴に根差す、寡婦と孤児と寄留者に対するこの公共の義務は、「貧しい者に対する神の優先的選択」という新しい宣言に正当な根拠を与えている。

　他方では、イスラエルがその過去を記憶にとどめているように、その経済は王朝の興隆とソロモンにおいて絶頂に達した豪奢さにより、はなはだしく混乱し変容させられた。社会が、土地に結びついた単純な隣人関係から引き離されて再編成されたので、イスラエルは以下の点で「ほかのすべての国々のように」なった。それは、一部の人のために剰余価値が蓄積され、その結果として社会階層が生じたという点である（サム上 8:5, 20 およびその間の節を見よ）。要するに、ソロモンは正当と認められた所有欲を具現化するようになった。これは、ソロモンのめざましい商業活動（王上 9:26-28）、その建設計画（王上 7:1-8）、彼の徴税の手配（王上 4:7-19）、彼の戦闘部隊の計画（王上 9:17-19）、彼の強制的な労役の計画（王上 5:27-32; 9:20-22）、そして彼の贅沢な暮らし（王上 4:20-5:8）の結果である。そして、それらすべてが莫大な量の金を主材料とする精巧な神殿（王上 6:20-22。10:14-22 を見よ）に集約され正当化された。豪華な神殿を彼のその他の富に連結させることによって、ソロモンは彼のあらゆる所有欲に対する YHWH の是認と後援を主張することができた。このような経済活動の中から、隣人に対する倫理など気にも留めない特権階級のエリートが出現してきた。多分その結果として、金を占有している者はその当然の報いを受けている、また同様に金に欠乏している者もそれ相応の報いを受けているものとする応報の理論が生じたのである。

　これらの記憶がどれくらい歴史的に精確であるかを知るのは難しいが、おそらくこのテキストは現実のニュアンスを欠いた、明確なモデルを提示して

いる。経済モデルの観点からわかるのは、二つの異なる経済上の理論が並んで設定され、双方がその主唱者を持ち、また双方がテキストに書き記され、疑いなくそれぞれがその見地に対する神の正当性を主張しているということである。

　前段に概略を述べた二つの経済モデルは部分的には、異なる社会的環境と階級意識の産物である。しかし、主唱者自身はそれ以上のことを主張している。すなわち彼らは、分配の経済または応報の経済の正当性はYHWH自身の特徴と御心に根差す、と断言しているのである。従って、経済的な問題は最終的には、神学的な問題、すなわちYHWHの御心についての論争に帰着する。経済的な論争と神学的な論争の連鎖は、逆方向から述べられているが、カール・マルクス（Karl Marx）のアフォリズムに反響しているのをおのずと思い出させる。

　　このようにして天国の批判は地上の批判へと移行し、宗教の批判は法
　　の批判へと移行し、神学の批判は政治の批判へと移行するのである。
　　（Marx, 22）〔「ヘーゲル法哲学批判序説」、マルクス『ユダヤ人問題に寄せて／
　　ヘーゲル法哲学批判序説』、中山元訳、光文社古典新訳文庫、2014年、163頁〕

　経済学と神学との結び付きはおのずから、列王記上11:1-25のソロモンの贅沢への批判へと至る。「他の神々」へのソロモンの愛は、彼をYHWHへの服従から迷い出させたと報じられているが、他の神々への彼の愛は、労役の強要、浪費、そして婚姻を隠れ蓑にした政治的な同盟に現れている。このように「他の神々」は宗教的慣行に関与しているのみならず、経済活動を包括する生活全般にまで及んでいる。テキストにおけるこの宗教的慣行と経済活動との巧妙な関連づけは、以下に見る通りに、十戒の配列と並行していることがわかる。

　　第一戒　あなたには、わたしをおいてほかに神があってはならない。
　　　　　　　　　　　　　　　　　　　　　　　　　　　　（出 20:3）
　　第十戒　隣人の家を欲してはならない。（出 20:17）

第一戒と第十戒が共になって、所有欲にはYHWHへの服従により一定の抑制が課されることをほのめかしている。ソロモンはテキストにおいて、むさぼりの形で第一戒を破っていると批判されている。つまり、分配の倫理を基礎づけている古代のシナイ山〔で授与された十戒〕は、テキストに描かれている通りソロモンが飽くことなしに具現化しているもうひとつの選択肢への批判となっているのである。

　これらの特定のモデルにおける経済についての鋭い描写に基づき、経済に関する三つの観点から、金に対するイスラエルの論争的関心を解明することができる。

　1．預言者は国王の経済活動について絶え間なく批判し続け、そして弱者や保護のない者への心配りと合わせて、正義の理念を頻繁に主張している（イザ 1:17; 32:7; エレ 5:26-29 を見よ）。預言者は隣人関係に基づく経済の喪失が、契約の喪失に至ることを強調している。もしYHWHの保証が周辺の者へ拡張されなければ、裕福な者自身もYHWHの保証を享受できない（アモ 8:4-8 を見よ）。

　2．一部の詩編は貧しい者に声を与え、裕福な者の貪欲さをYHWHに訴えることを可能にしている。これらの詩の中で貧しい者は、YHWHからの何らかの権利付与を要求している。ところが、彼らはその権利を受け取るために自分ではどうすることもできない。また彼らは嘆願の中で、社会的な既得権について省察している。というのは、それらの嘆願では通例、富の蓄積は必然的に不正手段で得たものと見なして、「富んだ者」と「邪悪な者」を同等に扱っているからである。

　　貧しい人が神に逆らう傲慢な者に責め立てられて
　　その策略に陥ろうとしているのに。（詩 10:2）

　　主は言われます。
　　「虐げに苦しむ者と
　　呻いている貧しい者のために

今、わたしは立ち上がり
彼らがあえぎ望む救いを与えよう。」
……
主よ、あなたはその仰せを守り
この代からとこしえに至るまで
　　わたしたちを見守ってください。
主に逆らう者は勝手にふるまいます
人の子らの中に
　　卑しむべきことがもてはやされるこのとき。（詩 12:6, 8-9）

3. 箴言の中の知恵をテーマにした部分には、異なる視点が反映されている。

それらに共通するのは、貧困の存在である。換言すれば、社会に大勢の貧しい人々が存在することが当然視されている。病気と同じく、貧困は通例、人間が免れられない不運と見なされている。……その原因を見極めようとする試みは多少あるが、貧困を除去する可能性はどこにも思い描かれていない。貧困が社会組織の改善しうる欠陥のせいで生じたものであるという概念はないし、また、貧困に陥った人々が共同体の生活の中で繁栄と適切な地位を回復できるように救済されるかもしれないという認識もない。……当然のことながらこの書物に欠けている声は、貧しい人のそれ、すなわち全く困窮している彼ら自身の声である。この書物で語っているすべての人は物質的富を所有している……。（Whybray, 113）

様々なニュアンスはあるものの、箴言は結局のところ経済の現状を反映している。従って、〔箴言において〕富んだ者と貧しい者は隣り合って暮らしているというわけである。しかしながら、貧しい者に寄り添い優遇するような要求もないし、また裕福な者に向けられた特段の批判もない。箴言の「行為と結果」の世界の中では、一方、豊かな者は勤勉さによって富み、YHWH

に祝福されるし（箴 10:4）、他方、貧しい者は怠惰さのゆえにその報いを被る（箴 12:24。10:15 を見よ）。正しく行動しなければ金を得ることはできないという留保はあるが、それは、おのおのにはそれ相当の報いがあるはずであるという、より大きな前提の下にゆだねられている（箴 11:18, 28 を見よ）。このような見方は、自分だけ良ければ良いという考えを擁護しているのではない。というのは、貧しい人もまた創造者の視野の中に見守られているからである（箴 14:31; 17:5）。正しく言えば、この見解は社会変革や急進的改革を想定してはいないのである。社会的関係は所与のものであり、持続されるべきものなのである。

そうした全体的な視点の中で、知恵の伝承は以下のような特徴をも含んでいる。

> ゴーワン（Gowan）とワイブレイ（Whybray）は二人とも、箴言 30:7-9 に注意を喚起している。

> 二つのことをあなたに願います。
> わたしが死ぬまで、それを拒まないでください。
> むなしいもの、偽りの言葉を
> 　　わたしから遠ざけてください。
> 貧しくもせず、金持ちにもせず
> わたしのために定められたパンで
> 　　わたしを養ってください。
> 飽き足りれば、裏切り
> 主など何者か、と言うおそれがあります。
> 貧しければ、盗みを働き
> 　　わたしの神の御名を汚しかねません。

テキストは中庸を行く。貧困も富もどちらも、人々を誘惑や腐敗に陥れかねないことを認めている。つまり、この箴言の言葉から、一個人の生活は経済状態によって決定的には定められないことがわかるのであ

る。
　一般に知恵の詩編として認識されている詩編49編は、経済的利益は短期的で、取るに足らないものであると断言している。というのは、長期的には

　人間は栄華のうちにとどまることはできない。
　屠られる獣に等しい。（詩 49:13, 21）

　この詩は結果的に、財産につきまとううぬぼれと尊大さの正体を暴露している。というのは、「あなたはそれを取っておくことができない」からである。
　コヘレトの言葉 6:1-6 では、富と果てしない欲望を最後には不毛と不満へと至る空しさの中に含めている。

　このように競合する見方を並べてみると、以下のような結論が導き出されるであろう。
　1. 金（もしくはいずれかの形態の富）は、厳格かつ批判的な監視の下に置かねばならない。そして、金は旧約聖書の伝承すべてにおいて重大事であると同時に、難題をはらんでいると見なされている。
　2. 金に関わるすべての見方はおそらくは、現実の社会的状況の中に深く根差しているので、その背後には必ず特定の社会的関心がある。金について聖書のどの主張を評価するにしても、「誰が語っているのか」を問わねばならない。
　3. すべての伝承において合致しているのは、金というものは多くの点で徹底的に YHWH がもたらす現実に結び付いているということである。従ってどんな自律的な経済もそれ自体ではやっていけない。金に関する考えが変化するものであれ、現状を維持しようとするものであれ、あるいは、分配的であれ応報的であれ、経済は YHWH が財産を与え YHWH がその用い方を要求するという神学的現実を明示している。
　最後に加えれば、旧約聖書では、金は信仰を達成する手段であると見な

されている。しかしながら、それは結局、二番目に重要なものでしかない。「商品」の追求は「霊の交わり」の実践に従属している。十戒への服従を表して、詩編詩人は断言する。

　金にまさり、多くの純金にまさって望ましく
　蜜よりも、蜂の巣の滴りよりも甘い。（詩 19:11）

「望ましく」という用語は、通常「切望する」と解釈される ḥmd を翻訳したものである。YHWH によって与えられる命と YHWH の戒めこそ、最終的に切望すべき対象である。他のすべての切望は、最終的に誤った方向へ導かれ、滅びに至らせる。YHWH と YHWH の寛大さに注目すれば、経済の領域で感謝を表現するという喜びの応答が呼び起こされる。ダビデはその祈りの中で、彼独自の信仰的応答を見事に要約して語っている。それは、奉献に際してのキリスト者の標準的な言い回しとなっており、YHWH への経済上の意志表示の言葉なのである。

　すべてはあなたからいただいたもの、わたしたちは御手から受け取って、差し出したにすぎません。（代上 29:14）

〈訳：小河信一〉

参考文献：
Borowitz, Eugene B., *Judaism after Modernity: Papers from a Decade of Fruition* (New York: University Press of America, 1999), chap. 19; Gowan, Donald E., "Wealth and Poverty in the Old Testament: The Case of the Widow, the Orphan, and the Sojourner," *Interpretation* 41 (1987): 341-53〔「旧約聖書における富と貧困」、鈴木順一訳、『日本版インタープリテイション』19 号、1993 年〕; Haughey, John C., *Virtue and Affluence: The Challenge of Wealth* (New York: Sheed and Ward, 1997); Lang, Bernhard, "The Social Organization of Peasant Poverty in Biblical Israel," *JSOT* 24 (1982): 47-63; McLellan, David, *The Thought of Karl Marx: An Introduction* (London: McMillan, 1971); Sider, Ronald J., ed., *Cry Justice: The Bible on Hunger and Poverty* (New York: Paulist Press, 1980); Whybray, R. N., *Wealth and Poverty in the Book of Proverbs* (JSOTSup 99; Sheffield: Sheffield Academic Press, 1990).

神顕現 (Theophany)

「神顕現」とは、旧約聖書研究において、特定の歴史上の人物や歴史上の共同体に対して神が行われる直接的な対面を意味する、専門用語である。この語は二つのギリシア語の言葉、*theos*（＝神）と *phainos*（＝現れる）を結びつけたものである。「神が姿を現すこと」は、怖ろしく、不気味な、圧倒し、混乱させる偉大な光の到来と、関係づけられることが非常に多い。

聖書テキストで我々に与えられる神顕現の直接的経験は、多かれ少なかれ様式化された語りの形式になっている。その形式の中にあるのは、(a)「自然の」力が引き起こす破壊。それは（嵐のように）、怖ろしい「不自然な」神の到来を示す。(b) 混乱を引き起こす中に臨在すると言われる、神が語る声。その声が、神の臨在、私がそれであるとの宣言、神の主権、そして神の命令を断言することが非常に多い。(c) 一人あるいは複数の主体による、神に対して、畏れつつも恭順を示す（あるいはそのどちらかの）応答。それは神の到来の中で語られる。(d) その遭遇がすべてを変えたとの表現、である。

神顕現とは一人の人の人生、あるいは共同体の歴史におけるひとつの遭遇であり、それによって未来が、徹底的に、また突然に、定義し直される。神が、侵入してくるようにしてドラマティックに到来する一番の例が、燃える柴のエピソードである。そこで神はモーセに現れ、ファラオに逆らって自らの生命を危険にさらすほどの徹底的に新しい使命を負わせたのである（出 3:1-6）。この遭遇は、視覚的な面からだけ見ても「不自然な」特徴を示している。柴は火に燃えているのに「燃え尽きない」のである。この燃えている柴から、神が語られる。モーセに直接、強いて従わせるように語りかける。モーセは応答する。そして出エジプトをめぐるファラオとの対決が始まるのである。似たような直接性が列王記上 19:11-18 の神のエリヤとの遭遇においても明らかである。エリヤ物語はその特徴においてモーセの物語と並行的である一方、神顕現における遭遇がモーセの場合とは違っている。なぜならそれは風も地震も火も含んではおらず、ただ「全くの沈黙」〔NRSV "a sound of sheer silence"。これに対して、KJV "a still small voice"、新共同訳「静かにささや

く声」だけなのである（12 節）。同じように強引な、遭遇から起きる招きが、預言者召命物語において預言者たちの中で起こる（イザ 6:1-10; エレ 1:4-10 を見よ）。特徴として重要なのは次の点である。つまり「自然」現象が人を混乱させるさまが、遭遇を語るための様式化された仕方である一方、物語はこれらの現象にはほとんど関心を示さず、呼びかけられた者を新しい召命の中に立たせることに焦点を合わせている。その召命は、イスラエルと世界に対して神が示す未来の道に関わるのである。

　神顕現はまた、共同体全体に対して起きることもありうる。その古典的なケースが、イスラエルのシナイ山での遭遇である（出 19:16-25。申 4:9-14 を見よ）。「自然」現象に混乱させられる描写は明白である。しかしながら物語において重きをなすのは神の語る言葉なのである。それは混乱のまっただ中から語られる十戒であり、トーラーの民としてのイスラエルの姿を明確にしている（出 20:1-17）。これと同じ種類の共同体の経験が、イスラエルや国々に対する神の公の裁きについての、預言者の預言の中に様々に示され、あるいは期待される（ゼファ 1:14-18 を見よ）。これらの鮮明なシナリオが、やがて到来することになる、非常に破壊的、危険かつ要求的な YHWH の圧倒的主権を強調するのである。

　神が人と対面して現れる時の、これら様式化された特徴において、聖書のレトリックは、神——それは描写を拒みカテゴリー化を許さないお方である——が行う、変化させる力を持つ侵入と遭遇とを証言しようとする。語りによる報告と詩的な現実化の、これらの高度に発展した様式が、そのような遭遇がもたらす、人を畏怖させる厳粛さを立証する。しかしこれらでさえ、いかなる合理的仕方でも、説明の仕方でも、起きたことの特徴を描写することができないのは、まさにそれらが語り、それらが証言する状況が、その報告や描写の中に収まりきらず、なじまないからである。神顕現という文学的ジャンルは、常に捉えどころのない、常にあらゆる描写能力を超える、遭遇を扱う。神顕現のレトリックは、そのような神との直接的な対面を言語化するための、不十分な手段なのである。しかし手段のその不十分さが、それ自体、神学的にはなはだ重要なものとなっている。その不十分さがまさに、神の生のリアリティは、人がそれに直面する時、カテゴリー化されることを拒

神顕現

むのだ、との主張と確信とを証明しているのである。なぜなら超越と聖性と神の栄光というこの領域は、人間の理解する力を超えているからである。そのような遭遇についての報告はまた、信仰をより大きく提示するためにももちろん必要となる。なぜなら共同体のしっかりとした信仰は、まさにそのような口で言い表すことのできない遭遇から生ずるからである。報告が不十分で、必然的にその務めを果たしきれないこと、まさにそれ自体が、出来事とその報告とが全く不釣り合いとなるのが避けられないことの証拠となる。心に留めておかなければならない決定的な点は、報告されている事柄が出来事そのものであると勘違いしないようにすることである。神顕現という出来事は常に、我々には捉えきれず、理解しつくせないからである。

神顕現は、完全に神の思いのままになされる、遭遇の直接性を扱うものである。そしてこの直接性こそ、人間のリアリティのただ中に現れた、神の畏れに満ちた臨在の奇跡である。しかし神顕現は常に不十分のジャンルなのである。この最も重要な神学的認識から、五つのことを導き出せるだろう。

1. これら神顕現の物語は実際まれであり、イスラエルの信仰についての長い物語記事の中にほんのわずかに現れるにすぎない。これらはイスラエルの信仰生活が、伝統的にそのような聖なる侵入なくして営まれてきた長い時間のただ中で起きる。そしてまた伝承の最終形態の中の様々な要素が、神との遭遇を様々に表現する。遭遇は直接的なこともあれば、天使や夢が仲立ちすることもある。遭遇がまれであることを理由に我々は、神が近くにいることを数多く経験できると考える、現在の宗教的主張に疑いを抱くかもしれない。なぜなら旧約聖書の神は、容易に、すぐに、あるいは頻繁に近づくことができるわけではなく、あるいはうち解ける神というわけではないからである。

2. ほとんどの場合においてイスラエルの神と共にある生活は、仲立ちを受ける形（in mediated forms）（「仲立ち mediation なし」を意味する「immediate」ではなく）で起きる。神の聖性には手が届かないから、イスラエルの宗教的伝統は（あらゆる宗教的行為がそうであるように）仲立ちとなるものによる神の臨在の形を編み出したのである。それらに含まれるのが、トーラー、祭司制、知恵、そして王権である。全般的に共同体は、神の臨在の仲立ちされた

形の実践に依存し、それによって支えられている。そしてその実践は、心を配り、注意深く行われなければならない。

3. 公の礼拝と様式化された典礼は、イスラエルにおいて顕現する神の臨在を仲立ちする第一のものである。様々な仕方で典礼が生々しい神顕現を写そうとする。神顕現について語る物語は、出エジプト記 19:16-25 のように典礼の形を反映する仕方で様式化されている。例えばイザヤ書 6 章の預言者の召命の幻は神殿の中においてであったが、それは神顕現の提示にあたり、おそらく典礼の形と神殿の構造との両方に依拠しているのだろう。さらに神殿は、イスラエルが「神を見る」（詩 11:7; 17:15 のように）ことを期待する場所なのである。そのようなレトリックが何を意図するのか、我々にははっきりしないが、おそらく神殿が、時には直接的に経験され知られることもある方の臨在を仲立ちするのであろう。もちろん神の臨在を確実にする保証はないが、その典礼は確かに、神との直接的な遭遇に対するある程度の備えを生み出す形式を与えている。

4. 状況は新約聖書においても違ってはいない。後のキリスト教会における解釈のカテゴリーの中では、イエスが確かに決定的な「神の顕現」であると認識されえたのである。

> 初めに言があった。言は神と共にあった。言は神であった。……言は肉となって、わたしたちの間に宿られた。わたしたちはその栄光を見た。それは父の独り子としての栄光であって、恵みと真理とに満ちていた。（ヨハ 1:1, 14）

> 「闇から光が輝き出よ」と命じられた神は、わたしたちの心の内に輝いて、イエス・キリストの御顔に輝く神の栄光を悟る光を与えてくださいました。（Ⅱコリ 4:6）

しかしもし仲立ちするもののない直接的な遭遇についての、語りによる具体的な報告に焦点を合わせるなら、我々はまた、ベツレヘムの降誕物語と顕現の輝きの中に天使たちが現れたこと（ルカ 2:9-14）、またダマスコ途上でのパ

:神顕現

ウロの回心をもたらした遭遇についての語りによる報告（使 9:3-9）に気づくだろう。新約聖書の直接的遭遇についての物語記事は、旧約聖書の神顕現報告の語りの伝統によりしっかりと特徴づけられているのである。

5. 現代世界において神顕現のむき出しの直接性というものは、簡単ではない。神の聖性に言及することなくすべてを説明する合理性の力があったり、神と共にあることの居心地良さへと至りがちで、そのようなドラマティックな超越者との遭遇を避ける、宗教的な純真さや親密さへの誘惑があったりするからである。神の侵入、神の主権、神の超越を強調して、神との出会いの質とそれが決定的であることを述べる神顕現は、このように、神のむき出しのリアリティを都合の良い仲間の関係へと弱めてしまおうとする、絶えることのない企てに逆らう重要な手段であると理解される。顕現する神は、その特徴において気軽な友達ではなく、要求し、生活を変化させる権威者なのである。

現代世界においては、ルードルフ・オットー（Rudolf Otto）がイマヌエル・カント（Immanuel Kant）による崇高概念の特徴づけを手がかりとして、「戦慄的な神秘」（*Mysterium Tremendum*）について書いたことはよく知られている。オットーは、神を合理的に理解できる存在にしようとするあらゆる企てに逆らって、神の不気味で畏れを抱かせる特質を述べるためにこの語を用いる。彼は、神のリアリティを自分の理解の範囲内に押し込もうとする人間の能力を超えて、その力と危険さとにおいて波のように押し寄せる、神の怖ろしいリアリティについて述べるのである。20 世紀初めにカール・バルト（Karl Barth）は、文化の中に浸透していたナショナリズムや自然主義に神を適応させようとするヨーロッパの神学の誘惑に抵抗して、「絶対他者」としての神について決然と書き記した。より最近ではアーサー・コーエン（Arthur Cohen）が、ユダヤ人のホロコーストのただ中に隠された神のリアリティを証言するために、これとよく似た言葉を用いている。それは、この特異な蛮行のエピソードを、あらゆる種類の教理、道徳、理性が受け入れることのできない神学的リアリティとして、また神学的問題として考えるためである。神学的に考えれば、神顕現についての報告が証言するのは、単純化する仕方などない、神がまことに神であるとの深い確信である。被造物はこの

お方に従わねばならず、またここかしこで神として知られているこのお方は、さらに具体的な瞬間に自身の臨在を示す神なのである。真に神である神が有する、仲立ちするもののない直接性〔に触れること〕は、並外れた経験であり、測り知れないもの、説明できないもの、人間の理解可能な範囲に適応させることなどできないものを開かれたままにしておくという証言のジャンルを要求するのである。〈訳：楠原博行〉

参考文献：
Cohen, Arthur A., *The Tremendum: A Theological Interpretation of the Holocaust* (New York: Crossroad, 1981); Kuntz, Kenneth, *The Self-Revelation of God* (Philadelphia: Westminster Press, 1967); Miller, Patrick D., Jr., *The Divine Warrior in Early Israel* (Cambridge: Harvard University Press, 1973); Otto, Rudolf, *The Idea of the Holy* (London: Oxford University Press, 1924)〔『聖なるもの』、久松英二訳、岩波書店、2010年〕; Terrien, Samuel, *The Elusive Presence: Toward a New Biblical Theology* (San Francisco: Harper and Row, 1978).

神の似姿 (Image of God)

「神の似姿」は旧約聖書において三か所でしか明言されていない（創 1:26-28; 5:1; 9:6）。しかしこの概念は、その後の神学的解釈において計り知れないほど重要になった。聖書は、神に類するいかなる被造物にも強く反対し、ユダヤ教はいかなる偶像を造ることにも反対する強力な勢力である。「イスラエルの宗教における、他の宗教と連続しない核となる要素、つまり固有性を特定するために、様々な提案が提出された中で、最も確からしい候補は、十戒の最初の戒め、YHWH による独占的礼拝への要求、そして偶像を用いてはならないという戒めであろう」（P. Miller, 211-12）。

十戒の第二の戒めは以下の通りである。

> あなたはいかなる像も造ってはならない。上は天にあり、下は地にあり、また地の下の水の中にある、いかなるものの形も造ってはならない。あなたはそれらに向かってひれ伏したり、それらに仕えたりしてはならない。……（出 20:4-5）

この禁止は、最も広く解釈すると、YHWH の似姿と他の神々の偶像の両方に関係する。YHWH の自由がそれによって制限され、YHWH の主権が縮小されてしまうため、YHWH を似姿に落とし込むことはできない。さらに、申命記的な預言の伝統は、YHWH と競合し、YHWH の価値を損なわせる印や象徴の破壊をたびたび要請し、根拠づける（出 34:13; 申 7:5; 16:22; 王下 3:2; 10:26-27; 11:18）。ダニエル書 2-3 章において、ネブカドネツァルの立像が、YHWH を侮辱する、抵抗すべきものとして大きく立ちはだかる。YHWH の似姿と他の神々の似姿とは分けて考えることもできるが、禁止は両者に関連し、妥協できるものではない。

そして、何より驚嘆に値するのは、創世記 1:26-28 の祭司文書の創造物語と、そこから派生したテキストである創世記 5:1 と 9:6 によれば、人間（「男性と女性」）が神の似姿であるということである【「祭司伝承」「性」の項を見

よ】。最も重要な点は、人間の男女は、YHWH の特徴に似ているがゆえに、他のすべての生物とは異なると述べている、創世記 1:26-28 にある言及である。そのテキストは、おそらく意図的に、どこに「類似」があるかを教えてはくれない。一番もっともらしい仮説は、人間は、神の支配を証しし、成立させるために、他のすべての生物の中に置かれたというものである。

　この解釈のためにしばしばなされる主張と類似しているのは、自分自身の像を建てる統治者の主張である。そのような統治者は、領土のあらゆる場所に臨在することはできないが、自分が真の統治者であることを証言し、人々に思い出させるために自分自身の像を建てるのである。ここから類推すると、見えざる神が被造物の中に人間を置いたことで、他の生物は、人間を見ることにより、YHWH による支配を思い出すことができるということになる。このように、創世記 1 章のテキストは直ちに、「支配」について話すことにつながり、それゆえ人間は YHWH の支配を体現するのみならず、実に、他の生物が見ることのかなわない存在である神による主権の代わりに、その支配を成立させるのである。このように、「神の似姿」は、「天使よりも僅かに劣る」(詩 8:6-9〔新共同訳では「神よりも」〕) 人間の尊厳と権威を祝し、高めようと意図された表現なのである。人間には支配の能力が備わっていることから、人間は重大な責任を負うことになった。すでに創造主が、神の被造物としての地球を大切にし守り、さらに良くなるように働き始めているとはいえ、人間の仕事は地球を大切にすることなのだから。このように、似姿という概念は、人間が地球の幸福に責任を負っているということ、すなわち、この論理によれば、神が被造物の長に委ねた課題に説得力を与えている。

　「類似」の第二の用例は、似姿としての人間の特徴やアイデンティティが、創世記 3 章の追放の物語によって失われていないことを証言している (創 5:1)【「堕罪」の項を見よ】。つまり、古典的なキリスト教徒の伝統に見られるように、創世記 3 章が「堕罪」と見なされたとしても、罪が非常に深いことを示すこの判決さえ似姿を浸食することはない。創世記 9:6 における、「類似」の第三の用例は、第二の用例と並行して、似姿のアイデンティティや特徴が、「堕罪」の場合と同様、洪水によっても価値を減じられたり、価値を失ったりしてはいないことを証明する。「神との類似性」の印は、このよう

神の似姿

に、人間を定義づけるものであり取り消されることがない。過ちは恵みの印を消すことはできないということだ。人間は、アイデンティティ、権威、そして責任の印を永続的に負い続けなければならない。教会神学の多くは、人間の罪深さと低い地位に主要な強調点を与えることにより、人間についての、この注目すべき主張に大きく矛盾する。さらに言うならば、創世記 9:6 には、この特徴とアイデンティティゆえに、人間が殺されてはならないことについての並々ならぬ意義や価値について記されているのである。この主張は、命の価値が低い、テクノロジー重視で、思いやりや慈悲のない社会において、人間の命――あらゆる人間の命――の価値を高める上で大変重要である。創世記 9:6 は、このように、全被造物の中のこの被造物、人間に害を与えることに対して強力な防御線を引き、創世記 1:26-28 からの流れの頂点となっている。

　注目すべきことに、この主題について、旧約聖書ではこれら三つの箇所にしか書かれていない。しかしながら、それらは、派生する神学的伝統において大きな役割を果たしてきた。第一に、「神の似姿」という表現は、新約聖書の中で、イエスについての適当な理解を提供しようという試みにおいて重要である。「似姿」という言葉は、「子」のような正統的なキリスト論的定式までには高められなかったのだが、新約聖書は、神の真の似姿としてのイエスを証言し、私たちはその中で神について私たちが知ることのできるすべてを知るのである。

　　わたしを見たものは、父を見たのだ。（ヨハ 14:9）

イエスの支配の中で、神による支配は存在し、知覚される。

　　この世の神が、信じようとはしないこの人々の心の目をくらまし、神の似姿であるキリストの栄光に関する福音の光が見えないようにしたのです。（Ⅱコリ 4:4）

　　御子は、見えない神の姿であり、すべてのものが造られる前に生まれた

方です。（コロ 1:15）

　しかしながら、第二に、その表現は、イエスについて言及するのみならず、派生的に、キリストの内にあるすべての者が有する新しい人間性について言及する働きをしている。

> 互いにうそをついてはなりません。古い人をその行いと共に脱ぎ捨て、造り主の姿に倣う新しい人を身に着け、日々新たにされて真の知識に達するのです。（コロ 3:9-10）

> だから、以前のような生き方をして情欲に迷わされ、滅びに向かっている古い人を脱ぎ捨て、心の底から新たにされて、神にかたどって造られた新しい人を身に着け、真理に基づいた正しく清い生活を送るようにしなければなりません。（エフェ 4:22-24。ロマ 8:29; Ⅰコリ 11:7; 15:49 を見よ）

　ユダヤ教とキリスト教の両者において、その表現は、人間の命を強力に価値づけるための神学的基盤を提供する。どんな人間も――魅力のない人も、受け入れ難い人も、障がいのある人も、非生産的な人も含めて――彼または彼女の存在自体によって、尊厳を認められる権利を与えられ、様々な被造物の中でひとり、創造主自身から授けられた限定されることのない尊厳と支配の印を引き受ける被造物としてふさわしい価値があるのである。

　この主題についての最近のフェミニスト神学の文献には、特別に注意を払わなければならない。なぜなら、「男性と女性」への命令は、古代、そして現代世界において、女性がより低位の被造物であるという父権制的な思い込みに対する強力な反証だからである。聖書において、似姿についての最初の発言は、「天使よりもわずかに劣る」男女ともに割り当てられた地位と特徴についてのものである。〈訳：德田 亮〉

　参考文献：
　Barr, James, "The Image of God in the Book of Genesis ― A Study of Terminology,"

The Bulletin of the John Rylands Library 51 (1968/69): 11-26; Bird, Phyllis, *Missing Persons and Mistaken Identities: Women and Gender in Ancient Israel* (OBT; Minneapolis: Fortress Press, 1997), chaps. 6-8; Borresen, Kari E., *Image of God: Gender Models in the Judaeo-Christian Tradition* (Minneapolis: Fortress Press, 1995); Miller, J. Maxwell, "In the 'Image' and 'Likeness' of God," *JBL* 91 (1972): 289-304; Miller, Patrick D., "Israelite Religion," in *The Hebrew Bible and Its Modern Interpreters*, ed. Douglas A. Knight and Gene M. Tucker (Philadelphia: Fortress Press, 1985), 201-37; Raschke, Carl A., and Susan D. Raschke, *The Engendering God: Male and Female Faces of God* (Louisville, Ky.: Westminster John Knox Press, 1996); Stendahl, Krister, "Selfhood in the Image of God," in *Selves, People and Persons: What Does It Mean to Be a Self?*, ed. Leroy S. Rouner (Notre Dame, Ind.: University of Notre Dame Press, 1992), 141-48; Trible, Phyllis, *God and the Rhetoric of Sexuality* (Overtures to Biblical Theology ; Philadelphia: Fortress Press, 1978)〔『神と人間性の修辞学』、河野信子訳、ヨルダン社、1989年〕.

神の箱 (The Ark)

　箱形容器のような神の箱は、古代イスラエルでは YHWH の臨在の主要なシンボルの一つであった。出エジプト記 25:10-16 はおそらく後代の記述だと思われるが、そこに神の箱がどのように記憶され概念化されていたかについて際立って詳細な記述がある。けれども、目的や意図についてははっきりとした説明はどこにもない。神の箱に関する様々な言及から、さしあたり神の箱には三つの全く異なった機能を確認できる。それらは互いに重なるところはあるが、異なる状況下での異なった解釈に基づく儀式を反映している。

　1. 神の箱はイスラエルでは古代の部族時代から主要なシンボルと記憶されていた。この容れ物は YHWH への忠誠を示す部族間の一致と統一性を示したが、他方で、危険な旅において YHWH がイスラエルに可視的に臨在することをも示した。とりわけ、神の箱は軍事行動においてイスラエルに伴う媒体であった。その結果、YHWH はイスラエルの戦争における導き手かつ保証として、すなわち「万軍の主」（万軍＝軍隊）として理解され、また信頼された。この機能はイスラエルの詩的なスローガンに関する極めて古い物語の中に見られる。それは YHWH の臨在、保護、指導性に基づいている。

　　「主の箱が出発するとき、モーセはこう言った。
　　『主よ、立ち上がってください。
　　あなたの敵は散らされ
　　あなたを憎む者は御前から逃げ去りますように。』
　　その箱がとどまるときには、こう言った。
　　『主よ、帰って来てください。
　　イスラエルの幾千幾万の民のもとに。』」（民 10:35-36）

　民数記 14:14 とサムエル記上 4:3 も参照されたい。後者の用例では、ペリシテ人がイスラエルを敗走させたあと、イスラエルは最後の手段として神の箱を戦場に運び入れた。この戦いの記述によれば、神の箱は少しも効力を示

さなかった。この物語では、YHWH のこの箱への関わりは、明らかに怒りを含んだ自由と制御しえない力に満ちている。このように、神の箱はイスラエルの勝利を保証せず、ペリシテ人もまたその箱を完全に奪い取ることはできないのである。

　2. 神の箱の第二の機能はおそらく第一の機能から派生したものだが、イスラエルにおける YHWH の祭儀的臨在のしるしとして理解される。たいていの場合、何の保証も伴わないとはいえ、このしるしはイスラエルを心強くさせた。結局、神の箱が納められた神殿そのものが破壊され、それによってイスラエルは YHWH の不在を学んだ。おそらくイスラエルは神の箱を、見えざる YHWH が座する王座として理解したのだろう。神の箱はまた、王なる YHWH の台座である「足台」として理解されたかもしれない（代上 28:2; 詩 99:5 を見よ）。（南王国でエルサレムのイデオロギーの権利主張となった神の箱に対抗して、北王国では「子牛」がそれに相当するものとして理解されるべきことに注目せよ［王上 12:25-33］。子牛も神の箱も、命と幸いを保証する YHWH の臨在のシンボルとして理解される。）このように認識すると、神の箱は YHWH が行列の先頭に立つ宗教的行進や祭儀において機能しうる（サム上 6:10-7:2; サム下 6:1-19; 王上 8:1-8; 詩 132:8-10, 13-14、さらに「栄光の王」に言及する詩 24:7-10）。これらの宗教的行進とは別に、列王記上 8:12-13 の祭儀的な記述は、宗教的行進が終わって神の箱がエルサレム神殿に安置された時、YHWH がダビデ王朝の保護者として神殿に永遠に鎮座したことが示されるのだ、と述べる。こうして、YHWH のダイナミズムに関する先の表現は今や、保証と保護と正統性を示す永遠の臨在のしるしと言い換えられる。

　3. 神の箱の第三の機能は申命記の伝承に表れ、そこでは神の箱はモーセがシナイ山で受け取った二枚の十戒の板を納める単なる容器として理解される（申 10:1-5; 王上 8:9）。このような神の箱の特徴づけは、解釈上の大きな論点を反映しており、それによって申命記伝承は、その他の諸伝承に見られる神の臨在という高度な祭儀的主張を否定する。それは、この申命記の伝承が、イスラエルが YHWH について知っていることはシナイ山で与えられた命令の内にあり、言葉を換えればイスラエルが YHWH に近づくためには契約への従順という形式を取ると、主張しているからである。このように神の

箱は、伝承史的問題として解釈上の議論や複数見解が明らかとなるもう一つの論争点となる。神の箱は単純に解釈されることを許さない。それはまた、全く異なった仕方でYHWHの臨在を示す複数の神学的主張を保持している。

　トーラーとは異なって、神の箱はイスラエルの信仰の永続的媒体ではない。神の箱が最後に記述されるのはエレミヤ書3:15-18であって、そこでは、神殿が破壊される前587年に失われることになる臨在の祭儀的なしるしと認識されている。前2世紀までに、ユダヤ教の伝説はエレミヤが神の箱を隠してネブカドネツァルやバビロニア人の手に渡らぬようにしたと伝えている（Ⅱマカ2:4-8; Ⅱバルク6章）。神の箱が神学的に重要なのは解釈上の豊かさの証拠としてだけではない。確信と保証の手段であることを超えて自由に広がるYHWHの臨在について、イスラエルが信仰深く語る大いなる困難さの証拠としても重要なのである。〈訳：小友 聡〉

参考文献：

Brueggemann, Walter, *(I)chabod toward Home* (Grand Rapids: Eerdmans, 2002); Haran, Menahem, *Temples and Temple Service in Ancient Israel: An Inquiry into Biblical Cult Phenomena and the Historical Setting of the Priestly School* (Winona Lake, Ind.: Eisenbrauns, 1985); Miller, Patrick D., *The Religion of Ancient Israel* (Louisville, Ky.: Westminster John Knox Press, 2000); Miller, Patrick D., Jr., and J. J. M. Roberts, *The Hand of the Lord: A Reassessment of the "Ark Narrative" of I Samuel* (Baltimore: Johns Hopkins University Press, 1977); Rad, Gerhard von, "The Tent and the Ark," in *The Problem of the Hexateuch and Other Essays* (New York: McGraw-Hill, 1966), 103-124; Seow, Choon Leong, *Myth, Drama, and the Politics of David's Dance* (Atlanta: Scholars Press, 1989); Vaux, Roland de, *Ancient Israel: Its Life and Institutions* (New York: McGraw-Hill, 1961).

感謝 (Thanksgiving)

　イスラエルの歌と祈りとは、YHWH への感謝の言葉と身振りで満ちている。一般的な意味の「感謝」は「賛美」（praise）の同義語として理解されるかもしれない。YHWH の善き業に応答して肯定の言葉をもって返すのである。しかしイスラエルが持つ歌と祈りのレパートリーでの感謝の表現は、かなり様式化されており、賛美の場合よりも、かなり具体的で特定的である【「賛美」の項を見よ】。賛美がその豊かな表現において一般的な広がりをもつのに対し、感謝はその特色として、名指すことができいつまでも大切にされるお方である、神がもたらす具体的な賜物か、あるいは具体的な変化に対する応答である。

　ヴェスターマン（Westermann）は四つの部分からなる、かなり様式化された感謝の様式を確認した。

1. 感謝の意志を告げる導入（詩 30:2; 138:1-3）。
2. YHWH が解決した危機の回顧。その危機についてかつて嘆願の祈りがなされていた（詩 30:7-11; 116:3-4）。
3. 困難からの救出の報告。それは完全に YHWH によるものであった（詩 30:12; 40:3-4; 66:19; 116:8）。
4. 語り手が表明する感謝に共同体も加わるようにとの招き（詩 22:23-24; 138:4-6）。

　このように様式化された感謝は、先立つ困難な状態と現在の幸福な状態とを対比する。そして YHWH が、改革をもたらす変化を生じさせるために介入した方であることを認める。語り手は経験した変化について語り、それにより共同体に対して、YHWH がふるまう具体的、決定的、強力な仕方を証言する。この変化について語る行為がまさに、それ自体で感謝の行為になるのである。

　この語りの型の三つの特徴に注目しよう。

1. そこから YHWH が救い出す、実生活における困難の特徴的な目録が、イスラエルの感謝の主題であると言える。これら代表的な事柄のリストは、イスラエルの語り手たちが、語っている自分は無力でどうすることもできないことを知っている、実際の状況に関してのものである。詩編 107 編がそのような状況のリストを示している。飢えと渇き（4-5 節）、牢獄と重労働（11-12 節）、病（17-18 節）、海上の嵐（23-27 節）である。

2. 感謝の喜びの表明が共同体に示され、共同体は賛美する語り手に加わるように招かれる（詩 30:5; 66:1-4）。感謝は個人的なものとはなりえず、共同体全体がそれに加わることを求めるのである。

3. 感謝を口にすることは、感謝の献げ物、具体的な救いに対する具体的な感謝を表すための物質的な献げ物を贈ることと特質的に一致する（レビ 7:12-15; 詩 22:24-27; 40:11-12; 66:13-15; 116:12-19）。

我々は、感謝についての重要な神学的要点を無視してしまうほどに、祈りのレトリックの様式や犠牲の手順に心を奪われてはいけない。イスラエルは YHWH が、変化させる力を持って積極的に介入する意志と能力とを持つ、決定的な行為者であることを疑わなかったのである。さらにその介入は嘆きと嘆願に対する YHWH の応答と理解された。イスラエルが語る感謝はこのように、痛みと求めと困難とについて、イスラエルが YHWH に真実を語るところから始まる過程を仕上げるものとなる。イスラエルは YHWH と対話する存在であるが、そこで扱われる中心的主題は人間的歴史的必要性に関わる事柄であり、YHWH はそこに親密に関与するのである。このように真実を語ることにより、イスラエルは感謝の内に、その命を YHWH に引き渡し、この世界において、YHWH は信頼でき、人生のあらゆる状況を満たすことができる方であることを証言する。

この行為から我々が推定するのは、次の事柄である。

1. イスラエルの感謝は——語りと身振りにおいて—— 一般的なものではなく、YHWH を特定して捧げられるものである。イスラエルは自らにとって大切な神の名前を知っている。イスラエルの賛美は YHWH の善性を長々と語るかもしれないが、その感謝の言葉は、この奇跡が起きた、この瞬間に

感謝

いる、この語り手を、まさに今進行中のYHWHへの賛美に巻き込んでいくのである。

　間違った行為者に感謝してしまう誘惑が、ホセア書2:10に反映されている。そこではイスラエルが、YHWHから賜物を受けながら、バアルに従って礼拝することにより賜物を浪費していると非難を受けている。イスラエルのレトリックは、他のいかなる源となるものに対しても感謝することを避けており、「まさに今」行為された神が、イスラエルのために止むことなく働く神と同じ神であることを知っているのである。間違った神に感謝するという考え方は私たちとは無縁のように思われるが、ほとんどすべてのテレビ・コマーシャルが、イスラエルのこれらの〔間違った〕祈りと同じやり方で展開されていることを考えてみれば、無縁ではないことがわかる。すなわちコマーシャルのほとんどは困っていた以前の状況と、その後の満足した状況とを提示しているのである。使用前と使用後の間にあるのは、変化させる力を持つものとしての「商品」である。広告というものは、その商品が生活を変える力を持つことは信頼できると薦めるものである。イスラエルの言葉遣いでは、そのような商品をいかなる仕方でも真剣に信頼することは、間違った感謝の行為であって、それはつまり、偶像崇拝なのである。

　2. 特別な、全く様式化された感謝は、喜びの内にYHWHに従うための原動力である。キリスト信仰における改革派の伝統では感謝が、信仰生活の最も重要な動機づけであると理解されている。感謝は、すべての生命は神の賜物であるとの、イスラエルが喜んで受け入れている認識に根ざしている。感謝は、自己充足、自己満悦へのアンチテーゼであり、様々な消費財のあふれる脱工業化した経済において、多くのものがあり過ぎて飽き飽きしており、誰がそれを与えてくれたのかに気づかない社会の中で、感謝する能力がますます遠のいていくのを想像してみると良い。このように感謝は、現代世界における自己充足に対して本質的に異議をとなえるものであると言えよう。

　3. キリスト者が取り入れたこの感謝という概念は、ギリシア語の「感謝」からそう呼ばれる「ユーカリスト」（聖餐）において、その精髄が表されている。「感謝」と呼ばれる重要な聖礼典を持っていることを想像してほしい！　ガスリー（Guthrie）は、古代イスラエルにおける感謝が、キリスト者

の聖餐の生活へと、確かに（しかし排他的にではなく）発展するさまを追跡した。その感謝の歴史のあらゆる段階において、「言葉と身振り」――つまり新しいものの与え手である YHWH に対する信仰の表明と、応答の身振り――は、常に具体的な形で感謝を表現しようとしてきたのである。

〈訳：楠原博行〉

参考文献：

Guthrie, Harvey H., *Theology as Thanksgiving: From Israel's Psalms to the Church's Eucharist* (New York: Seabury Press, 1981); Miller, Patrick D., *They Cried to the Lord: The Form and Theology of Biblical Prayer* (Minneapolis: Fortress Press, 1994), chap. 5; Westermann, Claus, *The Psalms: Structure, Content and Message* (Minneapolis: Augsburg Publishing House, 1980), chap. 4.

義（Righteousness）

　旧約聖書において鍵となる神学的主題である義は、幅広い意味を持ち、神の性格と人間の行為との双方に関係する。義を神学的に解釈するためには、契約の文脈（この文脈において、契約の民全員に「神を愛せよ」そして「隣人を愛せよ」ということが義務付けられている）の中でそれを理解することが有効な方法である。

　最も重要なことは、義は倫理的な用語であり、共同体の幸福を支え、またそれを拡充しようと、その共同体において価値生産的に生きている人々を特徴づけるために用いられるということである。「義人」を特徴づけるのは、その共同体において彼が「与える人」であるということであり、彼は貧しい人や貧困にあえいでいる人々に格別の気配りを行き届かせている。そのような共同体主義的倫理は、詩編 15 編、24 編、37 編、およびヨブ記 31 章において、様々に略述されている。義の特徴について、詩編 112 編は次のように明言している。

> まっすぐな人には闇の中にも光が昇る
> 憐れみに富み、情け深く、正しい光が。
> 憐れみ深く、貸し与える人は良い人。
> 裁きのとき、彼の言葉は支えられる。
> 主に従う人はとこしえに揺らぐことがない。
> 彼はとこしえに記憶される。
> 彼は悪評を立てられても恐れない。
> その心は、固く主に信頼している。
> 彼の心は堅固で恐れることなく
> ついに彼は敵を支配する。
> 貧しい人々にはふるまい与え
> その善い業は永遠に堪える。……（4-9 節）

公共の倫理を常に行動で示している人々とは、貪欲もしくは自己充足的ではなく、隣人に対する配慮を惜しむことをせず、また YHWH への献身を心に固く決意している人である。

「義」は、箴言においては、高潔と誠実をもって生き、自身の態度と行動によって共同体に安定をもたらす人々を示すために決まって用いられる（箴 10:2, 7, 11; 11:5, 6, 8, 10）。預言者においては、この言葉は、貧しい者への配慮に関して言及する時に特に用いられるために、経済的要素を持っている。しかし、より一般的には「義」は、共同体に対する責任に言及する際に用いられる（イザ 5:7; アモ 5:7, 24; 6:12; ホセ 10:12）。シュミット（Schmid）が示したように、義の最も広い適用範囲は、命と幸福とを願う創造者によって規定される、創造の良い秩序に関係がある。ゆえに、責任をもって生きることとは、創造者が命じた範囲と要求に従うことなのである。従って、義とは、神の来るべき統治の最も重要なしるしとなるのである（イザ 9:6; 51:7; 60:17; 61:10-11; エレ 4:2; 23:5; 33:15）。

義人の反対語は、悪事を行う者である。悪事を行う者は常に利己的、貪欲、そして突き詰めれば破壊的であることがその特徴であり、ゆえに彼らは貧しい者を気遣うことをしない。

> 籠を鳥で満たすように
> 彼らは欺き取った物で家を満たす。
> こうして、彼らは強大になり富を蓄える。
> 彼らは太って、色つやもよく
> その悪事には限りがない。
> みなしごの訴えを取り上げず、助けもせず
> 貧しい者を正しく裁くこともしない。（エレ 5:27-28）

さらに、詩編 10 編は、隣人に対して強欲な態度を取ることは、YHWH の性質とその統治を無視することと深く関連づけられるということを明確にしている。

神に逆らう者は自分の欲望を誇る。
貪欲であり、主をたたえながら、侮っている。
神に逆らう者は高慢で神を求めず
何事も神を無視してたくらむ。
……
不運な人に目を付け、罪もない人をひそかに殺す。
茂みの陰の獅子のように隠れ、待ち伏せ
貧しい人を捕えようと待ち伏せ
貧しい人を網に捕えて引いて行く。
不運な人はその手に陥り
倒れ、うずくまり
心に思う
「神はわたしをお忘れになった。
御顔を隠し、永久に顧みてくださらない」と。(3-4, 8b-11節)

　旧約聖書のどの箇所を見ても、契約の主体である神の意志に基づいた、契約的かつ共同体主義的な倫理が執拗に要求されている。契約の主体である神とは、皆が共有する幸福のために創造を命じているお方である。従って、義を行う者とは、命を保証する人々であり、悪事を行う者とは、死の力を共同体にもたらす人々のことを言っている。

　しかしながら、このことに基づく倫理的主張は制裁と措置を要求する。そのために、倫理的用語は同時に法律的用語である。イスラエル人の、契約に根差した想像力においては、共同体のすべてのメンバーは、その共同体の繁栄、もしくは衰退について責任を負っている。従って「義を行う者」と「悪事を行う者」という言葉は、「罪のない者」（その行いが正しいと証明することができる人）と「罪に定められた者」（共同体の倫理に違反しており、罰を受けるに値する人）という言葉にも置き換えられるのである。詩編1編において、この責任の概念がはっきりと示されている。すなわちそこでは、「滅びる」であろう「悪しき者の道」（＝特徴的な行い）と、栄えるであろう「義なる者の道」（＝特徴的な行い）が説明されている。「裁きに立つ」〔新共同訳「裁き

に堪える」と「義なる者の集い」〔新共同訳「神に従う人の集い」〕という言い回しは、おそらく法廷での営みに由来するものである（5節）。この言い回しが神学的─倫理的言い回しとして採用される時、裁きの場は祭儀のようなものとなる。その場では、YHWHの意思と見なされる、行いに関する共同体的基準に従って、「義を行う─罪のない者」と「悪事を行う─罪深い者」とに選り分けられていくのである。従って礼拝は、人々が義に関する問いに直面する場となる。このやりとりは例えば詩編15編や24編において明らかである。この詩では、礼拝に参加できるかどうかは、トーラーにおける公共的規範を遵守しているかどうかによって決定されている。

　祭儀における法的プロセスは、最終的にYHWHに判定を求める。YHWHは義なる神であると言われており、すなわち、トーラーへの従順と不従順に関して、信頼のおける公正な判断をもたらす方なのである。実に、義の裁判官は、この世界（被造物）が倫理的一貫性のある、信頼のおける方法で営まれていることを保証する創造主である（創18:25を見よ）。この義の裁判官は、次のような者として期待することができるだろう。

　　あなたたちの神、主は神々の中の神、主なる者の中の主、偉大にして勇ましく畏るべき神、人を偏り見ず、賄賂を取ることをせず、孤児と寡婦の権利を守り、寄留者を愛して食物と衣服を与えられる。（申10:17-18）

YHWHが孤児や寡婦に対して義なる方であるということは、この裁きは権力、富、威力によって買収することはできないということである。

　少なくとも、YHWHは公正な裁きの保証人である。しかしながら、それ以上にYHWHは幸福を回復するために積極的に介入する方として知られている。そのような積極的介入は、「義なる行為」であると言われている。これに関しては、士師記5:11（「救い」）、サムエル記上12:7（「救いの御業」）、ミカ書6:5（「恵みの御業」）を見よ。これらの句すべてにヘブライ語の「義」（複数形）が使われている。ここでは、イスラエルの信仰を構成する数々の奇跡の歴史の全体が、YHWHの積極的介入──それは、被造物と契約共同体に幸福を回復するために行われる──の一例として捉えられているので

ある。この用法においては、「義」という言葉は「道徳」に関する一般的な概念を飛び越えて、主の驚嘆すべき救いの力へと広がっていく。それは、YHWHの義が、YHWHがもたらす救いによって構成されているからである。

　YHWHは義の全き体現者であると理解される。この義こそが、この世に生きることを可能とするのだが、しかしYHWHの義に対して二つの抗議が表明される。エレミヤ書12:1-4において、おそらくは皮肉の意味合いを込めてだろうが、YHWHが実際に正義と公正を保証するために行動しているかどうかを問うために、預言者はYHWHの義を要求するのである。この抗議は、実際にイスラエルの信仰の外枠を漂う深刻な疑念なのである。それとは全く異なった仕方において、ヨナは（YHWHの性質が寛大であると断言する者ではあるが）、YHWHの寛大さがイスラエルが忌み嫌う敵であるアッシリアにまで及ぶことに激しく抗議している（ヨナ4:1-2）。YHWHの義は疑いを抱かれ非難の対象とさえなるかもしれない。YHWHの義に関する基本的な主張は、神への頌栄から義憤に基づく怒りの抗議にまで及ぶ様々な関心を、イスラエルが明言する前提となった。そのすべてを通して、YHWHは世界を幸福の内に支えることを固く決心していると言われているのである。

　YHWHの義は、単なる公正を保証することを越えて、幸福をもたらすための積極的介入主義へと移行する。その介入主義を表したものの一つが法的理解である。義についてのこの理解――判決によって、罪ある者たちを罪のない者と宣言し、義とされえない者を義とする司法的権威――は、恵みに関するキリスト者の理解の基礎となっている（ルカ18:14; ロマ3:24; テト3:7を見よ）。ガラテヤの信徒への手紙3:6で念押しされている創世記15:6の一節は、この主張にとって一次的なテキストとなった。そして、YHWHの側で赦しによって「義とする」傾向は、旧約聖書において強力に証言されている（例として詩103:8-14; 130:3-4を見よ）。従って、キリスト教信仰の主要な神学的主張となる事柄、特に宗教改革期の教えで強調されている事柄の根幹は、YHWHが契約の相手（である自分たち）のために寛大な判決を下してくださったことを祝う、古代イスラエルの喜ばしい祝祭の中に確実に存在している。〈訳：長谷川忠幸〉

参考文献：

Knierim, Rolf P., *The Task of Old Testament Theology: Method and Cases* (Grand Rapids: Eerdmans, 1995); Rad, Gerhard von, " 'Righteousness' and 'Life' in the Cultic Language of the Psalms," in *The Problem of the Hexateuch and Other Essays* (New York: McGraw-Hill, 1966), 243-66; Schmid, H. H., "Creation, Righteousness, and Salvation: 'Creation Theology' as the Broad Horizon of Biblical Theology," in *Creation in the Old Testament*, ed. Bernhard W. Anderson (Philadelphia: Fortress Press, 1984), 102-17; Stuhlmacher, Peter, *Reconciliation, Law, and Righteousness: Essays in Biblical Theology* (Philadelphia: Fortress Press, 1986).

聞く (Listening)

　「聞くこと」は、古代イスラエルの信仰において、格別の重きを置かれた概念である。音声による意思の疎通の一般的な側面を超えて、聞くこと——よく知られたヘブライ語の単語 Shema' で表される——は、指揮権を持つ統治者としての YHWH と、それに応じる臣民としてのイスラエルの間で結ばれた格別な契約的結びつきに関係する。「聞くこと」は、このように、単なる音声的行為ではなく、互いに固く誓い合った契約の相手への並外れた配慮に関与する。このように、「聞くこと」は「従うこと」であり、つまり、相手の意思と意図を真剣に汲み取ろうとすることである。私たちが聞き分けのない子どもに、「言うことを聞かないから、こんなことになるんですよ！」と言う時の「聞く」がそのような意味であるように。

　この契約に基づく配慮の始まりは、申命記 6:4-9 のシェマー（Shema'）にあり、この箇所はしばしばユダヤ教の信仰告白と位置づけられる。この箇所は「シェマー」と呼ばれるが、それは「聞け」という重みのある命令から始まるからである。統治者である YHWH は、この「シェマー」とともに、シナイ信仰の基本的な命令をイスラエルに告げる。シナイの神によって発せられるこの命令は、YHWH が、イスラエルの仕え、信じ、従うだろう唯一の神であることを断言する。YHWH への服従は、「愛」の行動——つまり並外れた献身と契約への忠誠である。申命記の神学において、申命記 6:4 におけるこの命令は、5 節の「愛せ」という命令によって補強され、5 章で思い起こされているすべての命令（十戒）と、そのあとの申命記 12-25 章に記された、そこから派生するすべての命令に心を向けるようにという意図を暗示する。それだけでなく、イスラエルの続く世代は、信仰の要求で満たされているべきで、それゆえ、YHWH の命令によって、意識的にそして熱心に、生活のすべてが決定される必要がある。「聞く」という言葉はこのように、イスラエルがトーラーに対して抱く非常に強い関心すべての重みを担っており、YHWH の意図と目的に応じることをその目的、特徴、存在意義とする契約の民として、イスラエルを特徴づけている（申 5:1, 27; 9:1; エレ 2:4; 11:2, 6;

13:11 を見よ)。

　しかしながら、イスラエルが自らの生活を振り返ってみて明らかなように、イスラエルは実際には YHWH に耳を傾けず、YHWH に聞き従わなかった。旧約聖書は、イスラエルが聞けなかったのか、あるいは聞こうとしなかったのか、それについてあまり考察してはいないが、とにかく事実、イスラエルは聞かなかった（王下 17:14; 18:12; エレ 5:21; 7:13; 13:10 を見よ）。このように、初めのシェマー（Shema‘）は、申命記的伝承と預言者的伝承の両方に広く見られる、イスラエルへの批判に根拠を与える。YHWH に応答しようとするイスラエルとの間で結ばれた、有効な契約に言及するためにも、また YHWH に応答しようとしないイスラエルとの間で破棄された契約について熟考するためにも、この語が用いられている。イザヤ書 6:9-10 には、特別の注意が払われるかもしれない（マタ 13:14-15; マコ 4:12; ルカ 8:10; ヨハ 12:37-43; 使 28:26-27 をも見よ）。

「よく聞け、しかし理解するな
よく見よ、しかし悟るな、と。
この民の心をかたくなにし
耳を鈍く、目を暗くせよ。
目で見ることなく、耳で聞くことなく
その心で理解することなく
悔い改めていやされることのないために。」

このテキストにおいては、イスラエルに下された裁きにおいて、イスラエルが聞かないことを YHWH が望んだために、イスラエルは聞くことができなかったと主張されている。

　注目すべきことに、Shema‘ という同じ命令形の動詞を用いた、同じ表現が、逆の形においてもまた使われている。つまり、切羽詰まったイスラエルが YHWH に懇願する時に、その助けを求める叫びに「耳を傾けてください」と YHWH に「強要して」いるのである。YHWH がイスラエルに命令形で話しかけるように、イスラエルもまた YHWH に命令形で話しかけてい

る（王上 18:37; 王下 19:4; 詩 4:2; 13:4; 20:2; 55:3; 60:7; 69:17; 140:7; 143:7）。イスラエルの口から出た命令が、YHWH の口から出た命令と同等の力を持つのかどうかは明確ではないが、命令文の文法的な形は同じであり、窮地に陥った時には、イスラエルの懇願が、YHWH に対して、少なくとも「命令」の調子を帯びる。

さらにイスラエルは、YHWH がその命令を聞き、差し迫った危機を打開してくださったことを感謝のうちにたびたび宣言する（サム上 7:9; 詩 3:5; 18:22; 22:22; 34:5 を見よ）。出エジプト記 2:23-25 の、極めて重要なやりとりさえ次のような内容を持つと考えることができる。出エジプトのドラマ全体を始めるために YHWH は、奴隷状態の共同体の差し迫った懇願に応えてくださるのだと。契約において従属的な立場にあるイスラエルが、大いなる統治者である YHWH に話しかけ、YHWH の注意を「操る」ことができることは、聖書信仰の不思議な点の一つである。YHWH は、その契約の相手に、すぐに反応するのである。

確かに、YHWH にイスラエルの懇願を聞くための準備ができていることは、〔両者の間に〕忠誠さという文脈が働いていることを想定している。YHWH は確かに、イスラエルの味方ではあるが、YHWH は、要求と期待を持ち、だまされたりはしないシナイの神でもある。それゆえ時と場合によっては、イスラエルの願いが聞かれず、YHWH から拒否されることがあるのは（サム上 8:8; ヨブ 30:20; エレ 7:16; 14:12 を見よ）、それほど驚きではない。YHWH は、イスラエルに確かに寄り添っていたが、統治者としての目的をも持っているため、自動的に反応する機械のように際限なくイスラエルに応えてくれるわけではない。

最終に付け加えるなら、我々は次のことにも気づくだろう。つまり、YHWH が聞く耳を持つ神であるのだから、イスラエルはまた、「偶像」が聞くことのできないものであることも知っているのだと。というのも、偶像は実際には自由を有する実在の主体でないからである（王上 18:26; 詩 115:6; 135:17 を見よ）。YHWH は、呼びかけに応えてくれる真のパートナーとして、偶像と対比されている。

人間と、天地の創り主の間で生じた「聞くこと」に、どのようなやり取り

が含まれていたのか、私たちは知らない。ことによると、直接聞くこともあったかもしれない。権威づけられた人間が、その活動の多くを仲介したことはまちがいない。どちらにせよ、聞くことは、契約を形作る、独特で格別な一領域であり、その特徴である。聞くことは、自律と自己満足を超えて、他者の裁量権に、自身をさらけ出すことである【「安息日」の項を見よ】。現代に見られる、「主体への回帰」という、「私」への過度な没頭は、自己主張が、人間の生の前提となる、相手に耳を傾け相手に応えるという行為を遠くに追放したことを意味する。この現代の変化は手のほどこしようがないものの、古代イスラエルはすでに、自己主張への没頭が不毛であることを理解していたようである。彼らはそのような習慣を「偶像崇拝」と呼んだ。というのはそのような試みが、他者の裁量の及ぶ範囲の外に命を持とうとする試みだからである。イスラエル（そして全人類）が呼びかけられたことは、イスラエルの信仰の重大な主張である。あとは適切に応えようと努力するのみである。〈訳：德田 亮〉

参考文献：

Fishbane, Michael, "Deuteronomy 6:20-25/Teaching and Transmission," in *Text and Texture: Close Readings of Selected Biblical Texts* (New York: Schocken Books, 1979), 79-83; Janzen, J. G., "On the Most Important Word in the Shema," *Vetus Testamentum* 37 (1987): 280-300; McBride, S. Dean, "The Yoke of the Kingdom: An Exposition of Deuteronomy 6:4-5," *Interpretation* 27 (1973): 273-306; Miller, Patrick D., "The Most Important Word: The Yoke of the Kingdom," *Iliff Review* 41 (1984): 17-30; Terrien, Samuel, *The Elusive Presence: Toward a New Biblical Theology* (San Francisco: Harper & Row, 1978).

犠牲

犠牲（Sacrifice）

　旧約聖書における信仰共同体は、神に犠牲を捧げる際、相当のエネルギーと神経を注ぐ。犠牲とは、物を用いた表現であり、この共同体の生活にとって神が明らかに重要であることを示すしるしとして、神に捧げられるのである。旧約聖書の犠牲の細部は、その大半が周囲の文化や他の文化の似たような習慣（おそらく神々への食物として犠牲を捧げるという習慣）から取り込まれたものであるが、イスラエルが神に捧げた犠牲そのものは、この神の独特な性質に従って、また神がイスラエルと結んだ特有の契約的関係に従って神学的に理解される必要がある。それゆえ、いくつかの犠牲の慣習は、神との明確化された関係を祝福し、その関係が確かなものであることを断言し、その関係を高め、もしくはその関係を修復するための、媒体かつ手段として理解されなければならないのである。

　この神へのイスラエルのつながりは最初から、おそらくは犠牲の奉献（すなわち、忠誠と謝意を表す動作として、また神の主権を認めることを示すための行為として、最良の農作物と動物を捧げること）によって表現されている。神に対してなされた無作為で自然発生的な表現であったかもしれないものが、長い年月をかけて、レビ記 1-7 章に反映されているように首尾一貫したシステムへと整えられ、厳格に統制された。その統制されたシステムは、次のことを示すと理解できるかもしれない。つまり、物を用いて忠誠を表す表現としての犠牲は、イスラエルの信仰が機能する際に明らかに重要であった。というのも、この犠牲は、隠された関係性を具体的に目に見えるようにし、また利用可能にする慣習であり、そのようにして物質的な献げ物は相互作用と交わりを作り上げているのである。

　すべての犠牲にまつわる表現は、YHWH がイスラエルの生活に必要不可欠の存在であることを明確に説明している。献げ物の一つは、神との関係が良好であることを断言する「和解の献げ物」である（レビ 7:28-36）。また、破れた関係を回復するための献げ物もある。これらの種の表現には、贖罪の献げ物（レビ 4 章）と賠償の献げ物（レビ 5 章）も含まれるだろう。十分の一

の献げ物のように、それらの献げ物の一部は、土地の所有権と、その土地で収穫される生産物に対する権利が YHWH に帰属していることを認めるものであり（申 14:22-29）、また特定の状況における神の明確な寛大さに謝意を表すための行為でもある（レビ 7:12-15）。

私たちは、次にあげる興味深い三つの事象に注目する必要があるだろう。

1．レヴェンソン（Levenson）が指摘しているように、時折、人間の子どもを捧げるという神への究極の犠牲があった（出 22:28-29; 34:19-20; イザ 30:30-33; エレ 19:5; ミカ 6:6-8; 士 11:29-40; 王下 3:26-27）。この慣習は、それが実際に行われたものである限り、困惑させるものとして安易に片付けたり、合理的に説明したりする必要はない。むしろ私たちはそのような行為の野蛮さに衝撃を受けるかもしれないが、価値あるものを神に差し出さねばならない切迫感の深さを示しているのである。

2．犠牲を捧げるとは、高価で貴重なものを神に譲渡することである。農業経済においては、農作物がその高価で貴重なものにあたるだろう。しかしながら、申命記 14:24-26 では、もし収穫物を換金することがより実情に適っているなら、収穫した現物を換金してよいとしている。このような実際的な理由によって、犠牲が金銭と関係するようになる。この犠牲と金銭の関連は、その後、余剰の富による経済活動が行われるようになってからの宗教行為に多大な影響を与えた。

3．贖罪日（ヨーム・キップール）に関して、テキストは特別かつ周期的に巡ってくる赦しと和解の日について規定している（レビ 16 章）。【「贖罪」の項を見よ】

犠牲を捧げることは効果的であると考えられている。すなわち、犠牲を捧げる人々にとって、その行為は、祝賀、高揚、賠償および回復の観点から行う行為なのである。リベラルなプロテスタントの解釈は、時に合理的な疑念を示し、そのような慣習の廃止という立場をとる。そのような傾向は、この主張——神と神の民との関係を意図的に維持することができるようにする具象的な構造を、神が、寛大にもお与えになったという主張——の驚嘆すべき点、もしくはその重大さを、解釈者が犠牲に当てはめることを決して許さないだろう。犠牲に従事している者にとっては、その慣習に疑念を抱くなどと

いうことはありえないのであって、その疑念を持っている人を犠牲という行為の不思議さの外側に置くだけなのである。

　古代イスラエルの犠牲のシステムにおける二つの展開は重要である。第一に、犠牲の慣習についての預言者の批判はイスラエルの文書に幾度となく現れている（ホセ 6:6 を見よ）。この批判はそれ自体が犠牲の慣習を廃棄するためのものではなく、犠牲が、服従に関する他の重要性を除外して宗教の活動と意思の全分野を占領するようになる時、もしくは犠牲の慣習が、真剣な態度も意図もなしにただ型通り行われるだけのものとなる時、その歪んでしまった犠牲の慣習への批判がなされたというのが一般的な考えである。

　第二に、詩編 51:18-19 やミカ書 6:6-8 などのテキストは、具体的、物質的な「犠牲」が、時折比喩的、相関的なものとなっていることを示している。物質的なものから比喩的なものへの「発展」を想像するだけでは不十分である。犠牲の慣習とは、むしろ様々な方向への解釈を可能にする非常に象徴的な表現である。しかしながら、人は行為の中心にある具体的な物質性——身体を有する被造物が己の身体性を介して、創造主と深く関わり合うこと——から逃れることはできないのである（パウロの「自分の体を神に喜ばれる聖なる生けるいけにえとして」という興味深い表現を見よ［ロマ 12:1-2]）。

　キリスト教の解釈に関して言えば、有益なアプローチは、新約聖書が旧約聖書の犠牲のシステムをうまく取り入れた、その方法について熟考することから始まる。一方で、ローマの信徒への手紙やヘブライ人への手紙は、イエスが神に捧げられる犠牲として、時代遅れで機能しなくなったユダヤ教の犠牲のシステムと置き換えられたという考えで一致している（ロマ 3:25; ヘブ 9:23-10:18）。しかしながら他方では、イエスを祭司として、かつ犠牲として論じる議論の全体は、イスラエルの犠牲の慣習というカテゴリーの内に位置づけられ、またそのカテゴリーに依拠しているのである。物質的表現を通して有益な効果をもたらすというイスラエルの主張を真剣に受け止めることなしに、新約聖書の証言は機能しない。さらには、キリスト教の救いに関する一般的な概念（「キリストは私の罪のために死なれた」または「血によって救われる」）は、旧約聖書から引用された主張である物質を用いた表現の有益性に完全に依存している。キリスト論的主張を形成するうえで、イスラエルの

犠牲のシステムをキリスト者が「買い取った」ことは、11世紀末のアンセルムスの *Cur Deus Homo*（『神はなぜ人間となられたか』）における古典的定式化において結実した。イエスが犠牲としての有効性を持つという定式化は教会の伝統的な考えに浸透していったが、同時にいくつかの点で問題があることもわかってきた。と言うのも、この定式化は、神の全き恵みの業の中に、賄賂、駆け引き、操作といった概念を無批判に持ち込んでしまうからである。

どのような場合においても、自分や共同体が大切にしていた物質的財産の提供は、感謝と喜びの中で神に人生を明け渡すことの表現なのである。この最も重要な神学的主張は、神と共にあるイスラエルの生活の中心に据えられた慣習において、鮮やかに表現されている。〈訳：長谷川忠幸〉

参考文献：
Anderson, Gary A., *Sacrifices and Offerings in Ancient Israel: Studies in Their Social and Political Importance* (Atlanta: Scholars Press, 1987); Anselm, Saint, *Basic Writings: Proslogium, Monologium, Gaulino's in Behalf of the Fool*, trans. S. W. Deane (Chicago: Open House Press, 1962)〔「神はなぜ人間となられたか」『アンセルムス全集』、古田暁訳、聖文舎、1980年〕; Levenson, Jon D., *The Death and Resurrection of the Beloved Son: The Transformation of Child Sacrifice in Judaism and Christianity* (New Haven, Conn.: Yale University Press, 1993); Levine, Baruch, *In the Presence of the Lord* (Leiden: E. J. Brill, 1974); Milgrom, Jacob, *Leviticus 1-16: A New Translation with Introduction and Commentary* (AB 3; New York: Doubleday, 1991); Miller, Patrick D., *The Religion of Ancient Israel* (Louisville, Ky.: Westminster John Knox Press, 2000), chap. 3.

奇跡（Miracle）

　旧約聖書はその詩歌と物語の中で、この世界において生じる、常識を覆すような出来事について証言している。それらの出来事は、神の存在、目的、そして力をその原動力として起こっていると言われている。そのようなニュアンスの詰め込まれた、説明不能な出来事に対応する現代用語は、私たちの説明力または理解力を越えた出来事を意味する「奇跡」である。旧約聖書には、「奇跡」に適合する単一の用語はない。というよりもむしろ、説明不能だが疑う余地のない、変容をもたらす神の力を指し示す一群の術語を使っている。詩編 145 編の頌栄には、相当数の術語が群を成して登場する。

　　人々が、代々に御業をほめたたえ
　　力強い御業を告げ知らせますように。
　　あなたの輝き、栄光と威光
　　驚くべき御業の数々をわたしは歌います。
　　人々が恐るべき御力について語りますように。
　　大きな御業をわたしは数え上げます。
　　人々が深い御恵みを語り継いで記念とし
　　救いの御業を喜び歌いますように。（詩 145:4-7）

　一つの短い詩のまとまりの中に、「御業」「力強い御業」「栄光と威光」「驚くべき御業」「恐るべき御力」「大きな御業」「記念」「御恵み」「救いの御業」という術語がある。確かに、これらの術語は個々に特有の含意を持っており、容易に他のものと区別できる。単独に見れば、それらすべてが「奇跡」を意味しているわけではない。しかしながら、それらが賛美に満ちた頌栄の中に結集すると、いくつかまたはすべての術語の正確な意味以上に累積的な効果がある。それらの術語すべて、およびそれらの派生語は、人間生活のただ中において騒乱や変容を引き起こす神の力と存在を指し示している。

　頌栄と物語の中で、イスラエルは証言されている出来事に畏れを抱いてい

る。しかし同時に、イスラエルはそのような出来事にも、またその出来事が有する根源的な神学的重大性にも当惑していない。また、イスラエルは、それが証言しているものを説明したり合理化したりもしない。イスラエルは証言の様式の中で、神の力強い関わりの証拠として、人生の中にそのような「転換」を受け入れることができる。この神の力強い関わりは、イスラエルの内に絶えざる喜びを喚起し、イスラエルは世代から世代へとそれを語り続けるのである。イスラエルは奇跡について認識論的な問題を抱えていないが、現代の科学的理性的意識は、常識を覆す事態を引き起こす介入的な力について、鋭い疑念を持っている。結果として、奇跡に対する現代の一般的定義は、「自然界の法則を破る出来事」である。そうして、ほめたたえるよりも説明しようとした結果、「奇跡」を定義上、奇妙で疑わしいものの範疇に入れている。

　イスラエルは「自然界の法則」、つまり、世界に関するいかなる現代的あるいは科学的認識からも始めはしなかった。イスラエルは「科学的」であることを求めてはいない。ただ、イスラエルがこれまで経験してきたこと、ひいては記憶していることをそのまま直接的に証言する、信仰的感受性を身につけているのである。従って、「奇跡」はこの信仰の地平において、どんな外的な合理性によっても屈服させられたり評価されたりしない。そのような信仰的直接性の表現として私の知る最良の定義は、マルティン・ブーバーによるものである。「歴史的アプローチに耐えうる奇跡の概念は、その出発点における永続的な驚きと定義できる」（Buber, 75-76）。

　この特徴づけは、うまく現代の科学の観点からの説明または抵抗をかわしていることに注意されたい。イスラエルは、人間の管理能力を越える神秘に満ちたある種の出来事が、驚愕を呼び起こすことをよく知っている。なぜなら、その共同体は直観的に、「超越した」何かの存在を認識するからである。その上、驚愕は証言により消え果てることなく、共同体が絶えず戻っていく基準点となっている。こうした永続的な驚愕は、あっさりと人間の管理能力によって押さえ込まれたり、なぎ倒されたりはしない。イスラエルの信仰において中心的なことは、そのような変容が、抗しがたい影響力と魅力を伴って起こり続けている世界の中に、イスラエルが生きているということであ

奇跡

る。それゆえ、そうした変容は再び語られ、記憶され、再び聞かれることを要求する。

　奇跡が満ち満ちた世界について、イスラエルは頌栄の豊富な様式によって表現している。というのは、自己を越えて神の不思議についてあふれるばかりの思いをこめて歌うことは、神の自己顕現の不思議に対する人間の完璧な応答だからである。さらに、イスラエルの様式化された頌栄においては、ある「転換」が最重要の奇跡である。共同体は常にそこに立ち戻り、また、他のすべての変化をそれによって評価するのである。イスラエルの記憶において、合理的に説明できない出来事の中には、出エジプトの解放と約束の地の授与が含まれている。伝承によれば、この記憶についての主張は、その後に続くマナのつぼ（出 16:31-36）や契約の箱に保管された板（王上 8:9）についての言及によって具体的に現実化されている。より広い視野に立てば、創造自体がイスラエルを驚嘆させ、また、神の輝きと美と力のしるしとしての創造に対する畏怖と驚異の念を呼び起こしている。より狭い視野に立てば、イスラエルの祈りは、当面のその場の関心に焦点を合わせており、時に成就された変化への感謝として、また時に記憶された奇跡に照らして未だ成就していない解放を求める願いとして、表明されるのである。

　「奇跡」は、神の卓越した力を証しする。一部の証言において、イスラエルは神自らの直接の業について神をほめたたえている。イスラエルの地平においては、特別の召しを受けた人間は、変容をもたらす神の力をその身に十二分に帯びているので、人間も行為主体としてそのような変化を成し遂げることがある。モーセとエリヤと共にエリシャは間違いなく、神の権能を与えられた人間として最重要な模範である。イスラエルは、彼の「大いなる業」のあらましを記憶した（王下 8:4）。それのみならず、イスラエルは、エリシャが赤貧のやもめの油を増やした（王下 4:1-7）、彼が死んだ少年を生き返らせた（4:8-37）、彼が有害な食べ物を滋養物に変えた（4:38-41）、そして彼が空腹の群衆にパンを与えた（4:42-44）というように具体的に述懐している。物語はエリシャの行為の奇妙さを説明していないし、それどころかそれに言及さえしていない。ただその物語は、変容をもたらす神の力が具体的に人間の営みの中で起こしたことを、そのまま受容しているようである。全く

明白なことに、エリシャのこれらの大いなる業は、永続的な驚きを生じさせている。というのは、これらの完全に具体的な救出の出来事が、イスラエルの中で聖書を構成してきたからである。イスラエルは、不思議な働きを起こす神、言い換えれば、世界をその不適格な資質にゆだねておくことを拒まれる神、について証言している。

　奇跡を知的に理解しようという問題は重大な問題である。よくある戦略は科学的な基準によって奇跡を評価するという方法である。それに代わる方法があるとすれば、それは科学的合理性の限界を知り、そうした観点から見極められることがあまり多くはないことを認め、別の方法を採り入れることであろう。生の大部分は、私たちの凡庸な説明という基準を超えて営まれているからである。イスラエルの民は驚愕すること、また感謝することにためらいがない。従って、イスラエルの証言は大変大胆であり、また大変風変わりである。例えば、詩編107編の何度も繰り返される句は次のようになっている。

　　主に感謝せよ。主は慈しみ深く
　　人の子らに驚くべき御業を成し遂げられる。（詩107:8, 15, 21, 31）

イスラエルは久しく見続けている。そして、絶えず驚かされながら、知り、語っている。〈訳：小河信一〉

参考文献：
Brueggemann, Walter, *Abiding Astonishment: Psalms, Modernity, and the Making of History* (Louisville, Ky.: Westminster John Knox Press, 1991); Buber, Martin, *Moses* (Atlantic Highlands, N.J.: Humanities Press International, 1946)〔『マルティン・ブーバー聖書著作集1　モーセ』、荒井章三・早乙女禮子・山本邦子訳、日本キリスト教団出版局、2002年〕; Culley, Robert C., *Studies in the Structure of Hebrew Narrative* (Philadelphia: Fortress Press, 1976).

希望 (Hope)

　旧約聖書は、人間の全歴史を貫いて最も古く、最も深く、最も回復力のある希望、ユダヤ教徒とキリスト教徒が共に主張しているだけでなく、それらの伝統を超えてより世俗的な形で作用している希望の土台を語っている。古代イスラエルで表明された希望は、曖昧な楽観や未来についての包括的な良い考えではなく、イスラエルに対するYHWHの約束に根差す、はっきりとした具体的な未来についての確信と期待である【「約束」の項を見よ】。それらの明確に記された約束において、YHWHは、世界の現状を超える、考えうるいかなる方法によっても現状からは推定しえない幸福な未来をもたらすことを誓った。旧約聖書に広がる希望の目覚ましい働きは、イスラエルが聞き、そして記憶した約束が、天地の創り主たるYHWHの性格や意思と、世界の具体的・物質的な現実とを結びつけているという事実に見出すことができる。YHWHの約束は、その特徴として、世界からの逃避ではなく、世界の中での変革に関わるものである。

　イスラエルの希望は、イスラエルが信頼に足るものと見なした約束を語ったYHWHの本質に基づいている。実に、YHWHの本質の核心は、イスラエルが告白したように、約束をすることと、それらの約束の実現を見守ることにあるのである（ヨシュ 21:43-45 を見よ）。このように、旧約聖書は、約束しそれを守るという、絶えず続いている過程なのである。

　YHWHの約束は、旧約聖書の文章の中のとりわけ四つの部分——先祖の物語、レビ記と申命記における契約の恩恵、預言書、詩編——に集約されている。

　1. 創世記 12-36 章の先祖の物語は、(a) YHWH がイスラエルに土地を与え、肥沃であることが確実なその土地でイスラエルを繁栄させる、(b) イスラエルの民が祝福される、といった約束で満たされている（創 12:1-3; 28:13-15 を見よ）。

　2. シナイ伝承に関連する契約の恩恵の中で、約束は異なった形をとる（レビ 26:3-13; 申 28:1-14）。創世記の中の約束と異なり、恩恵は交換条件の一部で

あるので、イスラエルに対する約束は、イスラエルが戒めを守った時に保証される。この伝承においては、戒めが希望の条件となっているのである。

3. 預言書に見られる約束は、現在を超えて見通し、「来るべき日々」の世界の新しい姿を予測する【「主の日」の項を見よ】。これらの約束は予想ではなく、むしろ、過去に YHWH が行ったことに基づいて大胆に予測するという、新しい未来についての忠実な想像に基づく行為である。約束は預言書の様々な場所において見受けられるが、特に、イザヤ書 40-55 章、エレミヤ書 30-33 章、そしてエゼキエル書 33-48 章といった、捕囚を題材とした部分にまとまっている。

4. 詩編においては、希望についての二つの表現が確認できる。第一に、かの「即位の詩編」（詩 93; 96-99 編）で、来るべき YHWH による統治が全被造物によって祝われ、歓迎されている。

  天よ、喜び祝え、地よ、喜び踊れ
  海とそこに満ちるものよ、とどろけ
  野とそこにあるすべてのものよ、喜び勇め
  森の木々よ、共に喜び歌え
  主を迎えて。
  主は来られる、地を裁くために来られる。
  主は世界を正しく裁き
  真実をもって諸国の民を裁かれる。（詩 96:11-13）

この公になされる大規模な頌栄は、より私的な第二の表現と対になっている。第二の表現は、イスラエルの個々人が YHWH への全面的な信頼ゆえに未来に対して抱く、全き希望をうたっている。

  主はわたしの光、わたしの救い
    わたしは誰を恐れよう。
  主はわたしの命の砦
    わたしは誰の前におののくことがあろう。（詩 27:1。30:5-6 を見よ）

希望

　これらの詩編の言葉や様々なイメージは、YHWH がイスラエルと世界のために新しい幸福を約束し、それを実現させようとしていることを、イスラエルが確信していることを証明している。YHWH の約束は、特徴として、平和、安全、繁栄、多産、公正、正義に関係している。そしてその約束は、地上の生物が何らかの要求をしたためではなく、イスラエルの聞いている前で約束を語る方が、イスラエルでは信頼のおける方として知られている天地の創り主であるゆえに、地上でかなうのである。このように YHWH は、イザヤ書 2:2-4、同 11:1-9、そしてミカ書 4:1-4 の驚くべき約束の中で、現在の世界は YHWH 自身が約束を忠実に守ることによって癒されると約束している。従って、YHWH がすべての障害を克服し、YHWH が世界のために意図する幸福を妨げようとするすべての力を打ち破ることを、イスラエルは確信していたのである。

　旧約聖書に描かれる時代が下るに従って、YHWH に対するイスラエルの希望は二つの意味で語られるようになった。一方では、旧約聖書の信仰は、YHWH がある人間に力を与え、YHWH が約束した新時代を成立させる代理人として派遣することを信じるという、救世主を待望するものである。このように、希望は「現世的」であり、被造物のこの世における秩序の中に存在する。その一方で、旧約聖書の信仰は、人間の代理人なしに YHWH の新時代を、YHWH がもたらすこと、すなわち事態を一変させる希望といった、終末論的期待も発展させてきた。それらの差違にもかかわらず、どちらの伝承も、全被造物が YHWH の意図する平和、安全、そして正義のために秩序づけられる、来るべき「YHWH の統治」を証明するものである。これ以後の旧約聖書の伝承はこれらの信仰の流儀から一つを選ぶのではなく、それらを共に緊張関係の中で保持するものとなっている。

　これらの YHWH の約束を信じることができるのが、イスラエルの信仰の実体である。YHWH の約束を信じることは格別「宗教的な」業というものではなく、むしろ、この世においてこの世的でない生活をすることに注意を傾けることである。旧約聖書がそれ自体を超えて、YHWH がこれから行おうとしていることを見渡すのと同様に、神へのあの力強い期待は、ユダヤ教

徒の、そしてキリスト教徒の解釈的伝統によって様々に述べられてきた。一つの伝統だけが YHWH の約束を独占することはなく、また一つの伝統だけが希望の保持を主張しているわけではない。

　脱工業化されたテクノロジー社会を特徴づけるしるしは絶望である、と盛んに言われている。すなわち、約束され、いずれもたらされることになっているいかなる新しい幸福な未来をも、信じることができずにいるのである。絶望が、信仰をめぐる現代社会の状況を特徴づけるしるしであればあるだけ、希望は、危険に満ちた革新的な力を社会に及ぼす可能性を秘めた信仰を特徴づけるしるしとなる。〈訳：德田 亮〉

参考文献：

Gowan, Donald E., *Eschatology in the Old Testament* (Philadelphia: Fortress Press, 1986); Rad, Gerhard von, *Old Testament Theology*, vol.2 (San Francisco: Harper and Row, 1965)〔『旧約聖書神学Ⅱ』、荒井章三訳、日本キリスト教団出版局、1982 年〕; Westermann, Claus, *Prophetic Oracles of Salvation in the Old Testament* (Louisville, Ky.: Westminster John Knox Press, 1991); idem, "The Way of the Promise through the Old Testament," *The Old Testament and Christian Faith: A Theological Discussion*, ed. Bernhard W. Anderson (New York: Harper and Row, 1963), 200-24; Wolff, Hans Walter, *Anthropology of the Old Testament* (Mifflintown, Pa.: Sigler Press, 1996), 149-55〔『旧約聖書の人間論』、大串元亮訳、日本キリスト教団出版局、1983 年、302-14 頁〕; Zimmerli, Walther, *Man and His Hope in the Old Testament* (SBT Second Series 20; Naperville, Ill.: Alec R. Allenson, n.d.).

教育 (Education)

　どの共同体も世代から世代へとその共同体が維持されていくことを求めるように、古代イスラエルも社会化の過程を通して、若い人たちへの非公式の教育を行い、共同体の言い伝えや道徳についての洞察力を身につけさせたのである。この社会化の過程において、特に家族において、しかし、おそらく氏族や部族といったようなさらに大規模な家族単位でも実践された重要な事項が二つあったと考えられる。

　1. 子どもたちには家族に伝わる言い伝えが、物語の手法を通じて伝承された。つまりイスラエルは、過去を物語として伝達することを重視していたのである。（過去に影響力をもったある学説によれば、ある定式化された信仰告白の朗唱にそのような物語伝承の根本があると提唱されてきた。）この重要性を明示しているのは、大人たちが子どもたちから、いつも行われている祭儀の意味について質問された時に、すぐに答えられるように備えておくことを勧告する一連の教訓である。

　　「また、あなたたちの子供が、『この儀式にはどういう意味があるのですか』と尋ねるときは、こう答えなさい。『これが主の過越の犠牲である。主がエジプト人を撃たれたとき、エジプトにいたイスラエルの人々の家を過ぎ越し、我々の家を救われたのである』と。」（出 12:26-27。出 13:8-10, 14-15; 申 6:20-25; ヨシュ 4:21-24 を見よ）

確かに、年に幾度か決まって行われる祭儀というものは、子どもがそのような質問を発するために、作られているかのようである。大人たちから子どもたちへの応答は、イスラエルの過去において YHWH が行った重要な介入や劇的変化に関する基本的な記憶を物語ることである。そのような記憶の伝承がめざすのは、物語を通して YHWH を共同体の中に現在化させながら、人々に YHWH に対する信頼を与え、次の世代へ語り継いでいくことで

ある。

　この問題の重要性は詩編78編の中に明示されている。イスラエルの将来の希望と服従は、物語を語り継ぐことにかかっている。

　　主はヤコブの中に定めを与え
　　イスラエルの中に教えを置き
　　それを子孫に示すように
　　わたしたちの先祖に命じられた。
　　子らが生まれ、後の世代が興るとき
　　彼らもそれを知り
　　その子らに語り継がなければならない。
　　子らが神に信頼をおき
　　神の御業を決して忘れず
　　その戒めを守るために（詩78:5-7）

　物語を通した社会化は礼拝の際に行われる一方、物語による養育は例えば村の井戸端のような場所でもなされたのである。

　　物語れ、白い驢馬に乗り
　　豊かな絨毯の上に座り
　　道を歩く者よ。
　　水場で音楽家の音に合わせて、
　　彼らは主の勝利を
　　イスラエルの農民の勝利を繰り返す。（士5:10-11、NRSV〔訳者の私訳〕）

どのような場であれ、主題はYHWHによる「勝利」である。その際イスラエルの古い世代も活発に役割を演じていた。最初に「物語れ」という命令を告げる10節に出てくる三つの動詞——乗る、座る、歩く——から、どのような状況下にあっても物語手法による養育が常に実践されていたことがわかる。加えて、以上の三つの動詞が組み合わさった用法に並行するのは、申命

記 6:7 の教訓である。そこでも常に物語ることが勧告されている。

　子どもたちに繰り返し教え、家に座っているときも道を歩くときも、寝ているときも起きているときも、これを語り聞かせなさい。

　2. 家族でなされた社会化の過程における第二の基本的事項は、箴言に記されているような生きた経験に基づく知恵的考察であった。箴言で述べられる格言の多くが家族や氏族を背景に生じたものである。このような教訓は非常に実践的である。自分たちが直に見たり知ったりしたことをめぐって、若い人が批判的に考えることができるように意図されていた。このような学びを通して、行為と結果との間には隠された、しかし確固たる連関があることを熟考することが要求される。また、決して踏み躙ってはならない既定の事実があることも、道徳的に考えながら選択しなければならない自由の範囲についても深く考察することが求められる。教訓は具体的で実践的ではあるけれども、ある想定の上に成り立っている。つまり現実の生活の中にも、創造者なる神に統治され、支配された秩序ある道徳的一貫性があると考えられているのである。控えめではあるが、このような教訓は、YHWH の世界に若い人の生を定めることに役立つ。こうして物語伝承と同様、実践的な思考に多くの努力が支払われつつ、神学的な意図をもった社会化が進められた。

　イスラエル社会が国家として再構築された当時、周辺世界の社会に由来する教育の新しい形態が出現した。簡素な農耕社会で実践されていた非公式の礼拝と並んで、神殿での大規模な礼拝がなされた。これらの諸々の礼拝は、近東のどの地域でもよく知られていた創成神話を再現したものであることは明白であった。特に、エルサレム神殿は、即位祭のようなものを再現した。その際、YHWH はイスラエルの生の支配者であり救済者であるだけでなく、天地の造り主として定期的に賛美された（詩 93; 96-99 編を見よ）。さらに、礼拝とは教育でもあった。というのは、YHWH への信仰を明確に告白する中で、想像力を働かせながらこの世界について思いをめぐらすことのできる手

段と機会とが、礼拝を通して提供されたからである。

　家族や氏族、部族の中で行われていた古代の社会化の過程は、知りうる限りにおいて、完全に非公式のものだった。イスラエルが複雑化した国家社会になるにつれ、公式の学校が出現しただろうと考えられるが、この発展過程に関する証拠については激しく議論されている。一方では、イスラエルにおけるそのような学校の存在に関する確かな証拠は、ヘレニズム時代のベン・シラの書〔新共同訳では「シラ書〔集会の書〕」〕まで下らなければ見出されない。しかしながら、他方で、書記たちは王国のために必要な「文書業務」に携わっていた。証明することはできないが、王国時代には公式の教育機関が存在していたはずで、こうした教育を通して、都市エリート階級の息子たちは、公的に王権支配の運営方法を身につけることになった。確かなことは、このような書記たちは読んだり書いたりすることができなければならなかったことである。そのこと以上に彼らにとって重要で、期待されていたことは、国家権力の実践方法、そしてできることなら責任を伴う権力行使に必要不可欠な、様々な洞察方法を教わることだった。

　書記はやがてより公式に一つの階級を形成し、強力な社会的影響力を持つようになるが、もともとは国家の職務の一つであった。しかしながら、王国滅亡とユダヤ教の改革によって、書記たちは学識ある権力階級と化し、彼らを雇い管理する王国に対して義務を負うことなく権力を享受できるようになった。書記たちが公式の教育の課程を経た学識集団であったことは明白である。また、彼らこそ現在の知恵文学を発展させた人々であった。この知恵文学には、経験を通して得られる面と思弁的な面の両方がある、箴言のような穏健な言明だけでなく、ヨブ記およびコヘレトの言葉に反映されたような真理と現実についての論争的な見解も含まれている。隠された形で現実を支配するものを探し求める文学作品は、旧約聖書がそうであるように、ほとんど科学的知識に近い。

　家族や簡素な礼拝における非公式の社会化から、より公式な国家制度へと教育が発展する過程をたどり、またイスラエルにおける王国形成前、王国期、国家崩壊後それぞれの社会状況において出現した教育形態について考察すると、教育はイスラエルにとって明らかに重要性を増しつつ、普及して

いった。その時の状況や利用可能な手段によって、教育は様々な形態をとった。こうしたいくつかの形態が並行して存在していたことは確かであるが、同時にそれぞれが独立した方法で機能していた。訓練、教育、社会化、養育といったこれらの形態のすべては、共同体の幸福に関わる当面必要で実際的な課題であり、また同様に、その根底に神学的な意味を秘めた人生の処世術についての課題でもあった。そのような実際的な関心事とともに、このような教えと学びのすべての手段は、概して言えば、YHWH が支配する世界秩序を前提としていた。

　宗教教育は分離した別個の事業ではなかった。むしろ、最古の伝承やもっとも壮麗な礼拝の中に臨在する神との関連によって、人生を見通す力は育成され、評価され、批評されたのであった。結果として、すべての教育には、明示されていようが暗示されていようが、契約に基づく前提が想定されていた。すなわちその前提とは、幸福になるには、秩序ある現実を受け入れる必要があるということである。この秩序ある現実には不可解な面もあれば明確な面も残っているが、これは YHWH から付与された現実であり、人間による過度の介入の余地はないのである。このような根本的な信念に関しては一致しているものの、この多様な形態をもった教育は、それぞれに直接かつ積極的に既得権者を利する見解と関与を通して選別され、形成された。彼らは各々〔YHWH の秩序ある現実を〕維持するが、異議を唱えるものもいる。彼らは皆〔その現実を〕知りたいと願うが、〔結局〕「信じ、服従し」なければならないのである。〈訳：大串 肇〉

参考文献：
Blenkinsopp, Joseph, *Sage, Priest, and Prophet: Religious and Intellectual Leadership in Ancient Israel* (Library of Ancient Israel; Louisville, Ky.: Westminster John Knox Press, 1995); idem, *Wisdom and Law in the Old Testament: The Ordering of Life in Israel and Early Judaism* (Oxford: Oxford University Press, 1995); Brown, William P., *Character in Crisis: A Fresh Approach to the Wisdom Literature of the Old Testament* (Grand Rapids: Eerdmans, 1996); Crenshaw, James L., *Education in Ancient Israel: Across the Deadening Silence* (New York: Doubleday, 1998); Fishbane, Michael, *Text and Texture: Close Readings of Selected Biblical Texts* (New York: Schocken, 1979), 79-83; Lemaire, André,

"The Sage in School and Temple," in *The Sage in Israel and the Ancient Near East*, ed. John G. Gammie and Leo G. Perdue (Winona Lake, Ind.: Eisenbrauns, 1990), 165-181; Perdue, Leo G. et al., *Families in Ancient Israel* (Louisville, Ky.: Westminster John Knox Press, 1997).

共同体（Community）

　旧約聖書におけるイスラエルの共同体意識の神学的定理は、YHWH によって召され、YHWH から賜った生命を生き、YHWH に誠実に従い、喜びと賛美に生きるものとされ、そして YHWH への応答において生きる民という自己理解を持つことである。最も広義にとれば契約とは、この決定的な関係を表すものといえる。しかしながらこの神学的定理ゆえに、イスラエルの民は歴史の中に生き、歴史上のあらゆる変転に翻弄されてきた。共同体に関する事柄は、このように歴史的環境のダイナミズムと相俟って、実に豊かで多様な仕方で解釈され、規定されるものとなった。従来、イスラエル共同体については、以下の三つの連続する時代状況に分けて取り扱われてきた。

　まず第一は王国成立以前のイスラエル、すなわちモーセからダビデまでの時代である。この時期、初期イスラエル（非常に多くの史実性の問題をはらんではいるが）は、部族ごとに分かれた共同体を構成していた。それぞれに部族や氏族単位で、かなりの自立性をもって並存し、時に他の部族と協力し、またある時には緊張関係にあり、衝突もしていたのである。経済は農業依存型であり、社会観は平等主義的ではないにしても、少なくとも共同体主義的であった。トーラーへの献身（アイデンティティを賦与する祭儀をも含む）によって形成される古代イスラエルは、決して民族的共同体ではなく（出 19-24 章；ヨシュ 24:1-28 を見よ）、むしろ YHWH との契約に入れられた多様な民族からなる「種々雑多な群れ」であった（出 12:38 を見よ）。「ヒブル」という語は、この雑多な民を示唆するものであり、社会の周縁で不安定に生きていた人々を指す社会学的用語である可能性が高い。宗教的契約に入れられた多様な民族からなるこの共同体は、大まかに言って、不安定な社会的・経済的ステータスを共有し、その周縁的な社会的ステータスと合致したラディカルな社会倫理に沿って生きることを誓った者たちからなっていた。後代の読者たちは、この共同体を理想化する必要はない。例えば士師記の物語は、その共同体内に大きな社会的ストレスがあったことを暗示しており、それは野蛮極まりない暴力にまで発展することさえあった。イスラエルは決し

て「清廉な」共同体ではなく、常にこの世界に生きるにあたって求められる具体的な要請に影響され、左右されるものであった。

　第二の時代は、ダビデ（1000年）から587年のエルサレム崩壊まで続く王国時代である。ここでもこの時代に関する史実性の問題は込み入ったものである。いずれにせよイスラエルの自己描写によれば、王国の樹立はイスラエルの歩みと自己理解を大きく変えるものであり、結果として急激に共同体を改変するものであった。ソロモンの治世（962-922年）は国家財政拡張期として記憶されていた時代である。この変化は社会の新しい階層化をもたらし、労働の分化、農民の犠牲の上に成る余剰産物の増加、自分たちの政治的経済的利益を最大限に得ようとする特権的都市エリート層の形成を促した。社会関係は固定化され複雑になり、時を経るにつれ社会的怨嗟（ルサンチマン）が募っていった。この社会的怨嗟は、ヤロブアム王が税制に対して反発したことを綴った物語に顕著である（王上12:1-19）。

　富と特権に関するこの新しく尊大な自己顕示は、エリート意識に則った知恵の活用によって一層増長し、これまでとは異なる宗教的正当化を必要とするようになった。時の支配者の理念的正当性を証明するものとして設計されたエルサレム神殿は、王を神から授けられた社会秩序の体現者と考える古代近東の創造神話を採用することで機能したのである。このようにして外国由来の装いをまとうことは、宗教伝統の変容をもたらす様々な「外国の」影響を招来せずにはおかず、それは古来からの記憶を保持する者たちにとっては危うい展開と見えた（王上11:1-8を見よ）。

　しかしながらこのような王制下での新しいイスラエル共同体の他に、王国時代以前に根差す、より古い副次的共同体が引き続き顕在であった。その中で最も極端な例はレカブ人であり（王下10:15-17; エレ35:1-11を見よ）、最も重要なのは、9世紀、8世紀、7世紀の預言者を擁し、また彼らに代表され、彼らを支持した副次的共同体であった。これらの預言者は、孤立した個々人ではなかったのである。彼らは契約への献身を第一に考えてきた古来よりの社会的視点の擁護者であり、王制に代わる立場から弛まざる批判を繰り広げた者たちであった。

　第三の時代において、バビロンの手で王国が滅びると（旧約聖書では、イ

:::共同体

スラエルが契約を破ったことに対する YHWH の裁きと見なされている)、イスラエルの共同体は、王制の政治的権力や神殿の理念的影響力という目に見える後ろ盾もなしに生きることを余儀なくされた。社会慣習の支えを断ち切られた共同体の目は、(後に正典となる)書かれた巻物の文献的伝承の発展へと向けられた。ヨシュア記 24:26、列王記下 22:8-13、エレミヤ書 36 章、ネヘミヤ記 8:1-8 に述べられている、権威ある巻物への重要な言及は、この権威ある巻物こそが他の根拠を持たない共同体にとっての決定的な存立の基盤となったことを明らかにしている。この状況下でイスラエルは、王国時代以前の古い伝承と目されるものを、以前にもまして真剣に受け止め直したのである。エズラにまつわる改革と復古の動きは、徹底的な倫理主義と分離主義的含みをもったトーラーへの献身を迫り、後にユダヤ教へと至ったものをここで編成し直した。ユダヤ教は、実践と規律を重んじる宗教的共同体となり、もはや偉大な政治的主張も野望も抱かずに歩むことを余儀なくされた。この共同体は、ペルシア帝国に従属する共同体となりながらも、YHWH と共に生きるという、その古来よりの深くラディカルなもう一つのヴィジョンを心に抱き、実践し続けたと思われる。

　この共同体は、様々な社会的、経済的、政治的関係の中に巻き起こるありとあらゆる困難や苦難のただ中を生き抜かねばならなかった。同時に、その生き延びてきた年月の長さと妥協なきヴィジョンへの情熱には、感嘆を禁じえない。以下のようなこの共同体を悩ませた苦難の数々は、頻発するものであった。

　　外部勢力と緊張関係に置かれていた地域政体
　　平等主義の社会組織と、階層的な社会組織
　　共同体の統一性と緊張関係に置かれていた共同体の純潔性〔分離を伴う
　　　ゆえ〕

　共同体を維持するためには、当然のことながら、ヴィジョンを実現しようとする独創的な情熱と慎重な管理運営の結びつきが求められる。それは絶えざる緊張を生み出し、絶え間ない折衝が求められるような結びつきであ

る。旧約聖書の時代が終焉する時期、クムラン共同体は、'ahad「一つのもの」と呼ばれ、それは信仰の一致を意味していた。この一致は、しかしながら決して簡単に成立したものでも、容易に維持される安定したものでもなかった。なぜなら、その構成員は現実の世界を生きる生身の人間だったからである。（これに類する、緊張、調停、そして不均衡などは、今日の教会にもほとんど同じような問題を生じさせ、そしてほとんど同じ程のエネルギーを要するものとして存在しているのではないだろうか。）共同体の存在の秘訣は、誠実に互いの抱いている熱い献身の思いを受け止めながら、それぞれの関心の実際の相違を包括することではあるまいか。〈訳：左近 豊〉

参考文献：

Albertz, Rainer, *A History of Israelite Religion in the Old Testament Period I, II* (OTL; Louisville, Ky.: Westminster John Knox Press, 1994); Gottwald, Norman K., *The Politics of Ancient Israel* (Louisville, Ky.: Westminster John Knox Press, 2001); idem, *The Tribes of Yahweh: A Sociology of the Religion of Liberated Israel, 1250-1050 B.C.* (Maryknoll, N.Y.: Orbis Books, 1979); Hanson, Paul D., *The People Called: The Growth of Community in the Bible* (San Francisco: Harper & Row, 1986); Neusner, Jacob, *From Politics to Piety: The Emergence of Pharisaic Judaism* (Englewood Cliffs, N.J.: Prentice-Hall, 1973)〔『パリサイ派とは何か』、長窪専三訳、教文館、1988年〕; Sanders, James A., *Canon and Community: A Guide to Canonical Criticism* (Philadelphia: Fortress Press, 1984); Weinberg, Joel, *The Citizen-Temple Community* (JSOTSup 151; Sheffield: JSOT Press, 1992); Wilson, Robert R., *Prophecy and Society in Ancient Israel* (Philadelphia: Fortress Press, 1980).

寄留者 (Sojourner)

「寄留者」と翻訳された単語 *ger* は、「在留外国人」「避難民」または「移民」と訳すこともできる。「寄留者」という従来の翻訳に関する問題点は、非常に「牧歌的」で、ほとんどロマンチックとさえ言えるということである。けれども実際のところ、ゲール（*ger*）の概念は、経済的、政治的、または軍事的混乱のゆえに居住地を失った避難民を意味している。彼らは馴染みのない新しい場所での生活を求める。なぜなら、彼らはかつて自分たちの暮らしていた場所ではもはや歓迎されないか、あるいはもはや自分たちの生活を維持することができないからである。新しい場所では、その避難民たちは歓迎される可能性がないわけではないが、間違いなくよそ者であり、社会における他者と見なされ、常に招かれざる脅威として認識されるのである。

聖書を取り巻く政治的状況が、長期にわたって政治的、経済的、軍事的な変動を伴うものであったことは明らかであり、この変動は、新しい社会関係の中で新しい生活を見出そうとする、寄留の外国人を絶えず生み出し続けた。旧約聖書の視野に確実に存在する、そのような社会の状態の中で、次の三つの側面は極めて重要である。

1. イスラエルは、自分たちがかつてそのような政治情勢に起因する、あらゆる不安材料を持った寄留者であったという記憶と自己認識を保持している。父祖アブラハムはそのような役割を与えられ、エジプトで食糧を探し求めた（創 12:10-20）。また、ヤコブとその家族がエジプトに到着したことは、自分たちと無縁の環境において危険にさらされた生活をほのめかしている（創 46:1-47:12）。創世記に登場する父祖たちの時代のみならず、エジプトで奴隷になるまでの時代と、奴隷になってからの時代もまた、異国において寄留者として生き、生活は絶えず危機に瀕したと理解されている（申 10:19; 15:15; 23:8 を見よ）。ヘブライ人とは何かを歴史的に問うことの複雑さは、初期イスラエルの地位に関係する。と言うのも、ヘブライ人は政治経済の秩序において限りなく周縁的な存在であったことが明らかだからである。

2. イスラエルの信仰は、次の確信を軸として展開する。すなわち、危険

にさらされている奴隷の共同体、また逃亡者の共同体であるイスラエルを、YHWH が救済してくれたという確信である。そして YHWH は彼らに故郷を与えてくれたという確信である。もし YHWH が働かなかったなら、彼らは自分たちのものではない土地において、外国人であり、よそ者のままだったのである。「約束の地」を受け入れることは複雑で問題が多いが、この文脈では、YHWH はイスラエルに、もはや外国人やよそ者といった役割ではなく、新しい幸福の場所をもたらす神なのである。

3. トーラーはイスラエルに対して、寄留者を手厚く歓迎し、権利や財産を持たない異邦人の世話をするよう命じている（申 14:29; 16:11, 14; 24:17-21; 26:11-13; 27:19）。これらの条項では、寄留者が社会において最も無防備な寡婦と孤児に関連付けられている。従って、トーラーはかつて寄留者であったイスラエルに対して、YHWH 自身が貧しいよそ者に対して示した好意に基づく寛容と厚遇の実践を定めているのである。

寄留者に関するイスラエルの証言において、イスラエルは（a）YHWH の特徴、（b）寄留者であったイスラエル自身の歴史的な記憶、（c）すべての寄留者の神が命じる倫理的実践、とを一つにまとめることができる。「他者」を歓迎するイスラエルの能力は、聖書の倫理の際立った特質となったのであり、また〔この倫理の〕解釈の範囲が広がっていくことを示す生き生きとした軌道の一部ともなった。他者に対する態度が次第に開かれていったことの一例は、イザヤ書 56:3-8 が申命記 23:2 の制限を思慮深い仕方で覆しているように見える点である。この点において、トーラーが命じていることは極めて適切であり、現代の聖書倫理における緊急の課題である。なぜなら、現代の教会がその内に生きているところの世界経済は、組織的に難民を生み出しつつも、困窮にさらされる彼らに対して冷たい態度を取り続けているからである。寄留者に関するトーラーの命令は、他者を受容できないという、人間の克服しがたい傾向性に直面する時、注目すべき命令なのである。

イスラエルは自分たちの土地に定住するようになったが、古代イスラエルの敬虔の系譜は、イスラエル人自身が YHWH の家族に迎えられたよそ者なのだということを絶えず思い起こさせた。

土地を売らねばならないときにも、土地を買い戻す権利を放棄してはならない。土地はわたしのものであり、あなたたちはわたしの土地に寄留し、滞在する者にすぎない。(レビ 25:23、傍点は著者による)

主よ、わたしの祈りを聞き
助けを求める叫びに耳を傾けてください。
わたしの涙に沈黙していないでください。
わたしは御もとに身を寄せる者
先祖と同じ宿り人。(詩 39:13、傍点は著者による)

　歓迎されたよそ者という身分は、過去形ではなく、現在形で語るべきことである。そして、このテキストを通して自らが歓迎されたよそ者であることを思い出すなら、他のよそ者たちに対して親切であることが、不可避かつ緊急の課題として理解できるのである。〈訳：長谷川忠幸〉

参考文献：
Miller, Patrick D., "Israel as Host to Strangers," in *Israelite Religion and Biblical Theology: Collected Essays* (JSOTSup 267; Sheffield: Sheffield Academic Press, 2000), 548-71; Spina, Frank Anthony, "Israelites as *gerim*, 'Sojourners,' in Social and Historical Context," in *The Word of the Lord Shall Go Forth: Essays in Honor of David Noel Freedman in Celebration of His Sixtieth Birthday*, ed. Carol L. Meyers and Michael O'Connor (Winona Lake, Ind.: Eisenbrauns, 1983), 321-35.

悔い改め (Repentance)

　悔い改めの背景にあるのはイスラエルのYHWHとの契約関係であり、それによってイスラエルはYHWHのトーラーを遵守することに結び付けられる。イスラエルがよくわかっているのは、YHWHとの契約に関するトーラーの要求が十分に守られうるし、そうあるべきだということである。もちろんイスラエルは、トーラーが十分に守られていないので、破られたトーラーを回復することが契約信仰において大きな課題であるということもわかっている。

　契約が双務的であるので、契約の回復が双方の責任ある決断を伴うであろうということは意外なことではない。イスラエルによって破られた契約を回復するための用意が、神にあるということは容易に証明されるのであり、それは二つの形をとっている。一つは神が、イスラエルをそれによって赦して和解に至らせる犠牲の祭儀的な手段を与えて、これを正式に認可することにより、関係の回復を可能にするというものである【「贖罪」の項を見よ】。もう一つはYHWHが、神的布告によって赦しと回復を断言するのみというものである。そのような行為にはYHWHの側の「思い直し」が含まれているのであるが、そのために使用される動詞は通常 $nḥm$ である。つまり、YHWHは進む方向を逆に変えて怒りと審判を終わらせ、イスラエルを再び受け入れるというわけである。

　しかしながら、契約の回復はその特質として、YHWHの側の一方的な取り組みではない。すなわち、回復はイスラエルの十分で意識的な関与を要求するのである。イスラエルがYHWHとの契約関係に立ち帰ることは悔い改めにより生じる。確かな釣り合いがイスラエルの諸伝承には存在する。祭司伝承は神が和解の手段として与える祭儀的な方法に焦点を合わせているが、一方で申命記的な伝承は悔い改めを十分に重んじている。悔い改めに関して鍵となる用語は $šûb$ 「向きを変える」であるが、そこにあるのは道——命の道、トーラーの道——を歩くという一つのイメージであって、それは従順という生なのである。罪とはそのような道を妨害することであり、それゆ

えに、悔い改めとは方向を変えて、トーラー遵守の道を再び歩き始めること（詩1:6にあるように）なのである。このように、悔い改めとは意志的な行為であり、トーラーの中で知られているようなYHWHの意思と道に従って、それまでとは異なった行動をするという、長期にわたって維持される強固な意志を伴う決意である。

申命記の伝承は非常に古いが、その強調が立ち帰りに置かれていることは特に捕囚という状況によるものと思われる。申命記神学は捕囚という国外追放がイスラエルのトーラー違反のゆえに生じたと考えている。そのために、捕囚の中での方向転換が捕囚から抜け出す道なのであって、そのことは申命記の伝承に由来する三つのテキストの中に明白に示されている。

> わたしがあなたの前に置いた祝福と呪い、これらのことがすべてあなたに臨み、あなたが、あなたの神、主によって追いやられたすべての国々で、それを思い起こし、あなたの神、主のもとに立ち帰り、わたしが今日命じるとおり、あなたの子らと共に、心を尽くし、魂を尽くして御声に聞き従うならば、あなたの神、主はあなたの運命を回復し、あなたを憐れみ、あなたの神、主が追い散らされたすべての民の中から再び集めてくださる。（申30:1-3、傍点は著者による。申4:29-31; 王上8:31-53を見よ）

同様の強調がエレミヤの伝承の中に明白に示されているが、それは申命記によって大いに影響を受けていて、申命記と深い関係がある。エレミヤ書の最終形態は、エルサレムの陥落とエルサレム社会の指導層のバビロン捕囚を証言している。エレミヤの心を占めている問題は捕囚とされたユダヤ人のエルサレムへの帰還（return）と、ユダヤ教が神との契約に従順に立ち帰る（return）ことである。捕囚と帰還という地理上の事柄として扱われる問題は、同時に契約の破棄と回復という神学上の問題なのであって、その回復は悔い改めとトーラー遵守への立ち帰りのみが実現しうるものなのである。

このような強調の主な例はエレミヤ書3-4章の長い詩文の中にある。

> 行け、これらの言葉をもって北に呼びかけよ。背信の女イスラエルよ、

> 立ち帰れと／主は言われる。わたしはお前に怒りの顔を向けない。わたしは慈しみ深く／とこしえに怒り続ける者ではないと／主は言われる。
> ……
> 背信の子らよ、立ち帰れ、と主は言われる。
> ……
> 背信の子らよ、立ち帰れ。わたしは背いたお前たちをいやす。
> ……
> 「立ち帰れ、イスラエルよ」と／主は言われる。「わたしのもとに立ち帰れ。呪うべきものをわたしの前から捨て去れ。そうすれば、再び迷い出ることはない。」もし、あなたが真実と公平と正義をもって／「主は生きておられる」と誓うなら／諸国の民は、あなたを通して祝福を受け／あなたを誇りとする。(エレ 3:12, 14, 22; 4:1-2、傍点は著者による)

この詩の最終行は契約の回復において必要とされる悔い改めの具体的な内容を示している。さらに予期されているのは、そのようにトーラーへと立ち帰るのがおそらく共同体の特定の者たち、すなわちトーラーへの熱心な信仰を持つ残りの者のみであろうということであるが、その残りの者こそが進んで従順の規律を守るのである。そのような残りの者は「良いいちじく」という考えの中にほのめかされていて、彼らが祖国へと帰還させられ契約へと回復させられるであろう。

> イスラエルの神、主はこう言われる。このところからカルデア人の国へ送ったユダの捕囚の民を、わたしはこの良いいちじくのように見なして、恵みを与えよう。彼らに目を留めて恵みを与え、この地に連れ戻す。彼らを建てて、倒さず、植えて、抜くことはない。そしてわたしは、わたしが主であることを知る心を彼らに与える。彼らはわたしの民となり、わたしは彼らの神となる。彼らは真心をもってわたしのもとへ帰って来る。(エレ 24:5-7、傍点は著者による)

この残りの者が疑いなく、ユダヤ教の主な構成要素として現れたものの担い

悔い改め

手となったのである。信仰深い残りの者という概念はネヘミヤ記9章とエズラ記9章の悔い改めの祈りの中にも反映している。

> 律法に立ち帰るようにと
> あなたは彼らに勧められたが
> 彼らは傲慢になり、御命令に耳を貸さず
> あなたの法に背いた。
> これを守って命を得るはずであったが
> 彼らは背を向け、かたくなになり
> 聞き従おうとしなかった。
> 長い年月、あなたは忍耐し
> あなたの霊を送り
> 預言者によって勧められたが
> 彼らは耳を貸さなかったので
> 諸国の民の手に彼らを渡された。
> しかし、まことに憐れみ深いあなたは
> 彼らを滅ぼし尽くそうとはなさらず
> 見捨てようとはなさらなかった。
> まことにあなたは恵みに満ち、憐れみ深い神。
> (ネヘ 9:29-31、傍点は著者による。エズ 9:15 を見よ)

同じ強調は、捕囚の危機への応答となっている他の預言者の伝承の中にも表明されている。

> 「わたしはだれの死をも喜ばない。お前たちは立ち帰って、生きよ」と主なる神は言われる。(エゼ 18:32、傍点は著者による)

> 主を尋ね求めよ、見いだしうるときに。
> 呼び求めよ、近くにいますうちに。
> 神に逆らう者はその道を離れ

> 悪を行う者はそのたくらみを捨てよ。
> 主に立ち帰るならば、主は憐れんでくださる。
> わたしたちの神に立ち帰るならば
> 　豊かに赦してくださる。（イザ 55:6-7、傍点は著者による）

　契約信仰の至る所において適切なモチーフである一方で、悔い改めは捕囚への応答として決定的な主題となった。その結果として、悔い改めこそが捕囚後に組織されたユダヤ教の主なモチーフとなり、そのユダヤ教は信仰深い者が「昼も夜も口ずさむ」（詩 1:2）トーラーに注意深く聞き従う信仰の共同体となったのである。

　このような主題と対となっているのは、神も「悔いる」、つまり、思い直されることがあるということである。YHWH に関して使われる時には、*nḥm* という少し違った含蓄を持つヘブライ語が使われる。そのようなモチーフは、イスラエルや他のあらゆる被造物が従順に神に結ばれて態度を変えるなら、神はそれを考慮に入れてくださると見る。イスラエルに関係のあるものとして、エレミヤは次のように語っている。

> もし、断罪したその民が、悪を悔いるならば、わたしはその民に災いをくだそうとしたことを思いとどまる。（エレ 18:8、傍点は著者による。創 6:6 も見よ）

イスラエルのほかには、ニネベの人々に対する YHWH の新しい対応が思い直しの一つの例である。

> 神は彼らの業、彼らが悪の道を離れたことを御覧になり、思い直され、宣告した災いをくだすのをやめられた。（ヨナ 3:10、傍点は著者による）

　以上の例における神の対応は、神には相互の誠実さから成り立つ関係を快く回復する用意があることを示している。しかしながら、そのような快諾は神のパートナーの側にふさわしい信仰の意思や態度があるかどうかによって

決まってくる。イスラエルの信仰の伝統が理解するところによれば、神は非常に寛容な支配者ではあるが、神との真剣な関係は、結局のところ神のパートナーによって真剣に受け止められなければならない（このような悔い改めがなくとも、神が受け入れ、赦す可能性があるという重要な証言については「赦し」の項を見よ）。この文脈において、キリスト教の伝統ではイエスの公生涯の最初の言葉が同じことを強調していると理解されている。

「悔い改めて福音を信じなさい」（マコ 1:15）

この伝道開始の言葉において、イエスは十分に旧約聖書の悔い改めの伝統の内に立っていて、イスラエルの伝統が持つのと等しい緊迫感を伴う、かの命令を反響させているのである。〈訳：佐藤　泉〉

参考文献：
Fretheim, Terence E., *The Suffering of God: An Old Testament Perspective* (OBT; Philadelphia: Fortress Press, 1984); Heschel, Abraham, *The Prophets* (New York: Harper and Row, 1962)〔『イスラエル預言者』上下、森泉弘次訳、教文館、1992 年〕; Holladay, William L., *The Root SUBH in the Old Testament with Particular Reference to Its Usage in Covenantal Contexts* (Leiden: E. J. Brill, 1958); Hunter, A. Vanlier, *A Study of the Meaning and Function of the Exhortations in Amos, Hosea, Isaiah, Micah, and Zephaniah* (Dissertation, St. Mary's Seminary and University, Baltimore, 1982); Raitt, Thomas M., *A Theology of Exile: Judgment/Deliverance in Jeremiah and Ezekiel* (Philadelphia: Fortress Press, 1977); Unterman, Jeremiah, *From Repentance to Redemption* (Sheffield: Sheffield Academic Press, 1987).

苦難の僕 (Suffering Servant)

　「苦難の僕」という言葉は、イザヤ書研究においてほとんど専門用語となっている。一般的に6世紀の捕囚期の時代のものとされている、イザヤ書40-55章において主の僕への言及が繰り返し見られ、それは通例イスラエルのことと見なされる。イスラエル自身が明らかに、YHWHの意志に従う、YHWHのこの世界に対する意志を遂げるYHWHの僕なのである（イザ41:8-9; 43:10; 44:1-2, 21, 26; 45:4; 48:20を見よ）。

　しかしながら一世紀前に、ドイツの聖書学者たちが、四つの、彼らが呼ぶところの「主の僕の歌」を同定した。イザヤ書40-55章全体の中に、同定できる四つの詩の断片があり、それらが埋め込まれた他の詩から、分離、区別できると考えられたのである（イザ42:1-4 [5-9]; 49:1-6; 50:4-9; 52:13-53:12）。これら四つの詩は特に、僕の役割と働きに関心を抱いている。それらが批判研究の土俵にのせられ、他と区別される特徴を持つと見なされたことから、これら四つの箇所の「僕」は、「イスラエル」とは別者であると考えられるかもしれない——イザヤ書40-55章の他の箇所では明らかに「イスラエル」が僕であるが。結果として、かなりの学者のエネルギーが、これらの詩の僕が何者であるかの同定に費やされたのであった。ノース（North）が、これら四つの詩の僕を同定するために学者たちが行った様々な、時に突飛な提案を、次のようにまとめてくれているのが役立つだろう。

　1. 長年にわたるユダヤ教の解釈によれば、これらの詩の僕は、その前後の詩の文脈と同じように、イスラエルなのである。イスラエルはYHWHの命令に従い、YHWHの意志という重荷をこの世界の中で担うのである。

　2. 歴史的な問いかけに長く魅了された学者たちは、この僕を、旧約聖書のテキストの中の歴史的な人物に特定することを求めた。たくさんの候補の中から、この役割のために提案されたのは、ヒゼキヤ、ウジヤ、エレミヤ、キュロス、そしてヨヤキムであり、さらにはイスラエルの記憶の中で思い起こすことのできる、ほとんど誰でもである。このような幅広い仮説のうち、賛成する人々が多い説のひとつが、僕は捕囚のイザヤ（第二イザヤ）自身で

あったかもしれない、という仮説である。彼は神による自分自身の召命を思い起こし、自分自身の死を予期しているのである。

3. メシア的解釈によれば、僕は、YHWHにより企図された、油注がれた人間であり、この世界に派遣され、苦しみによって、この世界を癒す。そのような期待を考えれば、キリスト者にとって、その僕が確かにイエスであると主張することは、容易で明白な成り行きであった。

イザヤ書の中のこれら四つの詩は、長年にわたって注意深い分析と精力的な解釈を受けてきた。20世紀の終わりには、解釈の大部分が、僕はイスラエルであり、歴史的な人物でも、先取りされた個人でもないという、ユダヤ教の見解へと戻って行った。メッティンガー（Mettinger）は、いわゆる僕の歌は、詩の文脈の中で理解されることが必要であり、それから区別してはいけないと述べて、それが学者たちの共通理解となりつつある。そのような批判的研究の結果、僕の歌の僕は、前後の文脈が示す僕と同じ僕、すなわちイスラエルであると認めることとなる。

しかしクラインズ（Clines）は次のように提案しており、チャイルズ（Childs）もある程度それに賛同している。すなわち四つ目の詩（イザ52:13-53:12）は、意図的に先行詞の不明瞭な多くの代名詞を用いており、この僕が何者であるのかについて、故意にあいまいにして明言を避けているのである。このようにクラインズは、この詩は様々な解釈に対して開かれているが、テキストの僕が何者であるかということ自体には、何ら明確な答えを与えないのだと、主張する。

イザヤ書53:5-6が大きな注目を浴びているのは、これらの節が、旧約聖書のどの箇所よりも、代理者による償いについて語っているからである。それは一人の苦しみが他の罪を償うことができるということである。確かにこの息をのむような確信の言葉は、神学的な解釈の対象となるような正確さはなく、詩的イメージの中で述べられているのであるが、その言葉遣いが示すのは、ユダヤ教が、エルサレム崩壊後、そしてまたその後、世界の諸国へと強制移住させられてから、この罪と苦しみという厄介な問題と取り組んだ、その方向性である。

現在、幅広く受け入れられている結論は、この僕がイスラエルだというこ

とであるが、初代教会は明らかにこの四つ目の僕の歌に、イエスの人生と死の重要性を解釈するための並はずれた意義を見出したのである。初代キリスト者の信仰告白によれば、他の者のために代わりの者が苦しむという考え方を、イエスが体現するからである。イエスが自覚して自分を「苦難の僕」と理解していたかどうか、このつながりが初代教会の解釈の中で作られたものであるかどうかについて、確かに学者たちの間に一致した見解はない。しかしいずれにせよ初代教会においては、イエスの人生と、とりわけその死を、この世界の罪を癒した出来事として理解するために、イザヤ書52:13-53:12を参照することがきわめて重要であった（マタ12:18-21；Ⅰペト2:22-25、特に使8:27-39、それほど直接的ではないがマコ10:45; 14:24, 41; ヨハ1:29; ロマ5:19を見よ）。

　イザヤの詩からイエスを予測しようとする新約聖書における解釈作業が見られるにしても、キリスト論的、メシア的読み方をイザヤのテキストそのものに強要してはならない。むしろ新約聖書的解釈とは、他者のために苦しむというイスラエルの使命をイエスが引き継ぎ、再現して見せたことを、確認し、支持することを意味する。解釈の歴史の中でキリスト者は、キリスト論的解釈以外のすべてを拒もうとし、テキストが自分たちのものであると主張して、多かれ少なかれユダヤ人と競い合ってきた。詩のテキスト自体は、クラインズやチャイルズが考えていたように、固定した、排他的解釈を許さない。むしろこのテキストが許すのはユダヤ教とキリスト教の解釈が並び立つことである。なぜならきわめて重要なのは、一人が他者のために苦しむという、神から与えられ人によって実行される務めを徹頭徹尾肯定することであり、そこには一つにとどまらない解釈の余地があるからである。

〈訳：楠原博行〉

参考文献：

Childs, Brevard S., *Introduction to the Old Testament as Scripture* (Philadelphia: Fortress Press, 1979), 334-36; Clines, David J. A., *I, He, We, and They: A Literary Approach to Isaiah 53* (JSOTSup 1; Sheffield: JSOT Press, 1976); Farmer, William R., and William H. Bellinger, eds., *Jesus and the Suffering Servant: Isaiah 53 and Christian*

Origins (Harrisburg, Pa.: Trinity Press, 1998); Mettinger, Tryggve N. D., *A Farewell to the Servant Songs: A Critical Examination of an Exegetical Axiom* (Lund: C. W. K. Gleerup, 1983); Mowinckel, Sigmund, *He That Cometh* (Nashville: Abingdon Press, n.d.), 187-257〔『来たるべき者』下、広田勝一・北博訳、聖公会出版、2001年、第七章〕; North, Christopher R., *The Suffering Servant in Deutero-Isaiah: An Historical and Critical Study*, 2d ed. (Oxford: Oxford University Press, 1956); Orlinsky, Harry M., *The So-Called "Servant of the Lord" and "Suffering Servant" in Second Isaiah* (SVT XIV; Leiden: Brill, 1967).

苦しみ（Suffering）

　苦しみはもちろん避けることのできない、この世を生きる人間の現実であり、他と同様、古代イスラエルの共同体の中にもある。苦しみについての神学的問題は、人間の苦しみについての生々しい情報を、信仰の文脈を通して解釈できる方法、またその文脈の範囲内に置くことができる方法を主題とする。

　まず第一にイスラエルは、苦しみを契約の範囲の中に含めて、その中に置くために、人間の苦しみは契約に対する不従順の結果であると理解する。トーラーを守る者は祝福を受け、神から与えられる良い生活を楽しみ、トーラーを犯す者は、命を削るような様々な苦悩の形でもたらされる罰の対象となるのである。この単純かつまっすぐな算法は、特に申命記の伝統が主張するものである（申 30:15-20 を見よ）。いくらか異なって述べられているが、同様の一般的仮定が箴言の中に表されている。それは、知恵あることを選び、そうふるまう者は命を得るが、愚かなことを選び、そうふるまう者は、自分の選択および行為のネガティヴな結果を蒙るということである（箴 8:35-36 を見よ）。

　この苦しみについての考え方は過度に単純である一方で、また前向きな神学的確信をも表している。それは、（a）この世界が道徳的に理路整然としており信頼できるものであること、そして（b）人間の選択および人間の行いは道徳的に重要であり、未来の形および状態に対して決定的影響を及ぼすこと、への確信である。このような神学的—道徳的な主張は、人間の命には意味がなく、人間の行いは未来とは無関係であるとの見解――最も近い見解はコヘレトの言葉の中に表明されている（3:16-22。ヨブ 9:22 を見よ）――に対しての強力な解毒剤となる。

　契約が求めているこの基本的な内容は、イスラエルの信仰の実際にとってはなはだ重要であり、倫理に配慮する社会を生み出す。苦しみはこのように、信頼できる、公共の道徳の算法を通して、位置づけられ、また解釈される。

　しかしイスラエルの実際の経験に基づいて正直かつ率直に言えば、人間の

苦しみ

　苦しみの大きさと程度は、そのような釣り合いを考えた説明では感覚的には理解できない。人間の苦しみはより深く、より苦しく、より痛々しいものであり、人間の悪しき選択や行為の結果だからといって受け入れることはできないのである。そして不当な苦しみは神学的な率直さを要求する。
　二つの重要なテキスト群が、この不当で、説明のつかない苦しみを理解するためにとても重要である。それは詩編とヨブ記である。この二つの書物の中でイスラエルは神学的な率直さを主張しており、公平かつ公正な神であるとのYHWHの名声を守るために、いつわったり沈黙を守ったりはしない。そしてYHWHの支配が信頼できるとも、公平であるとも決して言えないという考えを抱き、かつその考えを口にすることもいとわないのである。

　詩編の中で、不当な、あるいは説明のつかない苦しみに対するイスラエルの神学的、牧会的、典礼的な応答が、まず第一に嘆き、悲しみ、耐え難い苦しみについての不平、そして抑え難い正当な憤りによる抗議の祈りの中で口にされる。これらの祈りの中でイスラエルは苦しみの形を詳細に表現する。これらの描写には通例、イスラエルがYHWHに行動を起こすように「命じる」、命令的な嘆願が続く。命令的な祈りの中でイスラエルは、自身がYHWHに抗議すべき主張を持っており、YHWHは契約のパートナーであるイスラエルに対し、その困窮の際には履行すべき義務があると考えている。苦しみの軽減がYHWHのイスラエルに対する契約履行義務の一部と考えられているのである。
　これらの祈りは、このようにYHWHに対して、イスラエルの要求に応えるべきモティヴェーション（理由）を提供している。なぜならYHWHが、この苦しみを無効にすることができ、またその力を有することを、イスラエルは決して疑わないからである。ただ一つ問題となるのは、神を、癒し、回復させる手段として働くように動員することなのである。YHWHに提供される様々なモティヴェーションの中には以下のようなものがある。
　1. 苦しみはイスラエル自身の不従順の結果であり、YHWHにとってのモティヴェーションとは、イスラエルが後悔し誤りを知ることを促すことである。このモティヴェーションは、いわゆる悔い改めの詩編〔詩 6; 32; 38; 51;

102; 130; 143 編の七つ〕の中に特に明らかであり、そのうち詩編 51 編が最も顕著である。他の詩編も同様の調子で響く。

> わたしは黙し続けて
> 絶え間ない呻きに骨まで朽ち果てました。
> 御手は昼も夜もわたしの上に重く
> わたしの力は
> 　　夏の日照りにあって衰え果てました。
> わたしは罪をあなたに示し
> 咎を隠しませんでした。
> わたしは言いました
> 「主にわたしの背きを告白しよう」と。
> そのとき、あなたはわたしの罪と過ちを
> 　　赦してくださいました。（詩 32:3-5）

> わたしは今や、倒れそうになっています。
> 苦痛を与えるものが常にわたしの前にあり
> わたしは自分の罪悪を言い表そうとして
> 犯した過ちのゆえに苦悩しています。
> ……
> 主よ、わたしを見捨てないでください。
> わたしの神よ、遠く離れないでください。
> わたしの救い、わたしの主よ
> すぐにわたしを助けてください。（詩 38:18-19, 22-23）

　2. 苦しみはイスラエルの敵によりもたらされる。敵はおそらく YHWH が目を離しておられるすきに、イスラエルを過酷なまでに襲ったのである。この嘆願は YHWH の助けを求めるものであり、また名指されてはいないが、この苦しみの原因である強力な敵に対して YHWH が戦ってくださるよう求める。

苦しみ

　　主よ、立ち上がってください。
　　わたしの神よ、お救いください。
　　すべての敵の顎を打ち
　　神に逆らう者の歯を砕いてください。（詩 3:8）

　　主よ、敵に対して怒りをもって立ち上がり
　　憤りをもって身を起こし
　　わたしに味方して奮い立ち
　　裁きを命じてください。
　　……
　　心のまっすぐな人を救う方
　　　　神はわたしの盾。
　　正しく裁く神
　　日ごとに憤りを表す神。（詩 7:7, 11-12）

　　神よ、御名によってわたしを救い
　　力強い御業によって、わたしを裁いてください。
　　……
　　異邦の者がわたしに逆らって立ち
　　暴虐な者がわたしの命をねらっています。
　　彼らは自分の前に神を置こうとしないのです。（詩 54:3, 5）

　3. 苦しみの原因は YHWH 御自身の沈黙の濫用や責任の放棄による、あるいは YHWH の自発的な敵意でさえある。

　　我らが敵から敗走するままになさったので
　　我らを憎む者は略奪をほしいままにしたのです。
　　あなたは我らを食い尽くされる羊として
　　国々の中に散らされました。

苦しみ

御自分の民を、僅かの値で売り渡し
その価を高くしようともなさいませんでした。（詩 44:11-13）

あなたは地の底の穴にわたしを置かれます
影に閉ざされた所、暗闇の地に。
あなたの憤りがわたしを押さえつけ
あなたの起こす波がわたしを苦しめます。
あなたはわたしから　親しい者を遠ざけられました。
彼らにとってわたしは忌むべき者となりました。（詩 88:7-9a）

これら様々な祈りのレトリックは、語りの標準的なパターンに従って形づくられている。しかしながら、そのパターンの範囲内で、そのレトリックは大胆に、包み隠さず、強く迫る。実にこの詩は礼儀正しさなど飛び越えて、耐え難い肉体的・精神的苦痛や、敵の面前で民全体が被った疎外と恥の影響に思いをめぐらせながら進んでいく、という特徴がある。

　これらの嘆き、不平、抗議、そして嘆願の祈りは、YHWH が関心を持たれる範囲内に苦しみを引き入れようと企てる、イスラエルの基本的な信仰の戦略を成す。そのように様式化された語りを通して、イスラエルは生々しい根源的な実体験としての苦しみを、YHWH が応答しなければならない、重要で、切迫した、神学的情報へと変えたのである。肉体の癒しや社会的変化がおそらく起きた一方で、そのような祈りの第一のリアリティとは、苦しみが関係性を示す事柄となることである。つまり、苦しむ者は独りではなく、親しく耳を傾けてくれる伴侶、YHWH がいるのである。苦しみの生々しい情報を関係性という点から定義し直すこと、それが、この信仰により達成される第一のものとなる。今や苦しみの中にあるイスラエルは、もはや苦しみを単なる荒れ野とは考えない。そのような考え方は機械的かつ短絡的なものでしかない。イスラエルはむしろ、忠実、結びつき、そして実在という言葉――すなわち契約の現実で考える。この契約の現実こそ、苦しみを全く新たに位置づけ、特徴づけるのである。

苦しみ

　道徳的な論法では説明できない、苦しみについて解釈する第二のテキストはヨブ記である。ヨブ記は、嘆きと訴えの伝統によって特徴づけられ、これに依拠しているのであるが、今や事態は、技巧的にはより大胆な、神学的にはより思い切った仕方で表される。ヨブ記における三人の友人は、古い申命記的な論法で語る。ヨブとその友人たちはそのような伝統的な定式を受け入れ、ヨブを苦しみへと導いた罪を数えるように主張する。契約と一致したものであるならば、ヨブも苦しみを正当な罰として受けることができる。しかし神の沈黙が苦しみをつじつまのあわない、意味のないものにする。ヨブ記31章でヨブは、自分自身が契約において忠実であることを挑戦的な仕方で述べ、ついには神からの説明を要求する（35-37節）。神はもちろんそのような応答は受け容れない。

　ヨブ記38-41章のYHWHの語りかけにおいて神は、ヨブの要求に引き込まれることを拒む。ヨブ記は苦しみについての説明を提供しないし、しようともしない。むしろテキストは、人間の苦しみの小さな円の中には捕らえられないであろう、神の力と秘密とについての、より大きな神学的なヴィジョンを表現するのである。ヨブには全く目を留めない拒絶の中で、読者は苦しみから引き離され、神の大きな、圧倒的でさえあるリアリティへと入れられてしまう。その効果と言えば、苦しみをYHWHのリアリティでもって負かしてしまうことなのである。

　旧約聖書は明らかに、説明不可能な苦しみのリアリティについて、何らの説明も、それを癒すための薬も提供しない。むしろ聖書は苦しみをそれまでとは別の文脈の中に置こうとする。その新たな文脈で苦しみはYHWHとのつながりの中に位置づけられるのであり、最後には、そのつながり自体が信仰の最も大切なもの、および究極の目的となる（詩73:23-28におけるように）。忠実であることの、より力強い真実が、苦しみを意味あるものとして再構成するのである。

　ついには、未成熟な仕方ではあるが、イザヤ書53:4-5が代償苦について語る。そこではある人が他者の苦しみを自分のものにしてしまうから、それによって癒しが可能となるのである。解釈者たちはこの僕が何者であるのかについて一致を見ている【「苦難の僕」の項を見よ】。また僕の正体にかかわ

らず、苦しみを代わりに担うという主張は明白である。この主張は、旧約聖書の中で注目すべきものである一方、より大きなプロセスの一部でもある。それは、忠実さで結ばれた関係性を定義するという文脈の中で、苦しみ〔についての理解〕を再構築するプロセスである。苦しみを、神のリアリティへと結びつけようとするこの企てに基づいて、イスラエルの中では、神の熱情への確信がますます育っていく。神の熱情とはつまり、イスラエルの苦しみ、そしてついにはこの世界の苦しみの内に入り込んで、これを抱擁する、神の包容力である。このモチーフにとって最も注目すべきテキストは、ホセア書 11:8-9 とエレミヤ書 31:20 である。驚くべきことに、イスラエルは次のように確信していたのである。YHWH は、古代近東のどこででも知られていたような類の「最高権力を持つような神」ではない、と。むしろこの神は、イスラエルとこの世界のリアリティに、積極的に関心を持ち、深く関わり合うがゆえに、この神は、その苦しみを共に担うのである。こうしてイスラエルと世界とは、新しさという賜物を贈られる。

　苦しみを神との関係に持ち込むというこの動きは、人間の命をほとんど完全にモノとしている社会において、すなわち苦しみを機械的、技術的に解決できると信じ、また人間であることを示す痛みを和らげるためには、科学を駆使した医学で対抗できると信じる社会において、はなはだ重要である。技術の商品化によって幸福を得ようとするそのような企ては、より本質的な人間の連帯のリアリティをしばしば否定する。人間の連帯のリアリティこそ、苦しみの問題や苦しみの真相として、契約の神との連帯を立証するものであるというのに。嘆くことを苦しみに対する解毒剤としようというそのような戦略は、緊急事態に陥ってから始めようとしても無理であり、長い時間をかけて共同で実践しておく必要がある。現代社会に特徴的な解毒剤は、肉体の痛みの問題（それ自体小さな問題ではないが）を扱うかもしれないが、忠実さで結ばれた共同体のコンテキストにおける、より根源的な人間の要求は、効果的に扱えそうもない。こうしてイスラエルが率直、忠実に、痛みに向き合う仕方は、そのような本質的な実践から遠ざかろうとする現代世界に対して、ただちに適切なものとなるのである。〈訳：楠原博行〉

参考文献：

Beker, J. Christiaan, *Suffering and Hope* (Philadelphia: Fortress Press, 1987); Brueggemann, Walter, *Old Testament Theology: Essays on Structure, Theme, and Text* (Minneapolis: Fortress Press, 1992), 1-44; Fretheim, Terence E., *The Suffering of God: An Old Testament Perspective* (OBT; Philadelphia: Fortress Press, 1984); Gerstenberger, E. S., & W. Schrage, *Suffering* (Biblical Encounters Series; Nashville: Abingdon Press, 1980); Heschel, Abraham J., *The Prophets* (New York: Harper & Row, 1962) 〔『イスラエル預言者』上下、森泉弘次訳、教文館、1992 年〕; Lindström, Fredrik, *Suffering and Sin: Interpretations of Illness in the Individual Complaint Psalms* (Stockholm: Almqvist & Wiksell International, 1994); Miller, Patrick D., *They Cried to the Lord: The Form and Theology of Biblical Prayer* (Minneapolis: Fortress Press, 1994); Scarry, Elaine, *The Body in Pain: The Making and Unmaking of the World* (Oxford: Oxford University Press, 1985); Soelle, Dorothee, *Suffering* (Philadelphia: Fortress Press, 1975) 〔『苦しみ』、西山健路訳、新教出版社、1975 年〕; Westermann, Claus, *The Structure of the Book of Job: A Form-Critical Analysis* (Philadelphia: Fortress Press, 1981).

契約 （Covenant）

　神がイスラエルとの間で結んだ契約は、おそらく旧約聖書の神学的確信の中心にあり、これを決定づけるものである。契約は、また同時にイスラエルにおける神学概念であり、典礼的実践であり、永続的な公制度でもある。最も広く捉えるならば、契約は、あらゆるものの創造者である神が、この選ばれた民イスラエルに、信実をもって深く関わってくださっていることを確証するものである。さらに、この関与は、そのような関係を結ぼうという神御自身の決定以外の何ものをも根拠としない。この真実なる不変の関与のゆえに、イスラエルは常に YHWH の民とされ、YHWH はいついかなる時も、イスラエルの神とされる（エレ 11:4; 24:7; 30:22; 31:33; 32:38; エゼ 11:20; 14:11）。（出 19-24 章にあるようにシナイ山で制定された）この双務的献身を約す契約は、聖書が根本的に（孤高の神ではなく）関係性の神について語っているものであることを確証している。この関係性は、旧約聖書の内に、興味深く、生成力を持つものを生じさせると共に、信仰に関する困難をも生じさせる。YHWH によってアブラハムとの間（創 15:7-21）、ノアとの間（創 9:8-17）、そしてダビデとの間（サム下 7:1-16）に結ばれた片務的契約は、この契約を補完するものである。双務的契約の方が本来的なものであるが、両者は共に、契約に基づく忠誠についてイスラエルが抱く感覚の、本質に触れるものである。

　（相互の約束と献身をあらわす直接的な典礼行為としての）契約締結の中心は、出エジプト記 19-24 章、さらに範囲を広げれば出エジプト記 19:1 から民数記 10:10 のシナイ伝承にある。事実、旧約聖書において最も権威ある伝承は、このシナイでの忘れがたい会見を頂点とし、またこれを中心に据えたものとなっている。定期的な典礼行為としてなされる契約の締結と更新にはいくつもの特徴がうかがわれるが、特にその中から三つを取り上げることができる。

　1. 神は直接イスラエルに、契約に関する決定的な命令と条件を告げられている。それは、私たちもよく知っている「十戒」である（出 20:1-17）。命

令は絶対であり、イスラエルの歩みのあらゆる部分を YHWH の支配下に置き、YHWH の意志と目的に一致させるものである。これらの命令は、イスラエルの YHWH との関係の根拠を明確に示すものであり、特に信仰共同体に関するものである。

  2. イスラエルは忠誠の誓いをなし、これらの関係の規定に、いついかなる時にも服従するものとされる（出 24:3, 7）。

  3. 制裁は、これらの命令への服従が、生命と幸福の必要条件であることを明らかにする（レビ 26 章と申 28 章）。命令が守られないところでは呪いが生を悲惨なものとし、共同体にとって耐えがたいものとする。呪いの過酷さは、シナイ契約が厳格に条件事項で形成されていることからわかるように、服従が生死に関わる事柄であることを示唆する。

  シナイで成立した伝承である、この基礎的契約が、様々な典礼の場で定期的に反復され、再現されることを念頭に形成されたことは疑いえない。イスラエルはおそらく、契約更新に細心の注意を払っていたと思われる。そうすることで新しい世代毎に、契約の子らが誓いを新たにし、命令を受け入れ、その制裁に服したのである。それは、YHWH へのこの献身こそが、後に続いてゆく世代においてイスラエルとは何かを定義してゆくものだったからである。各世代で更新される一方で、シナイ契約はイスラエルの偉大な預言者たち（ホセア、アモス、エレミヤ）によって担われたものでもあった。聖書が明らかにするようにイスラエルは契約が破棄されるほどまでにひどく契約に違反したのである。裁き——それは不従順がもたらした神からの災いである——という切り口は旧約聖書に特徴的な理解の仕方であるが、前 587 年のエルサレム崩壊とそれに続く捕囚の憂き目となって現出した。契約が厳格なまでに条件付きなものであるゆえ、それはイスラエルの歩みを解釈し、人生経験の想定外の変転を、この関係の基盤内に位置づける働きをなすのである。

  神のイスラエルとの関係が旧約聖書にとって決定的なものである一方、契約の他の二つの面も特筆すべきものといえる。第一に、契約は特にイスラエルに関わるものでありつつも、創世記 9:8-17 にあるように、洪水の後の契約が「すべての肉なるもの」との間に結ばれる、という側面がある。すなわちすべての諸国民と、さらには人間以外の被造物との間に立てられるものと

いう理解である。この契約は世界の将来の安寧を一方的に保証する無条件のものである。イスラエルに関わられる神は、被造物全体の幸いのために尽くされる神なのである。この驚くべき主張は、エコロジーへの関心と地球環境保護の倫理にとって重要な源泉となる。

　第二に、イスラエルとの契約よりも広い射程で被造物との契約を立てるこの同じ神が、より狭い射程で、特にイスラエルに記憶される重要な個々人とも契約を立てる、という側面である。具体的に伝承は、神がまずイスラエルの信仰の父であるアブラハムと契約を立てられたことを語る。これによってイスラエルに、いつの時代にあっても約束の地（神の信実を示す一つの指標）を保証するのである（創 15:7-21）。アブラハムへの約束は、幾世代にもわたって記憶され、ダビデとダビデの家系に示された約束において成就する。そのうえ神の具体的で人格的なアブラハム―ダビデとの関わりは、無条件なものであり、自由で無制約的な約束なのである（サム下 7:1-16; 詩 89:2-18。詩 132:11-12 では、ダビデの家への約束は服従を条件としているが）。これらの個々人への約束に基づく契約は、完成された伝承において、シナイ契約の一端をなすものと理解されているようである。というのも、その無条件の約束は、戒めを基盤とするより大きなシナイ契約に沿ったものだからである。いずれにせよ、条件付きか無条件か、双務的か片務的かをめぐる問いには、それぞれに支持するテキストがあり、豊かな解釈の地平を指し示している。

　シナイでの契約、そしてアブラハムやダビデとの契約といった数々の契約は、587 年前後に起こった出来事によって深い危機に陥ることとなった。その出来事においてイスラエルは、神がイスラエルを見捨てられ、契約を放棄され、約束された神の信実は廃棄されたと理解したのである。しかしながらこの危機は、イスラエルの最も生産的な「神学の時」となった。イスラエルに対する神の契約による関わりと、YHWH に対するイスラエルの信頼と応答について、今や新鮮で想像性に富んだことが語られる必要が出てきたのである。総括的に見てイスラエルは、契約が終焉を迎えたという考えを受け入れはせず、契約を別の仕方で確かめる道を求めたのである。危機に対する以下のような三つの反応は、重要な神学的基盤であり続けている。

　1. イスラエルは YHWH の「永遠の契約」について語っており、それは不

従順によって破棄されたり、究極的に侵害されたりしえないものであった（創 9:16; 17:7-19; イザ 55:3; 61:8; エゼ 37:26）。この確信は、YHWH のイスラエルに対する愛が一方的なものであり、イスラエルの服従いかんにかかわらないものであり、それゆえ捕囚を含むいかなる状況にあっても頼ることができる、というものであった。何よりも顕著なのは、これらの言述が、捕囚期に由来すると判断されるテキストにおいて特になされている点である。それはすなわち、神の信実をイスラエルが最も深く確信していたのは、イスラエルが最も大きな苦しみのただ中にいた時だということである。

2. イスラエルは、YHWH への大いなる確信をもってしても、喪失感、寂寥感、そして YHWH による遺棄の結果としてのみ起こりうる神不在という深刻な経験を免れえなかった。それゆえにイスラエルは、捕囚において YHWH による遺棄を一時的なものと認識し、神の不在がほんの一時のものであって、決して契約の終焉を意味するものではないと主張し続けた。このようなわけでイザヤ書 54:7-8 は神の不在が「わずかの間」である、と断言し、その不在期も直ちに、「慈しみ」と「平和の契約」（10 節）を反映する「深い憐れみ」と「とこしえの慈しみ」によって凌駕されると主張するのである。YHWH がイスラエルの歩みに伴われぬことは、衝撃的ではあるが、決してそれで終わりなのではなく、隠れ給うたにすぎないことなのである。

3. さらに極端に、捕囚期のイスラエルは、契約がイスラエルの不従順のゆえに修復不能なまでに破られているという考えを考慮に入れることができた。しかしながらその破れた関係は、再び新たにされる関係へと向かう（エレ 31:31-34）。なぜならば YHWH が、イスラエルと関わり続けることを望まれているからに他ならない。さらに、この新しい契約は、イスラエルとの間で更新される契約であって、これまでキリスト者の解釈が提示してきたような、イスラエルを退けてキリスト者を受け入れるといったものではない。

単一で不変の形態に収斂されえない、イスラエルにおける重要な神学的所与として、契約は、あらゆる他の生き生きとした関係と同じように豊かで複合的である。契約は今なお生きており、それというのもイスラエルが深い信頼の内に、神の厳しい求めと深い関与に決定づけられているからである。契約は、神からの信実と神への忠誠という難しい問題をイスラエルに突き付け

る。イスラエルは、神の側の信実は値なしに自由に与えられるが、決して安価なものでも軽んじられるものでもないことを知っている。

　キリスト教の伝統において、イエスは新しい契約の担い手である（ヘブ 8:8-13）。それは聖餐式において明らかにされる（Ⅰコリ 11:25）。さらにマタイ福音書 26:26-29 において、イエス御自身が弟子たちに向けて御自身の意義について契約定式を語っておられる。礼拝学的所与として、契約はやがてジャン・カルヴァンの伝統を経て、決定的な神学的原理となり、公権力の民主的秩序を整えるための理論的土台ともなった。〈訳：左近 豊〉

　参考文献：
Anderson, Bernhard W., *Contours of Old Testament Theology* (Minneapolis: Fortress Press, 1999); Hillers, Delbert R., *Covenant: The History of a Biblical Idea* (Baltimore: Johns Hopkins Press, 1969); Lohfink, Norbert, *The Covenant Never Revoked: Biblical Reflections on Christian-Jewish Dialogue* (New York: Paulist Press, 1991); McCarthy, Dennis J., *Old Testament Covenant: A Survey of Current Opinions* (Oxford: Blackwell, 1972); McKenzie, Steven L., *Covenant* (St. Louis: Chalice Press, 2000); Nicholson, Ernest W., *God and His People: Covenant and Theology in the Old Testament* (Oxford: Clarendon Press, 1986); Rendtorff, Rolf, *The Covenant Formula* (Edinburgh: T. & T. Clark, 1998).

契約の書 (Book of the Covenant)

「契約の書」は、出エジプト記 21:1-23:33 の律法集成の名称として学者たちが用いる表現である。その意図することは、21:1 の前文の定型句に示されている。この名称は、24:7 にある「契約の書」という表現に由来する。24:7 およびその命名を 21:1-23:33 の法体系と結びつけることは、たとえその結びつきが伝承の後代の発展を示しているにすぎないとしても、理にかなっている。

この律法集成は一般に、イスラエルの初期の時代に由来すると考えられている。つまり、それがまとめられたのは、現在トーラーを構成している律法の集成の最も早い時期であるに違いない。この契約の書のある部分は互いに顔見知りの小規模の農耕共同体に起源し、またそのような共同体のために記述されたと考えられる。その共同体には隣人の牛や羊に対する利害関係がありうるからである（出 22:9-12）。けれども、契約の書のほかの部分には全く異なった観点があって、村落的生活を示唆しているとは考えられない。

この法集成が興味深いのは、それがイスラエルの最古の社会構造を説明する事柄を明らかにしてくれるからである。一方において、隣人に対する最古の——人道主義的——関心事を見ることができる。このまさしく最初の成文法が奴隷制度とそれに関わる負債を制限しているということは極めて重要である。この卓越した規定は、明らかに社会の負債的状況を緩和しようとして、申命記 15:1-18 に記述される通り「負債免除の年」をもたらした。また、社会的弱者——寄留の他国人、寡婦、孤児——に対する正義の遂行を命じる、特筆に値する出エジプト記 22:20-26 の律法にも注目してほしい【「寄留者」「寡婦」の項を見よ】。それは YHWH による直接の制裁を伴っている。さらに、出エジプト記 23:6-9 では、公正な裁判の要求が古代イスラエルの社会構造全体の土台となった（申 16:18-20 を見よ）。

他方において、この律法集成は、共同体を守ることのみに関心を寄せる厳しい共同体主義の伝承をも反映している。それは、すなわち、全体の福利に個人の権利を従わせることである。出エジプト記 21:15-17 には一連の小さ

な命令があるが、それには（判例法とは異なり）議論の余地はなく、無条件に死刑を命じる（22:17-19をも見よ）。さらに、出エジプト記21:22-25には、聖書の様々なところに見られる復讐法（lex talionis）の最も完全な記述がある。おそらく「目には目を」という定式は、しばしば言われるように、「片目に対しては片目以上の報復であってはならない」という意味であろう。いずれにしても、その刑罰は断固としたもので、酌量や妥協の余地がない。出エジプト記21:26-27では、目と歯はほかの器官よりずっと重要とされ、保護されねばならない。それが示しているのは、復讐の一般的原理が記述されたあと、さらに特殊な裁定がなお必要になるということである。26-27節は、法的な問題は、慣習的で厳格な「法と秩序」が示すよりもっと複雑であるということを示している。

　契約的・人道主義的な規定と無慈悲な厳格さとの緊張関係は古代イスラエルの法的な考え方に浸透し、またおそらく、それはどんな既存の法的伝統においても回避できないだろう。（最近、アメリカでの死刑をめぐる議論において、同じような緊張関係が見られる。死刑問題は、共同体の法的な考え方においてと同様、加害者と被害者においてそれぞれ人道性と厳罰が問われるからである。）

　これら二つの観点は社会の形成と保持をめぐる両極端の選択肢を示すが、それと並んでこの律法集成は、隣人同士の利害が対立した時、それをどう調停し紛争をどう解決するかについて常識的と言える多くの事例をも含む（出21:18-21, 28-36; 21:37-22:6）。最後に、この律法集成は、土地の休閑（23:10-11）と共同体の休息（23:12-13）をめぐる安息の定めと同時に、定期的な祭りの規定に注目する（23:14-17。なお申16:1-17を見よ）。そうした祭りは共同体の自己認識を高めるために定められた、祭儀暦の開始につながった【「祝祭」の項を見よ】。律法集成は三つの明白な、絶対的な規定をもって締めくくられる。それは、イスラエルが、カナンの文化的・宗教的な環境とは異なることを認識するために、イスラエルの公共的行為を定めたものである。

　この律法の集成はおそらく、農村のようなところでの裁定の先例や倫理的な教えが蓄積されてできあがった、それぞれ別個の資料の集成として始まったものであろう。その集成には神学的な意識が作用しているが、その強調点は構成員全員の福利を念頭に置いた、小さな政治経済共同体を組織するため

の実用的な要求や制限に置かれている。このような共同体に必要な実際的秩序化は、その構成員の行動に断固とした制限を課した。個別的な事例から成るその秩序づけは、出エジプト記 22:22-23, 26 に見られるように、YHWH の権威的意志に注意を向けさせることによって強固にされている。YHWH への言及は、しかしながら、それほど強力ではない。YHWH に言及する用例は極めて少ないからである。我々が理解すべきことは、その集成が、そもそも神学的な原理にこだわったり関与したりしない、社会の営みから生じたということである。

　この律法集成はそれ自体として独立したもので、特定の共同体の営みの中で成立したものだが、旧約聖書における現在のテキストの位置づけは重要である。学者たちは出エジプト記 19-24 章が、旧約の中で主要なシナイ契約が締結される特別な部分であることに気づいていた。それゆえ、出エジプト記 19-24 章は学者たちによって「シナイ・ペリコーペ」と呼ばれる。この箇所は、シナイ山で YHWH とイスラエルが契約を開始する 19 章に始まり、契約締結——契約の確認（24:3-8）と、それによって可能となったシナイ山における YHWH との顔と顔を合わせての会見（9-18 節）——を記す 24 章で終わる。19 章と 24 章はテキストの最終形態において「契約の書」のコンテキストをなしている。あるいは逆に言うと、「契約の書」が「契約ペリコーペ」の中に挿入されることによって、この古い律法集成は「契約の書」として出エジプト記 20:1-17 の十戒に続く場所に位置することになったのである【「十戒」の項を見よ】。

　この集成を「契約の書」と呼ぶことは、それが律法体系の第一のものであり、十戒の基本原理を個別的な生活の現実に向かわせるものと捉えることを意味する。その現在ある形において、「契約の書」は古代イスラエルにおける、十戒の最古の解釈として理解できるかもしれない。それはトーラーの基本原理が個々の場面に適用される手段となる【「トーラー」の項を見よ】。「契約の書」は実際には十戒に直接結びつかないが、現在の形においてその目的を果たし、シナイ契約がどのように、生活に根差した人間関係の現実のただ中で遂行されるかを示している。

　独立した法的な集成がこのように新たな位置づけを与えられて正典的な目

的を果たすということは、再解釈の過程が古代イスラエルでどう作用したか、また聖書の中でどう作用し続けているかを説明する強力な実例である。

「契約の書」はそれ自体独立したものと見なされるべきではなく、むしろトーラー解釈のダイナミズムへの重要な貢献をなすものと見るべきである。「契約の書」は十戒に結びついて存在する。それと同時に、多くの研究が示唆するのは、「契約の書」が申命記 12-25 章の法的集成の発展に主題を与えたということである。この申命記のテキストは後代において十分な発展を遂げ、また聖書解釈においてさらに大きな影響を与えている。それゆえに、「契約の書」は旧約律法の極めて複雑な形成過程における一つの構成要素である。

エアハルト・ゲルステンベルガー（Erhard Gerstenberger）の見解は注目に値する。それによれば、ちょうど申命記がヨシヤの改革（申 22-23 章）の推進力となったように、「契約の書」はヒゼキヤの改革を促した（代下 29-31 章）というのである【「ヒゼキヤの改革」「ヨシヤの改革」の項を見よ】。この新たな理論的仮説は、旧約の古い伝承が、たえず新たな伝承の発展に重要なインパクトを及ぼすという道筋の興味深い説明である。〈訳：小友 聡〉

参考文献：

Albertz, Rainer, *A History of Israelite Religion in the Old Testament Period*, vol.1, *From the Beginnings to the End of the Monarchy* (OTL; Louisville, Ky.: Westminster John Knox Press, 1994), 180-86; Crüsemann, Frank, *The Torah: Theology and Social History of Old Testament Law* (Edinburgh: T. & T. Clark, 1996), 109-200; Hanson, Paul D., "The Theological Significance of Contradiction within the Book of the Covenant," *Canon and Authority: Essays in Old Testament Religion and Theology*, ed. George W. Coats and Burke O. Long (Philadelphia: Fortress Press, 1977), 110-31; Knight, Douglas A., "Village Law and the Book of the Covenant," in *"A Wise and Discerning Mind" : Essays in Honor of Burke O. Long*, ed. Saul Olyan and Robert C. Culley (Providence, R.I.: Brown Judaic Studies, 2000); Marshall, J. W., *Israel and the Book of the Covenant* (Atlanta: Scholars Press, 1993); Patrick, Dale, *Old Testament Law* (Atlanta: John Knox Press, 1985), chap. 4; Sprinkle, J. M., *"The Book of the Covenant": A Literary Approach* (JSOTSup 174; Sheffield: Sheffield Academic Press, 1994).

混沌 (Chaos)

　旧約聖書の大部分において、創造主であるYHWHは、完全なる主権を持ち、あらゆる現実を支配下に置いている。従って天地創造は、徹頭徹尾秩序づけられており、生命と安寧にとって非の打ちどころのない環境なのである。しかしながら、このような現実の描写に対して、多くのテキストは混沌の力を証言している。その力とそれが生み出す現実は、世界に散在し、YHWHの支配に反抗し、そのようにして生命を脅かす。混沌は、単に無秩序な状態とのみ理解すべきではなく、むしろYHWHの支配に挑みかかり、世界の安寧への期待を根こそぎにするような力として理解するべきである。このような否定的な力を正確に表現するために、イスラエルが自らの神学に遙かに先立つ、宗教的伝承や神話的様式を援用したことは疑いえない。神学的誠実さと真剣さゆえに、イスラエルはそのような古い伝承を用いたのである。

　この挑みかかる否定の力に関するもっとも重要な用語は、*tôhûwabôhû* である。おそらくこれは擬音語であり、意味としては「不協和音を奏でる」であり、なじみ深いものとしては、欽定訳で「形なく、むなしい」〔新共同訳では「混沌であって」〕と訳されているものである（創1:2.【「創造」の項を見よ】）。創世記1章で公言されているように、結局のところ天地創造は、「無からの」（= *ex nihilo*）ものではなく、YHWHの秩序に逆らってすでに存在した形なきものに対してなされた主権的秩序化のことなのである。無からの創造という考え方は、キリスト教の教義の中ではよく目にする主張であるが、このような考え方は、かなり新しいものであり、第2マカバイ記7:28に登場するまで、明確な文献的根拠はない。旧約聖書それ自体、そのような形なきものの起源にはさしたる関心を払っておらず、それよりも、それがかつて存在したものであり、今もあり、常に秩序づけることを御業とする創造主YHWHによって手なずけられ、秩序づけられる、という認識がある。そのような原初的な二元論（それはYHWHの支配に対する旺盛な敵意であるが）をイスラエルが思い描き表現できるのは、部分的に古代神話のおかげであ

る。ただし、このような理解は、イスラエルによって生きられた現実を反映したものとも言える。イスラエルはその経験において、神から賜った生を非常に強力に歪めようとする死の否定的な力を味わってきたのである。この力を一つの勢力と捉えている他のテキストとしては、詩編 46:3-4 があげられる。そこでは、この広がりゆく脅威を押しとどめる YHWH の力への完全な信頼が表現されている。混沌の力は、最も多くは、公的で宇宙大のものとして語られるが、個人の嘆きの詩編で語り手は、それをあたかも命を簒奪しかねない力として語ることが多い（詩 18:5; 55:5 を見よ）。

　混沌概念に関しては、二つの重要な要素が、いくつかの旧約聖書箇所に登場する。第一に、宇宙大の原初的混沌の力は、時に歴史的に扱われ、歴史上の人物や事柄として特定できる形で表される場合がある。例えば詩編 87:4 では、エジプトが悪しき海獣「ラハブ」の名で、バビロンと並行して言及されている。これは歴史上の事柄でありながら、神話的名称が用いられることによってエジプト（そしてファラオ）は世界を混沌に陥れる勢力と見なされるようになる。そして言うまでもなく、出エジプト記 7-11 章の物語においてファラオは、創造された「自然」界を不安定化させる勢力なのである。さらにエレミヤ書 4-6 章に見られる詩的暗示が指しているのはバビロンであると考えられるが、バビロンは混沌の担い手とされている。前 6 世紀の捕囚は、まさに宇宙大の混沌の修辞がぴったりする、秩序崩壊の歴史的体験であった。それゆえイザヤ書 51:9-10 で、かつて混沌を打ち負かされ、今はバビロンと対決される YHWH に向けて、必死の祈りが捧げられるのである。イザヤ書 54:9 では、捕囚は洪水、すなわち混沌の威力の表れになぞらえられる。

　第二に、混沌は、しばしば YHWH に挑みかかる勢力と考えられているが、他の箇所では、混沌を支配し、それを統治の手立てとして動員しうるのが YHWH とされている（詩 77:20; イザ 5:26-29; エゼ 38:19-20 を見よ）。創世記 6-9 章の洪水物語と、出エジプト記 15 章の歌の中で混沌の大水は、明らかに YHWH の命令で、YHWH の意志を実現するために動員されている。創世記 9:8-17（イザ 54:9-10 も見よ）では、YHWH が真実を貫かれる方であるとの約束が、混沌の脅威を前にしたイスラエルを揺るぎないものとする。さらに詩

混沌

　編 104:25-28 は、混沌（悪を体現する海の獣）を YHWH の玩具のように描きだす。このモチーフが次々と出てくるのがエレミヤ書 4:23-26 であり、そこでは天地創造の御業が一つ一つ覆され、混沌へと回帰する様を描く。それは YHWH の怒りによる YHWH の命令でそうなるのである。

　聖書信仰における混沌についての徹底した神学的認識こそが、私たちの社会にあまりに広く行き渡っている型にはまった単純すぎる罪や罪責への先入観を超えて、聖書を開示する。そのような認識は、私たちを取り巻く文化において考察されるべき神学的大問題が、決して小さな道徳的な問題に終始せず、喫緊の課題として、この世での生をどのように秩序づけるかという最大の問題であることを示唆する。この聖書信仰のモチーフは最近のほとんどの聖書解釈では無視されてしまっている。その回復こそが肝要である。というのも、西欧における神学的解釈は、「古い秩序」の崩壊——それは、倫理的、経済的、政治的分野で、「混沌」として広く経験されている——を、今や真正面から扱わなければならないからである。聖書的信仰は、神の被造世界において今ある混沌の現実を認識することと、神がその混沌を統御しておられるという福音の確証を得ること（詩 104:24-27 におけるように）の両者にとって、かけがえのない根拠となるものである。

　旧約聖書の範囲を超えて、混沌の起源や、その混沌が将来この地上にふるう力について記す古代ユダヤ教文献の中にも、しばしば黙示的様式をとる思索を見出すことができる。しかしながら旧約聖書それ自体の中では、イスラエルはそのような見方には大抵の場合は抵抗し、混沌と、神による統御という二つの現実についての神学的主張に堅く留まっている。長期的には、神の統御は必ずや実現するものである。そして短期的には様々な出来事において、イスラエルは、未だ神の支配下に置かれていない現実的な混沌の力について知っているのである。キリスト教は、このような問いを新約聖書が解決したとあまり軽々しく思うべきではない。混沌についての旧約聖書テキストこそ、この世界の混乱を引き続き生きざるをえない者たちの現実の傍らに寄り添うものだからである。確かにイスラエルは希望に生きるが、その希望は、相変わらず地にはびこる生の否定を、非現実的に無視するものではない。〈訳：左近 豊〉

参考文献：
Barth, Karl, *Church Dogmatics* III/3 (Edinburgh: T. & T. Clark, 1969), 289-368〔『創造論 III/2』教会教義学 III/3、吉永正義訳、新教出版社、1985 年、3-163 頁〕; Childs, Brevard S., "The Enemy from the North and the Chaos Tradition," *JBL* 78 (1959): 187-98; Fishbane, Michael, "Jer. 4:23-26 and Job 3:1-13: A Recovered Use of the Creation Pattern," *VT* 21 (1971): 151-67; Levenson, Jon D., *Creation and the Persistence of Evil: The Jewish Drama of Divine Omnipotence* (Princeton: Princeton University Press, 1988).

祭司 (Priests)

　他の文化におけると同様に旧約聖書の信仰共同体にも、その共同体の公的な礼拝を司る権限を与えられた祭司が存在した。祭司職の目的はイスラエルの間で、YHWH の臨在を保証する手段としての祭儀的な仕組みの実効性を監督し、保護し、安定させることであった。他のあらゆる祭司職や祭儀に伴うのと同様に、イスラエルにおいても、時々 YHWH との直接的な接触が神顕現の中で起きたとは言え、大体において共同体が頼るのは、祭司の正統な執り成しだと考えられていた。正確に整えられた祭儀はより大きな共同体の秩序、生活、幸福を保証するという効果を意図していた。つまり、注意深く整えられた礼拝は、あらゆる生を再解釈し、整理し直すための力や想像力を産み出す源泉だったのである。その目的のために、古代イスラエルの祭司はどこにいても祭司に特有の任務と役割を遂行した。そのようなものをいくつか以下に挙げてみよう。

　1. 祭司は「聖と俗、浄と不浄、清いものと汚れたもの」の区別を保ったのであるが、それが共同体の整えられた生を守った（レビ 10:10; エゼ 22:26 を見よ）。レビ記の関心が専ら聖に向けられていることは、この任務の重要性を明白に示しているが、これは単純に宗教的な前提に由来したばかりではなく、衛生状態の問題や実際的な健康の維持にも関係していた。レビ記の典礼的な表現は歴史叙述としてではなく、注意深く耳を傾けるべき意味の世界の想像力に富む提案として理解されるべきである。しかしながら何にも増して、そのような区別を保つことは、その中心に YHWH がおられるよく整った世界の決定的な象徴であった。

　2. 祭司は託宣を伝え、それによって YHWH の意思や目的が権威をもって共同体に知らされた。従って、その託宣は YHWH からイスラエルに対する啓示の正当な手段だったのである。トンミムとウリム（申 33:8）やエフォド（サム上 23:6-12）のように特別な祭具は、そのような託宣の信頼できる伝達において重要であった。

　3. 祭司は、YHWH とイスラエルの間のよい関係を祝し、保ち、回復する

ことを意図して、犠牲や供え物を捧げた。レビ記1-7章の習慣化された犠牲の目録が示しているのは、イスラエルでは犠牲や供え物が広範囲にわたって捧げられていたことと、そのような行為が真剣に考慮されたことである。その行為が重要であるのは、YHWHの臨在が土地の保証を与えるからであり、犠牲がYHWHの臨在を可能にしたり有効にしたりするという劇的な企ての一部だからである。

4. 祭司は祝福を宣言した。民数記6:22-26のよく知られた祭司の祝福は特徴的な定式である。この定式によって、祭司の祝福の伝達は、YHWHの力——それを受け入れ信じる会衆に幸福をもたらす力——を取り次ぐ、権威ある効果的な行為となるのである。

5. おそらくイスラエルに特有の慣行だが、祭司はトーラーの教示に従事した（申10:8）。特別な身分の祭司はトーラーの教示の責任を担った。すなわち、彼らは規範とする信仰の伝承に関する教師だった（申33:10）。おそらく、初期の形態では、その任務は単に共同体の安全を左右する聖や清めの問題を確認することだけだった。だが、もっと発展した伝承では、そのようなトーラーの教示は、解釈や説明を必要としたより大きな命令集に言及している。そのように、申命記の伝承は——明らかにレビ系の祭司と関わっているが——説明を必要とした。さらに、ネヘミヤ記8章では、レビ人がエズラ——書記官であるが、祭司とも呼ばれている——を助けて、イスラエルにトーラーを「説明をつけて」朗読している。祭司の任務は、想像力に富んだ解釈により、命令や教えの伝承をイスラエルの継続する生にとって有効で信頼できるものとすることだった。

これらの祭司の働きは、自らをYHWHの呼び出しに応答する共同体と見なしているイスラエルの、その特徴を反映している。旧約聖書の祭司職がどのようなものであったかを示す証言は、個々の状況に応じて（ad hoc）生み出されており、系統的に明確な論述というものは全くなされていない。しかしながら、研究者はかなりの創作力を使って、イスラエルの祭司職の歴史を跡づけようとしてきたので、今ではその歴史を解釈する者たちの間でおおよその意見の一致が確立されている。テキストのあちこちに現れている祭司たちは、様々な状況に付随したり、個々の状況に応じて現れるのだが、一般的

には、いくつかの祭司の系統（家柄と階層）が識別できるだろう。その系統は、世代を超えて存在して、大きな権威があり、公の政治の進展の中で解釈によって巨大な力を行使したのである。さらにそれぞれの系統は対立的であり、その職務に微妙な差異が与えられていたが、それは異なる信仰観というものを表しており、おそらくキリスト教界の異なる教派の聖職者というものと似ていなくもないであろう。

　サムエル記下 15:29 でダビデには明らかにアビアタルとツァドクという二人の祭司がいた。研究者によれば、アビアタルはおそらくシロの聖所にまで遡るだろうが、ともかく根源的な古い契約の伝承の継承者である祭司の家系を代表している。ツァドクの起源はなぞであるが、アビアタルほど由緒ある家系ではなくて、よりカナン的なものも受け入れる祭司の家系を代表しているかもしれない。このように、この二人の祭司は異なった、というばかりか、起源と宗教観や関心を異にする、対立し合った祭司の家系を体現しているのである。列王記上 1:7-8 の中で、この二人の祭司がそれぞれ異なる見解を持つ〔二人の〕ダビデの息子たちと別々に同盟していることから、この態度の違いが明らかにされている。ツァドク側の王位継承候補者であるソロモンがその争いを制したので、ツァドクが王国の最も有力な祭司となり、アビアタルは宮廷から追い出されてその権威を奪われた（王上 2:27）。その箇所における言及は昔に遡ってサムエル記上 2:35 の予期、すなわち、来るべきツァドク——彼こそが「忠実な祭司」である——の支配やアビアタルと彼が代表する祭司の家系の没落をすでに予期していたことをほのめかしている。

　もしアビアタルとツァドクの対立を決定的なものと見なすならば、F. M. クロス（Cross）がしているように伝承に遡り、次のように提示できるかもしれない。すなわち、アビアタルは「ムーシェー族の」（モーセの子孫の）祭司職に関する古い主張に起源があるが、ツァドクはアロンの祭司職に関連していると。サムエル記上 2 章とは全く対照的な見方をしている出エジプト記 32 章の中では、アロンが不忠実な祭司であり、モーセと結びついたレビ人こそがアロンに導かれた人々を排除した忠実な者たちなのである（出 32:25-29）。従ってその古い起源は、後のソロモン時代における「モーセ―レビ人」と「アロン―ツァドク」の争いにつながっている。

捕囚期や捕囚後の伝承を見ていくならば、エゼキエル書44章にはツァドクの子孫の優位が反映されている。というのも、11節ではレビ人が雑役を割り当てられているのだが、15節ではツァドクの子孫に、再建された神殿に対する支配的な権威が授けられているからである。多くの研究者は、その名前が関連し合っているように思われることから、ツァドク系祭司が後期ユダヤ教のサドカイ派の先祖であると確信している。

　祭司職の歴史を厳密かつ正確に跡づけるのは不可能である。というのは、これらのテキストは、対立し合っている主張に、正当性と思想的説得力を文献によって提供しようとする試みだからである。紛れもなく、祭司の権威に関する論争（出32章のような初期のテキストやエゼ44章のような後期のテキスト、さらにダビデ・ソロモンにまつわる具体的な物語と思われる事柄の中に描かれているもの）は、祭司の職務がイスラエルの特色やYHWHとの関係に関する深い神学的な緊張の中に古くから置かれていたことを示している。レビ人は申命記の中でトーラーの擁護者であるが、他方アロン—ツァドク系の祭司はより祭儀的な臨在に関心がある。この緊張はイスラエルの生と記憶にすっかり行き渡っているのであって、祭儀において何を強調するか、祭司にどのような権限を認めるかという問題に関する相違は、神学的な緊張、すなわち、教会史を通じて聖礼典や組織内の機構、そして礼拝についての論争の中に果てしなくこだましている緊張を、明らかにする手がかりとなる。結局、繰り返し生じているこの緊張は、まさに信仰共同体の生を形成する信仰の次元と関わっているのである。その緊張にもかかわらず、祭司による祭儀の遂行が信仰に特有な想像力を育て、その想像力がユダヤ教の存続と生命力に大いに寄与した。祭儀はユダヤ教に極めて重要であり続け、歴史的にはその他の社会政治的な支えを欠いてきたのである。〈訳：佐藤　泉〉

参考文献：
Brueggemann, Walter, *Theology of the Old Testament: Testimony, Dispute, Advocacy* (Minneapolis: Fortress Press, 1997), 650-79; Cody, Aelred, *A History of Old Testament Priesthood* (Analecta Biblica 35; Rome: Pontifical Biblical Institute, 1969); Cross, Frank Moore, *Canaanite Myth and Hebrew Epic: Essays in the History of the Religion of Israel* (Cambridge: Harvard University Press, 1973), 195-215〔『カナン神話とヘブライ叙事

詩』、輿石勇訳、日本キリスト教団出版局、1997 年、250-271 頁〕; Haran, Menahem, *Temples and Temple Service in Ancient Israel: An Inquiry into Biblical Cult Phenomena and the Historical Setting of the Priestly School* (Winona Lake, Ind.: Eisenbrauns, 1985); Miller, Patrick D., *The Religion of Ancient Israel* (Library of Ancient Israel; Louisville, Ky.: Westminster John Knox Press, 2000); Nelson, Richard D., *Raising Up a Faithful Priest: Community and Priesthood in Biblical Theology* (Louisville, Ky.: Westminster John Knox Press, 1993); Vaux, Roland de, *Ancient Israel* (New York: McGraw-Hill, 1961).

祭司伝承 (Priestly Tradition)

　「祭司伝承」とは学者間でよく使われる用語であり、旧約聖書の解説書には繰り返し現れるので、この用語を理解することが重要になってくる。旧約聖書の歴史的批判的研究が熱心になされた 18-19 世紀の間は（主として、それはドイツのプロテスタントの研究者による業績だが）、学者たちはテキスト内に異なる文献的—神学的な資料をいくつか見出しては、それを取り出すことができた。当時、そのようにして判別された諸資料は性質の異なる「文書」と見なされ、それらが後の編集によって結び合わされたと考えられた。もっとも、今日では、それらを「文書」ではなく、テキストの「声」と呼ぶ方がよいかもしれない。それらの資料の年代や場所については大いに論争されているが、異なる声が発言権を有するのは明らかにテキストの最終形態においてなのである。

　それらの資料の中で、五書の形態や証言にとって、決定的に重要なのは「祭司伝承」であろう。その名称は、学者たちが、ある共通の特徴を持つ一連のテキスト（物語と法の両方）に付けたものであった。すなわち、そのテキストとは、祭儀規定に関心を持っている物語と、清浄の問題やその儀式的な執行といった祭儀的聖性に関心が向けられている法である。このような資料を識別する際、おそらく、聖書学のカテゴリー区分を打ち立てたドイツのプロテスタントの研究者は、軽蔑を込めて「祭司的」という用語を使ったように思われる。倫理的な問題には大いに好意を示す一方、逆に原始的で魔術的なものと見なされる祭儀的な事柄には大いに反感を持つといった、根強いプロテスタント的な偏見が作用したのであろう。想定された資料はこのように後期の「退化した」ユダヤ教を表現するものと理解された。後の研究史にあまりにも重大な影響を及ぼしたこの態度は、キリスト者が共通して抱くユダヤ教に関する固定観念を反映している。このプロテスタント的な術語は二次的にローマ・カトリック教会への批判をほのめかしてきたのかもしれない。すなわち、ローマ・カトリック教会は原始的で魔術的と感じられる「儀式ばった」祭儀的礼拝式に熱心なので、「祭司的」と見なされたのである。

祭司伝承

　最近のより成熟した理解では、自由主義的プロテスタンティズムの偏見からは多少解放されて、次のように受け入れられるようになっている。すなわち、祭司伝承とは、生き生きとして、思慮に富み、生成力のあるユダヤ教の信仰の声を明瞭に表していて、それが神学的な象徴に富む世界を生みもすれば、倫理的な実践や現実の情熱的なヴィジョンを支えてもいるのだ、と。

　祭司伝承はおそらくその最終形態において、捕囚期の信仰共同体の神学的な要求と認識を写し出している。その時代こそが当該資料とたぶん五書全体が最終形態に到達した時なのである。メアリー・ダグラス（Mary Douglas）はその影響力のある研究の中で、「清浄」（やそれと関連した祭儀的な問題）にアクセントを置くことが、深刻な社会的脅威にさらされている共同体に特徴的な課題だと提唱している。すなわち、想像力によって祭儀的な世界をはっきりと表現することは、幸福な祭儀的に秩序ある世界を真剣に示すことであり、これを敵意に満ちた混沌とした捕囚の世界に代わるものとしようというのである。それまでとは全く異なる場所に連れて来られた捕囚のユダヤ人は、おそらく自分たちの周辺世界をこのように敵意に満ちた混沌としたものとして経験したのであろう。つまり、（信頼すべき神によって支配された）代替の現実に関する祭儀的なヴィジョンこそが、明瞭で確信できる信仰のアイデンティティを、全くの異教の環境において維持する方法をもたらしたというわけである。

　しかしながら、捕囚期についに形成された伝承が、それよりもずっと古い伝承を利用して、これを重んじたのは確実である。というのも、清浄や祭儀的アイデンティティに祭儀の関心を集中することが、疑いなくイスラエルの生活において、常々信仰のあり方だったからである。清浄に関する祭儀的課題は、単にイスラエルの捕囚期の信仰における〔周辺世界に対する〕反発や防衛の手段であっただけではなく、イスラエルのアイデンティティに深く根差した独特のものだったのである。イスラエルの信仰は公共の倫理として表されたが、倫理を支え養ったのは活気にあふれた祭儀の生活であり、この生活によってもたらされた YHWH の臨在は、象徴によって保証される確実性を有していたのである。

　祭司伝承の一部を形作る大きな物語を以下に挙げてみよう。(a) 創世記

1:1-2:4a の創造物語。この物語はその結びにおいて安息日を創造の頂点として権威づけ、捕囚期のユダヤ教団と、その後のユダヤ教すべてを特徴づける制度としている。(b) 洪水物語の一部。すなわち、祭司伝承に広く行き渡っている「清浄と不浄」の区別に関心が向けられている箇所（創 7:1-16）と、宇宙全体の信頼すべき秩序に関する契約に YHWH が忠実であることを究極的に約束している箇所（創 9:8-17）である。(c) 創世記 17 章の物語。この物語は契約のしるしとしての割礼を問題としているが、まさに割礼は捕囚期のユダヤ人にとって彼らを他民族と区別するしるしとなっていた。(d) 創世記 35:9-15 の土地の約束。これは国外追放された捕囚民にとって強い希望の源として役立っていた。(e) 出エジプト記 6:2-9 の YHWH の自己啓示並びに土地の約束。これらの物語のテキストは、伝承が国外追放という状況下での特殊なニーズに合わせて再編された、その方法を示している。

しかしながら、より広範囲な祭司伝承は正典化の過程で、モーセがシナイで語ったとされるようになった指示の中に現れる。この資料に含まれるものは出エジプト記 25-31 章と 35-40 章、レビ記全体、民数記 1:1-10:10 であるが、それがイスラエルに与えるのは祭儀的想像力が生み出すもうひとつの世界であり、それはシナイの聖なる神が喜んで一時的に留まるのに十分でふさわしい場所なのである。聖なる儀式のために注意深く準備されたもの——聖なる場所、聖なる民、聖なる活動——は深い神学的な主張を与えている。すなわち、「準備の整った聖なる場所」を十分な住まいと認める聖なる神を、イスラエルが捕囚の身であっても住まわせることができ、その結果、捕囚という状況にあっても神がはっきりと臨在しうるのだという主張なのであった。戒めについてのこの広範な資料は厳密さ、正確さ、几帳面さ、反復によって特徴づけられていて、聖なる神の臨在の現実や驚異や危険に細心の注意を払うことができるよう意図されている。

出エジプト記 25-31 章は、YHWH の慈悲深い臨在のための「贖いの座」を置く幕屋建設の指示を提示している。ブレンキンソップ（Blenkinsopp）とカーニー（Kearney）は当該箇所がモーセによる七つの演説として配列されていて、安息日規定にその頂点があることに目を留めた。七つの演説は創世記 1:1-2:4a の創造の七日間に関連しているが、これもまた安息日をその頂点と

祭司伝承

しているのである。このような比較によって下せる結論は、幕屋が秩序正しい創造の祭儀的模写および具象化として建設されるべきだったということであり、捕囚の混沌の求めに応じるものであったということである。

出エジプト記35-40章は出エジプト記25-31章の指示の実行であるが、40:34-38にその頂点があり、「準備の整った場所」がYHWHの栄光を入れるにふさわしい場所であることを保証している。祭司伝承によれば、出エジプト記24:15-18で目撃された栄光は、今や畏怖の念を起こさせる山から幕屋へと移し変えられ、これが捕囚のイスラエルにとって常に接することのできる拠り所となったのである。

レビ記1-7章ではイスラエルで行われるべき献げ物の分類目録が大いに様式化されて示されている。その詳細な目録がたまたまその時その場だけで（ad hoc）行われた多くの祭儀行為をまとめたものであることは疑いないが、その目録の全体はYHWHとの交わりの不変で確かな手段を提供することを目的としている。つまりこの目録は、命を与えてくれるYHWHの聖性との触れ合いを祝い継続することと、その関係が危険にさらされた時に回復するにはどうすればよいかということを示すためのものとなっている。具体例を挙げれば、NRSV以前の英訳聖書でsin offerings〔口語訳「罪祭」、新共同訳「贖罪の献げ物」〕と訳されてきたものは、実際はイスラエルの中でYHWHとの関係を妨げるか危険にさらしているものを清めたり浄化したりする儀式だということを、ミルグロム（Milgrom）が論証している。

レビ記11-16章は、イスラエルにYHWHの聖性に仕えるように準備させることを意図した清めの実践を詳しく示している。我々は特にレビ記16章と贖罪日（ヨーム・キップール）の準備について言及してもよいかもしれない。イスラエルはYHWHの恵みによって、この日を年一度の赦しと和解の儀式、すなわちYHWHとの生活を回復する祭儀的で象徴的な行為の機会とした。

レビ記17-26章は、学者たちによって、祭司資料内における明らかな下位伝承（subtradition）と見なされている。これらの章が慣習的に「神聖法典」と呼ばれているのは、終始一貫してイスラエルの聖性を強調しているからである。

> あなたたちは聖なる者となりなさい。あなたたちの神、主であるわたしは聖なる者である。（レビ 19:2）

ミルグロムは神聖法典がイスラエルの土地にのみ関係があると論じている。YHWH がそこに臨在するために、土地が清くなければならないのである。我々は三つの条項に注目しなくてはならない。

　1. レビ記 18 章と 20 章は、イスラエルにおける YHWH の聖性を排除する、性にまつわるタブーのリストと聖なるものの冒瀆について記している。近頃これらのテキストに注目が集まるようになったのは、教会が同性愛の問題に関心を持つようになったからであるが、これらの章の本来の関心は祭儀的な浄化の問題であって、倫理的な問題にはさほど関心がないのである。皮肉なことに、その祭儀にまつわる事柄にとても関心のある教会の保守的な人たちは、慣例的に旧約聖書の古い祭儀的律法を捨てて、キリスト者の伝統の中に保持されている倫理的律法のみを高く評価してきた。しかしながら、レビ記のこれらの章は明らかに祭儀的な聖性の文脈に見出されるのであり、祭儀が正しく行われているかどうかという点のみを問題にしている。この問題は一般に、新約聖書の信仰において「乗り越えられた」と言われているが……。

　2. レビ記 19:18 の中にイスラエルは「隣人愛」の教えを保持しているが、これはイエスが第二の重要な掟とした（マコ 12:31）ものである（「寄留者」を「隣人」の中に据えているレビ記 19:33-34 の注目すべき教えをも見よ）。メアリー・ダグラス（Mary Douglas, 1999 年）が鋭く主張しているのは、その構成的な配列の中で、（性的な事柄を扱う）レビ記 18 章と 20 章は正義の問題を扱うレビ記 19 章の枠組みを与えているということである。正義を中心に据えて強調することは、結果としてこれらの章の他のあらゆる付随的なテーマに対して優勢なテーマとなっているというのである。そのような判断の結果、性的な事柄への関心は正義への関心の下に組み込まれることになるのである。

　3. レビ記 25 章は聖書の中でヨベルの年を徹底的に求める中心的なテキストであり、間違いなく主要な正義の実践であって、これがイスラエルの経済的なヴィジョンを特徴づけている。この規定が神聖法典の中にあるというこ

祭司伝承

とは、祭儀的な実践がいかにして根本的な社会的ヴィジョンになりうるかを示しているのである。

祭司伝承もしくは祭司的編集者は、おそらくモーセ四書（創世記から民数記まで）の最終的な編集者であり、これらの章に最終形態をもたらした。これらの多岐にわたる資料を順序よく並べるための大きな「枠組み」を作るのは、定型となっている一連の「系図」（toledôt）であり、これが意図的、戦略的に置かれることで、もともとは全く異なっていた諸資料に形態や統一性、および継続性が与えられているのである（創 2:4; 5:1; 6:9; 10:1; 11:10; 11:27; 25:12; 25:19; 36:1; 37:2 を見よ）。このように繰り返し現れる定型は、祭司的なレンズを通して秩序を与えられたイスラエルの記憶全体を、信頼できる揺るぎない過去として確立するための重要な方法だったのだと研究者たちは主張する。そのような過去は、聖性を要求する YHWH の戒めやイスラエル内部に存在している聖性について報告する物語の中に、繰り返し現れるというわけである。このようにして、伝承は、不変の状態に近似する YHWH 自身の「不動性」に根をはった安定や均衡の感覚を〔民に〕仲介するのである。もしこの聖書の文書がまとめられるに際して捕囚がその最終的な文脈であるならば、その文書が手に入れようとしているのは、不均衡で不安定な捕囚の世界に十分に対抗できるような安定や均衡である。そのような環境にあればこそ、明らかにイスラエルは不変に近い秩序を拒絶しないで受け入れたのである。

このようにかなり意図的で自覚的な本文伝承は、偶発的なものでも、後期の、あるいは「退廃した」ものでもなく、生き生きとして創造性に富んだ意図的で神学的な伝承の声であって、いかなる深刻な危機の環境でもイスラエルを支えるための想像力の源泉をもたらすものだったのである。倫理的な教えの甚だしい「希薄さ」は、初期の批判的な研究においては、それだけで取り上げられ評価されたのだが、21 世紀の初めには、深刻な社会的かつ宗教的な危機的状況では不十分なものと理解されるであろう。だが人間の行為は（服従のようなものでさえ）、人間の可能性に優先する象徴を密に張り巡らせたネットワークに深く据えられないならば、人間の生にとって十分なものではないのである。祭司伝承はまさにそのような典礼的な深さをイスラエルに

提供している。それは、トーラーを守り続ける契約の信仰のために、何度も立ち帰るべき基盤なのである。

　このような特徴をもった伝承から推論できる二つのことに関して、ここで意見を述べておこう。第一に、エゼキエルの伝承はそのような祭司伝承に密接に関連しているので、エゼキエル書の声は祭司伝承という基盤の中にあると言ってよい。エゼキエルは神殿の衰退（9-10 章）と YHWH の聖性の場所としての神殿に新しい生命を吹き込むこと（40-48 章）に関心がある。特に、エゼキエル書 22:26 は、祭司伝承を特徴づける聖性の問題に関心が向いていることを示す手がかりと見なせるかもしれない（36:22-32; ハガ 2:10-14 をも見よ）。

> 祭司たちはわたしの律法を犯し、わたしの聖なるものを汚した。彼らは聖と俗とを区別せず、浄と汚れの区別を教えず、わたしの安息日に目を覆った。こうして、わたしは彼らの間で汚されている。

　第二に、祭司伝承は新約聖書の信仰を定式化するための文脈である。特に、イエスの重要性がヘブライ人への手紙 7-10 章において完全に祭司文書のカテゴリーの枠内で系統立てて述べられている。確かにヘブライ人への手紙は、イエスの業が古代イスラエルの祭司伝承が要求するものに「取って代わった」と主張している。しかしながら、同時にこのような祭司的な表現形式でなされたイエスに関する主張は、あの祭司伝承やそのカテゴリーによって情報を与えられないならば、全く意味をなさないのである。従って、祭司伝承を無視するならば、私たちはヘブライ人への手紙におけるイエスについての主張の深さと力を正しく評価できないだろう。まさにこのヘブライ人への手紙から、教会は「キリストの業」に関する主な定式の一つを取り出したのである。

　より一般的に、「血によって救われる」というキリスト教のレトリックは祭司の表象や象徴の世界に依存している。この祭司伝承は決定的な方法でキリスト教の伝承に寄与しているのである。さらに、この 21 世紀初めのテクノロジーに依存した薄っぺらな世界においても、私たちは典礼を維持してい

く必要があるが、それによって私たちは、祭司たちに由来するこの力強く弾力性に富んだ伝承の意図と主張を、正しく理解することが可能となる。私たちがこの不思議な伝承をあの捕囚期から切り離し、やがて訪れる私たち自身の捕囚期——すなわち、想像力を駆使して信じようとする行為に、敵対するか無関心な世界へ私たちが追いやられる時代——に当てはめるならば、おそらく私たちはその伝承を自分自身のものであると言えるようになるだろう。

〈訳:佐藤 泉〉

参考文献:

Blenkinsopp, Joseph, *Prophecy and Canon: A Contribution to the Study of Jewish Origins* (Notre Dame, Ind.: University of Notre Dame Press, 1977); Crüsemann, Frank, *The Torah: Theology and Social History of Old Testament Law* (Edinburgh: T. & T. Clark, 1996), 277-327; Douglas, Mary, "Justice as the Cornerstone: An Interpretation of Leviticus 18-20," *Interpretation* 53 (1999): 341-50〔「隅の礎石としての正義」、山我哲雄訳、『日本版インタープリテイション』57号、2000年〕; idem, *Purity and Danger: An Analysis of the Concepts of Pollution and Taboo* (Boston: Ark Paperbacks, 1984), 41-57〔『汚穢と禁忌』、塚本利明訳、ちくま学芸文庫、2009年〕; Haran, Menahem, *Temples and Temple Service in Ancient Israel* (Oxford: Oxford University Press, 1978); Kearney, Peter J., "The P Redaction of Exod. 25-40," *ZAW* 89 (1977): 375-87; Knohl, Israel, *The Sanctuary of Silence: The Priestly Torah and the Holiness School* (Minneapolis: Fortress Press, 1995); Lohfink, Norbert, *Theology of the Pentateuch: Themes of the Priestly Narrative and Deuteronomy* (Minneapolis: Fortress Press, 1994); Milgrom, Jacob, *Leviticus 1-16* (Anchor Commentaries 3; New York: Doubleday, 1991); idem, *Studies in Levitical Terminology* (Berkeley: University of California Press, 1970); Rad, Gerhard von, *Old Testament Theology*, vol. 1(San Francisco: Harper and Row, 1962), 77-84, 232-79〔『旧約聖書神学Ⅰ』、荒井章三訳、日本キリスト教団出版局、1980年、112-122, 314-377頁〕.

サタン（Satan）

「サタン」は、ヘブライ語の単語の発音をそのまま訳語にしたものである。一般的な用法では、この単語は悪の化身を意味するが（「悪魔」のように）、旧約聖書の文脈の中でこの単語とその用法を理解することが重要である。

神学的重要性を取得するずっと以前には、「サタン」という単語は「敵」、「敵対者」、または「対抗者」、特に軍事的な敵を意味した（サム上 29:4; サム下 19:23; 王上 5:17; 11:14, 23, 25）。創世記 26:21 で、この単語は経済的な利権に関する対抗者を指している。その対抗者は、その論争の場所にシトナという伝承に基づく名前をもたらす。この単語は司法的な文脈においてもまた用いられ、告発者、または検察官、時に不正を行う者に言及する（詩 38:21; 71:13; 109:4, 20, 29）。いくつかの後代のテキストでは、人間の敵は神によって呼び出されて任命されるのだが、これらの用法は通常の社会的取引について言及している。

旧約聖書は特別な、または特権的な神学用語を持たず、日常の経験に基づく普通の言葉をそのまま用いるのが特徴である。旧約聖書はその大部分において、神が、御自身の思いのままに善または悪を行う能力を持っていることを断言している（申 32:39; イザ 45:7 を見よ）。イザヤ書 45:7 において、NRSV の「幸福」〔新共同訳では「平和」〕と「災い」という対になっている言葉は、神によって引き起こされた幸福（shalom）と苦難の状態を示している。しかしながら、旧約聖書の後期において、イスラエルの神学的な想像力は神に割り当てられた負の機能を神から分離するようになり、それを特定の代理人、サタンにあてがうようになったのである。サタンは負の任務を行うが、それでもなお神の従順な代理人である。

三つのテキスト（ヨブ 1-2 章; 代上 21:1; ゼカ 3:1-2）はこの神学的発展を示すものである。そこでは負の要素が神から特定の代理人へと移されている。ヨブ記 1-2 章は最も有名だが、この箇所では識別可能な代理人「サタン」が神と議論し、一つの計画を提案する。その計画によって、神はヨブの信仰への真剣さがどれほどのものであるかを知ることができるだろうと言うので

サタン

ある。後に続く詩文への跳躍台となるこの物語の中では、サタンはヨブを滅ぼすことに関与せず、神が真実を知るための手助けをすることに関与している。サタンは、この語の初期の用法、すなわち詩編に見られる非神学的用法と一致する司法的な隠喩として登場し、検察官や「悪魔の代弁者」〔議論や提案の正しさを証明するためにあえて反対意見を述べる人〕の役を演じる。ヨブ記の最終形態において、ここで提案された計画はうまくいき、神は、ヨブが「正しいこと」を語ったことを知るのである。サタンは神の関心に応えることができたのである。

「サタン」という単語の最も興味深い用い方は歴代誌上 21:1 に見られる。この箇所はサムエル記下 24:1 に関連している。一般的に歴代誌のものより古いとされているサムエル記下 24:1 では、神の厳しい裁きがダビデに下るよう、神がダビデを「扇動した」のである。ここでは、神が直接に負の働きをする。しかしながら、これより後の時代の物語である歴代誌上 21:1 では、サムエル記下 24 章では出てこなかった登場人物のサタンが、ダビデを「扇動した」者となっている。明らかに神の代理人であるサタンは、神が座長を務め続けている物語の中では、負の役割を割り当てられている。その結果、サタンは神から切り離された役割や機能を果たしている。おそらくはYHWH の善良な性質を保持するためであろう（民 22:22, 32 の同様の役割を見よ）。現代の政治用語で言えば、この機能上の分離によって、神は「妥当な否認権」〔「知らなくて当然」と責任逃れをすること〕を享受できるのである。

第三のおそらくもっとも新しい神学的な用い方として、ゼカリヤ書 3:1-2 が挙げられる。この一件の詳細については説明されていないが、サタンは再び検察官として機能する。ここでは、神はサタンを「叱責する」。この「叱責する」という動詞は、ある種の緊張が神とサタンとの間に生じたことを示唆するものである。おそらく、サタンは神から委託された検察官としての職務を逸脱したのであろう。いかなる時も神に背いてはならないということをサタンに思い出させる必要が、神にはある。ここに示唆される緊張感は後に、サタンが神と真っ向から対立する者となり、神の目的に抗い、それを否定しようとするに至る神学的発展を予期している。

旧約聖書それ自体には、サタンが誘惑者や悪魔といった一般的によく知ら

れている姿で現れる記事は全く存在しない。キリスト者が創世記3章においてそのような役割を読み込む傾向は、後の時代のテキストからこの創世記3章のテキストに遡って読み込むことによるものである。このような発展は旧約聖書が成立した後の時代に、おそらく出現しつつあったペルシア起源の宗教的二元論の影響によるものかもしれないし、もしくはユダヤ教の黙示伝承の中に現れた二元論に由来するものかもしれない。この二元論の主張とは、善と悪は互いに対立的位置にある別個の力であるというものである。ゆえに、力としての悪は、神の善から自律しているのである。当然のことながらこの発展した二元論は、新約聖書においてより顕著に現れる。

　この奇妙な三つのテキストから教えられることとして重要な点が二つある。第一に、神学的伝統は異なった文脈の中で異なった形態へと発展するということである。あることを語るための語り方は一つではない。サムエル記下 24:1 と歴代誌上 21:1 の比較は、神に関するある物語の筋がどのように異なる方法で表現されうるのかを示している。第二に、「否定」と悪の力はイスラエルにとって難しい神学的問題をもたらした。当然のことながら、イスラエルは、自分たちの生活における「否定」について知っている。しかしそれゆえに、悪の力がどのように神に関連づけられるのかを説明する適切な方法を見つけることは容易ではなかった。この当惑こそが旧約聖書において、またそこから発展し現在も引き継がれている伝統において、イスラエルが次のことに取り組んだ理由であることは間違いない。すなわちイスラエルは、神と「否定」との間にある緊張をはらんだ問題について、一つだけではなくより多くの方法によって表現することがどうしても必要だと考えたのであった。〈訳：長谷川忠幸〉

参考文献：

Brown, William P., *Character in Crisis: A Fresh Approach to the Wisdom Literature of the Old Testament* (Grand Rapids: Eerdmans, 1996); Day, P. L., *An Adversary in Heaven: Satan in the Hebrew Bible* (Atlanta: Scholars Press, 1988); Petersen, David L., *Haggai and Zechariah 1-8* (OTL; Philadelphia: Westminster Press, 1984), 187-202; Ricoeur, Paul, *The Symbolism of Evil* (Boston: Beacon Press, 1967)〔『悪のシンボリズム』、植島啓司・佐々木陽太郎訳、渓声社、1977年〕．

サマリア人 (Samaritans)

「サマリア人」とは、一般的にサマリアという都市の周辺に住んでいる人々を示す呼称である。サマリアは北王国の首都であった。前722-21年に、この都市とそれを含む王国は、サルゴン王率いるアッシリア軍によって滅ぼされた（王下17:5-6）。帝国の支配政策の常套手段の一つとして、アッシリアはその都市や王国の指導的立場にある住民を国外に追放した。そして代わりに、アッシリアが征服した他の場所から連れてきた他の民族をサマリアの領土に移住させた。この国外追放と住民交換という政策は、帝国に対する大きな抵抗や反逆を確実に封じ込めた。

より正確に言うと、「サマリア人」とは、アッシリアの政策の結果、サマリア近郊を占有するようになった非イスラエル系の新たな住民のことを指して言うのである。列王記下17:24-41では、エルサレムとその近郊に住むユダヤ人の差別的評価によって、北に移住してきたこの新しい住民は、異教的な習慣とその前提のゆえにYHWH崇拝を汚す偶像崇拝者と見なされた。二つの宗教共同体間の対立関係はこのようにして確立された。当然のことながら、この対立の背後にある聖書の理解は、エルサレム共同体の見解に由来するものである。エルサレム共同体は自らをユダヤ人の信仰の真の伝達者と考え、サマリアの新しい共同体をユダヤ人の信仰から逸脱した危険な異端者と見なした。しかしながら、百年後には南も、バビロンの手によって、破壊と国外追放という同じ末路をたどることになる。

旧約聖書自体の中に、この二つの共同体とその指導者たちとの間で起きた他の注目すべき衝突が見られる。それは、エズラとネヘミヤの指導のもとに行われたエルサレム再建という状況の中で起きた。エズラ記4章において、サマリア人はこの再建計画を積極的に妨げた人々に含まれている。サマリアの知事であったペルシア人のサンバラトは、エズラの運動に反対した主要人物として描かれており、彼はエルサレムの記録の中で厳しく批判されている（ネヘ2:9-19; 3:33-4:1; 6:1-14）。

旧約聖書の時代の後期以降、サマリア人はユダヤ教のライバル像として登

サマリア人

場し、キリスト教時代に入っても繁栄を続け、今日においても小規模の共同体として生き残っている。特に興味深いのは次の事実である。すなわち、新しいユダヤ人共同体としてのサマリア人は、トーラー（モーセ五書）の別の本文を残したのである。この文書は、ヘブライ語聖書の最も信頼できる本文を確定するうえで重要な典拠であるが、ただしサマリア人は預言書と諸書を権威として認めていない【「正典」の項を見よ】。

　聖書それ自体において、サマリア人に関する最も重要な事実は、競合しているユダヤ人共同体との間に生じた分裂である。サマリア人もユダヤ人も共に正統的ユダヤ教の伝達者であると主張していたのである。この対立に関して、私たちに最も馴染みのある評価は、エルサレムの側の見解に立っているとの事実を認識することが、重要である。分裂に関する二つの未解決の問題点が残されている。問題点の一つは、積年の敵意を生み出したこの対立する二つの「解釈共同体」が分裂した時期は、明らかではないということである。おそらくこの分裂はペルシア時代よりも後に起こったと考えられる。もう一つの問題は、結局のところこの分裂が宗教的、政治的、さらには民族的な要素をすべて含むものとなったにもかかわらず、このいずれの理由によって分裂したのかもまた不明瞭だということである。旧約聖書においては宗教的な理由とされているが、実際には政治的な理由であったであろう。

　いずれにせよ聖書を読むキリスト者の読者の興味を惹きつけるのは、新約聖書において表されたエルサレムのユダヤ人が示す、サマリア人に対する激しい敵意である。表面化している敵意は、失格者、無価値な者と評価された敵対的な住民へのそれであり、この評価は特徴として宗教的、政治的、民族的問題を含んでいる。イエスの周りに成立した共同体は、もともとユダヤ教の一形態であって、初めからサマリア人に対するこの軽蔑的な意識を反映しているのである（マタ 10:5; ルカ 9:51-52; ヨハ 4:9; 8:48）。しかしながら、この伝承は、イエスを取り巻く共同体が、サマリア人を軽蔑する積年の敵対的姿勢を意図的に放棄することをも示しているのである（ルカ 10:25-27; 17:11-19; ヨハ 4:39-42; 使 8:25）。使徒言行録 1:8 は、サマリア人が福音を受け入れる可能性があることを想定している。この伝承は結局のところ、長年、悪魔のごとく描かれてきた「同胞」に対する寛容を促したのである。このサマリア

人に対する悪魔に見立てたような描き方は、列王記下17章にすでに現れ、人々に先入観を植えつけたのである。〈訳：長谷川忠幸〉

参考文献：
Coggins, R. J., *Samaritans and Jews* (Atlanta: Scholars Press, 1975); Crown, A. D., ed., *The Samaritans* (Tübingen: J. C. B. Mohr [Paul Siebeck], 1989); Purvis, J., "The Samaritans and Judaism," in *Early Judaism and Its Modern Interpreters*, ed. R. A. Kraft and George W. Nickelsburg (Philadelphia: Fortress Press, 1986).

賛美 (The Hymn)

　賛美は、イスラエルの、最も顕著で、最も使用される、礼拝の表現の一つである。賛美は、賛美の主題である YHWH に対する感謝のうちに自分たちの生を再確認する、イスラエルの特徴的な方法である。賛美は（出 15:21; サム上 2:1-10 におけるように）旧約聖書の歴史書の様々な部分に出てきているし、（詩 145-150 編に見られる詩の結末部分におけるように）詩編においては主要な位置を占める。

　賛美というジャンルは、多神教の世界で出現したようである。多神教世界において、特定の神を信じる者たちは、他の神々と対比させて、そのひとりの神をほめたたえ、高め、あがめて歌ったのである。ウィリアム・オールブライト（William Albright）と、彼の系統に位置するフランク・クロス（Frank M. Cross）とデイヴィッド・ノエル・フリードマン（David Noel Freedman）は早くから、カナンのウガリト文書にある詩の前身とも言えるものに注目していた。詩の話法こそ、イスラエルの神学的な表現の草分けであり、多神教世界に見られた詩の前身とも言うべきものに深く根差している、というのである。イスラエルの信仰が一神教に移行するに従って、「私たちの神」と「他の者たちの神々」を対比する行動が重要ではなくなり、賛美は単に、賛美の中で名指しされる神に対する祝賀、驚嘆、そして感謝の叙情的な表現になった。賛美の原動力となったのは、神の御業として認められた変革をもたらすある具体的な言動——例えば、（出 15:21 に見られるように）神による救いの業として理解された戦争の勝利——だったかもしれない。説明不可能で驚くべき救出の行動（出 15:21 においてはエジプトにおける強制労働からの救済である）は、神の介入と呼ばれ、神の御業と見なされた。

　賛美の表し方の修辞的発展において、イスラエルによる賞賛は、神の側からの介入という特定の行動から、神が常に行う特徴的な行動へと移っていった。ヘブライ語の文法において、神に関するこれらの主張は、継続中の行動についての表現である、動詞の分詞形で表される。

> 主は捕われ人を解き放ち
> 主は見えない人の目を開き
> 主はうずくまっている人を起こされる。
> 主は従う人を愛し
> 主は寄留の民を守り
> みなしごとやもめを励まされる。
> しかし主は、逆らう者の道をくつがえされる。（詩 146:7c-9）

　賛美が発展するに従って、イスラエルが常に持っていた神の特徴的な行動の表現のレパートリーは、行動に根拠づけられた神自身の特性、神自身の本質的あり方、そして属性の表現となった。

> 主は恵みに富み、憐れみ深く
> 忍耐強く、慈しみに満ちておられます。
> 主がすべてのものに恵みを与え
> 造られたすべてのものを憐れんでくださいます。
> （詩 145:8-9。103:8 を見よ）

　そのような賛美の何よりの根拠は、イスラエル自身の伝承の中で知られ、覚えられていた神についての証しであった。しかしながら賛美はイスラエルの枠内を飛び出て、イスラエルの神の賛美に他民族を招き入れるようになった（詩 67:4-6; 117:1 を見よ）。そのような賛美の根拠となる出来事は、イスラエル自身の生の中に生じたかもしれないが、そのような招き入れから暗示されるのは、イスラエルが神について知っていることもまた、イスラエルを超えてどこでも知られ、行動に移されるかもしれず、それゆえ賛美は、「全世界を両手におさめた」〔よく知られた賛美歌、He's Got the Whole World in His Hands〕神を、全宇宙的、普遍的な方であると主張するために機能するということである。

　賛美は、自己放棄を詩の形で表現したものであり、それを歌う会衆は、注意をその共同体自身から、すべての心遣いを請け負う神へ移すのである。さ

らに賛美は、詳細な描写を超えて沸き上がり、解放され拡張していく詩的言動——それは表現法のひとつであり、その内で、かきたてられた感情が神についての認知された本質（つまり真剣な神学的主張）と出会う——となる。このように、ほめたたえることは、真の神としての神への証しであり、喜ばしい信頼の中で生活を整え、この神に従うために、共同体として歌い続けることである。

　賛美は、イスラエルの最高の信仰、つまり、私たちの言葉によるいかなる説明をも寄せつけない、神のえも言われぬ現実を知っている信仰を乗せて運ぶ、第一のものである。従って、ナザレのイエスにおいて知られる、新約聖書の最も強力な神についての証言においては、福音の声が、最終的に、物語風の証言や、叙情的な自己放棄を説く説明的な神学の定式を凌駕しなければならないのだ。神の想像を絶する情け深さを系統立てて説明しようとするパウロの試みについて考えてみよう。

　　ああ、神の富と知恵と知識のなんと深いことか。だれが、神の定めを究
　　め尽くし、神の道を理解し尽くせよう。（ロマ 11:33）

このような表明は、決して議論ではなく、むしろ、うれしく、喜びに満ち、そして驚くべき、私たちすべての論理的思考を超越する神についての頌栄である。同様に、ヨハネの黙示録が、神が天と地にもたらすはずの、将来のすばらしい統治を特徴づけようとした時に、それを言い表すことのできる唯一の方法は、あふれるばかりの賛美をすることであった。

　　主よ、わたしたちの神よ、
　　あなたこそ、
　　　　栄光と誉れと力とを受けるにふさわしい方。
　　あなたは万物を造られ、
　　御心によって万物は存在し、
　　　　また創造されたからです。（黙 4:11。5:9-14 を見よ）

現代において賛美は、信仰の最も重要な言動である。それは、説明を超えた豊かな誇張表現であり、生活の焦点を「私たち」から引き離し、私たちのすべての注意を傾けるべき神に再び合わせる。このような頌栄は、教会の生命においてきわめて重要な源泉である。なぜならそれは、ありとあらゆる電気的な制御によって生命を薄っぺらく孤立したものとし、「私たち」のほかには何も残すまいとするテクノロジーの力に対抗する、詩の形をとった共同体的な力だからである。世界から神のものをすべて駆逐しようとする誘惑に対して、賛美は欠くことのできない反論となっている。すなわち世界の中に存在し世界を統治するお方である、神の神秘への畏れと感謝とをもって、世界が受け取られるべきであると、賛美は主張しているのである。〈訳：德田 亮〉

参考文献

Brueggemann, Walter, *The Psalms and the Life of Faith* (Minneapolis: Fortress Press, 1995), 112-32; Cross, Frank M., and David Noel Freedman, *Studies in Ancient Yahwistic Poetry* (Grand Rapids: Eerdmans, 1997); Freedman, David Noel, *Pottery, Poetry and Prophecy: Studies in Early Hebrew Poetry* (Winona Lake, Ind.: Eisenbrauns, 1980); Hardy, Daniel W., and David F. Ford, *Praising and Knowing God* (Philadelphia: Westminster Press, 1985); Jacobson, Rolf, "The Costly Loss of Praise," *Theology Today* 57 (2000): 375-85; Miller, Patrick D., *They Cried to the Lord: The Form and Theology of Biblical Prayer* (Minneapolis: Fortress Press, 1994), 178-243.

死（Death）

　古代イスラエルにあって死とは、避けがたく厳然とした現実であるとともに、多様な解釈を喚起する深遠な謎であった。（イスラエルの経験のほとんどを包括する）常識的な見方からすれば、死とは逃れがたい、生命の「自然な」現実であり、生けるすべてのものに訪れる終わりである。

　この現実を神学的視点から理解するためには、イスラエル（そして古代近東全般）において前提とされる基本的な人間観を理解せねばならない。人間なるものは、肉体（*basar*）、あるいは「塵」（*'aphar*）、すなわち地の構成物から成っており、神の息（風、霊 = *ruah*）がその肉体に吹き入れられる時にのみ生きるものとなり、活力を与えられるのである。肉体それ自身は活力を持ちえず、神が息を吹きかけない限り休眠状態、休止状態に留まるものである（創 2:7 を見よ）。息が吹きかけられると、人の生命体——すなわち *nephesh*、生きた人間、慣習的に正確さを欠いて「魂」と訳されているもの——が呼び覚まされる。「魂」という語は、二元論の一部ではなく、生命体全体として理解される場合のみ適当といえる（詩 103:1-2 を見よ）。

　生理学的なこの考え方は常識にかなっている。なぜなら息を引き取れば、生命体も死ぬことはだれの目にも明らかだからである。さらに息は常に人間の生命が依存する賜物である。それは「保持」したり、所有することのできない賜物である。人間の生命はこのように、日々、一瞬一瞬、創造主なる神の生命賦与の恵みと労りに依存している。この方を離れては、生命はありえないのである。

　人間の生命をこのように特徴づけることは重要である。なぜならこの考え方は、不死の魂が死後も生き続け、自律的な自己の所有物であり、神とは関係のないものとする通俗的な宗教の考え方と真っ向から対立するものだからである。神学的にイスラエルは、人間の生命というものは生命を賜る神から出て、神に向かうものであると理解している。この旧約聖書の理解において自己は、それ自体の永遠の所有物を持たず、究極的かつ完全な依存を特徴とするものなのである。通常の生命の辿る経緯についてイスラエルが確認し

てきたことによれば、長くても「70年、あるいは場合によって80年」（詩90:10）の後、日を満たして息を引き取って人は死ぬ。その人は「先祖の列に加えられ（る）」（創49:33）、もしくは地球の中心部にある灰色で未分化な場所である「陰府に身を横たえる」（詩139:8参照）ものと言われる。旧約聖書はこのように望ましい死を知っている。その死とは、通常の人生の長さを寸断されず、生命が神の支配の下に置かれ、その支配に従う中で迎えるものである（創25:7-11; 49:29-33を見よ）。それはいかなる罰とも脅しとも無縁な終わりなのである。死者のいる場所は、単に非存在の場であり、逝去者が思い起こされる未来にまで際限なく拡張しつつも、そこにはいわゆる未来はない。旧約聖書はその特徴として死を終止と捉えており、それ以上はテキスト作者の及ばぬところとしているのである。イスラエルはこれとは異なる考え方をしたことも確かであり、通俗的な宗教の影響の痕跡が明らかにテキスト中に紛れ込んではいるが（サム上28:3-25; イザ8:17-22を見よ）。

　この〔死という〕あくまでも想定上の、そしてただ信じるほかない生理現象に関して、以下に二つの重要な認識を述べることができよう。

　1.「生命」と「死」は、人の絶対的究極の状態ではなく、強さと弱さのスペクトルの両極なのである。いかなる仕方にせよ弱る時、それが病気や飢餓によるものであれ社会的疎外によるものであれ、その人は「死にゆく」状態と言われるであろう。反対に、力を得る時、それが癒しや食糧によるものであれ、社会的承認によるものであれ、人は「生命を与えられる」あるいは「生命を回復させられる（生き返った）」と言うだろう。

　2. 死者が父祖と共に眠りにつく、あるいは陰府に横たわる時、死は永続的と考えられる。個々人にとっての新しい生命への希望は、旧約聖書においてそうであるように、死者に息を与え、「新しい生命へと召し出される」創造主なる神の御旨にひたすら拠るほかないのである。死者は自身の内に新しい生命の力を持たず、神の介入に依存するしかない。死者にはほとんど力がないため、生けるものにとっての最初の業である賛美を神に捧げることさえできない（詩30:10; 88:11-13; イザ38:16-19を見よ）。エゼキエル書37:1-14において、このような考え方が捕囚にあって絶望したイスラエルの隠喩に用いられているのを見出すことができる。旧約聖書の最も新しい部分にのみ（イザ

25:6-9と26:19、そしてダニ12:2)、新しい生命への復活の予見が述べられている。この人間理解はパウロの「霊の体」という表現定式につながる。なぜなら、ユダヤ人であるパウロにとって、神から賜る新しい生命を、身体性を捨象して想像することなどできなかったからである(Ⅰコリ15:42-49)。さらに信条において教会は、同じ人間理解に基づく「身体のよみがえり」の約束を確証する。

　上記の生と死の常識的理解は、この問題についての旧約聖書の考え方のほとんどを支配している。しかしながら、より極端なレトリックも存在する。そこにおいて「死」は充実した人生の普通の終止ではなく、十分に生きられなかった生の受け入れがたい、もしくは早すぎる途絶である。まず、YHWHの支配の猛烈さについて述べた部分において、旧約聖書は、命令に従わない頑なな者、契約不履行の制裁としての呪いを自らの身に招く者たちに対しては、YHWHが死をもって報いるという考えを持っている。申命記28章とレビ記26章の契約上の呪いは、飢饉、戦乱、疫病、そして干ばつを、不従順なものを罰し、滅ぼすべく、創造主がなさる制裁と定めている。ここでの神の暴力的な振る舞いは、支配秩序の維持のために適当なものとして正当化されうる。しかしながら、YHWHの容赦ない介入は、生命を賦与される神を殺害行為に及ばせるのである。修辞的厳しさをもって預言者の裁きは、神の意図をイスラエルに明らかにする。このような神の叱責の言葉は圧倒的で、極端なものであり、先に論じた常識的な死の現実理解と直接同じ実際的レベルでは捉えられないものである。それにもかかわらず神の審判としての死というレトリックは、死は契約から落ちた者たち、そして神の支配下にあってのみ生命をお与えになる神から厳しい裁きを受けることになる者たちに臨むもの、との認識をイスラエルの解釈の地平にもたらした。旧約聖書は人間の現実を共同体的に考えるゆえ、YHWHの過酷なまでの死の裁きは個々人にのみ下るだけでなく、共同体や国全体に及ぶものと捉える(エゼ37:1-14を見よ)。

　この主張とは異なる他の解釈が知恵文学に見出される。そこでは愚かさが死を招くのである。それは生命の減退、そして終止である(箴8:35-36を見よ)。この主題に関する知恵的表現は、YHWHの直接的な確実な介入を示唆

死

しない。むしろ恐れが生きる道筋の中に立ち現れ、選択そのものの中に生じてくるのである。神の制裁はそのようなわけで、決して不明瞭なものではなく、不可避的なものでも、不気味なものでもない。箴言の知恵は、秩序づけられた創造を証ししており、その創造は侵害されえない。もし侵害されるならば、生命という究極的な犠牲を払うことになる。

　次に、イスラエルの極端なレトリックは、被造物の中にはYHWHと、生命を与えようとするYHWHの御心とに逆らう、生命に対する敵対勢力が存在するという認識を提供する。古代のカナン神話に由来する死神モートは、人間の生命を侵し、破滅させようとつけ狙っている。*Môt*とはヘブライ語で「死」を意味する言葉であり、それゆえにこの神は「死」と呼ばれる。YHWHに敵対する、この強大な敵は詩編にしばしば登場する。

　　死の縄がからみつき／奈落の激流がわたしをおののかせ
　　陰府の縄がめぐり／死の網が仕掛けられている。（詩18:5-6）

　　彼らの魂を死から救い
　　飢えから救い、命を得させてくださる（詩33:19）

　　陰府に置かれた羊の群れ
　　死が彼らを飼う。
　　朝になれば正しい人がその上を踏んで行き
　　誇り高かったその姿を陰府がむしばむ（詩49:15）

　　死に襲われるがよい
　　生きながら陰府に下ればよい（詩55:16）

　　あなたは死からわたしの魂を救い
　　突き落とされようとしたわたしの足を救い……（詩56:14）

　死は、旧約聖書では時に、その前では語り手は無力で為すすべをもたない

ような獰猛で攻撃的な力として描きだされる（コヘ 12:1-8 を見よ）。そのような場合、イスラエルの祈りは、この死の力に対して語り手のために YHWH に動いていただくことを願ってなされる。YHWH がその死の力よりはるかに強力であることは疑いがないからである。ホセア書 13:14（Ⅰコリ 15:54-55 に引用）で YHWH が勝利される時、YHWH に贖われた者は死に対して勝ち誇り、敗北を喫したその力をあざ笑うのである。

　確かに旧約聖書は、死に関していくつかの興味深い心理学的問いを提起する。本書の目的に沿って、これらの問題については信仰の問題に置き換えて論じてきた。究極的にイスラエルは、その歩みを生命の神である YHWH に委ねており、死の力が YHWH の信実において与えられた幸いを無にすることなどできないという確信を持っている。旧約聖書は、そのほとんどの箇所で、死を超えてその先にある生について憶測を持つことに対しては大いに躊躇してきた。しかしそれでもあえてそのような事柄について語る際、そこでの主旨は、YHWH がいかに信頼でき、力ある方であり、あらゆる脅威を前にして信実であるか、ということである。パウロは、そのような脅威を前にして神の妥当性を謳いあげる際、自身のユダヤ教的伝統に徹底して忠実である。

> わたしは確信しています。死も、命も、天使も、支配するものも、現在のものも、未来のものも、力あるものも、高い所にいるものも、低い所にいるものも、他のどんな被造物も、わたしたちの主キリスト・イエスによって示された神の愛から、わたしたちを引き離すことはできないのです。（ロマ 8:38-39）

> わたしたちの中には、だれ一人自分のために生きる人はなく、だれ一人自分のために死ぬ人もいません。わたしたちは、生きるとすれば主のために生き、死ぬとすれば主のために死ぬのです。従って、生きるにしても、死ぬにしても、わたしたちは主のものです。（ロマ 14:7-8）

個人にせよ共同体にせよ、死に対処し、死の意味を理解するための方策を

持ってはいない。最終的に大切なのは、そして問われるのは、生命の神に委ねた生である。この神は

　死者を見守り
　究極的に信頼でき、怒らず、そして
　死の力を打ち負かされる方である。

　死の現実に対する唯一適切な解毒剤は、より偉大な YHWH の現実にほかならない。死の神秘に対するイスラエルの確信あふれる応答は、より偉大な生命の神の持つ神秘である。この方の御力と真実は永続的であり、信頼できるものである。イスラエルの貧しい者たちの死の恐怖に対する慨嘆が、典型的に、喜びと生命の神へのあふれんばかりの賛美で閉じられるのは至極当然なのである。〈訳：左近 豊〉

参考文献：
Bailey, Lloyd R., Sr., *Biblical Perspectives on Death* (OBT; Philadelphia: Fortress Press, 1979); Johnson, Aubrey R., *The Vitality of the Individual in the Thought of Ancient Israel* (Cardiff: University of Wales Press, 1949); Levenson, Jon D., *Creation and the Persistence of Evil: The Jewish Drama of Divine Omnipotence* (Princeton: Princeton University Press, 1988); Lindström, Fredrik, *Suffering and Sin: Interpretations of Illness in the Individual Complaint Psalms* (Stockholm: Almqvist & Wiksell International, 1994); Martin-Achard, Robert, *From Death to Life: A Study of the Development of the Doctrine of the Resurrection in the Old Testament* (Edinburgh: Oliver and Boyd, 1960); Pedersen, Johannes, *Israel: Its Life and Culture*, vols. 1 and 2 (London: Oxford University Press, 1954)〔『イスラエル――その生活と文化』、日比野清次訳、キリスト教図書出版社、1977 年〕.

十戒 (The Decalogue)

　十戒は旧約聖書全体を貫く倫理思想の基本線であり、基準点を成す（出 20:1-17）。十戒が現在置かれている箇所は、シナイ山で契約が締結される最中の場面である（出 19-24 章）。そうした事情からわかることは、十戒は人が制定した法ではなく、イスラエルが今 YHWH と交わす契約のための条件であるということである。つまり、このような相互に忠誠を尽くす関係が育まれる条件下で、YHWH はイスラエルを守り、擁護することを約束したのである。

　十の戒めには長く複雑な歴史があったと考えられる。それゆえに十の戒めが現在の形にいつ頃定まったかを決定することはできない。しかし、それ以上に重要なのは、この十の戒めが聖書正典形態の中で占めている、類まれな高い地位である。十戒は、神顕現という背景の下、山において YHWH 自らがイスラエルに語った言葉として描かれている（出 19:16-25）。その後、イスラエルの人々は恐れおののきつつ、モーセに仲介者となってくれるよう懇願する（出 20:18-21）。このようにこの箇所は、イスラエルに対する YHWH による唯一の直接的な語りなのである。その上、十戒は（出 20:8-11, 12 を例外として）「〜してはならない」という断言的な様式で、無条件の戒めであり、また不服従に対する罰の可能性を考慮することさえしていない。イスラエルの人々に与えられた時点で、十戒は完全に交渉の余地のない絶対的なものである。

　出エジプトの出来事に言及している〔出エジプト記 20 章〕2 節の導入句があるゆえ、十戒を理解する上でイスラエルのエジプトからの解放という背景は忘れてはならない。しかも、ファラオが支配する共同体とは完全に対照をなす、新しい共同体のための指針を与えるという趣旨を念頭におくべきである。十戒は偶像崇拝（および物欲）を排除し、搾取から隣人の幸福を守る。結果として、十戒は平等主義に傾いた共産主義者的倫理を容認し、構想する（Clines の異議を見よ）。十戒は契約に基づいて他者を配慮する倫理を提供すると同時に、自己保身に根差した抑制のきかない貪欲さから生じる、社会の

無秩序に対抗する防壁としての役目も果たしている。

　十戒はラディカルな社会的想像力を生み出し、今も生み出し続けている。その想像力によって、公私ともに人生のあらゆる側面が、契約を交わした神の支配下に置かれるようになるのである。この神とは、自由解放をもたらし、かつて全被造世界に繁栄と幸福を命じた神なのである。

　1. 十戒は申命記 5:6-21 に重複して出てくる。このことに計り知れないほどの重要性がある。〔出エジプト記版とは〕多少異なった表現が見られる。安息日の戒め（申 5:12-15）の動機が、（出 20:11 にあるように）天地創造という話の枠組みから、社会的平等と休息という実際的な問題へと変更されていることは明白である。この相違から、十戒がその状況に合わせて柔軟に、様々に解釈されてきたことがわかる。さらに、申命記 12-25 章における諸々の法文は、十の戒めを中心に書き継がれ、編纂されたものであり、それゆえに申命記が十戒に関する古い注解であった可能性を示唆する学者もいる。すなわち十戒は固定した目録などではなく、基準を定めるための題材である。その題材をもとに、イスラエルは継続中の契約に関して徹底的にかつ真剣に、倫理的な内省を続けたのである。

　2. ホセア書 4:2 とエレミヤ書 7:9 において、この預言者たちは明らかに十の戒めに訴え、十の戒めから知識を得ている。つまり、この預言者たちはすでに十戒を手にしていたわけで、イスラエルの契約的思考の発展過程において、十戒全体が重要な構成要素であったと考えられる。

　3. ユダヤ教において、十戒がつねに参照すべき要点であることは明瞭である。それゆえ、イエスはラビのような巧みなやり方で、自らの教えのよりどころとして十戒を引く。すなわちマタイ福音書 5:21-37 において「古いもの／新しいもの」に言及する中で、イエスはいかに十戒が解釈に役立ち、また解釈が継続的になされるべきかを示している（マタ 19:16-30 を見よ）。

　4. 様々な方法で、時には大いなる議論をまきおこしながら、十戒は西欧文化の倫理的な前提を形成する定点としての役割を果たしてきた。十戒は教会で教える規範的な神学の伝統がつねによりどころとすることであり、昔も今もユダヤ教の倫理の根本である。そして西欧文化を共有する人々にとっては、聖性の中心であり、生命そして人間的価値の保証に関する前提条件であ

る。これらすべてについて、十戒には創造的な力があることが立証されている。十戒は、消極的な意味では、言わばファラオを再び蘇らせるようなあらゆる全体主義に対する抵抗手段として存在し、積極的な意味においては、神の偉大なる力を中心に人々の生活を立て直すための根本的な提案として存在する。すなわち、神はその御力によって人間の支配を非絶対化し、良き隣人となる資格を育もうとしているのである。不幸にして、神との契約であるというコンテキストから離れて十戒が解釈されることが多い。その結果、神と人間との関係を考慮しない単なる法として理解されている。このようなことは、シナイ契約が全く意図しなかったものである。昨今の米国において法廷内の壁に十戒を掲げたり、またそれを復活させようとする動きがあるが、それは的外れな十戒理解の実例のひとつなのである。〈訳：大串 肇〉

参考文献：

Brueggemann, Walter, *Theology of the Old Testament: Testimony, Dispute, Advocacy* (Minneapolis: Fortress Press, 1977), 181-201; Childs, Brevard S., *Old Testament Theology in a Canonical Context* (Philadelphia: Fortress Press, 1985), 63-83; Clines, David J. A., "The Ten Commandments, Reading from Left to Right," in *Interested Parties: The Ideology of Writers and Readers of the Hebrew Bible* (JSOTSup 205; Sheffield: Sheffield Academic Press, 1995), 26-45; Crüsemann, Frank, *The Torah: Theology and Social History of Old Testament Law* (Edinburgh: T. & T. Clark, 1996); Harrelson, Walter, *The Ten Commandments and Human Rights* (OBT; Philadelphia: Fortress Press, 1980); Miller, Patrick D., "The Human Sabbath: A Study in Deuteronomic Theology," *The Princeton Seminary Bulletin* 6/2 (1985): 81-97; Nielsen, Eduard, *The Ten Commandments in New Perspective* (SBT 7, Second Series; Chicago: Allenson, 1968); Olson, Dennis T., *Deuteronomy and the Death of Moses: A Theological Reading* (OBT; Minneapolis: Fortress Press, 1994); Phillips, Anthony, *Ancient Israel's Criminal Law: A New Approach to the Decalogue* (Oxford: Blackwell, 1970); Pleins, J. David, *The Social Visions of the Hebrew Bible: A Theological Introduction* (Louisville, Ky.: Westminster John Knox Press, 2001).

祝祭 (Festivals)

　古代イスラエルにおける祝祭は、一般的な民衆宗教（ほとんどがその文化的背景から引き出されたもの）と自覚的な神学的意図との不安定な混合である。これらの二つの勢力の相互作用は定まった形を生むことはなく、絶え間なく再調整と再考が繰り返された。

　祝祭の目的は、イスラエルがYHWHの民であり、YHWHはイスラエルの神であるとのアイデンティティに、公共性のあるドラマ的表現を与えること、YHWHとイスラエルの関係の特殊性を祝うこと、若者たちをこの共同体のアイデンティティへと組み込むこと、また、この特殊なアイデンティティというレンズを通してこの世界を想像することである。明らかに祝祭はそれぞれ固有の起源と目的を持っていたが、それらすべては、ニューズナー（Neusner）が現代ユダヤ人の実践について「我々すべては想像力を通してユダヤ人である」（212）と書いたように、神学的に自覚した特徴を表明するために役立つものである。宗教的祝祭はその共同体が通常の、ありきたりの世界から一歩踏み出して、もう一つの世界に生きることを可能とした。その世界は、その共同体に特有の言葉や行為のリズムによって表現された神学的記憶を通して解釈されるのである。

　古代イスラエルの祝祭の「暦」は時間をかけて生まれ、柔軟なものであり続けたと思われる。しかしながら、出エジプト記23:14-17、34:18-26、レビ記23章、民数記28-29章、申命記16:1-17等のいくつかの「暦」に反映されているように、祝祭を三つの主要な行事へと秩序づけ、定型化する努力もなされた。これらの祝祭の中で最も際立っているのは「過越」である。これは出エジプトと関連付けられるようになり、その記憶（出12-13章を見よ）から派生したイスラエルのアイデンティティへと、新しい世代を統合させる役割を果たした。他の二つの祝祭──「七週祭」と「仮庵祭」──は農事暦から起こったかもしれないが、イスラエル史の記憶の軌道の中に組み込まれた。イスラエル史の記憶にのちに関連付けられたこの農事の祝祭は、YHWHが「自然」の規則性と歴史の危機の両方に対して慈悲深い主権者で

あることを証言し、その主張を実演する役割を果たしたように思われる。

　これら三つの祝祭が、イスラエルの公式の暦において最も重要かつ中心的である一方で、祝祭に対するイスラエルの受容能力は明らかに開かれたままで、時と状況が必要とするならば新しい祝祭が制度化されることも可能であった。これらの中で最も重要なのは「ヨーム・キプール」、すなわち贖罪日である（レビ 16 章 ; 23:26-32）。旧約聖書にかろうじて取り入れられたエステル記の 3:7 と 9:20-32 は「プリム」の祭り——危機と危険の中でユダヤ人のアイデンティティを祝う祭り——を正統なものと認めた【「プリム」の項を見よ】。旧約聖書では言及されていないが、我々の話題に重要な関連があるのは「ハヌッカー」祭である。この祭りはヘレニズム世界からの侵略者によって汚されたあと、神殿が再奉献された前 2 世紀に制度化された。祝祭の名前は動詞「捧げる」（ḥnk）に由来する。ユダヤ教は歴史的信仰であるゆえ、これら後になって加えられた祝祭は、決定的な重要性を持つ時に起因する記憶を、その共同体においてダイナミックに利用することができるよう保ち続けた。

　我々の主題と関連しているのは、ヘブライ語聖書正典の後半部分にある「五つの巻物」（メギロート）の構成である。五つの巻物の一つ一つが、ある特定の祝祭の典礼と関連付けられ、そこで用いられてきたからである。これらの巻物は特定の聖なる日のために、その共同体の想像力を紡ぐ働きをなしたのである。

　　コヘレトの言葉　→仮庵祭
　　エステル記　→プリム祭
　　雅歌　→過越祭
　　ルツ記　→ペンテコステ（七週祭）
　　哀歌　→アヴの 9 日（神殿の破壊の時）

テキストと祝祭の結びつきは、これらの書物のそれぞれの解釈に決定的な影響を与える。さらにキリスト教正典においては、これらの五つの巻物はどうやら「歴史的根拠」に基づいて、すなわち典礼との連関への関心を消し去る

形で、正典の各所に散らされているらしい。

　祝祭は信仰を通して、この世界とは別のもう一つの世界を想像する手段として機能している。(a) 歴史的記憶と農事暦、(b) 民間宗教と意図的な神学、(c) 固定化した順序と柔軟な発展、という各二者間にある緊張関係は、決して解消されるものではないが、明確な神学的アイデンティティを祝うという、今なお進行中の過程を特徴づけている。キリスト教の教会暦も、クリスマス、イースター、そしてペンテコステの三大祝祭を中心に展開している点で同じような働きを担っているのである。〈訳：重富勝己〉

参考文献：

Albertz, Rainer, *A History of Israelite Religion in the Old Testamet Period*, vols.1 and 2 (OTL; Louisville, Ky.: Westminster John Knox Press, 1994); Neusner, Jacob, *The Enchantments of Judaism: Rites of Transformation from Birth through Death* (New York; Basic Books, 1987); Vaux, Roland de, *Ancient Israel: Its Life and Institutions* (New York; McGraw-Hill, 1961), chaps. 17-18; Gadamer, Hans-Georg, *The Relevance of the Beautiful and Other Essays* (Cambridge: Cambridge University Press, 1987).

祝福（Blessing）

　祝福は——言葉や身振りによって——一方が他方に生命の力を伝達する行為である。この伝達行為は強固な対人関係が成り立つ世界で起こるが、実証的に説明することはできない。「原初的に」考えれば、この伝達はいわば疑似魔術的であるけれども、有効な願望の表現である。神学的に考えれば、その伝達はサクラメンタルな性質を有し、その結果、説明されうることより多くのことが起こるのである。

　祝福によって伝達される生命の力の最も特徴的な要素は繁栄、富、健康、多産に関係する。すなわち、祝福とは特徴として、物質的な幸福を保証し次の世代への継承を持続させる多産と生産とに関わるものである。従って、祝福は物質的な次元において受ける者の生をより高めようとする、志向的で意図的な行為である。そういう理由から、祝福は創造神学の領域に属する自然的過程に関心を有し、そこで神の良き世界がほめたたえられる。

　そこで神は祝福を告げる最初の語り手であり、またその授与者である。すでに創世記 1:22 と 1:28 において神は全地とその住民に祝福を告げ（宣言し）ている。神が語った結果、神の被造物である世界は豊穣と多産で満ちる。世界に向けられた神のこの大いなる宣言は、例えば家庭において子孫の誕生が祝われる詩編 128:3-4 では、具体性と固有性を与えられる。多くの多様な文脈において、神による生命と幸いの提供が祝福によって実現するのである。

　生命をもたらす神の力は神の言葉によって直接に与えられるが、その神の生命の力を帯びた者と見なされる人間は祝福の仲介をもなしうる。我々は二つの例に注目してみよう。第一は、創世記の族長物語で最も重要な一連のテキストであって（創 12:3; 18:18; 22:18; 26:4; 28:14）、地上の諸国民はイスラエルにおいて、またイスラエルを通して祝福されると告げられる。創世記 12:3 のアブラハムへの宣言は、「祝福」と「呪い」を並置する。ただ、両者のつながりはそれに続く物語では展開されているわけではない。（しかし、このつながりは申 28 章とレビ 26 章で展開されており、そこでは祝福と関連して語られる良いものはすべて、それと対をなす負の力を呪いの中に有している。）イスラエ

ルの祝福する力を示す究極的な場面は、ファラオがモーセにエジプトへのイスラエルの祝福を求める哀願に現れている（出 12:32）。

　第二に、生をもたらす神の力が明らかに、神の生命の力の特別な担い手として知られている祭司によって仲介されるということである。この祭司なら誰もが有する機能は、民数記 6:24-26 の祭司の祝福において最もよく知られている。

　　主があなたを祝福し、あなたを守られるように。
　　主が御顔を向けてあなたを照らし
　　　あなたに恵みを与えられるように。
　　主が御顔をあなたに向けて
　　　あなたに平安を賜るように。

　この言葉において、祭司は平安を「願う」だけではなく、むしろ言葉で言い表すことによって、それを引き起こし、保証し、与えるのである。キリスト教世界において、これと同様の祭司的祝福は、聖職者によって与えられる一般的な祝祷であって、それによって司祭や牧師は古代の祭司制度の職務を遂行していると理解される。その原初的な行為において、またそれを現代的に再現することにおいて、祭司が告げる言葉と祝福を与える行為は単なる社交辞令や思いつきではなく、任ぜられた職務を通して神の生命の力を仲介する牧師や司祭の力ある行為なのである。

　さらに、祭司的機能はレビ記 26:3-13 や申命記 28:1-14 の祝福の記述（呪いの記述と連動している）において明らかである。それは高度に定型化され、整えられた典礼の構成要素となっている。従って、この特徴的な礼拝は、契約的なやりとりの中で、祝福の場と時として理解されるのである。

　イスラエルとりわけ祭司が、生命をもたらす YHWH の力を仲介する働きをするように、他の人間存在もまた生命をもたらす力の伝達者であり、自らが関わる人々にその力を伝えることができる。最も荘厳なのは創世記 27 章のイサクの例であり、また同じような祝福を伝える行為を受け継がせる例は、創世記 48:8-20 にも見られる（創 47:7 も見よ）。創世記 27 章の物語では、

族長イサクは生命をもたらす力に満ちていて、やがてその力は息子や孫たちに与えられる。そのような人間によって伝えられ、与えられる生命力が神に深く結びついていることは必ずしも明白ではないが、神学的に考えるならば、最終的にはこのような生命力はすべて創造主なる神に帰せられる。

特に興味深いのは、人間（ときには一人の話者、ときには信仰共同体）がYHWHを祝福する実例が多くあることである（詩 16:7; 34:2; 63:5; 103:1, 2, 20, 21, 22; 104:1, 35; 115:18; 134:1; 145:1, 21）。もし生命をもたらす力の授与を「祝福」と理解するならば、その作用方向が逆転して、祝福が人間から神に向かって作用するのは、問題ではないとすれば奇妙である。このような用例は疑いなく定式化し、なじみ深いものであって、「感謝、賛美」を意味するものとなっており、ある人々にとってはこの言葉はとうてい考えの及ばない何ものかをも意味するのであろう〔英訳聖書ではblessであるが、新共同訳では必ずしもそう訳されていない〕。けれども、このなじみ深い用例の背後には、ときにはYHWHが退いて、礼拝する共同体から新たな力を受けるという宗教的な意味がある。このような修辞法は神の脆さや弱さを暗示するが、生命力のなにがしかを神に返そうとする人間によって神は高められる。聖書の修辞法にはっきりと見出されるこのような転換によって、礼拝における賛美の重要性が再認識させられ、また、キリスト者が聖金曜日の十字架に見る神の弱さが垣間見られるだろう。

いずれにせよ、科学技術による制御と因果律で成り立つ世界において、生命をもたらす力がそのような原理とは異なる仕方で——対人関係において、サクラメントによって、隠れた仕方で——与えられるということは熟考に値する。生命はこの伝達によって食料以上のものとして見られ、また体は衣服以上のものとして見られる（マタ 6:25 を見よ）。食料と衣服は直接に保証されるが、生命は究極の寛大さにおいて与えられる。この箇所では、イスラエルは生命の賜物とは何のことかを知っている。知ってはいてもなお、イスラエルはそれを明確に説明的な言葉で語ることはできず、また語ろうともしない。なぜならば、生命をもたらす力は説明できるものでも、制御できるものでもなく、ただ語られて授与されるものだからである。〈訳：小友 聡〉

祝福

参考文献：
Mitchell, C. W., *The Meaning of BRK "to Bless" in the Old Testament* (SBLDS 95; Atlanta: Scholars Press, 1987); Westermann, Claus, *Blessing in the Bible and the Life of the Church* (OBT; Philadelphia: Fortress Press, 1978).

出エジプト (Exodus)

　出エジプトは、聖書的信仰における主導的、決定的な出来事として、イスラエルの文学や礼拝の中に記憶されている。この出来事を歴史的に位置づけ、実証するための試みに莫大なエネルギーが費やされているが、それを史実として裏付ける絶対的な証拠はほとんど存在しない。むしろ、出エジプトは歴史的な立証性に依らない伝承の伝達を通して、イスラエルの生の中心に生き生きと生き続ける記憶である。ここで最大限言えるのは、記憶の中では、モーセの生涯の仕事の一つとしてこの出来事があり、伝統的に前13世紀に年代づけられているということである。

　しかしながら記憶された伝承として、出エジプトは非常な重要性を有する。その証拠として、過越祭の物語の中心部分で重大な役割を担うことが挙げられる。出エジプト記1-15章の物語は、この出来事を詳しく説明する。2:23-25に描かれる、圧政に対するイスラエルの叫びに始まり、15:1-18, 21で記述されるエジプトからの解放を祝うイスラエルの歌で終わる。物語の記述によれば、圧政に対する叫びから解放を祝う歌へと続く動きは、YHWHによる一連の介入的行為によって——モーセとアロンという二人の人間によって主導され——遂行される。この介入的行為がファラオを威嚇し、指図し、遂にはファラオを打ち負かす。ファラオをしのぐ強大な支配力の発揮や、イスラエルに対するYHWHの強力な関与によって、物語の中で根本的な方向転換が達成され、危うさを伴いながらも、イスラエルはその歴史的存在の開始を許されたのである。

　現在の聖書形態において、この物語はイスラエルにとって解釈の想像力を継続するための機動力になる。その土台となる出来事そのものは、もちろん、記憶されている。しかし同時に、この記憶された出来事はイスラエルにとって模範になる。従って、イスラエルの生と伝統において出現した他の出来事も、出エジプトという出来事の反響として以下のように残っている。

　　アブラハムのウルからの導き出し（創15:7）

出エジプト

- ヨルダン川を渡って約束の地へ（ヨシュ 4:23-24）
- ペリシテ人に対する勝利（サム上 4:8; 6:6）
- バビロン捕囚からのイスラエルの解放（イザ 43:16-21）

　特に注意を向けたいのは、他に二つの注目すべき用法があることである。アモス書 9:7 において、預言者は、出エジプトの神との特別な関係によって得た、イスラエルの傲慢な自信を打ち砕いてみせる。彼は、この同じ神が他の民族に対して、とりわけイスラエルにとって典型的な敵であるペリシテ人やシリア人をも導き出したことを断言する。同様に、エレミヤ書 21:5 では、出エジプトに用いられているなじみ深い言語が YHWH のイスラエルに対する激しい敵意とイスラエルを破壊する意志を示すために転用されているため、言わば「反出エジプト」主義とも言うべき新たな主張を生み出している。

　もちろん、出エジプトという記憶は、ユダヤ人の想像力を支え続けている。その想像力が生み出した奇跡的な出来事の一つが近代国家イスラエルの誕生であり、この関係性はレオン・ユリス（Leon Uris）の小説『エクソダス　栄光への脱出』で有名になった。解放に関係するこの同じ記憶が、新約聖書で様々に取り上げられ、初代教会の思想において模範となった。

- マタイ福音書 2:15（ホセ 11:1 を引用する）は、イエスの一家がエジプトという避難場所から出発することを、脱出の一例として描く。

- ルカ福音書 9:31 はギリシア語「エクソドス」（英訳聖書では departure ［出発］〔新共同訳では「最期」〕）を用い、エルサレムでの最後の日々においてイエスの生涯に起こる劇的な出来事について語っている。

- コリントの信徒への手紙一 5:7 で、パウロはキリストを「わたしたちの過越の小羊」と呼ぶ。あるいは他の翻訳では「わたしたちの過越」とする。

ルカ福音書 7:22 で要約されているような、イエスによる数々の劇的変化をもたらす奇跡は、出エジプトに似た劇的変化をコラージュのように再現したものであり、出エジプトの神の力をイエスが実演してみせたのである。

イースターと死に対する勝利は、ファラオに対する勝利と並行して理解することができる。さらに言えば、イースターの伝統はキリスト教徒にとって重要で中心的な役割を担うものであり、ユダヤ人にとっての出エジプトと同じである。

ユダヤ教とキリスト教の伝承において、出エジプト記の物語が特権的な位置を占めることでわかるように、この物語は聖書神学の中心的信念の多くをはっきりと表明する。

1. 出エジプトは、YHWH の支配能力がすべての敵を凌駕することを断言する。ファラオは「歴史的に」存在した誰であろうとも、YHWH に挑戦し、敵対しようとして失敗した人間を喩える存在として機能する。ファラオの特徴は YHWH に挑むことであり、その結果、彼は敗北し、滅ぼされる。ファラオが統治した時代、エジプト人の考えでは、彼は「神」だと理解されていた。そして自由なやり方で、最後の超大国の支配者のように統治することができた。(最後の超大国である米国の市民としてファラオについて熟考すると、一瞬立ち止まって、自己認識を促される。物語で描写されるファラオの恐るべき傲慢さは、例えば、フランシス・フクヤマがそう語ったように、おそらく現在の米国の傲慢さに匹敵するものである。) この物語によれば、YHWH の意志と支配に最後まで抵抗することはできない。

2. 物語の中で、YHWH の支配能力は公の歴史的過程における救済の意志として現れる。この物語を最初の資料として、教会は神を救済者、すなわちこの世で生きるに値する生をイスラエルに与える(取り戻させる)方であると告白し始める。出エジプトの出来事は、他の伝承と同様に、聖書的信仰と聖書の神は最終的に社会全体の歴史的過程に関係があることを断言する。逆に言えば、この物語は、聖書の信仰は幸福を求める個人的行為や宗教的な

「考え」に限定することはできないと断言する。

3. 公の歴史的過程における救済というこの主張は、派生的に、YHWH を解放する神として特徴づける。つまり、あらゆる抑圧的な支配に対抗して、抑圧された人々の側に立つ神である。それゆえ、出エジプト記の物語は 20 世紀後半に生まれた解放の神学の主たる根拠となった。解放の神学は、抑圧された人々を解放するのが神の御業であると確信する。

4. 同時に、救済と解放とを出エジプト記の物語の中心と見なす解釈の傾向は、物語の中で、YHWH を創造者なる神であると認めることに等しいことをフレットハイム（Fretheim）は明確にする。YHWH は創造の力を結集して（ぶよと、雹のような災いをおこして）ファラオを打ち負かす。ファラオは、生命を秩序づけようとする創造者なる神の意志に対抗して働く混沌の力である。

5. 創造者にして救済者なる神の支配する意志を結集することは、物語において根本的に YHWH の統治権を確立し、断言し、賛美することになる。YHWH は「栄光を現す」（出 14:4, 17）。

6. しかし、統治権を公然と提示することは、イスラエルに対する深い関与を伴うことになるので、イスラエルは物語の中で、創造者にして救済者なる YHWH の力を独占的に受けとる唯一の民として描かれる。それゆえ、物語は YHWH の民というイスラエルの特徴的な役割を肯定する。この YHWH の民はすぐにシナイへと向かい、そこで契約を交わし、トーラーを受けとることになる。イスラエルの固有の主張を少しも弱めることなく、他の苦しむ民族も YHWH の恵み深い救いの受け手になるという伝統が、イスラエルの事例から必然的に推定されてきた。そこで最終的には「神は貧しき者を優先的に選ぶ」という主張が出てくる。イスラエルに極めて固有の主張は、広く解釈の自由を許す題材となり、この同じ神が圧政に苦しむ多くの他の土地においても働きをなすことがわかる（アモ 9:7 を見よ）。

7. 出エジプトの物語は、YHWH が創造者にして救済者であることを特徴づけることと並んで、イスラエルが、YHWH の関心が注がれる唯一の受け手であることを特徴づける。同時に、この物語はもっと広い意味で、公の歴史——大国の観点における社会的・経済的・政治的力の現実——を、

YHWHの支配が及ぶ世界として、それゆえYHWHの解放の目的が遂行される企てとして特徴づけるのである。ウォルツァー（Walzer）が考えるように、公の歴史についてこのような際立った洞察を持つがゆえに、出エジプト記の物語は革新的な政治理論を決定づける聖書本文となり、それは現代世界にまで影響を及ぼすものとなっている。

8. 出エジプトの出来事は、疑いもなくYHWHの御業である。しかし同時に、一人の人物としてのモーセもこの物語に欠かせない人物である。その結果、出エジプトは自由を求める人間の意志の重大さを証言する。モーセとアロンは、たとえ無力な奴隷であっても、ひいては自らの解放につながる「自分たちの歴史をつくりあげる行為者」になれることを、この物語は明らかにする。

　出エジプトの伝承が今も有する力と権威が指し示すのは、信仰共同体が――そして、こうした共同体に属さない人々も派生的に――この記憶と伝承の中に、希望と歴史的可能性の根拠を見出し続けていることである。この希望と可能性を、もっとも圧政的な力をふるう全体主義でさえ最後には拒否できない。ファラオはこのようなあらゆる圧政者の先駆者なので、ファラオも最後には必ず敗北することを物語は明らかにする。この物語とその計り知れない生産性とは、聖書に備わっている最大の手段である。すなわち、これらを通して、世界と神の実在は深く絡み合っているのであり、それゆえ世界の幸福は神の栄光がもたらす賜物であるという決定的な信念が表明されるのである。〈訳：大串 肇〉

参考文献：

Anderson, Bernhard W., "Exodus Topology in Second Isaiah," in *Israel's Prophetic Heritage: Essays in Honor of James Muilenburg*, ed. Bernhard W. Anderson and Walter Harrelson (New York: Harper & Brothers, 1962), 177-95; Brueggemann, Walter, "The Book of Exodus: Introduction, Commentary, and Reflections," in *NIB* (Nashville: Abingdon Press, 1994), 675-981; idem, "The Exodus Narrative as Israel's Articulation of Faith Development," in *Hope within History* (Atlanta: John Knox Press, 1987), 7-26; idem, " 'Exodus' in the Plural (Amos 9:7)," in *Many Voices, One God: Being Faithful in a Pluralistic World*, ed. Walter Brueggemann and George W. Stroup (Louisville, Ky.:

Westminster John Knox Press, 1998), 15-34; Buber, Martin, *Moses: The Revelation and the Covenant* (Atlantic Highlands, N.J.: Humanities Press International, 1988) 〔『マルティン・ブーバー聖書著作集1　モーセ』、荒井章三・早乙女禮子・山本邦子訳、日本キリスト教団出版局、2002年〕; Dozeman, Thomas B., *God at War: Power in the Exodus Tradition* (Oxford: Oxford University Press, 1996); Fretheim, Terence E., "The Plagues as Ecological Signs of Historical Disaster," *JBL* 110 (1991): 385-96; Fukuyama, Francis, *The End of History and the Last Man* (New York: Free Press, 1992) 〔『歴史の終わり』上下、渡部昇一訳、三笠書房、1992年〕; Gowan, Donald E., *Theology in Exodus: Biblical Theology in the Form of a Commentary* (Louisville, Ky.: Westminster John Knox Press, 1994); Iersel, Bas von, and Alton Weiler, *Exodus: A Lasting Paradigm* (Concilium; Edinburgh: T. & T. Clark, 1987); Levenson, Jon D., "Exodus and Liberation," in idem, *The Hebrew Bible, the Old Testament, and Historical Criticism* (Louisville, Ky.: Westminster John Knox Press, 1993); Pixley, Jorge V., *On Exodus: A Liberation Perspective* (Maryknoll, N.Y.: Orbis Books, 1983); Plastaras, James, *The God of the Exodus* (Milwaukee: Bruce Publishing Company, 1966); Walzer, Michael, *Exodus and Revolution* (New York: Basic Books, 1985) 〔『出エジプトと解放の政治学』、荒井章三訳、新教出版社、1987年〕。

主の日（The Day of the Lord）

　「主の日」という成句は、イスラエルの希望の語彙に属するものである。これは、力ある決定的な御業によってYHWHの支配が十全、かつ決定的に打ち立てられる定められた時を望み見る希望を言い表すものである。イスラエルの側の生き生きとした待望の行為として、この成句が含んでいるのは以下のことである。

(a) この世における実際的で具体的な出来事に、恐れることなく目を向ける。
(b) YHWHの支配が到来するという主張を、絶対の信頼をもって疑問の余地のないことと見なす。
(c) その来るべき支配がいつ来るかを推測したり予定したりすることを拒絶する【「希望」の項を見よ】。

　それゆえこの成句は、イスラエルが絶えず持ち続けた深い希望と、この世におけるYHWHの支配への信頼の要をなすものであり、その支配により正義と幸福が打ち立てられることを望み見るものである。これはYHWHなしには永遠に成し遂げられず、実を結ぶこともない。

　この確信をもって抱かれる希望は、イスラエルの修辞においては、あらゆるライバルを打ち破るYHWHの厳しい裁きや、YHWHの勝ちて余りある栄光に満ちたご支配の樹立などと様々な形で関連づけられるだろう。

　「その日」とは、イスラエルに対する裁きの日とも考えられている。この理解について最もよく知られている箇所はアモス書5:18-20である。

> 災いだ、主の日を待ち望む者は！
> 主の日はお前たちにとって何か。
> それは闇であって、光ではない。……
> 主の日は闇であって、光ではない。

暗闇であって、輝きではない。

イスラエル人は、YHWHとの特権的な地位を有している自負があったため、YHWHの来るべき支配は当然彼らに好意的なものだと期待していた。預言者の語った内容は、イスラエルがあまりに不従順であった場合、「その日」はイスラエルに敵対するものとなることを断言するものであった（イザ 2:12-22; ヨエ 2:1-2; ミカ 2:1-4 を見よ）。反対に、そしてより多くの場合、「主の日」の厳しい裁きは他の諸国に対するものであった（派生的にイスラエルの益となりうる仕方で）。なぜならば、他の諸国はYHWHの支配を認識せず、承認しないからである（イザ 24:21; エレ 46:10; ゼカ 14:12-14 を見よ）。

裁きの「その日」を最も明瞭かつ雄弁に告げる言葉の一つに、その対象がはっきりと特定されないものがある。

> 主の大いなる日は近づいている。
> 極めて速やかに近づいている。
> 聞け、主の日にあがる声を。
> その日には、勇士も苦しみの叫びをあげる。
> その日は、憤りの日
> 苦しみと悩みの日、荒廃と滅亡の日
> 闇と暗黒の日、雲と濃霧の日である。
> 城壁に囲まれた町、城壁の角の高い塔に向かい
> 角笛が鳴り、鬨の声があがる日である。（ゼファ 1:14-16）

これだけならば、これらの節はどの民に対しても、どの諸外国に対しても当てはまるものである。しかしながら文脈に沿うならば、この詩が問題としているのはユダとエルサレムであることが明らかになる。イスラエルと諸国民は共に、YHWHの支配の恐るべき到来に立ち会うことになる。ゼファニヤ書のこれらと同じ節が、別の文脈では他の諸国に向けられることもありうる。

他の発言において「その日」は、救いの日、解放の日、幸福の日、と肯定

的に用いられることがあり、諸国民の眼前でエルサレムは栄光に輝くことになる（イザ 11:10。アモ 9:11-15 も見よ）。これと同じレトリックで諸国民にも幸福と癒しと祝福が期待されうる（イザ 19:23-25 にあるように）。

　否定的であれ肯定的であれ、審判であれ救済であれ、イスラエルに対するものであれ諸国民に対するものであれ、これらすべての可能性は「その日」に実現する。「その日」の主役はほかでもない YHWH お一人なのである。YHWH が主権を持たれ、YHWH が決定的な御業をもってすべてを変える仕方で裁定されるのである。このような語り方と想像の仕方の出所がどこにあるかは知られていない。この語り口が軍事的レトリックから派生した可能性は高い。多くの用例がそのような情況を反映しているからである。その日は、軍事的行動の時であり、YHWH が敵を打ち負かし、勝利を決定づける時である。例えばイザヤ書 9:3 には「ミディアンの日」への言及があるが、これはミディアン人を打ち負かした日として記憶され、この文脈において、それはダビデの血統に連なる指導者を通して実現される YHWH の来るべき軍事的勝利を示唆する。

　しかしながら他の研究者たちは、「その日」とは公の礼拝において YHWH の新しい支配が明らかにされ、祝われる際の、偉大な典礼的出来事であると主張する。さらにそれが、典礼のプロセスにおいて確立したとも主張している。そのような祝祭は、教会がキリストにある救いの新しい現実を祝うクリスマスやイースターに際して行う、盛大な典礼的ページェントと大差ないものと言えよう。

　これらのいくつかの仮説のいずれかを選ばねばならないということはないし、そもそも不可能である。なぜならばイスラエルにおいて標準となった、この修辞的用法は、イスラエルがすべてを賭して YHWH の来るべき支配について新しい仕方で語るために、様々な素材を援用したものであることは疑いようもないからである。

　私たちが宗教で慣習的に用いられている語り口によって語り、また考察する際、「その日」に関するこの主張も、ありきたりで型にはまったものに聞こえるかもしれない。けれども、このレトリックは常に「奇異で新しい」主張であることを忘れてはならない。つまりイスラエルの保持してきた確信

は、世界の歩みが、この神の人格的支配に完全に呼応する、というものである。このような主張は、人間の野望も、あらゆる超大国の自信にみなぎった主義主張も、「(過ちを)正す」というすべての「力」への妄信も、世界を秩序づけ統制しうる道徳的算段があるとする考えも、すべてを相対化する。

　イスラエルの神学的レトリックにおける、特権剥奪についてのこのようなあらゆる主張に対して、クラウス・コッホ（Klaus Koch）は適切にも「メタヒストリー」あるいは「超歴史」について語った。それはこの世の権力のプロセスを、すべての「この時代の支配者たち」の思いをはるかに超えたものとし、その方向を転じてしまうような、YHWH の支配のことである。イスラエルのこのような神学的確信の語り方は、神の支配の到来を待ち望む語り方である。そのようなイスラエルの待望の光に照らされる時、私たちは主イエスの主張された「神の国は近づいた」（マコ 1:15）の深みと激しさを感得することができるであろう。キリスト者の確信の中にある第一の主張は、イスラエルが待ち望んでいたあらゆる「その日」を、主イエスにおいて今手にしている、というものである。イスラエルの希望と初代教会の主張は決して自動的に結びつくものではない。けれども新約聖書の解釈者がいかに大胆に、これらのイスラエルの待望を受け取り、それらを主イエスに求めたかは看て取ることができる（肯定的なものとしては I コリ 1:8; フィリ 1:10、否定的なものとしてはマタ 10:15; ロマ 2:5; I ヨハ 4:17; 黙 6:17 を見よ）。〈訳：左近 豊〉

参考文献：

Cerny, Ladislav, *The Day of Yahweh and Some Relevant Problems* (V Praze, Nákl: Filosofické fakulty Univ. Karlovy, 1948); Koch, Klaus, *The Prophets*, vol. 1, *The Assyrian Period* (Philadelphia: Fortress Press, 1983)〔『預言者 I』、荒井章三・木幡藤子訳、教文館、1990 年〕; Rad, Gerhard von, "The Origin of the Concept of the Day of Yahweh," *JSS* 4 (1959): 97-108.

書記 (Scribes)

　旧約聖書が現れた古代世界において、書く力を学び取ることは、誰にでも可能なことではなく、むしろ学識があるエリートという少数者にゆるされた特別な分野であった。その少数者は、巨大な影響力を有する特別な社会階層に間違いなく属する人々であった。その特徴からして驚くべきことではないが、書記の存在は、権力が非常に集中するただ中に生起する。ゆえに、書記は必ず政権の政治的中枢、もしくは聖職者たちの中枢に配属される（サム下 11:14 と王上 21:8 は、筆記能力が冷酷に用いられることを示す、二つの例である。そこではこの力が、王が人々を搾取するために用いられている）。これらの行政の中枢において、記録を残すことは重要なことであった。記録は通常、不動産、税金、負債と関係があり、そのため、記録文書を管理することは権力の蓄積と富の集積に関係していたのである。

　しかしながら、知的な集団としての書記の働きは、権力にのみ集中したわけではなかった。その働きは知識の蓄積と保存にも向けられた。その結果、書記は箴言を編集した「知恵の教師」と密接につながっていた可能性もある。書記は、おそらく宮廷に関連した学校の経営も行っており、その学校はエリート階級の若い世代を教育し育成する働きをしたのである。知識と権力の観点から、筆記能力がエリートを栄えさせたことは間違いない。しかし、コンピューターを操作できる者が、「時代に乗り遅れた者」を犠牲にするのと同様に、そこには農民の犠牲があった。

　書記についての神学的関心は、書かれた資料を生み出し、それを伝達するという、より総合的な仕事に対して払われる。というのも、その仕事は、後にユダヤ教の聖典となるテキストと巻物にまさしく直接関係しているからである。学者としての書記は宗教に関する巻物の管理者であり、ユダヤ教の宗教的伝統の主要な解釈者となった。特に次の三人は、書記の代表と言えよう。その一人はバルクである。バルクはエレミヤの預言者的人格と職業とに密接に関係していた。そして、彼は後にエレミヤ書となる巻物の構成と保存に責務を果たした（エレ 32:12-16; 36:4-32; 45:1-2 を見よ）。エレミヤとバルクの

関係（それが史的にはどのようなものであったとしても）は、巻物を生み出す預言者と、その預言者が生み出す巻物を保存する書記との関係の典型であったであろう。「バルク」はおそらく申命記的運動の時代に、宗教的巻物の制作に協力した書記の家系に関係する人物だろう。この申命記的運動が正典化のプロセスの始まりとなり、それによってユダヤ教は書物の宗教となったのである。

次いで、書記の代名詞的人物であるエズラを挙げることができる。彼はユダヤ教の設立に功労したとされており、ラビ的伝統では、ユダヤ人の信仰にとってエズラの重要性はモーセに次ぐと考えられている（エズ 7:6 を見よ）。彼はトーラーの優秀な教師であり優秀な解釈者という役割を有する。ネヘミヤ記 8 章に報告されている印象的な出来事において、エズラは長老たちと共に「モーセの律法の書」を読み上げ、それを解釈した。それは、ユダヤ人共同体をトーラーに再び専心させるためであり、この時、トーラーはすでに一定の形態を有していた。この行為によって、エズラはユダヤ教を、巻物によって伝えられた神と契約を結んだ共同体として再構成するのである。

三番目にベン・シラを挙げることができる。彼は、前 2 世紀の書記で、まるでそれが独特な社会的役割であるかのように自らの仕事について記すのである。

> しかしながら、心を傾けて、
> いと高き方の律法を研究する人がいる。
> 彼はいにしえのすべての人の知恵を詳しく調べ、
> 預言の書の研究にいそしみ、
> 高名な人々の話を心に留め、
> たとえ話の複雑な道へと分け入り、
> 格言の隠れた意味を詳しく調べ、
> たとえ話のなぞをじっくり考える。
> 彼は身分の高い人々に仕え、
> 為政者たちの前にも出入りする。
> 見知らぬ人々の国を旅し、

人間の持つ、善い面、悪い面を体験する。
……
彼は学んだ教訓を輝かし、
主の契約の律法を誇りとする。
多くの人々は彼の悟りを褒めそやし、
彼は永遠に忘れ去られることはない。
彼についての記憶は消え去らず、
その名は代々に生きる。(シラ書 38:34-39:4, 8-9)

　ユダヤ教が政治的権力を衰退させていた前2世紀までに、書記はユダヤ人の宗教生活のエキスパートとなっており、貴重な権威ある巻物を保存し、それを教えていた。それ以上に、書記は巻物を解釈し、発展させ、そして創造的に伝承を加えたのであった。旧約聖書の時代後のユダヤ教において、書記職は、古代の宗教的テキストが有する同時代的重要性に関心を向け続けた。そのことによって、ユダヤ教はダイナミックに解釈する共同体へと形成され、同時にユダヤ教は伝統に深く根差しつつ、新しい環境に対して驚くほどの順応性と適応性を示すことになったのである。

　キリスト教の伝統において、書記〔律法学者〕はファリサイ派と関連付けられるのが通例であり、両者は規範的伝承の解釈に関わる二つの社会勢力と見なされている（マタ 5:20; 23:13, 15, 23, 25, 27, 29 を見よ）。書記とファリサイ派というこの一対の言葉は、初期の教会の教えにおいて軽蔑的に用いられるのだが、一方で彼らが繰り返し言及されるということは、ユダヤ教の解釈が継続する過程において彼らが評価され、かつ重要な立場にあったことを示しているのである。キリスト教の固定概念は、書記をその教えの点で堅苦しく有害な存在として描くかもしれない（マタ 23 章に見られるように）。しかし一方で、マタイ福音書は、書記を、次の働きにおける中心的存在として感謝をもって認識することもできた。それは、古い伝承を、新しい信頼できる定式へと橋渡しする働きである。

　「だから、天の国のことを学んだ学者は皆、自分の倉から新しいものと

古いものを取り出す一家の主人に似ている。」(マタ 13:52)

書記の解釈行為にとって知識と権力は特有の問題であり、エレミヤ書 8:8 に見られるように、書記はそのような者として歪めて見られがちであるとともに、そのような者となる誘惑にも駆られがちであったが、今日の読者は、書記がそのような特徴を持っていたと結論づけることはできない。敵に囲まれた環境においてユダヤ教が自己形成していく中で、書記は卓越した学識——深く根差し、想像力に富んだ学識——をもって、信仰が、ユダヤ人の中に必要不可欠で、本質的なエネルギーを維持することを可能にしたのであった。

〈訳：長谷川忠幸〉

参考文献：
Davies, Philip R., *Scribes and Schools: Canonization of the Hebrew Scriptures* (Louisville, Ky.: Westminster John Knox Press, 1998); Dearman, J. Andrew, "My Servants, the Scribes: Composition and Context in Jeremiah 36," *JBL* 109 (1990): 403-21; Fishbane, Michael, *Biblical Interpretation in Ancient Israel* (Oxford: Clarendon Press, 1985); Muilenburg, James, "Baruch the Scribe," in *Proclamation and Presence: Old Testament Essays in Honour of Gwynne Henton Davies*, ed. John I. Durham and J. R. Porter (London: SCM Press, 1970), 215-38.

贖罪 (Atonement)

「贖罪」という語は常に神学的に重要なものを含んでいる。「贖罪」と翻訳される "atonement" は "at one"（「一つに」）に由来し、「他のものと一つになる」「合意する」「和解する」を意味する。また通常は「覆う」を意味するヘブライ語 kpr の翻訳として用いられる語である。旧約聖書の中でこの用語はとりわけ祭司資料で用いられ、罪や汚れ、またその影響を「覆う」浄化や聖別の献げ物が、有益に作用することを説明している。その結果、（罪を犯し、汚れを生じさせる）イスラエルと（罪と汚れを罰する）YHWH は和解して「一つに」なるのである。この祭司資料のテキストは罪と汚れを極めて深刻に受け止めている。それゆえに、罪を除去し回復させるものとしての「覆うこと」は慎重に取り扱われ、詳細な指示によって注意深く実施される。

贖罪の祭司的儀式の中心は贖罪日（ヨーム・キップール）にあり、それについてはレビ記 16 章にのみ詳細な記述がある。そこで大祭司（アロン）について定められた規定は二つの要素からなる。第一に、罪の浄化の行為である。祭司が「生きたヤギ」の上に、イスラエルのあらゆる罪を置き、その罪はヤギの追放によって宿営の外に持ち出される。その結果、聖なる場所が汚れから解放されるのである。第二に、「聖別」の献げ物がささげられる。それによって共同体が罪を清められて赦される（9 節）。聖別と浄化という二重の行為は、イスラエルが罪から解放され、また聖なる場所が神の住まいとなるためのプロセスなのである。この行為は神との正しい関係を取り戻し、祝福のもとで生命の回復をもたらす。

祭司的な規定の特徴として、司る者がどうすべきかについて記述されているが、このテキストの場合、ほとんどいたるところで、何がなされねばならないかについてのみ語られる【「祭司伝承」の項を見よ】。この解釈の伝統は祭司を和解の過程の中心に置く。その結果、祭司の独占支配がイスラエルに重要な宗教的保証をもたらすのみならず、同時に巨大な政治的権力の中心をも作り出す。例えば、「身代わりのヤギ」が扱われるプロセスについて何も説明されないどころか、そのプロセスにおいてなぜヤギの血が重要なのか

贖罪

も説明されない。我々が結論しうるのは、この行為において罪と汚れが知覚可能であって、ほとんど物理的な脅威であり、同様に強力でそれに見合った仕方で物理的に作用するものだけがそれに対抗できる、ということである。従って、血は汚れの力を払拭し、あるいはその驚異を封印する――その驚異は、放射線を浴びた汚染物質が驚異であるのと同じほど明白である――機能を果たすと言ってよい。祭司の規範は祭司の行為を整えるものであるとしても、レビ記 16 章には合理的な考察も説明もない。なぜならば、その行為は汚れの原初的で明白な力に対抗し、それに見合った原初的な解決を意図し、また権威化するからである。極めて古い根源的な慣習がこの祭司的規定の背後にはある。

けれども、この儀式的な提案が現代人の目には原始的に映るからといって、我々はそれを軽視するべきではない。なぜなら、今日のセラピーの現場においても、罪責意識や不和や疎外感覚は、合理的な解決が難しい根源的な影響力を及ぼすことを、我々は知っているからである。このように、贖罪の行為はイスラエルのサクラメンタルな認識に極めて深く根を下ろしている。後代において（幕屋や神殿を失い）実際に行われなくなってテキストとしてのみ存在するようになってすら、贖罪日のイメージは実際の汚れによってきちんと理解される。このような物理的な汚れは神との交わりを阻害し、また人間的合理性を超えた、神が与える回復を阻害するのである。注目すべきことに、ヨーム・キップールのドラマは、実際の神殿儀礼から乖離した現代ユダヤ教の中に息づいている。科学技術の合理性の世界において、ユダヤ教がこの変化力のある、ほとんど隠された儀式を保持し、包含し続けていることには襟を正される。この儀式とその持続的な力が有する、最も注目すべきリアリティは、かつて祭儀において実施されていたものが今やテキストの形でその姿をとどめ、その結果儀式は再現されるよりも、むしろ記憶されるものとなっているという事実である。たとえそうであっても、記憶された祭りはユダヤ教の共同体にとって巨大な力であって、ユダヤ教はその都度、存在の最も深いレベルにおいて YHWH と和解するのである。

ユダヤ教に特徴的なサクラメンタルな行為に基づいて、我々は二つの派生的な現象に注目したい。イエスを理解しようとして、初期の教会は新約聖書

においてヨーム・キップールの伝承に注目し、イエスがユダヤ教の古い贖罪の実践に取って代わったと主張した。つまり、イエスは今や贖罪を「ただ一度」完成したのだと考えた（ヘブ 10:10）。贖罪の実践をキリスト教に当てはめる際に、この問題について合理的な説明をしていないのは、古い伝承の場合と同様である。ユダヤ教的思想がそうであるように、キリスト教的証言においても、サクラメンタルな主張はいかなる神学的説明をも超えるのである。ユダヤ教もキリスト教も、重荷から解き放たれて神の生命に自由に近づく、新たな始まりを可能にする実践を保持している。

最後に付け加えれば、心理療法の様々な理論と実践において、幸福への現代的関心は、一種の「一つになること」（at-one-ment）を仲介するための最善の方法を求めている。その「一つになること」は、合理性に基づく技術社会の理論が容認しうるよりも、ずっと根源的で謎めいている。結果として、和解をめぐる現代的な実践の数々と、伝統から受け継がれるこうした深いサクラメンタルな主張との間には、甚だしいずれが存在する。その断絶には今後も注意が必要である。ユダヤ教の伝統とそこから派生したキリスト教の伝統において贖罪の問題は、罪が現実的で危険であること、そして最終的には神との交わりが浄化と聖別を提示し、またその希望となることを示している。

〈訳：小友 聡〉

参考文献：
Knohl, Israel, *The Sanctuary of Silence: The Priestly Torah and the Holiness School* (Minneapolis: Fortress Press, 1995); Milgrom, Jacob, *Leviticus 1-16: A New Translation with Introduction and Commentary* (AB3; New York: Doubleday, 1991); Miller, Patrick D., *The Religion of Ancient Israel* (Louisville, Ky.: Westminster John Knox Press, 2000).

神義論 (Theodicy)

「神義論」という語は、18世紀ヨーロッパの哲学の用語として導入されたものであり、混乱と悪とが明らかに目立っている世界において、神が善であることとその力に対してなされた問いかけに関する言葉である。*theo-dike* という語は、ギリシア語の「神—公正」を結びつけたものであり、このような不公正な世界の中で神の正義について問いかけるのである。

現代哲学の論理がこの重要なテーマについての議論を支配しており、次のような、答えることができない謎を生み出している。

1. もし《悪が存在しない》なら、神は《力強く善い》ものであるかもしれない。
2. もし神が《力強くない》なら、神は《善い》かもしれず、しかも《悪》が存在することができる。
3. もし神が《善でない》なら、神は《力強い》かもしれず、しかも《悪》が存在することができる。

この謎は、マクリーシュ（MacLeish）によるヨブ記の現代劇の中で、現代的、実存論的な表現で示されている。

> もし神が神であるならば、このお方は善くない方である。
> もし神が善いお方ならば、このお方は神ではない。(11)

この問いかけの三つの要素について——善、力、悪について——いずれかの二つを合わせて論理的に肯定することはできるが、三つの要素すべてを論理的に結びつけるすべはない。

旧約聖書はこれらの、人間が必ず向き合わねばならない問題を取り上げる。これらの問題は合理的、論理的な解答を拒むのであり、旧約聖書は代わりに、神と世界と信仰共同体を関係づけて理解する方を選んでいる。この聖

書のパースペクティヴは決して、その生き生きとした関係を、西洋の神学が好んだような冷ややかな合理性へと引き下げることを許さないのである。

　聖書は、神の世界が道徳的に一貫性を持つとの確信をもって語り続ける。それはシナイにおける命令の中に表され、申命記の中に記され、預言者を通して語られ、また知恵の教師たちによって確認されている。それはつまり道徳的な一貫性という意識が、古代イスラエルの信仰の中のどこにでも存在していたということである。この強い一貫性は、従う者は神の祝福を受け、不従順な者は呪いを受けるとの主張を生んだ。多くの箇所で、旧約聖書はこの一貫性に賛成であり、申命記 30:15-20 にこのことが見事にまとめられている。

　しかし、そのような神義論的な解決法は、不従順な人々が祝福を受け、従順な人々が呪いを受けるのを素直に認めた時、危険の中に置かれてしまう。人間の生活が証明しているのは、契約を守り命令に従う従順さと、契約による呪いを受けるか祝福を受けるか、の間には信用できる結びつきはないということである。神義論的解決法（イスラエルはこれを大切にし肯定する）の失敗を、この世の生活において見つけることは難しくはないのである。さらにそのような失敗は、神義論的危機を招いてしまう。なぜなら旧約聖書は人間の経験を、神学的にあるいは道徳的に絶対的なものへと還元することはできないことを知っているからである。

　そのように経験され、認められる、契約に基づく一貫性の「侵害」は、古代イスラエルにおいても常に起きていたに違いないが、これら不協和音の多くは、人間の失敗を問題の原因とする罪のカテゴリーに含めることができた。それゆえに、神の善性も神の力も疑問視されることはなかったのである。服従と祝福とが明らかに矛盾するのは、——そのような〔罪のカテゴリーの〕表現の仕方で言うなら——服従に失敗したことを認めないからである。このようにして不服従と呪いとのつながりが受容可能であり続ける。そのような説明でしばしば十分だったのである。しかしながらエルサレムが破壊された前 587 年頃の古代イスラエルでは完全にその説明が通用したわけではない。より公式の解釈ではこの危機を、イスラエルの罪という言葉で説明したのだが（列王記上下のように）、勇敢にも別の主張をする他の声もあった

のである。この別の声には特筆すべき二つのテキストがある。

> なぜ、神に逆らう者の道は栄え
> 欺く者は皆、安穏に過ごしているのですか。（エレ 12:1）

> なぜ、神に逆らう者が生き永らえ
> 年を重ねてなお、力を増し加えるのか。（ヨブ 21:7）

この二つの叫びは明らかなる不公正について神に抗議している。どちらの場合も、この抗議の叫びは神から十分な解答を受けていない。神はこの問題に引き込まれることを拒むのである。ヨブ記はこの問題について旧約聖書の中で全力でもがいている。ヨブの抗議は 38-41 章で十中八九答えられている。しかしながら神はヨブの実際の質問には解答を与えない。むしろ嵐の中の語り手は、この質問を単純に無視する神の力に焦点を当てることによって、ヨブの質問を嵐の中で退けるのである。

　意味を探求する際には、神義論の問いが表に出てくるのは避けられず、また堅固な道徳的一貫性を主張する、いかなる宗教的パースペクティヴにおいても、この問いが生じることは避けられない。しかしながら旧約聖書は、そのような論理的、合理的な枠組みの中での問いかけには決して答えない。実際、申命記 32:39、サムエル記上 2:6-7、イザヤ書 45:7 のようなテキストは YHWH の自由を強調しており、その自由は、あらゆる説明に抵抗し、その代わりに自由と忠誠の関係に伴う、あらゆるリスクを求めてくる。旧約聖書は、説明することには関心を示さないが、危険を伴う深い親密な交わりには関心を示している。というのも、説明できない苦しみのただ中でも、その交わりによって神自身の関与を手に入れることができるのである。あらゆる合理的な解答を拒む神義論の危機に対して、神と人との交わりの中で応答する第一の典拠は、嘆きと抗議の詩編の中にある。それは痛みで始まり喜びで終わることを典型とする。神が共にいるからである。この難問に対する聖書のアプローチは、論理的な説明へと引き込まれることを断固拒否しつつも、その奥底では牧会的であり、そして相関的である。そのような説明できない

苦しみのただ中でのイスラエルの姿勢は、苦悩と希望とを口に出して語ること、そして神が関わるように動かすため、自分の抗議の正当性を主張することなのである。そのような抗議に対する典型的な神の応答は、配慮と支えと憐れみを与える、思いやりである。神はなお、いかなる道徳的計算にも捕らえられることを欲しない。共にいて、連帯することにより、そのような計算方法をくつがえすのである。

　近年になって神義論の問いが、ナチによるホロコーストにおけるユダヤ人の苦しみに、最も先鋭的に現れた。これはまさに、あらゆる合理性を拒み、論理的な正当化や説明を不可能にする、民族殲滅の企てと悪であった。そのような悪に対して哲学は決して適切な答えを与えない。なぜならこの危機は最後には、神のむき出しの聖性に、顔と顔とを合わせて近づくことを求めるからである。神は、論理には関心を示さないが、最も耐え難い極限においてさえ出会い話すことができるお方なのである。信仰の実践は、非常に危険な関わり方にもかかわらず、悪の説明できない神秘に応答する方法を与えてくれる。そのような危機の中では信仰が、旧約聖書の中で与えられる典型的な応答となる。イスラエルは悪の問題について何も否定しないが、どんな場合でも、苦しみのただ中で見出すことができる神から決して離れないのである。〈訳：楠原博行〉

　参考文献：

　Blumenthal, David R., *Facing the Abusing God: A Theology of Protest* (Louisville, Ky.: Westminster John Knox Press, 1993); Braiterman, Zachary, *God after Auschwitz: Tradition and Change in Post-Holocaust Jewish Thought* (Princeton: Princeton University Press, 1998); Crenshaw, James L., ed., *Theodicy in the Old Testament* (Philadelphia: Fortress Press, 1983); MacLeish, Archibald, *J. B.: A Play in Verse* (Cambridge, Mass.: Riverside Press, 1956-58); Tilley, Terence W., *The Evils of Theodicy* (Washington: Georgetown University Press, 1991).

信仰 (Faith)

　旧約聖書の中心的な神学的概念は契約であって、それはYHWHとYHWHの民との間にある情熱的かつ相互作用的な関係である。この関係は、歴史的な現実のあらゆる不確かさのただ中で、自由意思によって互いに結びついた二者の相互行為として現れる。従って、その契約的な関係の最も重要な問題が忠実さ（fidelity）であることは、驚くべきことではない。双方はそれぞれ他方に対してまず忠誠（allegiance）を誓ったのである。また誠実さ（faithfulness）は、YHWHがイスラエルに相対し、またイスラエルがYHWHに相対して、互いに誓われた忠誠がどのように実行されるかに関わる（例えば、エゼ11:20; 14:11を見よ）。

　忠実さを意味する最も重要な用語は二つあり、しばしば一緒に用いられる。これは、ḥesedと'emethであって、「確かな愛と誠実さ」と訳され、ひいては「恵みと真理」ともなる（ヨハ1:14）。この二つの用語は一緒に用いられることで、契約を結んだ一方（まず第一に、YHWH）が他方に対して抱く完全な信頼を示している。詩編詩人はあらゆる状況において、YHWHの「慈しみとまこと」の業を賛美している（詩25:10）。イスラエルと個々のイスラエル人は、いかなる状況においてもYHWHの思慮深い忠実さに期待することができる（詩40:11; 57:4; 61:8; 85:11; 89:15; 115:1; 138:2）。イスラエルの信仰の中心的な主張は、YHWHが完全に信頼しうるということである。この完全な信頼性（reliability）は、イスラエルにおいて最高度に賛美にあふれた頌栄の主題となり、イスラエルが極めて深刻な困窮において嘆願する根拠となった。

　この二つの用語は共に機能し、また融合して一つの意味となるが、それぞれの語は単独でも用いられる。まずḥesed（「慈しみ」KJV、「確かな愛」NRSV〔「慈しみ」新共同訳〕と訳される）は、すでに交わされた契約の誓いと約束に基づく契約の愛である。愛の自発的な行為とは異なって、ḥesedはすでに進行中である関係を長期にわたり保持することに関連がある。詩編103編では、この語は4, 8, 11, 17節においてそれぞれ異なった仕方で用いられている。

4節の用例は、YHWHの特性を特徴づけるために「憐れみ」と対になっている。8節では、この語は、出エジプト記34:6-7にある古い信仰告白からの引用と思われる一連の語彙の中に現れる。11節では、この語は単独で現れ、また、赦すのみならず破壊された関係を再構築するYHWHの寛大さを意味している。ただ、17節では、この語は契約に従順な人々にのみ関係する。これらの用例は、YHWHの誠実さという概念がどのように解釈され、またどのような意味合いを持ちうるかを示している。

二番目の用語 'emeth は、「誠実さ」と訳されるが、もちろん ḥesed とは非常に近い類義語であり、二つの特別な仕方に関心を示す。すなわち 'emeth は、「アーメン」という語の基となっているヘブライ語であって、それは「はい、そうです」という意味である。さらに、私たちは、創世記15:6とハバクク書2:4に見られるように、この語を「信じた」と訳す(KJV)〔新共同訳は「信仰」〕。この二つの節は、「信仰による義」という意味をめぐって宗教改革では闘いの中心となった。フォン・ラート(von Rad)は、イザヤ書7:9、出エジプト記14:13-14およびその関連箇所を根拠にして、イスラエルの「信仰」という概念が、戦争という危機的な文脈から直接生まれたと主張した。それはイスラエルが自分たちの処理能力を超えた脅威に直面して、完全に信頼しうる神に徹底的に頼ることを学んだ時であった、という。つまり、YHWHの誠実さは、現実の生活状況から生まれたイスラエルの証言であって、その状況の中でこそYHWHの信頼しうる臨在と関与が語られ、またそれが明確に重要であることが知られたのである。

忠実さは契約用語であるゆえに、イスラエルは契約に基づくYHWHへの献身を知り、またそれを誇りとして、従順によって誠実を貫くことをも期待される。イスラエルの契約義務について言及するよく知られた箇所の中には、次の二つの預言者のテキストがある。

> わたしが喜ぶのは、確かな愛であっていけにえではなく、
> 神を知ることであって、焼き尽くす献げ物ではない。
> (ホセ6:6、傍点は著者による)

:信仰

> 人よ、何が善であり、
> 主が何をお前に求めておられるかは
> お前に告げられている。
> 正義を行い、慈しみを愛し
> へりくだって神と共に歩むこと、これである。
> （ミカ 6:8、傍点は著者による）

　YHWH に対するイスラエルの誠実さはトーラーへの従順によって起こる。けれども、従順は単に個々の戒めに従う以上のことを要求する。従順が意味するのは、むしろ、YHWH の大いなる意志に応答する生活に参与することであって、それは憐れみ、慈しみ、赦しによって特徴づけられる。
　それと同じ忠実さを表現する言語が、人間同士のやり取りにおいて作用する。互いに関与し合い、あるいは友情において結ばれた人々は、そうした言語を用いることによって、相手に責任を負う。それが最もよく表れた実例は、ダビデとヨナタンの関係である。ダビデはヨナタンと彼の子孫に対して将来も誠実であり続けることを約束する。ヨナタンはダビデから確かな誓いを受け取るが、それは両者共に生きるか死ぬかの危険な政治的策略に加わっているからである。

> 「わたしにまだ命があっても、死んでいても、あなたは主に誓ったようにわたしに慈しみを示し、また、主がダビデの敵をことごとく地の面から断たれるときにも、あなたの慈しみをわたしの家からとこしえに断たないでほしい。」（サム上 20:14-15、傍点は著者による）

　サムエル記下 9:1 において、物語はヨナタンに対するダビデの厳かな誓いへと立ち戻り、ヨナタンに対する積年の義務をダビデが果たそうとしていることが証言される。それは、ダビデが信頼しうる人間であることを示す。サムエル記下 10:2 をも参照されたい。そこでは、ダビデは国と国との関係で忠実さを果たそうとする。いずれの用例においても、ダビデが忠実を実行する時、そこにはシニカルな利己心が表れていると言えるかもしれない。

信頼しうることや忠実さに関するイスラエルの注目に値する説明は、当然のことながら、このような誠実さが常に危ういという意識を呼び起こす。イスラエルは不誠実や不忠実についても同様に語るが、これは YHWH の側にも当てはまる。嘆きの詩編は、求めと反抗の叫びであって、それは以前に誓った誠実さを実行するようにと YHWH に呼びかけるものである。例えば、詩編 89:50 では、私たちが注目している一対の用語が、現在の危機において YHWH が信頼できるという証拠をイスラエルは見出せないと主張するために用いられ、また実際、YHWH は誠実に行動していないという結論に達している。旧約聖書の信仰の最も驚くべき性質の一つは、それが——苦難の経験から——次のような思想を受け入れるということである。すなわち、YHWH はしばしば誠実さの誓いに反して、その場におらず、沈黙し、怠慢ですらあって、そのためにイスラエルは野ざらし状態となり、危険にさらされるということである。詩編 44 編はこの心情の深刻な実例を物語る。イスラエルはその苦しみを述べ、YHWH がイスラエルをひどい目に遭わせたと非難している (10-17 節)。つまりイスラエルは YHWH に対し誠実であったのだから (18-19 節)、YHWH は誠実さを保持しなかったのである。けれども、YHWH への非難にもかかわらず、最後の 27 節において、イスラエルは希望と期待の唯一の根拠である YHWH の信頼性に訴える。それゆえ、YHWH の信頼性は、それが経験されない場所においてさえ、YHWH は誓った通りに再び誠実さを示してくださるであろう、という希望と期待の根拠となるのである。このことと並行して、イスラエルは YHWH への不誠実について預言者からしばしば非難を受ける。契約は双方が誠実に振舞う時、祝されたものとなると同時に、いずれか一方が——イスラエルは訴えにおいて、YHWH は預言者を通して——他方の契約違反を非難することができる。イスラエルが契約に反した場合、契約の回復は、イスラエルが悔い改めることと、関係保持のゆえに YHWH には赦しの用意があるということにかかっている。

「信仰」は、約束された関係に自覚的に参与することと関連がある。旧約聖書は、「信仰」はイスラエルが「信じる」べき教えの集合体である、ということをほんの稀にしか示さない。イスラエルの信仰は規範的な本質を必ず

信仰

しも欠いてはおらず、また真空でもない。むしろ、〔規範的な本質を形成する〕その関係性は、それを反映する実質的な教えよりずっと根源的である。旧約聖書において、信仰の定義は、「賛同する」（assent to）よりも、より根源的には「信用する」（trust in）である。このことは、正式な神学的表現としてしばしば軽視されるが、「信用」は主に情緒的な語として理解されるべきではない。信用は、トーラーとその具体的な要求への従順を伴う実践である。イスラエルのYHWHへの忠実さは、結婚における忠実さと似ていないこともなく、はっきりとした真面目さをもって他方と関わる具体的な行為から成り立っている。

　誠実という概念は旧約聖書において無限の多様性を持つが、次のキーポイントは見逃されてはならない。つまり、YHWHについて知られていることは、またYHWHとイスラエルをお互いに結びつけているものは、相互の根源的な絆であり、この絆の内に幸福を分かち合う生を望み見ているのである。この忠実という概念は、聖書の信仰において極めて重要であって、現代世界においては特別な宝である。この現代世界はしばしば、(a) 関係性における忠実さを、人格的な絆を制限し除外する協約的（コントラクト）な事柄の中に溶かし込もうとするか、さもなければ、(b) 相手との関係が、まるで完全に、またはほとんどわかっているというかのように、忠実さを確実なものとして平板化しようとするのである。契約の当事者双方がお互いに対して抱く情熱と関係回復への意志は、その関係が協約（コントラクト）の中に飲み込まれてしまうのを防ぐのみならず、関係をわかりきったものと見なして平板化してしまうことをも防ぐ。

　イスラエルの大いなる喜びと確信は、イスラエルの生と世界の生を支えるお方が完全に信頼に値するということである。イスラエルはそれに応答して、信頼に値する生を営もうとする。イスラエルの側のそのような応答は、社会関係においてイスラエルが担う大きな責任であり、また関係性には無関心な世界にあって公然たる抵抗の根拠である。どん底の喪失時代に、イスラエルは次のように、根拠となる事実のない確信を粘り強く主張した。

　　主の確かな愛は絶えることなく、
　　その憐れみは尽きることがない。

それは朝毎に新しく、
あなたの誠実さは大きい。
（哀 3:22-23、傍点は著者による〔原著英訳よりの日本語訳〕）

その繰り返される深く不変の確信から——世界のただ中での神の特質についての確信を、まさしくその詩から——教会は次のように大胆に歌う。

偉大なのはあなたの誠実、おお神よ、わが父よ。
あなたには心変わりの影はない。
あなたは変わらず、あなたの憐れみは消えることがない。
あなたはこれまでそうであったように、これからも永遠に変わらない。
偉大なのはあなたの誠実、
偉大なのはあなたの誠実、
朝毎に、新しい憐れみをわたしは見る。
わたしに必要であったものをすべてあなたの手は与えてくださった。
偉大なのは、主よ、わたしに対するあなたの誠実。
〔賛美歌 Great Is Thy Faithfulness、『讃美歌』第二編 191 番の一部を原詩より翻訳〕

〈訳：小友 聡〉

参考文献：
Heschel, Abraham, *The Prophets* (New York: Harper & Row, 1962)〔『イスラエル預言者』上下、森泉弘次訳、教文館、1992 年〕; Lindström, Fredrik, *Suffering and Sin: Interpretations of Illness in the Individual Complaint Psalms* (Stockholm: Almqvist & Wiksell, 1994); Rad, Gerhard von, *Old Testament Theology* vol. 2 (San Francisco: Harper and Row, 1965), 155-64〔『旧約聖書神学Ⅱ』、荒井章三訳、日本キリスト教団出版局、1982 年、208-219 頁〕; Sakenfeld, Katharine Doob, *Faithfulness in Action: Loyalty in Biblical Perspective* (OBT; Philadelphia: Fortress Press, 1985); idem, *The Meaning of Hesed in the Hebrew Bible* (Missoula: Scholars Press, 1978); Snaith, Norman H., *The Distinctive Ideas of the Old Testament* (London: Epworth Press, 1944)〔『旧約宗教の特質』、浅野順一・林香・新屋徳治共訳、日本基督教団出版部、1964 年〕.

神殿 (Temple)

　エルサレムの神殿は、その起源と機能とに問題があるにもかかわらず、また預言者の伝統に基づく厳しい神学的批判だけでなく、公の歴史の気まぐれと暴力にもさらされていたにもかかわらず、旧約聖書の宗教的想像力の中で飛び抜けた場所を占めている。

　エルサレム神殿の歴史は、三度の建設と、その後の破壊とからなっている。第一の、卓越した、そして最もドラマティックなものはソロモンの神殿であった。伝承によればダビデ王が神殿のための土地を購入したが（サム下 24:18-25）、神の託宣により神殿建設を妨げられた（サム下 7:4-7）。彼の息子ソロモン（962-922 年）が準備をし、資金を調達し、建築して、奉献した後、587 年にバビロニア軍により破壊されるまで（王下 25:1-21）、400 年にわたってエルサレムの王朝の景観と宗教的ヴィジョンとを支配したのである（王上 5-8 章）。

　エルサレム市民の指導層が強制移送され（エレ 52:28-30 を見よ）、ペルシア帝国の許可の下、バビロンから彼らが最初に帰還した（エズ 1-2 章を見よ）後、一般に第二神殿と呼ばれる、より簡素な神殿が建築された。ゼルバベル指導の下でのこの建築は、520-516 年にエルサレムにおいて、公に正統とされ、秩序づけられた生活が回復し再開することを意味した。建築計画はハガイ書とゼカリヤ書 1-8 章の託宣の中に反映されており、537 年以降のユダヤの覇権を握ったペルシア帝国と緊密につながっていた。エゼキエル書 40-48 章の幻による託宣は、再建された神殿、すなわちユダヤの独立と正統性の回復の強力なシンボルを先取りしている。第二神殿はペルシアの権威により認可、許可され、また同様にペルシアにより資金調達が行われたようである。神殿はさらに、生まれつつあるユダヤ教の信仰の中心として機能しただけではなく、帝国の税金徴収の道具としても、また、信仰と共同体生活の実践においてユダヤ人が内的自由を得るのと引き替えに、ユダヤ人指導者層がやむなくペルシアの政治的支配を受け入れたことの、目に見えるしるしとしても機能したのであった。

第二神殿は、神殿を支配することによって示される、エルサレムの領土支配をめぐる戦いの中、後70年にローマ人によって破壊されるまで持ちこたえた。しかしもっと早くに、前1世紀には、ローマの圧力に直面したユダヤ人独立をめぐる戦いにより、神殿をめぐる争いが生じていた。前37年にはヘロデが神殿を支配下に置き、大がかりな改修に着手したため、ヘロデの改築はしばしば「第三神殿」と見なされるほどであったが、神殿の機能においては第二神殿からの断絶は起きなかった。ヘロデの計画は、三回目の目立った努力と見なされるかもしれないが、実際は第二神殿の補足にすぎないのである。今日のエルサレムのいわゆる「嘆きの壁」は、ヘロデの建造物の今なお現存する西壁であり、イスラエルの最も神聖な場所、エルサレムにおける宗教的、政治的正統性の決定的シンボルなのである。

　ソロモンの神殿の間取りと構造とに注目すると、彼の神殿が確かにイスラエルの宗教生活の新しい特色を示していることがわかる。最初からイスラエルは、モーセの伝統に従って神礼拝が行われた場所や聖所をもちろん持っていたが、それらはおそらく構造も機能も共に、全く単純なものであったろう。それとは対照的にソロモンの神殿は、その規模において全く法外なものであった。その資材と職人たちは、ソロモンの貿易相手であったフェニキアのヒラムから充当されたが、ヒラムはイスラエルの契約の伝統については全く精通してはいなかった。幕屋が、エルサレム神殿を過去に遡らせた投影であったと考えることは妥当である。それはつまり幕屋が、現実には存在しなかったかもしれないが、後の世代による神殿についての神学的主張を支えるために、出エジプトの歴史の中に過去に遡って置かれたかもしれないということである。しかしながらクロス（Cross）は、幕屋と神殿とがイスラエルの宗教生活にとって、はなはだ対照的な意味を持っていたと言う。

　神殿建築の特に二つの要素が注目に値する。第一に、間取り図から三つの別々の区域が備えられていることがわかる。外庭、聖所、そして「至聖所」である。この三区域から成る間取りはカナン地方のどこにおいても用いられており、明らかに伝統的な設計なのである。ソロモンが伝統的な設計を用いたことは、イスラエルが、ユダヤ教に対して「破壊的」であるものについても過度に躊躇することなく、その周辺文化の中で利用可能なものを進んで用

いたことを示している。最も大切なのは、そのような設計が「聖性のグラデーション」を備えていることである。「至聖所」へと近づける者ほど、より高い「資格を与えられた」者でなければならないのであり、そのことは宗教的階級の区別を示し、君主に従属した特別な祭司階級組織の中におけるエリートの存在を保証するのである。このような配置は、イスラエル初期の礼拝の、民主的共産社会的な様式とは確かに対照的である。そして第二に神殿の材料が高価であり、異国情緒ただよう――杉材や大量の金といった――ものでさえあったことである。それは、ソロモン王朝の富の力を表しており、初期の農業経済圏における礼拝の形とは確かに対照的である。

　その階層構造から見てもその豪奢さから見ても、神殿は疑いなくソロモンの王権の下で行われた社会経済改革、政治改革を反映している。神殿はもちろん競合する神々よりYHWHを高めるよう意図されたものであった一方で、階層構造と豪奢さは、ソロモンの桁外れの業績と成功とをたたえ、高めもした。このようにイスラエルの経済環境の変化を表している神殿はまた、イスラエルの神学的アイデンティティを決定的に造り直し、定義し直したのである。つまりモーセによる革命的基盤からは離れて、成功と威信とに特徴づけられた、王政による均衡と安定とを示すことがそのアイデンティティとなった。そのようなイスラエルの性格の造り直しが、同時にイスラエルの神の性格の捉え直しをももたらすことは避けられなかった。

　神殿の第一の機能はYHWHの礼拝であり、礼拝によってYHWHの現臨が確かに提示される。そのようなYHWHの行為はどれも、神殿を統轄する王政の正統性を示す行為ともなりがちであり、またならざるをえない。このようにエルサレムの神殿は、何よりもまず共同体の聖所であるというよりは、むしろ支配体制を支えるための「王家の礼拝所」であったと思われる（アモ7:10-17も見よ）。神殿は、大きな神学的意図と並んで、おそらくその機能において、社会経済的、政治的な制度にかなうように、イデオロギー的に大きな重荷を背負わされていたようである。その上このような神学的機能とイデオロギー的機能とは、エルサレムの王たちが神殿に絶えず注意を払い続けたことから明らかなように、ほとんど分かち難く絡み合っていた（例えば王下12:2-17を見よ）。次のような神殿の三つの特徴的な営みは、神学とイデ

オロギーという、二重の機能にかなっていた。

　1. 神殿は犠牲の場所、すなわち聖礼典的な重要性を課された物質的な行為を通して、YHWHの支配に対する公の服従行為を行う場であった。レビ記1-7章の目録は、犠牲の実施についての複雑な体系があり、それを正統な祭司階級が監督していたことを示唆している。これらは学者たちの信じるところによれば、捕囚期あるいはその後の時代、すなわちソロモンの神殿破壊の後に法典としてまとめられた。後に法典化されたものは、政権と共同体の両方に対するYHWHの臨在と顧みとを確証するために、古くに整えられ実施されたものを反映しているのである。

　2. 神殿は歌う場所、すなわちイスラエルの神であり天地の創造主であるYHWHを、叙情詩をもってあがめる場であった。「シオンの歌」は特に、エルサレムの神殿と都とを、そこから命の賜物、正義のヴィジョン、命を生かす力を持った秩序を保証するものが生まれ出る、宇宙における神話的中心として描いている（詩46; 48; 84; 87編を見よ）。これらの詩編の特色は、イスラエルのより古い伝承への言及とともに、エルサレムにおけるYHWH以前の礼拝の中におそらくすでに存在していた神話的なものに、多く言及していることである。

　実際のシオンの歌はおそらく、「神殿の歌い手たち」や詠唱者たちと関連づけることによって、より明確に位置づけられるだろう。それらは歴代誌下に記されている神殿職につく者たちと同一視でき、また詩編の表題の中では「アサフ」や「コラ」などとして知られている。確かに、歴代誌と詩編の中の資料はどちらも一般に、より後代のものであると考えられているが、そこで表現されていることは間違いなく、それ以前に神殿で行われていたことを反映しており、それらは疑いなく、洗練された「専門職的」な礼拝行為だったのである。

　神殿の華麗さと大切さをほめたたえるシオンの歌の対極にあるのが、詩編74編、79編、137編の共同体の嘆きと、哀歌である。これらの歌や詩は神殿の破壊と喪失を悲しみ、シオンの歌の中で神殿のために歌われた、並外れた宗教的主張が完全に無効になったことを認めるのである。このように、神殿のリアリティと喪失とによってかき立てられる、深い悲しみを感じ取るた

めに、肯定的な詩編と否定的な詩編とが合わせて読まれなければならない。

3. 神殿は贅を尽くした典礼執行の場であった。それはあらゆるカオス的な脅威に直面する中で、規則正しく、創造の秩序正しさを堅固にする目的とその効果とを持っていたのである。そしてまた派生的に、神殿における典礼のスポンサーであり監督者であったダビデの後継者たちを高めたのであった。学者たちは、このような定期的に行われる典礼の祝いが、契約の更新やシオンの更新、あるいは YHWH の神的王権の更新に関わるものであったとの仮説を立てている。いずれにせよ YHWH の即位を歌う偉大な詩編（93; 96-99 編）は確かに、王国のシャーロームを保証する YHWH の最高主権をもたらす、あるいはそれを待ち望む、典礼によるドラマを反映しているのである。

列王記上 8 章（また代下 6 章も見よ）に対して特に注意が払われなければならない。それは神殿とその豊かな神学的主張とを複雑に反映しているからである。このテキストはソロモンの典礼を実際に想起させるものを含んでいるが、しかし長い時をかけて発展する中で、この世を生きる人間の実情に応じて加えられた後代の修正をも反映するものとなった。

> この章は、神殿が正当なものであることを典礼的に定めるさまを語り直しており、偉大な奉献の祭りを、定期的に挙行するその筋書きが示されているようである（王上 8:1-13）。
>
> このドラマには主の契約の箱を、神殿内に運び入れることが含まれている。このように初期のイスラエルが崇拝した第一のトーテム〔信仰の対象となる表象〕を、王政が形成するより広範囲に及ぶ象徴的主張に従属させているのである（王上 8:4）。ドラマは部族の記憶を王権のリアリティに従わせる。
>
> 祭司たち、長老たち、レビ人たちの典礼的行進は、王権の下で形成された差異に一致した、高度に階層化された宗教組織を反映している（王上 8:1-4）。
>
> 列王記上 8:10 の「雲」は触れることのできる神の臨在を表しており、幕屋の中の「栄光の雲」（出 40:34-37）と密接に並行している。列王記上

8:12-13 の歌われる中での臨在が、YHWH をソロモン神殿の保護者（パトロン）（そしておそらくは囚われ人）にするのである。これらの節が声に出して言っているのは、神の臨在の保証に関する、伝承の中のどこよりも最も究極的な主張である。さらに幕屋伝承も暗示して参照することによって、神殿は、イスラエルの幸福だけではなく、幕屋の形が写しとる全創造物の秩序化とも関わっていることを示している。

列王記上 8 章の 9 節と 27 節の記事が示すのは、触れることのできるものとして YHWH の臨在を高らかに宣言することは、この世界の中で変化させる力をもってふるまう、YHWH の名高い自由を妨げてしまうリスクを冒す（これについてはサム下 7:6-7 を見よ）という自己批判的な自覚である。列王記上 8:12-13 と並んで置かれたこれらの節は、神の臨在と神の自由とについてイスラエルが常に知っていた根深い緊張の証拠である。

ソロモンの祝福の祈りは、神殿が、イスラエルにおいて YHWH のシャーロームを生み出す力を持つ道具であると知られていたことを証明する（王上 8:56-61）。

列王記上 8:30-53 の長い朗唱は、テキストが後に発展していったことを確かに示している。敗北（33-34 節）、干ばつ（35-36 節）、飢饉や黒穂病（37-40 節）、捕囚（46-53 節）に言及することによって、この朗唱は古くからあった呪いの言葉（レビ 26:14-39; 申 28:15-68; アモ 4:6-11 を見よ）を告げるのである。しかし今や、この呪いの言葉は、YHWH に対するあらゆる罪の赦しを求め、祖国への帰還の希望を抱く、後の捕囚にある共同体のためのものである。その捕囚の共同体が必要とするものと、置かれた状況を考えるなら、神殿とは今や、触れることができる臨在に関わるものではなく、むしろ神の思いやりに関わるものである。この神は（捕囚にあって）神殿から遠く離れているが、神殿において知られている神の心遣いと恵み深さとに完全に頼る人々を赦そうとするのである。神殿は後に、YHWH と和解して国へと帰還するための、イスラエルの希望の力強い象徴となる。

神殿

　神殿は、その宇宙的神話を用いたり、その詩的誇張やレトリックにより、またその聖性のグラデーションによって、YHWH の輝かしい卓越性を具体化することが意図されたものであった。しかしその王朝の利益との緊密な結びつきのゆえに、神の卓越性に対する神殿の証言は実際、あまりにしばしば現体制の利益に仕えるために YHWH を飼い慣らすことになったのである。その結果、神殿と、それが具現化する飼い慣らされた宗教とが、預言者による厳しい批判の対象となったことは驚くべきことではない。預言者たちは、そのもっとも激しいレトリックにより、YHWH を歪めたものとして神殿を理解したのである。もっとも良く知られているのはエレミヤ書 7 章の非難である。イスラエルが他者に対して隣人となってトーラーに従わないならば、エルサレムの神殿はシロにある徹底的に破壊された北の聖所のようになると告げるのである。この凶兆の預言は、全く異なるエゼキエル書 8-11 章の幻による批判に匹敵するが、そこでは神殿を、神の臨在が離れるに違いない、忌まわしい「憎悪」の場所と述べている。

　特筆すべきはヨシヤ王についてである。その改革において彼は、地方の礼拝所（「聖なる高台」）をすべて閉鎖して、すべてを神殿に集中させた【「ヨシヤの改革」の項を見よ】。列王記下 22-23 章のテキストの中で有名な彼の行動は決して純粋なものではなかった。この統合によりヨシヤは、イスラエルの宗教的想像力を独占することによって、王政による掌握を強めたのであった。古代世界におけるこの行為は、現代世界におけるメディア企業による独占に似ていなくもなかった。このようにエルサレムの神殿は、同様の宗教的シンボルすべてと同じように、すべてが宗教的献身の名の下に行われる実利的な搾取に陥りやすかったのである。

　結局、神殿はイスラエルの想像力において、とてもあいまいな設備だということである。つまり、YHWH の宇宙的な支配とイスラエルへの忠実な偏愛を主張する一方で、イスラエルに臨在するとされる神を歪めることもあるのである。ここから派生するキリスト教の伝統がしばしば注目するのは、新しい天、新しい地、新しいエルサレム（イザ 65:17-25 を見よ）について述べるヨハネの黙示録 21:1-5 において、神殿については言及されないことである。それはおそらく、今や新しい秩序を与えられた神の支配においては不必

要なものと考えられたからであろう（ヨハ 4:21-24 を見よ）。そのような主張はもちろん、このあいまいさをきれいに解決することはできない。なぜならキリスト教の伝統も必要に迫られて、その信仰を保つためすぐに「臨在の場所」を設けたからであった。臨在を表すどのような表現も、ユダヤ教だろうがキリスト教だろうが、臨在と自由との緊張をうまく回避することはできない。すなわちその特質上あらゆる試みが、一方か、あるいは他方で終わるのであって、それは神の自由が減らされた臨在なのか、それとも神の臨在が不確かな自由であるのか、なのである。この神殿の主の捉えどころのない性質を考えれば、おそらくこの状況はそれ以外にはなりえないであろう。

〈訳：楠原博行〉

参考文献：
Ackroyd, Peter R., "The Temple Vessels: A Continuity Theme," *Studies in the Religious Tradition of the Old Testament* (London: SCM Press, 1987), 46-60; Albertz, Rainer, *A History of Israelite Religion in the Old Testament Period*, vol.1 (Louisville, Ky.: Westminster John Knox Press, 1994), 126-38; Brueggemann, Walter, "The Crisis and Promise of Presence in Israel," *HBT* 1 (1979), 47-86; Cross, Frank Moore, *From Epic to Canon: History and Literature in Ancient Israel* (Baltimore: Johns Hopkins University Press, 1998), 84-95; Haran, Menahem, *Temples and Temple Service in Ancient Israel: An Inquiry into Biblical Cult Phenomena and the Historical Setting of the Priestly School* (Winona Lake, Ind.: Eisenbrauns, 1985); Lundquist, John M., "What Is a Temple? A Preliminary Topology," in *The Quest for the Kingdom of God: Studies in Honor of George E. Mendenhall*, ed. H. B. Huffmon et al. (Winona Lake, Ind.: Eisenbrauns, 1983), 205-19; Meyers, Carol, "David as Temple Builder," in *Ancient Israelite Religion: Essays in Honor of Frank Moore Cross*, ed. Patrick D. Miller et al. (Minneapolis: Fortress Press, 1987), 357-76; Ollenburger, Ben C., *Zion: The City of the Great King: A Theological Symbol of the Jerusalem Cult* (JSOTSup 41; Sheffield: Sheffield Academic Press, 1987); Stevenson, Kalinda Rose, *The Vision of Transformation: The Territorial Rhetoric of Ezekiel 40-48* (SBL Dissertation Series 154; Atlanta: Scholars Press, 1996); Terrien, Samuel, *The Elusive Presence: Toward a New Biblical Theology* (San Francisco: Harper and Row, 1978).

申命記神学

申命記神学 (Deuteronomic Theology)

　学者は一般に「申命記神学」という用語を用いるが、それは旧約聖書の解説書の中で繰り返し出てくる言葉である。18世紀から19世紀に、旧約聖書に関する歴史的批判的研究がさかんに行われるようになり（主にドイツ人のプロテスタント研究者によって）、聖書本文の中に様々な文学的かつ神学的資料を識別し、特定することが可能になった。その時代には、これらの資料は明確な「諸文書資料」と見なされ、それが後に一つに編集されたと考えられた。しかし今日においては「文書資料」というよりも、むしろ旧約聖書の語る「声」と呼びたいのである。こうした資料の正確な年代付けや場所の特定については大いに議論されているが、テキストの中で様々な「声」が語っているという考えに異議を挟む余地はないように思える。

　この様々な声（＝解釈の伝統）の中で、おそらくもっとも重要で、もっとも容易に認識できるのは、今も息づく説得力ある解釈の伝統、すなわち学者が「申命記神学」と名付けたものである。この特別な神学的主張は申命記に起源があり、申命記からその見識を得たように考えられる。しかし、後に説明するように、この生き生きとした解釈の伝統は、申命記そのものをさらに超えて続いているのである。

　申命記は、シナイから場所と時間が少し隔たった「ヨルダン川の東側にあるモアブ地方」（申1:5）において、モーセが語った一連の説教として描かれている。この申命記（と申命記の中に表されている「申命記運動」）に関する学問的評価によれば、最終的に申命記となったこの文学作品は、おそらくアッシリア人たちがもたらした契約文書の影響を受けて、前7-8世紀に定式化されたものだろうと言われている。列王記下22章において神殿で発見された書はその申命記の一部であり、このことが契機となってヨシヤ王による宗教改革が行われた。つまりこれが「申命記改革」であると、学者たちは考えている【「フルダ」「ヨシヤの改革」の項を見よ】。

　旧約聖書神学を理解する上で、申命記の重要性をどれほど強調してもし過ぎることはない。申命記は契約に関する諸々の基本概念をイスラエルの信仰

の規範として提示している。おそらく申命記において、完全に成熟した、標準的な契約概念がイスラエルに導入され、そしてシナイ伝承およびモーセ伝承においてまだ体系化されていなかった諸々の基本概念が徐々につくり上げられていったのであろう。以下、申命記神学には三つの特徴があることを明らかにしたい。

1. 申命記の構成には、契約締結様式が意図的に反映されている。

> YHWH による救済行為の告知（申 1-11 章）
> YHWH による契約命令に関する語り（申 12-25 章）
> 契約に対する忠誠について、相互に交わされる誓い（申 26:16-19）
> 祝福と呪いという制裁規定の朗唱（申 28 章）

上記の順番に従って（おそらく礼拝式として実践されたと考えられるが）、YHWH とイスラエルとは、忠誠の厳粛な宣誓によって、イスラエルの側から言えば、服従の宣誓によって互いに堅く結び合わされる。

2. 戒め・宣誓・制裁規定という一連の手続きによって、トーラーへの服従が信仰の中心に据えられた結果、ある定式ができあがる。すなわち、聞き従うならばイスラエルは祝福を受け、聞き従わないならばイスラエルは呪いを受ける。もっと広く、一般的な言い方をするならば、「善人は栄え、悪人は滅びる」。この典型的な定式が申命記 30:15-20 で述べられ、そして遂には主要な考え方になった。この考え方に従って、イスラエルは前 587 年に起きたエルサレムの破壊を、契約を無視した不服従の結果として、契約に明記された制裁が行われたと理解し、解釈したのである。この定式にさらに磨きをかけ、微妙な意味の相違をもたせ、そしてその定式に伴う困難も認めながら、その伝統は発展していった。他方、この契約に関わる定式において最も強く求められていることは、行為と結果との強固な連関であり、道徳的に首尾一貫した世界を生みだすことである。この世界は支配者なる神によって統治されており、この神が歴史的過程において完全なる支配権を行使する。様々な特定の聖書箇所の中で、この道徳的に首尾一貫した論理がその隅々に至るまで展開されている。

3. こうして神学的伝統によって解釈が実践され展開されている中で、注目すべきことはそこには明白な一貫性が示されていることである。神学的な視野や倫理的な観点において一貫性が見られるだけでなく、ある特定の修辞的な表現や言葉の用法が繰り返し現れることでもその一貫性が明らかになる。要するに、ある定型表現（例えば、申 13:5 で述べられているように）は容易に別の用途に転用されることもあるが、その表現は全く変わらないために、これらの定型表現がどの箇所で現れてもすぐにそれと認識することができるのである。

申命記の伝統は疑いもなく古い記憶や諸々の伝統に依拠している一方で、列王記下 22 章で語られるように、ある巻物を発見し、その内容に従順に従おうとする過程は、巻物の伝統にイスラエルを再び結びつけたという意味で大変に重要であった。つまり、その巻物こそ、のちに正典化され、最終的に書物の宗教としてのユダヤ教に結実したからである。

申命記において容易に同定される神学や修辞的な定型表現を基盤に、1943 年、マルティン・ノート（Martin Noth）はのちに主導的になる仮説を提案した。ノートの主張とは、ヨシュア記から士師記、サムエル記、列王記にいたる一連の文学作品は、「申命記的」歴史神学を構成するというものである。つまり、それは土地への侵入（ヨシュ 1-4 章）に始まり、列王記下 25 章で描かれる土地喪失と捕囚へと続く物語であり、申命記の神学的確信から見たイスラエル史である。これら聖書中の各書を一言で「歴史」と呼ぶことに対してノートは異議を唱える。というのもノートによれば、これらの各書は実際には、数多くの古い資料を用いた歴史的解釈であり、申命記というレンズを通して資料や記憶を再解釈することで、多種多様な素材が一貫した解釈のもとでまとめられ、イスラエルとユダ王国の歴史物語になったものなのである。従って、もっとも重要な基本型は、イスラエルの王たちのトーラーに対する不服従という特徴的行為の実践であり、エルサレムの破壊と王国の滅亡という最終的な呪いを、契約違反の長い歴史に対する神の裁きと見なすことである。この観点から、この長い歴史が前 587 年の破壊を説明するために再話されたとノートは結論づけることができたのである。この破壊は、申命記

における神によって実行に移された刑罰なのである。それゆえに、この題材は決して歴史的な記録文学ではない。むしろそれは解釈であると明確に自覚されている。その解釈の「序」として申命記は根本的な土台をなしているのである。

　この解釈の伝統の明確な特徴は、以下に挙げる四点である。

　1. 士師記では、四つの要素をもつ定式が繰り返し現れて物語全体を構成している。この定式は YHWH が歴史を支配することに関する申命記的理解の影響を受けたものと通常考えられている。すなわち、(a) 不服従、(b) 罪を犯した人々に対する裁き、(c) YHWH に向けられた助けを求める叫び、(d) YHWH によって救済者である士師が与えられる（士 3:7-11; 10:6-16 のように。申 11:8-32 を見よ）。

　2. 王に対する批判的な見解が特徴的である（王上 14:9-14; 15:3, 11-15 のように）。特に顕著なのはソロモン王について言及される時である（王上 11:1-8）。これはまさに申命記的な判断である。ソロモン王はトーラーに著しく従わなかったために、契約に背いた呪いを被って王国が滅ぼされることになった（申 17:14-20 を見よ）。

　3. サムエル記下 7:1-16 において YHWH がダビデ王に与えた特別の約束は、不服従と呪いという簡潔な定式に重大な修正を加える。YHWH の特別な、一見すると無条件のようにも思えるダビデ王国に対する約束のゆえに、この簡潔な定式は制約を受けねばならない。法に従わなかったダビデの王国が予想をこえて長く続いたという事実に基づいて、そのような制約も考慮されねばならないと解釈されたのである。ダビデへの約束は、申命記の原則から言えば重大な修正であり、イスラエルの信仰を特徴づける神学的な基準点となる。

　4. 正しいことを行ったユダの王ヨシヤは、王に対して批判的な判断が繰り返される中、重要な例外的人物として登場する（ヒゼキヤ王も重要な例外である）。その結果、真の契約の守護者であるヨシヤは、申命記史家にとって模範となる重要人物になる（王下 23:25 を見よ）。

　申命記と申命記史書とともに、最終形態におけるエレミヤ書もその系列

申命記神学

につながるのではないかと見なされる。エレミヤ書は、YHWH の怒りと悲痛が満ちている詩文が収集されたものである。というのは、ユダが自ら望んで破滅へと向かうからである。しかしながら、これらの詩は一連の散文箇所に従って編集され、まとめられた。こうした散文箇所が特定の解釈を詩に課し、どこにあっても申命記的と見なされるくらい同じような語りで、しかも同じリズムで描かれていることは確かである。エレミヤ書の申命記的編集は、エルサレムの破壊についての手遅れの省察のようなものなのである。その際、詩はその破壊の証人である。この編集が行われるのは、捕囚となって生きる何世代もの民に、トーラーに従う民としてのアイデンティティを取り戻させるためである。

　エレミヤ書には、申命記とのつながりを明らかに示す三つの特徴がある。第一に、書記バルク（エレ 36; 45 章）とセラヤ（51:59-64）の存在が示唆するように、エレミヤ書に見られる申命記的編集には、新興するユダヤ教を形成することになる書記官の影響が強く見られることである。ヴァインフェルト（Weinfeld）が主張するとおりである。

　第二に、エレミヤ書 36 章で、エレミヤの巻物がヨヤキム王によって火に投じられ、その後元通りに別の巻物に書き記されるが、それは列王記下 22 章で述べられる律法の書の発見と逆の意味で対応している。その結果、ヨシヤ王とその息子ヨヤキムは「良い王と悪い王」の見本であるだけでなく、申命記改革に対する支持者と敵対者の見本にもなっている。エレミヤ書 36 章における巻物に関する記述から、申命記改革とは「巻物に対する意識」が育まれた結果であると考えることができる。すなわち不完全な形ではあるが、正典や聖書の民という概念になった内容がすでに反映されているのである。

　第三に、預言者エレミヤの後援者であり、エルサレムの王政に敵対する親バビロニア派であるシャファン一族の強い存在感があってこそ、継続する申命記の伝統をエルサレムの政治世界の中に置くことができるのかもしれない（エレ 36:10-12; 王下 22:3-14。明らかに異なるシャファン像が以下で言及される。エレ 26:24; 39:14; 40:5-11; 41:2; 43:6）。すなわち、契約に関する神学の伝統は、単なる「宗教」ではなく、社会政治的な主張である。それは契約関係という伝統に深く根ざし、また、エルサレムの王家がもつ放縦で自滅的な傾向に対

する抵抗でもあるのである。初期の申命記改革が律法主義へと発展したように、同じような解釈上の強調点のいくつかは、後代の歴史解釈である歴代誌上下にも再び見られ、機能し、また、エズラはトーラーの宗教としてのユダヤ教を再構築するという注目すべきことを成し遂げた（ネヘ8章を見よ）。それゆえ、想像力に富み、生産的で、解釈の起爆剤ともなる申命記的伝統は、モーセの古い記憶と、ユダヤ教を確立していく後代の律法学者の作業との仲介をなす力である。

　このような契約主義という神学的伝統は、その生命力を維持して新約聖書に引き継がれ（新約聖書において申命記は旧約聖書からもっとも多く引用される文書の一つである）、契約に関わる西欧の政治理論の諸相にも反映している。数ある主義主張の中でも、この伝統が強調するのは、（服従か、あるいは不服従か、という）人間の行為が社会全体の将来を形づくる、決定的な要素であるということである。トーラーを順守することが、社会の幸福を約束するのである。〈訳：大串 肇〉

参考文献：
Campbell, Antony F., and Mark A. O'Brien, *Unfolding the Deuteronomic History: Origins, Upgrades, Present Text* (Minneapolis: Fortress Press, 2000); McCarthy, Dennis J., "2 Samuel 7 and the Structure of the Deuteronomic History," *JBL* 84 (1965): 131-38; Nicholson, E. W., *Preaching to the Exiles: A Study of the Prose Tradition in the Book of Jeremiah* (Oxford: Blackwell, 1970); Noth, Martin, *The Deuteronomistic History* (JSOTSup 15; Sheffield: JSOT Press, 1981); Olson, Dennis T., *Deuteronomy and the Death of Moses: A Theological Reading* (OBT; Minneapolis: Fortress Press, 1994); Polzin, Robert, *Moses and the Deuteronomist: A Literary Study of the Deuteronomic History*, Part One: *Deuteronomy Joshua Judges* (New York: Seabury, 1980); Rad, Gerhard von, *Old Testament Theology I* (New York: Harper & Brothers, 1962), 69-77, 219-31, 334-47〔『旧約聖書神学Ⅰ』、荒井章三訳、日本キリスト教団出版局、1980年、103-12, 292-314, 444-57頁〕; Stulman, Louis, *Order Amid Chaos: Jeremiah as Symbolic Tapestry* (The Biblical Seminar 57; Sheffield: Sheffield Academic Press, 1998); Weinfeld, Moshe, *Deuteronomy and the Deuteronomic School* (Oxford: Clarendon Press, 1972); Wolff, Hans Walter, "The Kerygma of the Deuteronomic Historical Work," in *The Vitality of Old Testament Traditions*, ed. Walter Brueggemann and Hans Walter Wolff (Atlanta: John Knox Press, 1975), 83-100.

救い (Salvation)

　旧約聖書の物語の主要な筋は、YHWH がイスラエルの生活に救出、脱出、解放をもたらすために介入するという出来事の連続である。YHWH のこれらの行為は、記憶すべき行為であり、具体的でかつ決定的、そして変化させる力のあるものであり、「救い」もしくは「解放」と称される（イザ 52:7, 10; 詩 27:1; 78:22）。そのような明確な結果をもたらす方法で行動する者（普通は YHWH であるが、士 3:31; 6:14; 10:1 にあるように時折 YHWH の命令による人間の仲介者）は、「救い主」であると言われている（ホセ 13:4; イザ 43:3, 11; 45:15, 21; 49:26）。そして決定的な動詞が「救う」（yš'; 士 3:9; イザ 49:25; 63:9）である。この言葉は、計り知れない変化をもたらす力について語っており、それゆえ救いは負の諸力に対する勝利としても理解しうる。その諸力は、YHWH の大いなる力によって今まさに打ち破られているのである（ヨシュア、イザヤ、ホセア、そして後にはイエスという名前もこの動詞から派生したものである）。

　YHWH はイスラエルのために大いなる救済行為を公然と展開したのだが、その物語の主要な筋は、信仰の基準として唱えられるものとなり、時には"credo"〔信条〕と称される。それはイスラエルが自らの信仰について示した決定的で最も特徴的な証言、YHWH が大胆に介入したと言われている一連の出来事を示す（詩 105; 106 編を見よ）。これらの出来事のうち、最も重要なのは出エジプトであり、その際に YHWH は、ファラオの絶大かつ不正な権力からイスラエルを救い出すのである（出 6:6）。エジプト脱出に続いて、イスラエルは荒れ野における神の導きと、良い地という賜物を語り、これらが一緒になって、救いの歴史を形作っている。その物語を唱えることに、イスラエルが特に重要視している他の出来事を加えることもできる。歴史批判的な観点からは、YHWH という名の神と、「救う」という能動態動詞を関連付けるのは困難である。と言うのも、我々は YHWH がどのように、もしくはどのような手段で救いを実践するかを知らされていないからである。しかしながら、YHWH と「救う」との関連はイスラエルの信仰においては決定的に重要である。イスラエルの頌栄的修辞表現においては、この関連付けは何

の問題もないばかりか、実際にはイスラエルが言葉で表すことのできる最も重要な信仰の主張なのである。その頌栄的主張によって、YHWHが救いをなす神であるということが知られ、またそう告白されることになる（ちなみに、エリシャという名の意味はまさに「神は救う」である）。

　YHWHの救いの業は、イスラエルの叫びへの応答であることがその特徴である。それは出エジプト記2:23-25におけるエジプト脱出の始まりや、士師記の定型表現（3:7-10のように）において、また詩編107編の高度に定式化された表現において明白であるとおりである。

　様々な奇跡についてのこの規範的朗唱は、物語の形をとっており、そこにはYHWHが登場し、またその物語によりYHWHがイスラエルに知られることになる。更にその朗唱は、イスラエルがYHWHの救いの能力の恩恵に与るべく選ばれた存在であり、またその能力が向けられる対象であるとしており、世界を、変革者であるYHWHの強力な意思に対して開かれている場として特徴づけている。

　救済の物語を唱えることで、YHWHを救い主として、イスラエルをYHWHの民として、そして世界をYHWHの領域として特徴づけるわけだが、この朗唱はイスラエルの頌栄的な想像力に決定的影響を与えた。その結果、これらの規範的な物語の特徴づけに従い、この世界におけるイスラエルの生活の他の部分を描写し直すことが可能となった。こうして、イスラエルがペルシアの命令によってバビロンから「奇跡的に」解放された前6世紀には、イスラエルの生活がこのように転換したことは、救いの神の業として頌栄的に理解されたのである（イザ43:12）。同様にして、より身近で個人的なイスラエル人の経験も、解放に関する修辞的表現を通して理解された。イスラエル人は日常的にYHWHに対して個人的境遇からの救出を請願していた（詩3:8; 6:5; 7:2; 22:21）。また解放された後には、決まってその解放の業に対する感謝の意をYHWHに表した（詩34:7-9; 107:13-16, 19-22）。

　イスラエルの頌栄的修辞表現を包含するものとして「救い」を捉える広い視野を持つことは、極めて重要である。旧約聖書における「救い」はしばしば「物質的」（言い換えるなら、生活に関わる、具体的で、社会政治的な事柄）であると言われる。しかしながら、このような主張は、救いは何か霊的で別

救い

次元のものであるという、しばしば聞かれるキリスト教の主張に呼応して、旧約聖書に向けられるものである。実際には、旧約聖書は物質的─霊的といった二元性を認識しておらず、生活のあらゆる局面（個人と公共、現在と未来）がYHWHの救いの可能性に対して開かれていると考えている。従って、「救い」は充足、喜び、共存を妨げるありとあらゆる状況、もしくはあらゆる負の力からの解放なのである。

　負の圧力は病気、投獄、孤立、貧困、不公平な司法行為、または隣人の中傷さえ含む多くの形態を取るだろうが、「ファラオ」はイスラエルにおいて〔それらの諸力を示す〕便利な暗号である。すなわち「ファラオ」は、神がイスラエルを生かしている生命を排除する、あらゆる力を示すのである。「ファラオ」という言葉から、幸福を排除しようとする力としての別の一連のカテゴリーへと移行すること──死や律法の力への隷属について語ること、あるいは、さらに現代的なカテゴリーを用いれば罪や絶望について語ること──は比較的容易である。そのような移行において、現実の生活、すなわち救いに関する言葉がもともと置かれた場である日常的な生きた現実へのつながりを維持しなければならない。

　詩編では、神が勝利すべき活発な負の力は、しばしば「敵」という言葉で表現されるのだが、この言葉は意味の範囲が広く、定義がなされないままである。負の力や状況であればいかなるものであれ、「敵」という言葉があてられうる。ちょうど私たちが何気なく「貧困撲滅運動」、「癌との戦い」と言う時に、貧困や癌は、満たされた生活を妨げる敵と見なされているように。イスラエルには喜ばしい確信がある。それは、YHWH（救済者）は過去において、また今も常に、そして未来においても、幸福を妨げるあらゆる障壁を打ち破る、というものである。救いがなされる世界とは、争いが絶えず、諸力が対立する世界である。イスラエルは、これらの力を脅威と認めるが、しかし、最終的にはYHWHはそのようなすべての力よりも強いと断言するのである。従って、YHWHは新しい人生を可能にする方として誉めたたえられるべきである。YHWHの救済は勝利であり、それはキリスト教用語である「福音」──すなわち、死をもたらす諸力から神が救い出してくださることを、公に示すこと──の主題となるのである（脅威が差し迫る具体的な状況

における「良い知らせ」に関して、イザ 40:9-11; 52:7-8 を見よ)。〈訳：長谷川忠幸〉

参考文献：

Brueggemann, Walter, *Theology of the Old Testament: Testimony, Dispute, Advocacy* (Minneapolis: Fortress Press, 1997), 173-81; Croft, Steven J. L., *The Identity of the Individual in the Psalms* (JSOTSup 44; Sheffield: Sheffield Academic Press, 1987), 15-48; Rad, Gerhard von, *The Problem of the Hexateuch and Other Essays* (New York: McGraw-Hill, 1966), 1-78〔「六書の様式史的問題」『旧約聖書の様式史的研究』、荒井章三訳、日本キリスト教団出版局、1969 年、3-125 頁〕; Westermann, Claus, *What Does the Old Testament Say about God?* (Atlanta: John Knox Press, 1979), 25-38.

性

性（Sexuality）

　旧約聖書は人間の性に関する健全な理解とその実践のための基礎を提供しているが、一方で父権制的前提の結果、人間の性の描き方が深く歪められているという実態をも示している。従って、人々が旧約聖書に何を見出すかは、多くの場合これらの主題のうちどちらを強調するかによるのである。

　創世記 1-2 章の創造物語のテキストは、旧約聖書が性を創造の一要素として捉えており、神からの健全で喜ばしい賜物であると理解しているという主張の基礎をもたらす。最初の創造物語において、「人間」（'adam）は「男と女」とに創造され、統治権を持ち、増え広がるようにと神に祝福される（創 1:26-28）【「祝福」「神の似姿」の項を見よ】。まさにこの言い回しは、「男と女」の両者を、「人間」の意味を構成するものとして理解していることを示すものである。男性と女性は完全に平等で等しい存在として表されている。両者が一緒になって神の似姿（つまり、人類の未来に対する神の良い意思を担うもの）になるのである。

　第二の創造物語の場合はより複雑である。と言うのも、女性は男性の「あばら骨」に由来し、従って男性に付随し、男性から派生する存在なのである（創 2:22）。また、女性は男性の「助ける者」（伝統的な表現）とならなければならない（創 2:18）。「あばら骨」「助ける者」という表現は、男性に従属する女性という強固な解釈の伝統を導き、女性を劣った者、依存した生き物と定義するのである。しかしながら、創世記 2:24-25 に記された物語の結論は、23 節の詩文と一緒になって、〔男女の〕従属的関係ではなく連帯を表している。私たちは、この男性に従属する女性という問題に取り組んできた、アウグスティヌスからカール・バルトに至るまでの長い解釈の伝統を考慮しなければならない。しかしながらまた、強力な解釈の伝統と、従属を明らかに支持していないテキストそれ自体の理解とを区別しなければならない。フィリス・トリブル（Phyllis Trible）が見出したように、読者はこのテキストに平等と調和の根拠を見つけることができる。たとえ、従属をほのめかすテキストも十分にあり、それが女を男に従属させるという読みを可能にしているので

あるとしても。

　第二の創造物語を注意深く見ていくと、創世記3章において男性と女性の両方が呪いの下に置かれる（16-19節）。この箇所は一般に誤読されてきたが、それに反して実際は、キリスト教の伝統で「堕罪」と理解されるこの背反は、性に関する罪とは一切関連づけられていない【「堕罪」の項を見よ】。もしも創世記3章が、人間の状態が全面的に歪められ、また人間の命が今や神から遠ざけられている（これが「堕罪」に関するキリスト教の教えの要旨である）と断言しているとするなら、確かに人間の性はその歪みと疎外に関係しているのだが、しかしこの3章の場合は性それ自体に関心を持ってはいないのである。もっとも神から賜った性は、人間の生が決して免れえない歪みの一部であるかもしれないが。創世記 1:26-28 における「神の似姿」が、男と女という健全な人間の性を含意するなら、創世記 5:3 や 9:6 においても「神の似姿」は、「堕罪」と洪水と、そのどちらによっても無効とされていない。神の似姿というこの人間本来の性質は、そのような決定的な混乱を通してさえ断言されるのである。

　二つの創造物語においてもたらされた人間の性の健全で肯定的な表現は、雅歌の中で精力的に賞賛され、また強調されている。雅歌は人間の愛を何の恥じらいも忌避の念も持たずに、ロマンティックに、また官能的に表現する一連の愛の詩である。雅歌は聖書の中で最も十全な創造神学の表現であると考えられてきた。それは、二人の人間が、信頼、楽しみ、幸福、神に与えられた誠実と喜びの完全な実行において、共に完全に神の似姿を表す者として描かれているからである。

　イスラエルの基本的な詩からイスラエルの法へと話を移すことは、盛り上がったところに冷や水をかけられるような転換である。キャロライン・プレスラー（Carolyn Pressler）とハロルド・ワシントン（Harold Washington）は、申命記 20:14; 22:13-21; 24:1-5 の法が、大いに差別的な男性と女性の性別役割を「構築」しているその道筋を示した。パートナーシップの根拠は存在するのだが、多くの場合、法は女性を男性の所有物であると明言しており、女性は確実に男性より下位の存在で、平等な権利を持たない者とされている。むさぼりに対する禁止（出 20:17; 申 5:21）は、「妻」を「畑」と並べており、尊ば

れ大切にされるべき二つの価値ある所有物を、男性の所有物として示しているのである。実際に、男性が姦淫を行っても相手が未婚の女性であるならそれは姦淫とならない。他の男性の妻と姦淫を行った場合に限り、その行為は姦淫となる。この行為によって侮辱されるのは、根本的に女性の夫なのである。と言うのは、その行為によって男性とその妻との関係が壊されるからであり、姦淫した男性は社会的な辱めを受けることになる（レビ 20:10; エレ 5:8; 7:9; 9:1; 29:23）。確かにいくつかのテキストにおいて女性も姦淫を行っているが、その場合、その女性の夫を貶める男性と共謀しての行為である点に特徴がある（ホセ 3:1; 4:13-14; エゼ 16:32; 23:27）。姦淫が男性の「特権」であるという証言だけがあるわけではないが、主要な証言はそのように示している。

売春は、女性における姦淫に相当する行為である（レビ 21:9; 申 22:21 を見よ）。しかし、女性のその違法な自由をもってしても、姦淫は、男性の特権であるという見地によって定義される。売春に関して、フィリス・バード（Phyllis Bird）は次のように記している。

> それは、父権制度の社会における、性別間の地位と権力の不均衡な配分の結果であり、またその証拠である。それはとりわけ性別の役割、義務、将来性の不均衡において表される。このことは、売春婦に相当する存在が男性の側に欠如していることに見られる。女性の売春は、男性の矛盾した要求にとって、すなわち妻たちの性を排他的に管理し、かつ他の女性と性的接触を持つという要求にとって、都合がよいのである。妻や未婚の年ごろの女性に対する規制によって、社会の中で女性に接触することが困難になればなるほど、「他の」女性を制度上合法化することの必要性は大きくなる。売春婦とは、許容されるが汚名を着せられ、求められるが排斥される「他の」女性なのである。（200-201）

レビ記 21:9 と申命記 22:21 の事例では、「父親の家」を貶めたことが問題になっている。つまり、女性の行為であっても男性の威信への影響によって規定されるのである。バードは、タマル（創 38 章）、ラハブ（ヨシュ 2 章）、列王記上 3 章に登場する遊女という、三人の売春婦の物語について論評をし

ている。それぞれの事例において、バードは、物語自体の観点では売春婦が英雄にされていることを示す。それにもかかわらず、その物語の根底にある社会的意味は、彼女たちに割り当てられた社会的役割において、彼女たちは社会の恥であり、社会はこの女性たちを認めることはないというものなのである。

　この点に関わって言及に値するのは、箴言の「ふしだらな女」（いくつかの翻訳では「異邦の女」となっている）である。この女性は、諭しを受けている息子の幸福に対する脅威と見なされる（箴 2:16; 5:3, 20; 6:24; 7:5）。この女性の様々な愚かさが神話的に言及されている。しかしながら、その脅威ははるかに日常的であり、また具体的である。つまり簡単に言えば、他の信仰を持つ別の文化から来た女性は、誤った方向に導き、堕落させるだろう。家族の結束はどのようなことをしても守られるべきなのである。このように性は、個人に与えられた権利や自由の観点からではなく、（社会の連帯の不可欠な一部分である）家族の連帯と幸福という観点から考えられているのである。さらにヨーダー（Yoder）は、危険を持ちこむ女性に対するこの反論は、その中心に経済的要素があることを示した。すなわち、この問題は、そのすべてが男性の手中にあるところの社会的権力の観点から把握される必要がある。これらの逸脱的行為、売春、姦淫、そのいずれに対する評価においても、主要な関心事は恥である。そして戒めは、恥の持つ浸食的な力から家族を保護するように意図されているのである。

　現在の教会の議論において、多くのエネルギーが同性愛の事柄に向けられているのだが、多くの議論がなされているにもかかわらず、旧約聖書はこの問題に全くと言っていいほど注意を向けることをしていない。しばしばこの問題の文脈において引用されるのだが、創世記 19 章と士師記 19 章の物語はこの問題には関係がなく、これらは事実上、集団的レイプに関する物語なのである。創世記 19 章の物語の中にあるソドムという言葉について特に言及しておくとすれば、預言者たちのこの言葉の用法（イザ 1:9-10; 3:9, エレ 23:14; エゼ 16:46-56）は、創世記のこの物語を解釈するための幅広い可能性を示している。

レビ記 18:22 と 20:13 は、同性愛に関する二つの重要なテキストである。どちらの場合も、その主張は明白であるように思える。つまりこの主張は、男性と関係を持った男性は、共同体の団結と高潔を守るために刑に処せられなければならないということを規定している。

この主張が明らかだからと言って、問題がそこで終わったのではない。第一に、このレビ記の二つのテキストは同性愛者のみに向けられていると取られるべきではなく、むしろ共同体を脅かす犯罪についての長いリストの中に見出されるのである。そのテキストは、人と人との交わりによって数多くの脅威がもたらされることを列挙している。この二つのテキストは、夫と妻の親密な関係を厳守するがゆえに、第三者と関係を持つことは死を招くとしており、その結束に関して強い関心を持つ共同体を反映しているのである。

第二に、レビ記 18 章と 20 章は、学者たちによって「神聖法典」と呼ばれている大きなテキスト（レビ 17-26 章）の中の一部である。神聖法典においては、生活のすべての状況は YHWH の怒りを遠ざけ、YHWH の前から退けられないために、特定の要求によって秩序づけられるべきである。

レビ記 18:22 と 20:13 の二つの戒めは文脈から切り離すことはできず、大きな教えの中の一部として付随しているのである。これらのテキスト（文脈から切り離された）に対する今日の先入観は、そのほとんどが滑稽なものである。というのも、これらのテキストに関して切迫感を覚える人々は、神聖法典の中にあるその他のあらゆる部分を現実離れしているものとして特徴づけているからである。旧約聖書の律法に関するキリスト教的解釈において長い間用いられてきた表現が尊重されるなら、レビ記 18 章と 20 章は道徳的な教えではなく、祭儀的な要求なのである。

最後に、二つのより広い解釈的疑問について記す必要がある。第一に、聖書は文化的に条件づけられるのであって、一つ一つの細かい点において、すべての文化に無条件に規範的なものとなるための絶対的教えと捉えられるべきではない。もちろん、聖書はキリスト者にとって信仰と道徳の問題における唯一の手引きである。しかしながら、聖書の表現の体系は、長い時間をかけ、慎重に発展し、今も動的に変化しさえする、教会の解釈的伝統への言及をいつも含んでいる。性の問題において、聖書は、確かに伝統的かつ父権制

的な伝統を描いており、それは個人の自由を、あらゆる人間関係の不可欠な要素として捉える啓蒙主義以降の文化には容易に移転できない。テキストを真剣に受け止めるということは、いまだに構築の途上にある教会の伝統と現代の文化との関連の中でそのテキストと奮闘することなのである。なぜなら、テキストは新しい文脈の中でいつも違う「意味」を持つからである。

　ここで主張された解釈は、問題のあるテキストの「リベラルな」放棄を試みるものではなく、むしろ、聖書はあらゆる新しい状況において新しく読まれるべきであるという健全な解釈的原則に基づく主張である。この原則は、性よりはむしろお金についての聖書の教えに関して少し考えれば、容易に理解される。申命記 23:20-21 に従うならば、借金の際に共同体のメンバーから利息を取るべきではない。当然ながら、現代の経済において、我々はこの教えを次のように言い換えるだろう。すなわち、この戒めは人々が顔を合わせて生活している民衆文化のためのものであり、複雑な都市経済に関するものではないのである。この都市経済というのが今まさに論点である。我々は必ず新しい文脈を考慮に入れている。解釈とは、テキストが何を意味したかではなく、テキストが今どのような意味を持つのかを決定するために考慮する過程なのである。

　教会において、我々は聖書と倫理的問題を——それが姦淫や離婚にまつわる性に関することであっても——たやすく容認する。ここで示唆されていることは、聖書に基づく倫理的な推定（教会における必須の解釈的行為）が性の問題も含めて、すべての問題にとって重要であるということである。しかし、我々は解釈の過程に注意を払わなければならず、またその問題に関して自分たちが絶対者となって、それを選び取ることを避けなければならない。結局のところ、聖書の主張は、文脈と奮闘し、解釈することなしに断言することはできないのである。

　旧約聖書を記した者たちは、性の関係はすべての関係の中で最も本質的で、大切で高価なものであり、また多くのことを要求するものであるということを明確に理解していた。まさしくそれゆえに、旧約聖書の（最も心打つ）テキストは、YHWH とイスラエルの契約的関係について語る際に、夫と妻の関係を最も基本的な隠喩として用いるのである。

性

エレミヤ書 2:2 はその契約が適切に機能している時を、蜜月として語る。「行って、エルサレムの人々に呼びかけ／耳を傾けさせよ。主はこう言われる。わたしは、あなたの若いときの真心／花嫁のときの愛／種蒔かれぬ地、荒れ野での従順を思い起こす。」

ホセア書 2:21-22 は関係の回復と和解について語るために同様の比喩的表現を用いる。「わたしは、あなたととこしえの契りを結ぶ。わたしは、あなたと契りを結び／正義と公平を与え、慈しみ憐れむ。わたしはあなたとまことの契りを結ぶ。あなたは主を知るようになる。」

しかしながら蜜月から和解に至るまでに、YHWH に対する関係における不誠実、背信、不義について説明するために同じ比喩的表現が用いられている（イザ 57:3; エレ 3:8; エゼ 23:37; ホセ 2:4）。出エジプト記 34:15 においてすでに示されたように、他の神々の崇拝は「売春」にあたる行為である。イザヤ書 54:5-6 では、捕囚にあるイスラエルは夫に「捨てられた」女性に譬えられている。このような表現の修辞的意図は、夫である YHWH の面目をつぶす無礼と重大な侮辱がいかに深刻であるかを強調することである。

エレミヤは、最も見事にこの比喩的表現を用いる。それは、申命記 24:1-4 に記された父権制的な婚姻命令を、エレミヤ書 3:1-4:4 において YHWH が発する回復へのすばらしい招きに言い換えることでなされている。古いモーセの教えでは、捨てられた妻はその夫のもとに帰ることはできない。エレミヤ書の預言者的言い換えでは、怒る夫である YHWH は関係性のためには、シナイ山のトーラーの古い命令に背いても構わないと思っている。エレミヤは不誠実な伴侶の帰還に伴う痛みと驚きを伝えるために——この関係性の回復は、傷と熱愛に根差したものである——、まさにこの比喩的表現を用いるのである。確かに、もし詩人がこのような過激な比喩的表現を用いることができなかったなら、この問題はこれほど深く表現されることはなかったかもしれないとさえ思える。

この比喩的表現が効果的に使用されているということを認める一方、

我々はレニタ・ウィームス（Renita Weems）とキャロル・デンプシー（Carol Dempsey）に倣い、YHWH の支配に言及する際の夫と妻という比喩的表現が危険なものであることに気づくべきである。なぜなら旧約聖書におけるこの夫婦関係の比喩は対等な関係を意味しないからである。YHWH は良き夫として特徴づけられ、イスラエルは移り気で、罰せられ、捨て去られても仕方のない非難されるべき妻である。このように父権制の傾向を危険なまでに強化しているのである。

　夫と妻という比喩的表現を神学的に用いることは、男性と女性の官能的な愛を描く雅歌へと再び我々を向かわせる。長い間続いてきた解釈の伝統も、また次のように理解している。すなわち、雅歌の詩が神とイスラエル、キリスト教的に言い換えれば、キリストと教会との間の激しい愛に関するものであると。歴史批判的な方法を用いる解釈者たちはそのような寓意的な解釈を拒否するが、以下のような信念について熟考することは実に有益である。それは、信頼と親しさという最も深いレベルで機能する契約関係については、最も官能的な比喩的表現で語るしかないという信念である。イスラエルの YHWH に対する関係をそのように読めば、あらゆる契約的・法的モデルは背後や下に押しやられてしまう。比喩的表現をこのように使うことで、親密さの点で美しく、その壊れやすさの点で高価なものとして、両者の関係性を描くことになるのである。

　聖書は、性とは代価と喜びがしのぎを削る究極の闘技場であるということを理解している。それゆえに、性の比喩的表現は、イスラエルが最も大切にした関係にふさわしい表現なのである。間違いなく教会には、究極的でありながら、最も親しい存在について語る方法を回復するためになすべき厳しい仕事がある――すべてのものを有用品に無理やり変えてしまうこの世俗世界において。とりわけ改革派の伝統にある教会の人々は、カトリック教会のもとで生き続けた神秘主義的な解釈の伝統に大いなる注意を払う必要がある。何と言っても、雅歌におけるこの神学的な愛のドラマについて最も深く探求したクレルヴォーのベルナールが、ジャン・カルヴァンの信仰を形成するにあたって大きな原動力となったのである。〈訳：長谷川忠幸〉

参考文献:
Bird, Phyllis A., *Missing Persons and Mistaken Identities: Women and Gender in Ancient Israel* (OBT; Minneapolis: Fortress Press, 1997); Day, Peggy L., ed., *Gender and Difference in Ancient Israel* (Minneapolis: Fortress Press, 1989); Dempsey, Carol J., *The Prophets: A Liberation-Critical Reading* (Minneapolis: Fortress Press, 2000); LaCocque, André, *Romance She Wrote: A Hermeneutical Essay on the Song of Songs* (Harrisburg, Pa.: Trinity Press International, 1998); Pressler, Carolyn, *The View of Women Found in the Deuteronomic Family Laws* (BZAW 216; Berlin: de Gruyter, 1993); Selinger, Suzanne, *Charlotte von Kirschbaum and Karl Barth: A Study in Biography and the History of Theology* (University Park, Pa.: Pennsylvania State University Press, 1998); Trible, Phyllis, *God and the Rhetoric of Sexuality* (OBT; Philadelphia: Fortress Press, 1978)〔『神と人間性の修辞学』、河野信子訳、ヨルダン社、1989年〕; Washington, Harold C., "Violence and the Construction of Gender in the Hebrew Bible: A New Historicist Approach," *Biblical Interpretation* 5 (1997): 324-63; Weems, Renita J., *Battered Love: Marriage, Sex, and Violence in the Hebrew Prophets* (OBT; Minneapolis: Fortress Press, 1995); Yoder, Christine Roy, *Wisdom as a Woman of Substance: A Socioeconomic Reading of Proverbs 1-9 and 31:10-31* (BZAW 304; Berlin: DeGruyter, 2001).

聖／聖性 (Holiness)

　「聖」という概念はイスラエル宗教において最も深く、最も謎に満ち、最もすばらしく、最も厳しいものを意味する。意味の弾力性を伴ってこの用語は信仰におけるいくつかの特徴的な緊張を担うものとなっている。イスラエルの信仰を言い表す語彙の中の他のほとんどすべての神学的用例と異なって、この語は日常生活から派生したものではなく、神学的用法を前提としたものであった。その結果、「聖」はその神学的用法以外には参照点がなく、一層意味の特定が難しい。

　この語は、触知できるような物質性からの分離と同時に、倫理性の義しさを主張する際に使われる。これら二つの強調はあきらかな区別を持って現れることはなく、相互排他的に使われるものでもない。一方の用例は概して他方のニュアンスを含むのである。しかしこの語は異なる伝承において異なる働きをする。出エジプト記―レビ記―民数記といった祭司伝承において、そしてエゼキエル書における並行用例において、「聖性」は、一般的な用途からは区別されたものを意味し、それゆえに純粋で注意深い宗教的用途のために取っておかれるものを意味するのである（エゼ 22:26 を見よ）。この語は土地と密接に関連させられている。これらの伝承が、イスラエルの土地を不安定な仕方で保たれているものと想定し、もし汚され、または穢されるとすれば危険にさらされるものと考えているからである。汚れの対義語としての「聖」は土地の保全のための一つの戦略である。このように「聖性」をもつ物質は、混淆や混濁、そしてそれらのもたらす「汚辱」に対抗するものである（レビ 19:19 のように）。これらの伝承は祭司、祭儀、犠牲、食物、そして性的関係の清さに照準を絞っている。そのような清さとしての聖性の強調は、共同体がそのアイデンティティを脅かされた時に特に重要になったと思われる。というのは、その時、共同体のアイデンティティ、健全さ、結束を確かなものとするために、注意深い区別がなされる必要が生じたからである。

　祭司伝承の一部分としてのレビ記 17-26 章は、学者たちによって、聖性に特化された特別な伝承と見なされ、「神聖法典」と呼ばれている。この一連

聖／聖性

の掟は共同体とその土地の健全性を保持するための清さに専ら関心を向けている。その掟は、食べ物、耕作、売春、高齢者の世話、聖なる祭司、聖なる祭儀、そして聖なる犠牲に関する共同体生活の諸局面を網羅するものである。

レビ記 18:22 とレビ記 20:13 は、同性愛の何らかの形に関する二つの禁令であり、今日の関心を引いている。これらの禁令は前後に続く長大な厭うべき性的関係の一覧の一部であり、また聖性に関するより大きな項目群の中にある二つの厭うべき性的関係のリストなのである。今日、これらの特定の箇所は、非常に頻繁に、本来の文脈から切り取られてカテゴリーに分けての議論（例えば異性愛 vs 同性愛）へと移項されている。その一方で、「聖」という広大で、根源的かつ明白な概念には全く見向きもされないのである。

他にも、特に預言者的用法において、聖性は社会関係の正しい秩序づけと関連させられている。すなわち隣人関係における義の実践との関連である。この用法において共同体は、不浄の危険ではなく、社会経済的・政治的領域における不正を克服せねばならない。正義の実践と弱者の尊重についての預言者的信仰の強調全体が、聖性の範疇に入っているのである。隣人関係の遂行においてイスラエルは、その聖なる民としての使命を果たすのである。「分離」の考え方は未だ存在しているが、イスラエルの独自性は今や、祭儀的関心によって注意深く区別することにのみあるのではなく、社会的関係の質と特性にあるのである。ニュアンスの違いはいくつかの旧約聖書の伝承の間で顕著である。（どれほどにそのニュアンスにおける違いがあるかは、今でも教会において、現代の「リベラル」と「保守」といった色分けの下で、ほとんどそのまま見出されうる。この感覚は「聖」のいずれかの側面に基づいており、それによって導かれ、正当化されるものである。）

「聖」は神の本性そのものを示唆するだけでなく、神に属するすべて、そして特に YHWH の「聖なる」民であるイスラエルを指している。イザヤ書 6:1-8 における畏るべき YHWH 像は YHWH の聖性の見紛う事なき描写であり、その中で YHWH の威光と畏怖と主権が、YHWH の幻と現臨に触れて圧倒されて語る言葉もなく、「聖なるかな、聖なるかな、聖なるかな」と応唱するのが精いっぱいの、天的存在の唇に上る（3 節）。この聖性の幻は、預

言者に、彼自身と民の「不浄」の意識を呼び覚ましていることに注目すべきである。イザヤの伝統はYHWHの聖性に焦点が当てられており、イスラエルの神があらゆる通常の伝統や宗教のカテゴリーを超えていることを理解している。神はイスラエルの到底届かぬ方であり、いかなる親密さも超越した威光は近づきがたいものでありながらも、預言者ホセアはYHWHの憐れみに深く思いをめぐらせ、「お前たちのうちにあって聖なる者」（ホセ 11:9）と語りえている。威光において超越する神が低きに降って現臨し、イスラエルの生と未来を決定的に変えられたのである。

「聖」という語は、宗教的対象や宗教的行為をも指すものでもあった。そのような対象は、イスラエルの地平においては、それ自体に固有の聖性があるのではなく、「YHWHへの聖」── YHWHに属し、YHWHに献げられ、YHWHのために存在するものの聖性を有しているのであり、「分離」されたものとしての特徴は、YHWHへのこの帰属から派生する。神は第七の日を聖とされたが（創 2:3）、その日が聖とされるのは、明らかにそれがYHWHの目的に捧げられるからであり、これは聖なる天幕、聖なる神殿、聖なる祭司についても同じである。更に聖なる対象物と聖なる場所を際立たせるために、イスラエルは天幕と神殿の建造において聖性に「濃淡」をつけるシステムを考案した。それによって聖なるいくつかの区域は、YHWHとの近接度に従って、他よりも一層強い聖性を帯びるのである。

なによりもイスラエルは、「祭司の王国、聖なる国民」（出 19:6）と認識されるべきなのである。このような言い回しは、シナイにおいてイスラエルがYHWHの御心と御旨と命令に不可逆的に捧げられたことを意味する。イスラエルの聖性はYHWHに由来しており、YHWHとの関係において、またそれを通してのみ、そのステータスとアイデンティティを有しているのである。

イスラエルのステータス（そして「YHWHへの聖」と記される他のあらゆる対象の有するステータス）は、この関係に依存する。このような聖なる関係には、帰結として二つの誘惑がある。ひとつには、イスラエルがYHWHとの関連なしに、自身に内在する聖性として想像するに至り、そのステータスと特徴を自身で有していると考えるに至るかもしれないということ。他方で

イスラエルが YHWH から自らを分離しようとし、その特別なステータスを辞退し、（サム上 8:5, 20 にあるように）「他のすべての国民と同じように」なることを求めるかもしれないということである。最初の方の誘惑は、偶像崇拝の一種である。第二の誘惑は冒瀆の一種である。偶像崇拝であれ冒瀆であれ、〔要求されている生き方よりも〕安易な生き方である。YHWH との関係における聖性は、服従と交わりにおいて絶え間ない応答を迫る過程であるから。

　聖性に関して、現代的な二つの誘惑が特定できる。第一に、テクノロジーの発達した社会において神の聖性の要求を満たすことは困難である。それらの要求は感嘆と驚嘆に委ねる必要があるからである。テクノロジー的な意識は説明と支配と習熟を求め、信仰の中心にあるものは、その神聖な力と尊崇を失って空虚なものとされる。第二に、テクノロジーの支配による強力な「聖性の空虚化」に対抗しようと、数多くの試みが現在なされており、「聖」を「俗」から区別し、宗教行為と宗教的感性のための保護区の線引きをしている。しかしながら、そのような「聖と俗」の分岐は、聖なるものと混同されるべきではない。なぜならイスラエルにおいて理解されている YHWH の聖性は、生全体を明け渡し再定義することを求めており、人間の操作で、ある区域のみに限定して他の領域を棄てることではないからである。YHWH の聖性を、神聖な区域に包含しようとする多くの努力は、YHWH の聖性によってなされる圧倒的な求めを証しし、また「現実的なもの」の貧弱で陳腐な複製品である偶像の制作として表される、それらの求めに抵抗する絶え間ない試みを証ししている。神の聖性のリアリティは、イスラエルの証言によれば、〔YHWH の〕あらゆる取り計らいを無視する者の試みを全く許容しない。〈訳：左近　豊〉

参考文献：
Belo, Fernando, *A Materialist Reading of the Gospel of Mark* (Maryknoll, N.Y.: Orbis Books, 1981); Douglas, Mary, *Purity and Danger: An Analysis of the Concepts of Pollution and Taboo* (London: Routledge & Kegan Paul, 1969)〔『汚穢と禁忌』、塚本利明訳、ちくま学芸文庫、2009 年〕; Gammie, John G., *Holiness in Israel* (OBT;

Minneapolis: Fortress Press, 1989); Houston, Walter, *Purity and Monotheism: Clean and Unclean Animals in Biblical Law* (JSOTSup 140; Sheffield: JSOT Press, 1993); Jenson, Philip Peter, *Graded Holiness* (JSOTSup 106; Sheffield: JSOT Press, 1992); Knohl, Israel, *The Sanctuary of Silence: The Priestly Torah and the Holiness School* (Minneapolis: Fortress Press, 1995); Miller, Patrick D., *The Religion of Ancient Israel* (Louisville, Ky.: Westminster John Knox Press, 2000), chap. 4; Wells, Jo Bailey, *God's Holy People: A Theme in Biblical Theology* (JSOTSup 305; Sheffield: Sheffield Academic Press, 2000).

正典（Canon）

「正典」とは、信仰共同体にとっての聖典となるに至った、一まとまりの規範となる書物群（巻物）のことであり、信仰共同体の生活、信仰、倫理の規範と見なされるもののことである（最近では、この「正典」という言い方は西欧文学・文化の伝統を構成する文献の規範的リストを指すこともある、と参考文献にある H. Bloom, *The Western Canon: The Books and School of the Ages* に書かれている）。

ヘブライ語聖書正典成立史を理解するために、学者たちは多大なエネルギーを費やしてきた。ヘブライ語聖書は慣習的に三つの部分——トーラー、「預言者」、「諸書」——に区別されており、それぞれに異なった時代に、共同体内の様々な権限によって聖なる書物としての権威を付与されてきた。まずトーラー（ヘブライ語聖書の最初の五つの書物＝五書）が最も早い時期に規範性を持つに至ったことについては異論はない。これはおそらく前5世紀のエズラの活躍と結び付けられるであろう。この部分は、モーセの権威に結び付けられた伝承であり、ユダヤ教にとって最も権威ある書物群である。

正典の第二の部分である「預言者」は、前180年までには成立していたことが明らかであり（前2世紀の知恵文学であり、「集会の書」とも呼ばれる『ベン・シラの知恵』〔新共同訳「シラ書」〕を見よ）、ユダヤ教の言い方では四つの「前の預言者」（ヨシュア記、士師記、サムエル記、列王記）と四つの「後の預言者」（イザヤ書、エレミヤ書、エゼキエル書、そして12小預言書［まとめて一つの巻物］）から成るものである。ここで特に関心をひくのは、ユダヤ教の分類ではヨシュア記、士師記、サムエル記、列王記が「預言者」と見なされており、キリスト教が伝統的に理解してきたような「歴史書」ではないということである。

正典の第三の部分は「諸書」であり、詩編、ヨブ記、箴言、五つの巻物（メギロート。ルツ記、雅歌、コヘレトの言葉、哀歌、エステル記。後半の二つはユダヤ教における特定の祭儀で用いられる）にダニエル書（ヘブライ語聖書の配列では「預言者」と見なされていない）、歴代誌上下、エズラ記、そしてネヘ

ミヤ記が加わる（John Barton は、三部からなる正典理解の代わりに、ヘブライ語聖書を、「トーラー」とそれ以外すべては「預言者」と見なして、二部からのみなるものと理解すべきと提唱している）。

　これまでの伝統的な理解では、正典の第三部、そして結果的には三つの部分からなる正典全体は、後90年のヤブネ（ヤムニア）会議において確定され、認証されたとしている。しかしながら、このような主張は、曖昧性を脱しておらず、議論はなお続いている。このような正典の決定時期の主張は、後代のユダヤ教資料に依拠するものであり、最近の学界では、実際にこのようなことはなかったと結論づけられている。「権威づけられた書物」の「リスト」が、長期にわたって表面化しない仕方で出来上がってきたことは確かである。さらに、死海写本において確かめられたように、かなり後まで、（このリストの核となる部分はかなり早い時期に固まっていたものの）その枠は定まっていなかった。正典のいくつかの書物のテキストなどは、比較的後代までかなり流動的であった。このように死海写本は、新約聖書時代あたりまで、テキストにはかなりの多様性が存在しえたことを明証したのである。正典化の「公式」な時期は大まかには辿ることはできるが、実際には文献を規範的なものとして受容する過程は共同体の営みの中での試行錯誤であり、それを経て初めて公に認められ、確認されるに至るものである。いずれにせよ、キリスト教時代の幕開けに近接した時期に、ユダヤ教が、規範的書物のある程度確定したリストを持っていたことは確かである。しかしながら、文献の確定度についてはあまり誇張されるべきではなく、正典形成期にたった「一つのテキスト」しか存在していなかったかのように思い描くべきでもない。ユダヤ教内のいくつもの並立するグループが、互いに異なる正典を保持していた。中でも特筆すべきは、トーラーのみを正典として受け入れていたユダヤ教の一派、サマリア教団であった。

　律法、預言者、諸書の三つの正典は、ヘブライ語でトーラー、ネビイーム、ケスビームと呼ばれる。それぞれの頭文字 T、N、K を採って作られた用語 *Tanak* は、正典全体の中立的な言い表し方である。

　このユダヤ教正典と並び立つものが、アレクサンドリアのギリシア語を話すユダヤ人の間で成立し、異なる書物のリストを作り出した。このギリシア

正典

語「旧約聖書」はセプトゥアギンタ（「70」＝ LXX）と呼ばれる。それは 72 人の翻訳者が、それぞれに独立してギリシア語への翻訳にあたったにもかかわらず、完成した時には、72 の翻訳すべてが見事に細部に至るまで一致していたことから、この翻訳が霊感によるものであり信頼に足る規範的なテキストであることが証しされた、という伝説によるものである。セプトゥアギンタ〔七十人訳聖書、以下 LXX〕、およびそれがどのように用いられたかについて、以下に四つの所見を述べよう。

1. LXX は、規範的なヘブライ語テキストを規定するに至った書名リストの影響下にはない。ヘブライ語聖書より範囲が広く、LXX にはトビト記、ユディト記、第 1 〜第 4 マカバイ記などが含まれる。さらに LXX の境界は、非常に長い期間開かれたままであり、曖昧なままであった。

2. LXX における文書の順序は、規範的なヘブライ語聖書の書名リストにおける順序とは異なっており、明らかに歴史的流れといえるものを意識して文書を配列しようとした形跡がうかがわれる。非常に顕著な違いとしては、ヘブライ語聖書では祭儀に関する巻物として一まとまりにされている「五つの巻物」（ルツ記、雅歌、哀歌、コヘレトの言葉、エステル記）が、LXX では歴史的配列を意図したと見られるしかたで、他の文書の間に散りばめられている。

3. キリスト教会はユダヤ教聖書を正典として受容したものの、ヘブライ語聖書の順序ではなく、LXX の順序に従っている。それは、概して歴史的な配列である。特筆すべきは、LXX が預言者を正典の末尾に配置し、マラキ書で閉じている点である。この配列は、メシア待望、すなわち初代教会が思い描いたアプローチを強調したものである。

4. ルター以後のプロテスタンティズムは、ギリシア語聖書の文書配列に従いつつも、文書の数がより限定されているヘブライ語聖書の文書リストを保持することになった。しかしながら、ルターは、自身の解釈においては、よく知られているように、新約聖書のヤコブ書やヨハネの黙示録の正統性を認めなかったのである。ローマ・カトリック教会は、より一貫した姿勢でギリシア語テキストの文書配列と、より範囲の広い文書リストを受容した。ローマ・カトリック教会と宗教改革勢力の間で激しい論争が繰り広げられて

いる間、正典の範囲は、それぞれの解釈をめぐる論争の根拠となっていた。カトリックの神学的主張の聖書的根拠は、より広い範囲を持つローマ・カトリックの正典の中に見出されるものであって、より限定的な宗教改革派の聖書にはないものである。論争の両陣営はこのように、ある信仰箇条や信仰の実践が聖書に基づいているかいないかを、異なる正典に依拠して議論することができた。

　近年、とみに正典の神学的形や意図に注目が集まっている。この視点において正典とは、単なる権威づけられた文書リスト（確かにそうであるが）ではなく、それ自体で一つの神学的主張なのである。この点に関する最も重要な研究はブリヴァード・チャイルズ（Brevard Childs）によるものであり、チャイルズは、旧約聖書の各書が規範的な神学的主張を形作るように、意図的に配置されている、と論じた。さらに最近、1993年にチャイルズは、その正典理解をより教会的な読みに近づけ、テキストの「正典的読み」は、教会の「信仰の規範」に調和する仕方でなされるべきであるとした。この議論を展開しながらチャイルズは、16世紀に議論を巻き起こした聖書と伝統の関係についての難問に立ち返り、教会が正しく聖書を読むための伝統に軍配をあげているように見える。ジェームズ・サンダース（James Sanders）は、正典化の過程に関するよりダイナミックな理解を提示した。正典化の過程には、唯一の真なる神を主張する解釈傾向が存在することを強調しながらも、その主張が決して平板で、一面的な押し付けがましいものではないことをサンダースは述べている。むしろ一神教の問題は、豊かで複雑で、単純単一な正典的な読みだけを許容するようなものではない、テキストとの関係において考察すべきだと論じている。いずれにせよ、正典についての近年の議論が如実に示すのは、規範的文書の形成においては、神学的志向性が非常に重要な位置を占めており、それゆえ正典性というものは単なる歴史的問題では終わらないということである。

　おそらくこの正典化の過程（それはもちろん神学的に無関心ではいられないことであるが）における神学的志向性への過度な注目に対する反動であろうと思われるが、正典化についてのより批判的な視点も現在展開されている。

この視点は、正典化の過程が実質的には政治的過程であった点に注目するものである。正典化の過程を担った者たちによって、信仰共同体に覇権主義的な解釈が強いられ、それらと相いれない他の解釈学的発言は排除され、沈黙を余儀なくされた、というものである。確かに正典からの排除は、反対意見を効果的かつ永続的に沈黙させるのに有効な手段である。正典に関するこのような見方は、次のように考える解釈者との間に深い緊張を生み出している。彼らは、正典の観点の内側に自らの立ち位置を定め、正典化の過程を、誤った教えを排除し、正統な教えを守るための正当な防護壁と見る。

　政治的押しつけから純然たる解釈を分離することは不可能であり、そのことに関する判断は、必然的に、またその特徴において、解釈者の社会的立場と、その地平とを反映するものとなる。いずれにしても正典というものは、それによって「正しい教え」を明確にし、「誤った教え」を排除するための境界を設定するのである。正典は、その最終形態において境界を定め、その内側にあって今なお有効な神学的解釈がなされる視点を据える。

　しかしながら文書の実際の許容範囲は、かなり広い幅を持っているもので、必ずしも「正典的な読み」と呼ばれる読みが導く結論に至るわけではない。正典内でさえも様々な読みをめぐる議論の余地があり、ただ「正典的」と主張するだけでは解決しないものがある。さらにギャレット・グリーン（Garrett Green）は、的確に「正典的想像力」の概念について述べている。グリーンによれば、この想像力によって神学の営みは構築され続けているのであり、それは想像的開放性を伴うものであると同時に、規範的文書によって引かれる枠内でなされるものなのである。「正典」は、いくつかの問題を解決する一方で、その権威と主張は、信仰共同体内の解釈行為に更なる論争の場を提供している。〈訳：左近 豊〉

参考文献：

Abraham, William, J., *Canon and Criterion in Christian Theology: From the Fathers to Feminism* (Oxford: Clarendon Press, 1998); Alter, Robert, *Canon and Creativity: Modern Writing and the Authority of Scripture* (New Haven, Conn.: Yale University Press, 2000); Barton, John, *Oracles of God: Perceptions of Ancient Prophecy in Israel after the Exile* (Oxford: Oxford University Press, 1986); Bloom, Harold, *The Western Canon: The Books and School of the Ages* (New York: Harcourt Brace, 1994); Brueggemann, Walter, *The Creative Word: Canon as a Model for Biblical Education* (Philadelphia: Fortress Press, 1982); Childs, Brevard S., *Biblical Theology of the Old and New Testaments: Theological Reflection on the Christian Bible* (Minneapolis: Fortress Press, 1993); idem, *Introduction to the Old Testament as Scripture* (Philadelphia: Fortress Press, 1979); Green, Garrett, *Imagining God: Theology and the Religious Imagination* (San Francisco: Harper & Row, 1989); Leiman, S., *The Canonization of Hebrew Scripture: The Talmudic and Midrashic Evidence* (Hamden, Conn.: Academy of Arts & Sciences, 1991); Saebo, Magne, *On the Way to the Canon: Creative Tradition History in the Old Testament* (JSOTSup 191; Sheffield: Sheffield Academic Press, 1998); Sanders, James A., "Adaptable for Life: The Nature and Function of Canon," in *Magnalia Dei: The Mighty Acts of God: Essays on the Bible and Archaeology in Memory of G. Ernest Wright*, ed. Frank Moore Cross et al. (Garden City, N.Y.: Doubleday, 1976), 531-60; idem, "The Exile and Canon Formation," in *Exile: Old Testament, Jewish, and Christian Connections*, ed. James M. Scott (Supplements to the Jounal for the Study of Judaism 56; Leiden: Brill, 1997), 37-61; idem, *Torah and Canon* (Philadelphia: Fortress Press, 1972)〔『正典としての旧約聖書』、佐藤陽二訳、教文館、1984年〕; Wisse, Ruth R., *The Modern Jewish Canon* (New York: Free Press, 2000).

聖なる高台 (High Place)

「聖なる高台」は、「高い」あるいは「突起した」を意味するヘブライ語 *bamah* に通常当てられる訳である。この語の用例が礼拝の場を指していることから、高台とは高い場所にある神殿や聖所と理解されている。ただし、隆起が自然にできたものなのか、人工的に盛られたものなのかは不明である。事実、私たちはこれらの神殿がどのようなものであり、そこで何が行われていたのかの詳細は全く知りえないが、（供犠や託宣といった）一般的な儀礼行為がなされていたことは想定される。

「聖なる高台」はどうやら地方や田舎、あるいは村の神殿のことらしい。その数は多く、いかなる外的権威とも結びつくことなく、またそれらの監督下にもなく、地方の祭司らによって運営されていたものと思われる。例えば（NRSV が *bamah* を「shrine 神殿」と訳している箇所である〔新共同訳は「聖なる高台」〕）サムエル記上 9:1-10:16 の物語では、「聖なる高台」はこれといって特別な場所ではない。行こうと思えば「神の人」に導かれて容易に行くことができる場所である。さらにそこでは犠牲が定期的に捧げられている。

「聖なる高台」という用語について、もしそのような平凡でありきたりな用法にのみ目を留めるならば、その概念は、さしたる興味を引くものとはならなかったであろう。しかし、私たちの関心を掻き立てるのは、旧約聖書中最も意識的に神学を展開する申命記的伝承において、聖なる高台が絶え間ない批判の的とされていることである【「申命記神学」の項を見よ】。申命記的伝承は、他の物語での言及とは対照的に、聖なる高台に異議を唱え、破壊されねばならないものと考えている。申命記の厳格な神学的主張と相いれないこと以外には、なぜそこまで異議を唱えるのかは語られていない。地方の祭司と神殿というものが総じて、村落共同体の民間宗教と結びついていたことは想像できる。この場合の民間宗教とはカナン宗教、おそらくは「カナンの豊穣宗教」であったかもしれない【「豊穣宗教」の項を見よ】。申命記史家の異議は、宗教混淆とヤハウィズムの妥協という十戒の第一戒違反を危惧していたと思われる（申 5:6-7; 6:4-9）。

聖なる高台

　ソロモンは民と共に聖なる高台で礼拝を捧げ（王上 3:2-4）、レハブアムとヨラムは聖なる高台を建立したと言われている（王上 14:23; 代下 21:11）。このような礼拝の場についての物語の中でも最も重要なものは創世記 22 章、すなわちモリヤの山でのアブラハムの物語である。明らかにここでは、高台の設置に異議は唱えられていない。さらに祭儀改革を行ったユダの王たちのほとんどは、聖なる高台を破壊するまでには至らなかった（王上 15:14; 22:44）。おそらく彼らの改革が徹底したものでなかったために高台は取り除かれなかったのであろう。地方の神殿に対する行動は政治的な危険を伴うものであったのであろう。あるいは聖なる高台は、異議を唱えなければならないものとは考えられていなかったのかもしれない。申命記史家の厳格さはそれほど広く共有されていたわけでもなく、王宮ではもちろんそうではなかったからである。

　いずれにせよヒゼキヤ王（王下 18:4, 22; 代下 31:1; 32:12）とヨシヤ王（王下 23:5-9）による二大宗教改革は、確かに聖なる高台を好ましからざるものとし、それらを破壊した【「ヒゼキヤの改革」「ヨシヤの改革」の項を見よ】。これらの改革を担った二人の王たちは最も熱心な改革者として記憶され、あるいは逆に言えば、物語において申命記神学の担い手と見なされるように人物像が構築されている。この神学とは、ひとりの神を（申 6:4）ひとつの場所（申 12:2-12）、すなわちおそらくエルサレムで礼拝することを強調する申命記の主張と深く関わっているものである。

　神学的に結論づけるならば、この改革のプログラムは十戒の第一戒の求める「YHWH のみ」（出 20:2-3; 申 5:6-7）を最も厳格に推進するために企てられていると言えよう。けれども、しばしば示唆されるのは、すべての村の神殿を閉鎖し、公認された祭儀をすべてエルサレムに集中することは、改革的な王たちにとって、ある部分では、純粋に私心のない行為とばかりは言えなかったということである。少なくともこれらの改革はエルサレムに祭儀の独占をもたらし、都とそこに君臨する王の力を非常に強めることになったからである。それ以上に、祭儀の集中は、神殿施設に流通する富を統制し、王宮財政に利益をもたらす戦略でもあったと、ある研究者たちは主張している。

　聖なる高台が（その全貌については知られていないものの）興味を掻き立て

る理由は、それが旧約聖書テキストの宗教的多元性の広がりへの関心を喚起するからである。いくつかの箇所では聖なる高台は、通常の礼拝の場として受け入れられている。他の箇所では同じような神殿が激しい論争を引き起こし抑圧を受けている。教会でそのような箇所を読む時、私たちは厳格な申命記的異議に引きつけられ、改革を行った王たちの側に立つ読者として自らを規定しがちである。テキストの最終形態がそのように私たちを導いていることは明白である。このような記事は、宗教実践の純粋さへの関心を語っている。

同時に、聖なる高台に対する申命記の批判は、旧約テキストに徹頭徹尾一貫しているわけではない。批判の声はあくまでもいくつもある声の一つを擁護するにすぎない。旧約テキストが聖なる高台についてかなり多様な印象を与えているという事実は、(しばしばそうであるが)私たちが多元的判断を持って聖書に向き合う時、どのようにこれらの声を判断するか、そしてどのように一つの主張を他の主張よりも尊重する根拠とするのか、十分に注意を払う必要があることを示す。(現代社会において私たちが、異なる生活スタイルや他の個人の選択を巡って、また教会では様々な形態の音楽や礼拝のスタイルを巡って繰り広げる「文化戦争」(Culture War) と呼び表している論争の中で、私たちはイスラエルが聖なる高台を巡って直面したのと同じような困難な論争にまさに対峙しているのである。古代の場合も現代の場合も、これらの論争は強烈に感じられるものであり、最終的にことを決するのは大変な問題なのである。)私たちは一つの見方だけが明らかに「正しい」と無邪気に考えることはできないであろう。どのような意見も他者から見れば一つの立場の擁護でしかないからである。旧約聖書テキストにおいて申命記的伝承は最終的な言説のように見えるが、唯一のものではないのである。〈訳：左近 豊〉

参考文献

Albertz, Rainer, *A History of Israelite Religion in the Old Testament Period I: From the Beginnings to the End of the Monarchy* (OTL; Louisville, Ky.: Westminster John Knox Press, 1994); Barrick, W. Boyd, "What Do We Really Know About 'High Places'?" *Svensk Exegetisk Årsbok* 45 (1980): 50-57; Emerton, John A., "The Biblical High Place in the Light of Recent Study," *Palestine Exploration Quarterly* 129 (1997): 116-32; Miller, Patrick D., *The Religion of Ancient Israel* (Library of Ancient Israel; Louisville, Ky.: Westminster John Knox Press, 2000); Vaux, Roland de, *Ancient Israel: Its Life and Institutions* (New York: McGraw-Hill, 1961).

戦争（War）

　戦争は一般に、旧約聖書に浸透している政治的戦略であると見なされている。戦争行為は政策上の武器と理解されるかもしれないが、それが古代世界で行われる際には——現代世界においてのように——暴力と残忍さで満ちており、必ず国家の理由を口実とする。

　イスラエルは旧約聖書における社会政治的な共同体であるが、現実政治の世界の中を進まねばならなかった。しばしば危機に瀕し、脅威にさらされ、しばしば自身よりも強大な政治勢力に囲まれ、脅かされていたのである。イスラエルは常に同盟関係を築き、協力体制を形作りもすれば、戦闘に入りもした。そのような報告でもっとも驚かされるのは、戦争がいかに日常茶飯事と見なされていたかということである。イスラエルの戦争を解釈する際に、常に考慮される問題は次のような事柄である。

　1. イスラエルの戦争は防衛か攻撃か？　ある学者たちの考えるところでは、イスラエルは防衛のみを行ったのだが、外交の複雑さが常に、相対する当事者を侵略者に仕立て上げようとするのである。

　2. 戦争は「聖なるもの」か、それともある意味で世俗的なものであるのか？　戦争についてのイスラエルのレトリック、またやり方は、他のあらゆる生活領域と同じように、確かに YHWH への言及に満ちている。時にはイスラエルの戦闘は、明白に YHWH の命令による（サム下 5:19）。しかし別の場合には、戦争は、より「世俗的な」方向へと動かされた社会の「合理的」政策の一部である可能性が高いようである（サム下 8:1-12 のように）。

　3. 戦争は召集された民兵により戦われたのか、それとも国の常備軍によって戦われたのか？　カナンの土地奪取は小作農の反乱であるとの仮説は、召集された民兵であるとの見方にかなうが、別の場合においては、軍はさらにもっと組織化されていたようである。

　三つすべての問いかけについて、様々な解答が与えられるかもしれない。なぜなら共同体の政治的また物質的な状況、その組織の形態によって、戦争のやり方とそれを解釈するレトリックにはかなりの違いがあるからである。

これらの問いのすべての局面において、戦争は、いずれの形においても、明らかにイスラエルが特にためらうことなくいつでも行使できる戦略なのである。

　我々の目的にとってより重要な問題は、戦争の政治的現実について神学的にどう理解するかということに関わるものである。イスラエルの神学的なレトリックの核にあるのは、YHWHは「いくさびと」（出15:3）だということである。YHWHのこの側面なしでは、出エジプトも起きなかったであろうし、それに続くイスラエルの信仰の物語も生まれなかったであろう。このようにいくつかのイスラエルの戦争はYHWHの命令によるのであるが、他のいくつかにおいては、YHWH自身の人格が、その戦闘の中心にあると言われる。そのようなレトリックにおいてイスラエルは、その置かれた世界に共通の神話的堆積物を共有し、イスラエルに特有の、契約が求めるものにそれをあてはめようとする。このようにYHWHは、素早く、有能な、その手が「短くない」（イザ50:2; 59:1）戦士として描かれるが、また独断的かつ暴力的な仕方で変化をもたらす力を持っているとも描かれている。

　YHWHを戦士である神と考えること——ほぼ常に「万軍の主」と表現される——は、イスラエルにとって重要な神学的主張を担う事柄となる。

　1. 戦士としてのYHWHは、諸国に対する統治者の役割を示す。いかなる統治者も統治を行う能力を持っていなければならない。それゆえ国は必ず、通例、警官隊あるいは軍隊として示される「暴力の独占」を手に入れようとする。イスラエルのレトリックにおいて、YHWHは侮られることがなく、YHWHの統治も侮られることはない（イザ36-37章）。代わりにYHWHは、YHWHの統治を軽んじる者たち、あるいは矮小化する者たちに対しては、対抗して行動する（サム上17:16を見よ）。

　2. 戦士としてのYHWHは、イスラエルの特別な保護者、弁護者、そして解放者であるから、戦士のイメージは、イスラエルがYHWHの聖なる民として選ばれたことを示す役割を持つ。従って出エジプト記14:13-14において、エジプト軍に対抗するYHWHの軍事的介入は、イスラエルのために行われるのである。

> 「恐れてはならない。落ち着いて、今日、あなたたちのために行われる主の救いを見なさい。あなたたちは今日、エジプト人を見ているが、もう二度と、永久に彼らを見ることはない。主があなたたちのために戦われる。あなたたちは静かにしていなさい。」

ファラオとの戦いの結果が示すのは、イスラエルの証言によれば、YHWHはいかなる軍事的挑戦に対しても、またイスラエルの政敵たちに味方し、それらを助けるいかなる敵対する神に対しても、十二分に対抗する力を持っていることである。

3. イスラエルを保護し、統治を推し進める、戦士としてのYHWHは、時には、頑ななイスラエルに傷を負わせ罰を与える、イスラエルに対する戦士としても行動する。

> お前たちを包囲しているバビロンの王やカルデア人と、お前たちは武器を手にして戦ってきたが、わたしはその矛先を城壁の外から転じさせ、この都の真ん中に集める。わたしは手を伸ばし、力ある腕をもってお前たちに敵対し、怒り、憤り、激怒して戦う。（エレ 21:4-5）

このようにYHWHが戦士であるというイメージは、非常に柔軟なメタファーであり、イスラエルが自分の神のためにする独特の神学的主張を、様々な仕方で行うことを可能とする。例えばゼカリヤ書9章ではこのイメージが、ただちに置き換えられ、黙示論的な話法を可能とするのである。

解釈の問題で重要なのは、戦争と戦士との具体的で実際的なリアリティと、そのような具体性とはもはや密接には結びつけられないイメージに基づくメタファー的用法との関係性である。メタファーはそれ自体として神学的な生命を持っている。すなわち確かに、後に出てくる黙示文学における主張と、神が悪に勝利するという（つまり、イエスが悪魔の力に勝利するという）新約聖書における主張は、メタファー的な語彙を必要とする。そのことの問題とはもちろん、メタファー的な仕方でイメージを用いるどんな方法も、そのイメージが属している暴力の具体性から決して自由にはなれないことなの

である。

　そのようなニュアンスを根絶して、聖書の神を、もっと優しい、もっと癒しを与える者に変化させることが最近強く望まれる傾向にある。しかしながら聖書の信仰が、神が救い出すという救いの信仰として理解される限り、そのような〔戦士なる神の〕イメージは、それが問題含みであるのと同様、非常に重要であり続ける。(その問題性は、戦いのイメージを持つキリスト教の賛美歌の追放が広く行われていることに示されている。それに並行する実例は、「困難な箇所」を単純に回避する『改訂共通聖書日課』 *Revised Common Lectionary* の多くの聖書日課の中にも見られる。そのような試みは、現実的かつ重大な問題を認識する一方、聖書が強く主張するイメージの重大さには、少なくとも目に付く形では向き合おうとしていないように思われる。)たとえ暴力と残酷さと父権制についての、このレトリックにおける深刻な問題を認めるとしても、神学的に解釈する者たちは、戦争と戦士についての豊かなメタファーの領域から簡単に逃れることはできないのである。

　旧約聖書の平和のヴィジョンの中にさえ見られる暴力は、次の三つの馴染みあるテキストにおいても見出されるだろう。

　1. イザヤ書 9:5 は、アドヴェントにキリスト者がメシアについての文脈で良く用いるテキストであるが、ここでは驚くべき断言によって、来るべき王を待つ。

> ひとりのみどりごがわたしたちのために生まれた。
> ひとりの男の子がわたしたちに与えられた。
> 権威が彼の肩にある。
> その名は、「驚くべき指導者、力ある神
> 永遠の父、平和の君」と唱えられる。

来るべき王は「平和の君」である。しばしば気づかれることなく、時に看過されるのは、すぐ前の節である。

> 彼らの負う軛、肩を打つ杖、虐げる者の鞭を

> あなたはミディアンの日のように　折ってくださった。
> 地を踏み鳴らした兵士の靴
> 血にまみれた軍服はことごとく
> 火に投げ込まれ、焼き尽くされた。（イザ 9:3-4）

つまり、新しい王がもたらす「平和」は、和解によるのではなく、敵を徹底的に打ち負かすことによるのである。

　2. 詩編 46:11 はしばしば、平静と落ち着きとがもたらされることを確信させるテキストとして理解される。しかしその前の節では、11 節で表される神における確信が、暴力的に敵の武器を奪うこと、すなわち、ただ強大な力によってのみなされる奪取と破壊とに基づくことを認めている。

> 主の成し遂げられることを仰ぎ見よう。
> 主はこの地を圧倒される。
> 地の果てまで、戦いを断ち
> 弓を砕き槍を折り、盾を焼き払われる。（詩 46:9-10）

　3．ミカ書 4:3（イザ 2:4 を見よ）は、平和の新しい時代を期待する武装解除のヴィジョンである。

> 彼らは剣を打ち直して鋤とし
> 槍を打ち直して鎌とする。
> 国は国に向かって剣を上げず
> もはや戦うことを学ばない。

正確に同じイメージがヨエル書 4:9-10 で対照的な仕方で用いられる。

> 諸国の民にこう呼ばわり、戦いを布告せよ。
> 勇士を奮い立たせ
> 兵士をことごとく集めて上らせよ。

お前たちの鋤を剣に、鎌を槍に打ち直せ。
弱い者も、わたしは勇士だと言え。

　これらのテキストをここに挙げるのは、暴力を必然的に伴う戦争のモチーフを擁護するためではなく、これらのテキストの中で明らかに告げられている平和の到来への強い希望を打ち負かすためでもない。むしろこれらのテキストを挙げる目的は、この問題がいかに複雑で困難であるかを示すためである。テキストというものは、他の多くの問題の場合と同じくこの場合も、イデオロギー上の確信をもたらすような解答はひとつも与えない。むしろテキストの複雑さは、終わりない解釈上の協議を要請（要求）する。戦士としてのYHWHは、もちろん、テキストの中で与えられる神についての唯一のイメージではない。しかしながら、戦士としての特徴づけはとても顕著なものであって、簡単な説明で片づけることは決してできない。〈訳：楠原博行〉

参考文献：

Cross, Frank Moore, *Canaanite Myth and Hebrew Epic: Essays in the History of the Religion of Israel* (Cambridge: Harvard University Press, 1973)〔『カナン神話とヘブライ叙事詩』、輿石勇訳、日本キリスト教団出版局、1997年〕; Miller, Patrick D., Jr., *The Divine Warrior in Early Israel* (Cambridge: Harvard University Press, 1973); Moran, William L., "The End of the Unholy War and the Anti-Exodus," *Biblica* 44 (1963): 333-42; Myers, Ched, *Binding the Strong Man: A Political Reading of Mark's Story of Jesus* (Maryknoll, N.Y.: Orbis Books, 1991); Niditch, Susan, *War in the Hebrew Bible: A Study of the Ethics of Violence* (Oxford: Oxford University Press, 1995); Rad, Gerhard von, *Holy War in Ancient Israel*, trans. by Marva J. Dawn, with an introduction by Ben C. Ollenburger (Grand Rapids: Eerdmans, 1991)〔『古代イスラエルにおける聖戦』、山吉智久訳、教文館、2006年〕; *The Revised Common Lectionary: The Consultation on Common Texts* (Nashville: Abingdon Press, 1992); Wright, G. Ernest, *The Old Testament and Theology* (New York: Harper & Row, 1969), chap. 5.

創造 (Creation)

　創造の意義に関する確信は、旧約聖書の教えの中心であり、神と世界の特別な関係を確証するものである。「創造」は、神を「創造主」と同定することであり、動詞「創造する」と共に以下の事柄を証しする。
　(a) 神と世界は、その本性も土台も全く異なり、比較できないものである。
　(b) しかし神と世界は、忠義という関係において互いに密接に、そして決定的に結びついている。
　旧約聖書は古代近東に伝わる創造伝承を用いている。それは古代社会が描いた偉大な創世の神話である。イスラエルは単にこれらの先行伝承をそのまま援用したのではなく、イスラエルの信仰告白に合致するように徹底的に改訂して用いている。
　より古い素材が、天地創造を空想上の神々による気まぐれな力の顕示として描く傾向にあるのに対して、イスラエルは契約の観点から天地創造を描く。古代イスラエルの信仰において、神と世界の関係は決して気まぐれなものではない。神と世界の関係の内で、神の生成の御力が発揮され、実り豊かで生命を保つシステムが創造される。そしてこの神の信実の御業は、世界の側の応答として喜びと従順を喚起するのである。神の信実と世界の従順の相互作用は、神の被造物としての世界が極めて見事に秩序だてられており、生命を賦与し、生命を増進すべく構築されていることを確信させる。一方で神は気ままに振舞われることはない。他方で世界は自律的に勝手に行動するものではなく、創造主が秩序だてた意図に沿って生き、働きをなすべきなのである。これらのテキストは、世界がどのようにしてできたのかを科学的に叙述するものでないことは明らかであり、またそれを意図してもいない。むしろ誰が創造主であり、創造の神に応答すべき被造物とは何者なのかを頌栄的、神学的に確認するものなのである。
　創世記 1-2 章は、大いなる創造のパノラマで幕を開ける。さらに創世記 1:1-2:4a と創世記 2:4b-25 は二つのかなり異なる創造物語から成っている。これらは異なる文体を持ち、異なる物語機能を有している。最初の 1:1-2:4a

の方は荘重な典礼詩であり、この力強い頌栄は、イスラエルの正典テキストの始まりにおける礼拝行為となっている。その壮麗な律動がイスラエルの創造信仰の主張を明瞭に言い表す。このテキストは、おそらく創世に関する典礼を反映しており、聴衆を招き導いて「良しとされた。……極めて良かった」というリタニー（連祷）で応答させるものであったと思われる。

　1-2 節における、神の荘重な世界支配の典礼章句は、神が世界を無から（ex nihilo）創造されたのではなかったことを証ししており、むしろ光を闇から、地を水から分ける一連の「分離」を通して、もともと存在していた混沌を秩序だてるものであったことを明らかにしている【「混沌」の項を見よ】。（神が世界を「無から創造」されたという言明はⅡマカ 7:28 までなされない。これはかなり後代の文献である。）この典礼は、神が生産的な、調和のとれた食料生産システムを望まれたこと、神が人間の人格を（男と女に）形づくられ、生成システムの管理をゆだねられたこと、そして神はすべてを祝福され、豊かな命の地平とされたことを確証している。劇的なクライマックスにおいて、繰り返し述べられてきた「それは良かった」という断言は 1:31 で「極めて良かった」へと高められている。さらにこの「良さ」への言及は、安息日の祝福で最高潮に達し（2:1-4a）、世界が何の心配もないものであること、ユダヤ人共同体が、秩序だてられ、信頼でき、生命を賦与するという、神の賜物としての世界の性質を常に体現しているものであることを、その安息日によって表現している。聖書の創造物語とよく似た、先行するバビロニアの創造神話、『エヌマ・エリシュ』と異なって、イスラエルの頌栄は、宇宙のあらゆる事どもが創造主なる神の支配から派生したものであり、それに依拠しており、それなしには存在しえないものと断言する。

　創世記 2:4b-25 にある第二の創造物語は、より親しみやすい記述であり、創造における人間の役割と立場に特に関心を寄せている。この第二の創造物語は、人間が（地の塵から作られたものゆえ）地の一部であり、地上のあらゆるものの管理者であり、何よりも「善悪の知識の木」への言及をもって人間には深遠な限界が定められていることを確証している。

　この物語は、神と人間の間の決定的な対照を浮き彫りにする。人間は神よりもはるかに他の被造物に近いものであり、神と人の間に横たわる決定的な

創造

差異を踏み越えようとするいかなる試みも死を招くのである。安息日の静謐さで閉じられる創世記の最初の創造物語と異なって、この物語は3章で頂点を迎え、深い疎外の話で閉じられる（おそらく4章で次世代にまで拡張されるものでもあるが）。二つの物語は相俟って創造の壮麗さと不安定さ、見事なまでに秩序だてられた世界の生成性が神によって望まれたものであること、その秩序は非常に傷つきやすいものであり、危険性を常にはらんでいるものであることを証ししている。

創世記6-9章の洪水物語は、この創造に関するテキストのすぐ後に続くものである。洪水物語において、神の御旨を受けた混沌の大水の威力が地上を圧倒する。洪水物語は以下の点を明らかにする。

（a）YHWHと被造物との複雑な関係
（b）世界の終わりなき脆弱性

典礼と物語として、これらの素材はかなり慣習的で通俗的な様式で宗教的な事柄を表現する。その表現は、共同体の想像力が生んだものであり、この想像力がやがて編纂されることになる聖書と、聖書が語るイスラエルの物語の両者を枠づけるのである。しかしながら、その様式の通俗性にもかかわらず、ここでなされている根本的主張は、驚くべき威力と洞察をもたらすものとなり、この神と世界の関係を、神の気まぐれな主権や世界の自律性といったものではないダイナミックな相互作用として特徴づけ、創造者と被造物の両者をダイナミックで対話的な信実性の文脈に位置づけるのである。

ただし、創世記の冒頭にあるこれらの章節だけを、旧約聖書の創造世界に関する根本的な教えと理解することは大きな間違いである。あまり注意がはらわれていないかもしれないが、非常に重要なものが詩編やイザヤ書40-55章に頌栄として登場する。

創造信仰は様々な詩編に提示されている。

　　詩編8編は創造における人間存在の中心性を謳いあげている。
　　詩編33編は神の発する言葉の生成的な力を謳いあげている。
　　詩編29編は嵐の中での神の大いなる力を描き出している。
　　詩編96編は、海や山、野や木々、そしてあらゆるものを神が公平と公

正をもって治められることへの喜びを劇化し、待望する。
　詩編104編は、あらゆる被造物が一つとされる様が、あらゆる被造物の生命を支え、維持する確かで豊富な食物連鎖として描きだされる。

これらの賛歌には、神が人間の居場所として秩序づけた、生命に優しい世界に対するイスラエルのあふれんばかりの信頼と感謝の声が響く。
　創造への頌栄を集めた二つ目のまとまりがイザヤ書40-55章にあり、こちらも神の統治の壮麗さを証しする（イザ40:12-31; 41:17-20; 45:18-19; 48:12-19）。詩編とは異なってこれらの詩は、具体的な歴史上の危機を反映したより大きな文脈に置かれる。本来、イザヤ書40-55章の言葉は、バビロニア帝国の権力下に従属させられていた捕囚のユダヤ人に向けて発せられたものであった。創造賛歌は、天地の創り主なるイスラエルの神の力がバビロニアの神々の力よりも強く、いずれ凌駕することを詩の形で確証したものである。結果的にはバビロニアの神々は打ち負かされるのである。イスラエルは解放され、自分たちの神との契約に基づく自由を生きる生活に復帰する。創造賛歌が具体的にこのように用いられていることが示唆するのは、「創造信仰」が決して人畜無害な宗教的感情ではなく、世界の趨勢に決定的な転換をもたらすような真理の開示だということである。創造の主張は、生命を育む場であり、歪曲と虐待と搾取と抑圧が究極的にはそのままではありえず、いずれ覆されることになる世界の現実に、具体性をもって関わるものである。
　詩編とイザヤ書の両方において、この創造信仰があふれんばかりの頌栄として詩歌で表現されていることは重要である。この表現は、厳密で理性的な言辞で提起される真理の主張ではなく、むしろより根源的で無制約的なものである信仰の表現として機能している。詩編とイザヤ書の詩は、世界の客観的姿を示すのではなく、賛美される神にふさわしい忠実な従順への備えを示唆する。
　世界は創り主の豊かさで満ちているにもかかわらず、イスラエルは被造物である世界についていかなる幻想も抱かない。イスラエルは、世界が暫定的なものであり、神の寛容によってのみ存在し、産み出し、繁栄しているものであることを知っている。従って神の御旨への反抗と抵抗は、世界を危険に

陥れるのである。それゆえにエレミヤ書 4:23-26 は、創世記 1 章の創造の順序を反転させて巻き戻ってゆく世界の終わりと絶滅を想像させるのである。この拒絶の激しい怒りによる世界の消滅と対照をなすのは、イザヤ書 65:17-25 にある新しい創造のヴィジョンである。世界を秩序づけた神、そして堪忍袋の緒が切れて世界を終わらせるかもしれない神は、その御力と御恵みにおいて、より一層神の御旨に応える新しい世界を創造することができるのである。

この広範囲に及ぶ伝承群を、単一の定式に収斂させることはできない。むしろ伝承は、神と世界の生き生きとした、生成的で、なすべき課題が多く、希望に満ち、そしてダイナミックな相互のやりとりを証しするものである。その中心にある確信の中から、私たちの課題と関連する三つの現代的問題を以下に挙げてみよう。

1.「創造と進化」に関する今日の議論は、様々な仕方でこれらのテキストをその根拠にしようとする。ただ創造テキストをこのような論争に巻き込むことは明らかに筋違いである。なぜならば、創造信仰は、詩的で頌栄的な感謝の応答であって、世界の始原の科学的説明に関与したり役立てられたりするものではない。また、その信仰は始原に関するものではなく、神と共に生きる世界を特徴づける現在進行形の信実が、いかにダイナミックなものであるかを語るものだからである。この信仰は、神学的応答として理解されるべきであり、科学的説明へと歪曲されるべきではない。いわゆる「創造―進化」論争は、創造信仰ののっぴきならない現実、すなわち人間の組織的不従順が YHWH の恩寵の御旨によってなった世界を傷つけ、ついには崩壊させかねない現実から目を逸らさせようとする、強力な現代版気晴らしにすぎない。

2. 最近になってようやく人間は、環境生態学における現代の危機と関連付けて、聖書の主張に耳を傾けるようになった。環境問題が明瞭に提起される時、創造信仰の主張は、前近代科学の語り口をもって、被造物の直面する危機と脆さに警鐘を鳴らす。世界は神に属し、神によって秩序だてられている。その秩序から離れて世界に生き、また世界を利用しようとするいかなる試みも、人間と人間以外の被造環境との両者にとって、避けがたく破壊的な

ものとなる。この主題が最近の聖書学にとって非常に重要なものであることは言うまでもない。

3. 最近の科学は、物理学、天文学、そして宇宙理論の諸分野において、いずれ私たちの宇宙は燃え尽きるか凍結し、いずれの道を辿るにしても人類は死滅して終わるという見解で一致している。現在の科学的判断が確証していることに直面して、創造信仰は全く的を射たものとなっている。というのも、創造信仰は世界に対していかなる形でも究極的な確かさを求めることに、常に警鐘を鳴らしてきたからである。聖書は常に被造物が暫定的かつ有限であることを告白してきた。聖書的信仰は、確かにその確信と感謝を、被造物にではなく、創造主に向けてきた。創造主は、定められた時に、定められた仕方で、充足と喜びに満ちた新しい創造を引き起こされるのである。被造世界への誤った執着のみが、終末についてのひどく誤った科学的判断をしてしまう。創造信仰こそが、暫定的な居場所としての世界と、ただ創造主にのみ根差した被造物の安寧の究極的根拠とを、はっきりと区別するのである。〈訳：左近 豊〉

参考文献：
Anderson, Bernhard W., *Creation Versus Chaos: The Reinterpretation of Mythical Symbolism in the Bible* (Philadelphia: Fortress Press, 1987); idem, *From Creation to New Creation: Old Testament Perspectives* (OBT; Minneapolis: Fortress Press, 1994)〔『新しい創造の神学』、高柳富夫訳、教文館、2001 年〕; Brueggemann, Walter, "The Loss and Recovery of Creation in Old Testament Theology," *Theology Today* 53 (1996): 177-90; Gilkey, Langdon, *Maker of Heaven and Earth: The Christian Doctrine of Creation in the Light of Modern Knowledge* (Lanham, Md.: University Press of America, 1985); Hiebert, Theodore, *The Yahwist's Landscape: Nature and Religion in Early Israel* (Oxford: Oxford University Press, 1996); Polkinghorne, John, and Michael Welker, eds., *The End of the World and the Ends of God: Science and Theology on Eschatology* (Harrisburg, Pa.: Trinity Press International, 2000); Stuhlmueller, Carroll, *Creative Redemption in Deutero-Isaiah* (Analecta Biblica 43; Rome: Biblical Institute Press, 1970); Wybrow, Cameron, *The Bible, Baconianism, and Mastery over Nature: The Old Testament and Its Modern Misreading* (American University Studies Series VII, Theology and Religion 112; New York: Peter Lang, 1991).

族長 (The Ancestors)

「族長」(あるいは、より耳慣れた父権制的な用語としては「父祖たち」) とはアブラハム (創 12-24 章)、イサク (創 25-26 章)、ヤコブ (創 25-36 章) であって、それぞれサラ、リベカ、ラケルを妻として伴っている。(創 37-50 章のヨセフは通常このカテゴリーには含まれない。ヨセフ物語は全く異なった物語世界を示すからである。)

創世記の族長物語の史実性についてはかなり疑わしく、結局のところ解決がついていない。歴史的・考古学的な探究に信頼を寄せる人々は族長たちをためらうことなく前二千年紀に位置づけるが、そのような証拠は激しく論駁され、かなり疑わしいものと見なされている。けれども、これら物語の登場人物たちが民間伝説に起源していることは確かである。その物語素材自体の背後にある史実性に遡ることは現在のところ不可能である。さらに、テキスト伝承の形成過程は不明であって、今のところ学問的な合意はない。

物語素材自体の土台については、「族長たち」の間に差異が認められ、それぞれの人物の特徴に気づかされる。三人のうち、イサクは最もテキストが短く、輪郭が最もはっきりしない (創 25-27 章)。アブラハムとヤコブに関しては、それぞれ異なった地理的領域に位置づけられ、また異なった聖所に結びつく。おそらくそれは、その物語の記憶を形成し保存する異なった共同体の存在を反映している。アブラハムは南部とりわけヘブロンの聖所に場所を有し (創 13:18)、それに対して、ヤコブは北部でありベテルの聖所に場所を有する (創 28:10-22)。北と南、それぞれの共同体がその物語を保存したのである。さらに、アブラハムは主として神の約束と信仰の問題を扱い、それに対して、ヤコブはもっと論争的であって、兄エサウやおじラバンとの抗争を繰り返す。ヤコブの心をたえず支配したのは神の祝福であり、また神が物質的繁栄を保証してくれることであった。アブラハムもヤコブもそれぞれの仕方において、未来を確かなものにしようともがく。その奮闘努力は、家族の中で起きた抗争や策略という一連のエピソードに描かれており、それはこの幾世代にもわたる家族が明らかに機能不全であることを示す。

とは言うものの、族長物語の神学的意味を問題にするならば、族長それぞれを特徴づける固有の物語にこだわらなくてもよい。そうすることで、時代を経て形成された記憶の総体が、この幾世代にもわたる家族を、イスラエルの約束の信仰の選ばれた明白な担い手と見なしていることを理解できるのである。それぞれの族長の時代において、神は約束を与え、それを繰り返す。その約束とは、神が次の世代のために厳かに誓った「約束の地」を手に入れるまで、この家族は守られるということである。すなわち、

1. それぞれの世代に約束は告げられるが、神はそれによって次の世代への約束を保証すると誓う【「約束」の項を見よ】。その神の誓いは、イスラエルの側の契約上の合意や条件には基づいていない。つまり、この誓いは、神による自由で無条件な賜物なのである。

2. ある世代から次の世代へと継承される約束の保持は、当然のことながら、未来に対する家族の責務を負う相続者に依存している。この族長物語の登場人物では息子がその相続者である。族長物語の基本的な筋書きは限りなく複雑化している。それは、いずれの世代でも相続者の母親となるはずのサラ（創 11:30）、リベカ（創 25:21）、ラケル（創 30:1）といった者たちがいずれも不妊であり、相続者としての息子を期待できないという事実による。将来の約束は絶えずこのように深刻な危険にさらされる。

3. しかし、いずれの世代でも族長たちはこのような否定的な状況に直面したとしても、神の力を信頼する。聖書はその約束に対する信頼を「信仰」として理解しようとする。従って、人間の信頼は神の約束に対してふさわしい応答となる。とりわけ、創世記 15:6「アブラムは主を信じた。主はそれを彼の義と認められた」は聖書神学の重要な主題となっている。パウロは恩寵の神学を説明する有名な箇所（ガラ 3:6）で、イエス・キリストにおいて可視的となる以前に叙述された神の福音として、創世記 15:6 を引用している。ルターの著作では、アブラハムは神の約束への信頼（＝信仰）ゆえに「義とされた」（正しい者あるいは罪なき者とされるということ）とされる。このように、創世記 15:6 はマルティン・ルターが宗教改革の教えを提示する際のキーワードとなった。この約束と信頼の接合は創世記の物語全体を鮮明にしている。けれども、創世記の物語の最後においても土地の約束はまだ成就しては

族長

いない。

　4．創世記の物語はイスラエルの将来に集中するが、族長物語がたえず容認するのは、イスラエルが他の諸民族の祝福となるために神がイスラエルに約束を与えたということである（創 12:2; 18:18; 22:18; 26:4; 28:14 を見よ）。このように約束の物語は、自らの安寧に留まらず他の諸民族をもその視野に入れるようイスラエルを促す。創世記 3-11 章で「呪いのもとにある」人々こそがまさしくその諸民族である。パウロはこのイスラエルを越えていく促しを「〔聖書がアブラハムに〕予告した福音」と見なす（ガラ 3:8）。

　この族長物語は聖書の信仰において、五つの仕方で独特ではっきりとした場所を有する。

　1．この族長の伝承は、その起源と伝達においては、おそらくモーセの伝承やシナイの掟とは密接な関係を持たない。ある意味において、この族長伝承はイスラエルの契約の特徴とは切り離されている。契約の概念は間違いなくこの物語に現れる（創 15:18; 17:2-21）。けれども、シナイ契約とは異なり、ここでの契約は一方的な契約なのであって、それは土地の支配者が好ましい家臣に対して自由に（また独断的に）土地を付与するようなものである（サム下 9:9-10 の実例を見よ）。このような実例は、多かれ少なかれ双務的なシナイ契約とは全く対照的である。

　2．族長たちそれぞれの異なった伝承は神学的に全く異なった課題を担っている。後の編集作業は断片的な記憶を筋の通った伝承へと形成したが、それに先立って約束の神が YHWH、すなわちモーセの神と同一であるということははっきりしない。ことによるとこの「約束の神」は、もっぱら神学的な体系化という関心からイスラエルの伝承に組み込まれた信仰上の前提主題であるかもしれない。いずれにせよ、族長たちの神は、約束を無条件で与え、しかもその効力を未来に持続させる存在として記憶されている。神から族長たちに与えられるこれらの約束は、今日のシオニズムに表されている、土地取得の神学の基礎を形作る。すなわち今日のイスラエルの領土を、来るべきユダヤ人のために神が計画したものと見る神学である。

　3．古代イスラエルの王国時代には、主としてシナイ契約とその戒め、および刑罰規定に訴える預言者の声は、聖書の素材として大きな位置を占め

る。結果的に、族長たちへの約束は、この時代の文書において著しく弱まっている。それとは対照的に、イスラエルが約束の土地の支配権を失ってその土地から追放されねばならなかった前6世紀の文書において、「約束の土地」のかつての記憶は再びはっきりと働き始める（イザ41:8; 51:2）。この文脈における約束は、土地を失い追放されたユダヤ人に対して、土地に関する昔の希望はなお強力に作用し信頼に足るものだということを保証する役目を果たす。後の前6世紀の共同体にとって古い約束の再確認は、古い伝承が新たな危機の状況において神学的源泉として機能する適例である。神がはるか昔に未来に対して約束したものが、後の時代の未来の保証としてなお信頼しうるものなのである。

4. キリスト教の伝承でも、族長について語ることは希望の土台として機能している。例えばルカ福音書では、革命的な希望を示すマリアの賛歌は「アブラハムとその子孫」について語る（ルカ1:55）。ルカ伝承においてイエスは貧しく社会的に拒絶された人々をアブラハムの約束の視座の中に組み込む（ルカ13:16; 19:9）。パウロの「恩寵の神学」では、アブラハムとサラは約束を信じたゆえに、まさに神によって「義とされた」信仰者の模範として考えられている（ロマ4:1-25; ガラ3:6-18; 4:21-5:1）。さらに、ヘブライ人への手紙11:8-12および17-22節では、族長は信仰の模範者の中に現れる。

5. 最近のエキュメニカル神学においては、「アブラハムの信仰」は三つの「経典の民」であるユダヤ教徒、キリスト教徒、イスラム教徒に共通したものである。お互いに譲り合えない違いがあるにもかかわらず、こうした生き生きとした神学的伝承とそれに基を置く信仰の共同体は、共通した約束に堅く基づいている。その古い共通したテキストに表明されているこれらの約束は、後に差異が生じ現在では極めて不寛容で破壊的となっているすべてのものの背後に存在するのである。族長たち、とりわけアブラハム（とサラ）は、聖書信仰の最も大きな領域、神の最も広い寛容、イスラエルおよびそこから派生したいくつかの共同体の最も深い信頼を明示する重要なポイントである。〈訳：小友 聡〉

参考文献：

Buechner, Frederick, *Son of Laughter* (San Francisco: Harper, 1993); Clines, David J., *The Theme of the Pentateuch* (JSOTSup 10; Sheffield: JSOT Press, 1978); Moberly, R. W. L., *The Old Testament of the Old Testament: Patriarchal Narratives and Mosaic Yahwism* (OBT; Minneapolis: Fortress Press, 1992); Thompson, Thomas L., *The Historicity of the Patriarchal Narratives: The Quest for the Historical Abraham* (Berlin: Walter de Gruyter, 1974); Van Seters, John, *Abraham in History and Tradition* (New Haven: Yale University Press, 1975); Weinfeld, Moshe, "The Covenant of Grant in the Old Testament and in the Ancient Near East," *Journal of the American Oriental Society* 90 (1970): 184-203; Westermann, Claus, *The Promise to the Fathers: Studies on the Patriarchal Narratives* (Philadelphia: Fortress Press, 1980).

堕罪 (The Fall)

「堕罪」はローマの信徒への手紙5:12-21、コリントの信徒への手紙一15:21-22, 45-49におけるアダムとキリストについてのパウロの議論に発する、キリスト教の古典的神学における支配的モチーフである。これらのテキストにおいて、パウロは（この世界に罪をもたらした）アダムの重要性と、（アダムの罪に対する神の最終的解決者である）キリストとを対比させている。「堕罪」という用語は神との関係から、腐敗と退廃、そして欠乏状態へと全面的に落ち、元へは戻れないことを示唆する。その状態において人間は完全に無力であり、キリストにおける神の力強い介入によってしか希望を持つことができない。この理解においては、罪の力はアダムを通してこの世界に入り込み、そして、いわば「人間の遺伝子」の中でひとつの世代から次の世代へと受け継がれていく。「堕罪」の概念は、人間の罪への深い理解を主張しているが、それはキリスト教神学において、イエス・キリストの福音がもたらす深遠な恵みの概念と均衡を保っている。

堕罪の教義は創世記3章の物語の中に根拠を持っている。そこでは最初の夫婦であるアダムとエバが創造者の命令に従わず、その結果、楽園の庭から、永遠に追放される。物語は神の言いつけに従わないようにと人間の夫婦を誘惑するヘビの役割によって複雑化され、福音を欠く人類の不幸な運命を永遠に決定づける。物語はその登場者の一つであるヘビの起源やその特徴について何の説明も提供しない。

人間の腐敗が遺伝するというこの教義は、キリスト教教義において重要な役割を果たしてきた。主としてアウグスティヌスへの計り知れない影響を通して、またより小さくはマルティン・ルターへの影響を通して。旧約聖書では、しかしながら、創世記3章そのものは、遺伝する腐敗について何ら語っていない。というのは、この物語は神と人類の間のこじれた相互関係を描いている多くの物語のひとつにすぎないように思えるからだ。創世記3章が特に重要であるとも思えないし、それ以降に続く他のいくつかの物語を支配したり無効にしたりする主要な主題を紹介しているのだろうか。キリスト教の

堕罪

　古典的な神学は、人間の罪深さを底知れぬもの、恐ろしいものと考えるが、旧約聖書は一般に、その考えに固執しない。創世記 3 章のキリスト教的読み方（あるいは読み込み過ぎ）は、解釈学的伝統がひとり歩きして、その解釈をテキストに押しつけた一つの例を示している。エレミヤ書 31:29-30 とエゼキエル書 18:1-4 では、次の点に関して預言者の伝統に苦心の跡が見られる。それは、ある歴史的文脈において、ある世代の信仰者の罪が他の世代に受け継がれるという観念をきっぱりと拒否することである（申 24:16 も見よ）。

　パウロは堕罪をキリスト教信仰の中心に、そして罪の告白をキリスト教典礼の中心にすえた主要な解釈者であったが、遺伝した罪の問題を誰にも先がけて語ったのがパウロであったと想定するべきではない。とにかく、おそらく後 70 年直後に成立した外典『第 2 エズラ書』〔新共同訳「エズラ記（ラテン語）」〕は、パウロの著作しているのと同じ世界にあって、人間の苦境の救いがたさに思いを馳せる際、信仰者が抱く悲しみを明白に語っている。

> 「この苦しみが何なのか分からずにいるよりは、むしろ生まれなかった方がよかったのです。……しかし統べ治められる方、主よ、わたしたちも皆、不信仰な者です。わたしたちのため、地上に住む者の罪のために、義人の収穫が妨げられてはいませんか。……ああ、アダムよ、あなたはいったい何ということをしたのか。あなたが罪を犯したとき、あなただけが堕落したのではなく、あなたから生まれたわたしたちも堕落したのである。わたしたちに不死の世が約束されていても、いったい何の役に立つでしょう。わたしたちが死をもたらす悪行をしているのですから。永遠の希望が約束されているとしても、わたしたちは最悪なことに、むなしい存在になっているではありませんか。……わたしたちは忘恩の地で暮らしてきた」（4:12, 38-39; 7:118-120, 124）

　文献の依存関係を辿ることは可能ではないが、ユダヤ人の世界の深い失望をここに見ることができる。この世界でパウロは教会の信仰を明白に語ったのである。

　旧約聖書の従順の理解と、新約聖書の罪と恵みの理解の対比は、ユダヤ教

とキリスト教の間で強調点がどこで一致しどこで相違するかを示してくれるかもしれない。リクール（Ricoeur）が示したように、創世記3章は無限の新鮮な解釈を生み出すたぐいのテキストである。また同時に、キリスト教の古典的神学を支配するようになったパウロのカテゴリーは、後に続く解釈において誤解されてしまったか、物象化されてしまったかもしれない、と主張する現代の学者もいる。問題は困難なものであるが、ユダヤ人とキリスト教徒の間の新鮮な交流は、長く受け入れられてきた解釈学的仮定を再考するための批判的根拠を、疑いもなく提供するであろう。〈訳：重富勝己〉

参考文献：
Barr, James, *The Garden of Eden and the Hope of Immortality* (Minneapolis: Fortress Press, 1993); Barth, Karl, *Christ and Adam* (New York: Harper & Row, 1957)〔「キリストとアダム」、小林謙一訳、『現代キリスト教思想叢書9』、白水社、1974年〕; Donfried, Karl P., *The Romans Debate* (Peabody, Mass.: Hendrickson Publishers, 1991); Ricoeur, Paul, *The Symbolism of Evil* (Boston: Beacon Press, 1967)〔『悪のシンボリズム』、植島啓司・佐々木陽太郎訳、渓声社、1977年〕; Stendahl, Krister, "The Apostle Paul and the Introspective Conscience of the West," in *Paul among Jews and Gentiles* (Philadelphia: Fortress Press, 1976).

ダビデ (David)

　本書のような神学的主題を扱う書物の中で、人物を取り上げて語ることは少々奇妙に思えるかもしれない。しかし私は、伝承から四人の男性——モーセ、ダビデ、エリヤ、エズラ——を取り上げて語ることにする。なぜなら、それぞれの事例において、その個々人が旧約聖書の重要な神学的主張を体現しているからである。

　ダビデに関する歴史的問題には深刻な課題が横たわっている。古代イスラエルの歴史について厳密に考える最小限主義(ミニマリスト)の見方によれば、ダビデの存在そのものの史実性が疑われる。考古学者は、ダビデに関する最も古い非聖書的証左として前9世紀の碑文を指摘するが、その碑文そのものが疑念を持たれている。それゆえ私たちに残されているのは（やはりここでも）、聖書伝承において記憶され、描き出されたダビデ像となる。一人のユダ部族の「無名の」男が、手練手管と勇気とYHWHの守護によってイスラエルとユダの王となり、エルサレムで支配を確立し、その子ソロモンが後に一層その支配を強化した、というものである。より控え目で批判的な判断をするならば、ダビデは一部族の首長であって、政治的立身の点では、王にははるかに及ばないものであったことが示唆される。

　ここでは私たちの目的に沿うべく、聖書伝承がダビデに関してなしている四つの主張を以下に記す。

　1. 驚くべきことにダビデは、無慈悲で野心的な権力主義者として、欠点を少しも隠さずに描かれている。サムエル記下9-20章の、いわゆる「ダビデ王位継承物語」は、バト・シェバの強奪とウリヤの殺害という決定的出来事に焦点を絞っている。ナタンの預言者的批判によってイスラエルは、この出来事を王国イスラエルの決定的現実として記憶に刻んだのである（サム下11-12章）。さらにイスラエルはこの出来事を、その後の歴史叙述においても思い起こした（王上15:5。マタ1:6を見よ）。〔列王記とは〕全く異なる目的に供するために編まれた後代の文学作品である歴代誌上11-29章は、浅ましさのない、より潔癖なダビデ像を提示する。この後代テキストにおいてダビデ

は、典礼にふさわしい指導者像へと大きな変貌を遂げており、良い面悪い面併せ持つ人物像を脱して、より理想的な人物像に描かれている。

2. 基本的にありのままのダビデ像を描いているように見える中にあって、神学的思索にとって重要なテキストがサムエル記下 7:1-16 である。そこでは、同じナタンを通して YHWH が、ダビデとその末裔に対して王権に関する無条件の約束を与えている（詩 89 編と 132 編に繰り返されている同じ約束を見よ）。この約束は、驚くほど長期にわたって持続したダビデ王朝（400 年にわたって 20 人が即位！）に理念的正当性を賦与するものであった。この政治的現実を超えて、この無条件の約束は、イスラエルにおける王家への期待を牽引する力となって働き、次第にメシア待望へと変わっていった。ダビデ王朝が歴史的には破綻するに至って、イスラエルは、YHWH が賜る、真実で完璧なダビデ的王の出現を期待するようになり、その王こそイスラエルの最大の希望であり YHWH の最高の約束を実現する者と期待するに至ったのである。

3. ダビデは、その人格と役割をもって、物語と並び詩編においても傑出した位置を占めるようになった。特に十ある「王の詩編」（詩 2; 18; 20; 21; 45; 72; 89; 101; 110; 144 編）は注目に値する。これらの詩編は、歴史的な王たちが持っていたであろう「欠点」は一切考慮に入れず、王の職務を YHWH のもたらす将来を担うものとして扱っている（さらに研究者たちは、これらの「王の詩編」が詩編全体の構造と型を定めるべく、一連の詩編の配列の中に熟慮の末に配置されていることを認めている）。新約聖書において「王の詩編」（特に詩 2 編と 110 編）は、初代教会が主イエスの王的職務を強調する際に特に目を引く仕方で引用されている。更にいくつもの詩編につけられた表題は、物語伝承に記されたダビデの人生を彩る具体的なエピソードと詩編を結びつける（最もよく知られているのは詩 51 編であり、その表題によってウリヤ―バト・シェバ事件にまつわるダビデの罪責と結びつけられる）。研究者らは、これらの表題を歴史的記述としてではなく、その詩編が正典的にいかに解釈されるべきかを示す手がかりと理解している。詩編における王の存在（特にダビデ）は、第二神殿時代も佳境に入ったころのユダヤ教の典礼的想像力の大半をダビデが占めていたことを示唆している。

4. 旧約聖書の後半部分は、新しいダビデ、メシア的人物、すなわちYHWH が地上において望んでおられる支配を打ち立てる王の、到来を望み見る数々の預言者の託宣を含んでいる（その中で最も顕著なものはゼカ 9:9-10 である）。新約聖書のイエス解釈は、これらのテキストを適用してイエスを、新しく自由と平和と正義と憐れみの統治を打ち立てる「真のダビデ」として浮かび上がらせている。

総じてイスラエルの典礼的想像力の中でダビデは、YHWH が必ずや賜る良き未来に関するイスラエルの約束の担い手であることは間違いない。サムエル記下 7 章でなされた無条件の約束は、あらゆる歴史の想定外の変転や敗北の数々にもかかわらず存続し、メシア待望の礎を提供するものである。ユダヤ人は必ずや来られるメシアを待っている。キリスト者は、イースターとイエスの昇天の後、メシアの再び来り給うことを待ち望んでいる。ユダヤ人とキリスト者はともに、神によって定められた者が、地上の歴史的プロセスを造り替えて幸いとなすために平和のうちに来ることを信じている。この新しく待たれている役割は、キリスト者の次のような祈りに言い表されているものである。「み国を来らせたまえ。……（みこころの）天になるごとく地にもなさせたまえ」（マタ 6:10）。ダビデは聖書的希望の典型的な礎である。それは、たとえあらゆるデータが正反対の結果を示していようとも、神が賜る良き未来を粘り強く確信しつづけるものである。ダビデは非常に具体的に、取り巻く状況に負けない希望としての役割を果たすのである。それはハバクク書 3:17-18 の「咲かず、実をつけず、生ぜず、いなくなる。しかし……」に言い表されている希望である。〈訳：左近 豊〉

参考文献：

Biran, A., and J. Naveh, "The Tel Dan Inscription: A New Fragment," *Israel Exploration Journal* 45 (1995): 1-18; Brueggemann, Walter, *David's Truth in Israel's Imagination and Memory* (Philadelphia: Fortress Press, 1985); Childs, Brevard S., "Psalm Titles and Midrashic Exegesis," *JSS* 16/2 (1971): 137-50; Flanagan, James W., *David's Social Drama: A Hologram of Israel's Early Iron Age* (The Social World of Biblical Antiquity Series 7; Sheffield: Almond Press, 1988); Gunn, David M., *The Story of King David* (JSOTSup 6; Sheffield: University of Sheffield, 1978); Halpern, Baruch, *David's Secret*

Demons: Messiah, Murderer, Traitor, King (Grand Rapids: Eerdmans, 2001); Jobling, David, *1 Samuel* (Berit Olam; Collegeville: Liturgical Press, 1998); Kraus, Hans-Joachim, *Theology of the Psalms* (Minneapolis: Augsburg, 1986), chap. 4; McKenzie, Steven L., *King David: A Biography* (New York: Oxford University Press, 2000); McNutt, Paula, *Reconstructing the Society of Ancient Israel* (Louisville, Ky.: Westminster John Knox Press, 1999); Polzin, Robert, *David and the Deuteronomist: A Literary Study of the Deuteronomic History, Part 3: 2 Samuel* (Bloomington: University of Indiana Press, 1993); Simpson, Timothy F., "Paradigm Shift Happens: Intertextuality and a Reading of 2 Samuel 16:5-14," *Proceedings of the Eastern Great Lakes and Midwest Biblical Societies* 17 (1997): 55-70; Steussy, Marti J., *David: Biblical Portraits of Power* (Columbia: University of South Carolina Press, 1999).

地

地（Land）

　土地は、旧約聖書の伝統を特徴づける主題である。旧約聖書は、土地の具体的な詳細について記している箇所が多く、それによって、イスラエルの信仰が、この世で生きるうえでの公の、物質的な、社会政治的かつ経済的な側面と接していることを証言している。その理由から、旧約聖書の信仰または旧約聖書の神について考えるなら、必然的に社会経済的分析に関わることになる。なぜなら土地は単なる「良い考え」ではなく、深い希望、想像力に富んだ社会政策、深い倫理的衝突、暴力の残忍な行動、そして共同体の深刻な落胆を生じさせ、つかさどる、現実の不動産であるからである。

　旧約聖書の伝承によると、神と（イスラエルの創始者として約束された）アブラハムとサラとの最初の出会いは、土地に関連していた（創 12:1）。実に、創世記の族長の物語全体が、土地についての神の約束と、そこから派生して、土地の約束を未来へと継承する相続人の存在を描くことに、大きな関心を払っている。この土地についての先祖の約束は、神からの確かな誓約の中にあり、聖書においてそれに続くすべての出来事を規定している（創 15:18-21 を見よ）。イスラエルは、遅かれ早かれ、保証された土地を受け取るという信念のうちに生きる。その先祖の約束は、モーセ伝承において——すなわち、良い土地に「［わたしたちを］導き入れ」るために（申 26:8-9 を見よ）神がエジプトから救い出してくださった（「主は……わたしたちを……導き出し」）ことをめぐって構成された伝承において——果たされる。出エジプトは、当初の目標であり、出エジプトの意図するところである、約束の地に入ることによって完了する（出 3:7 を見よ）。先祖とモーセの伝承はどちらも、イスラエルへの神からの贈り物となるであろう土地についての約束をイスラエルに根付かせる【「希望」「約束」の項を見よ】。

　イスラエルへの、神の揺るぎない寛容さに根差した、土地についての約束と期待は、決して輝かしくはない形で、古代イスラエルにおいて結実した。その伝承の二つの側面がここで重要である。第一に、ヨシュア記の、土地への侵入と征服についての説明は、暴力行為に満ちている。YHWH が約

束し与えた土地もまた、激しい攻撃の末、イスラエルのものとなった。さらに、都市を焼き払い、そこの住人を殺す暴力は、約束の神によって認められ権威づけられる。それゆえ、神自身の命と性格が、暴力の物語の中に埋め込まれる。土地の約束が神学的無邪気さ(イノセンス)のうちに理解される時、問題は十分簡単だ。しかし、地政学的な「土地についての事実」となれば、話は全く別である。土地は無人ではなく、神から派遣される新しい居住者を待っているのではないためである。実際、古くからそこにいた「カナン人」がすでに占拠し、その土地を彼ら自身のものと見なしている。土地の贈り物は、このように、定住した人々の強制退去を引き起こす。彼らはその土地に自分たちの(「当然権利のある」？）場所を持つことを暴力的に否定されたのである。土地の約束は、このように、神学的主張を行動に移し、具体化する暴力と切り離すことはできない【「暴力」の項を見よ】。

　第二に、その土地は当面、危機に際して登場する「士師」によって統治され、緊急時に立ち上がる「軍人」によって秩序が保たれるが、一方で、土地の長期的な運営は、王権によって、具体的にはダビデ王朝によって担われた。物語によれば四百年間、約束の地を統治したというこの王朝は、託宣によって正式に権威づけられていたが（サム下 7:1-17）、実はこの王朝こそが、祖先たちが最も深く心にかけていた約束と、モーセの伝承が最も深く心に抱いていた希望に相反するような土地運営の理論と経済政策を、イスラエルに導入した。伝統的な共同体主義に背いて、この王政はイスラエルに余剰の富を生み出す組織的な実践を導入した。この実践は不可避的に、強欲で、隣人愛に反する経済的実践を生み出したのである。こうして約束の地は、強欲のはびこる地となった。列王記上 12 章には、ソロモンによってなされ、レハブアムに引き継がれた新しい王家の土地政策への、ひとつの劇的な抵抗が描かれている。

　土地所有についてのそのような指導的な理論は、韻文的な語り方をする人々からの批判と抗議の奔流を生じさせた。やがて彼らは「預言者」と呼ばれるようになった。エリヤからエレミヤまで三世紀にわたって、これらの預言者の声は——まもなくひとつの流れとなり「預言者的伝統」へと流れ込んでいくのだが——王家の政策を厳しく批判し、次のように警告した。そのよ

うな強欲な実践は、ついには、契約の規定によってイスラエルにYHWHから与えられた土地の喪失につながるだろうと。さらに、列王記に記される王政の長い歴史は、バビロニア軍の侵攻の手による土地喪失につながる、王の政策と行為を特徴とする。預言で語られている中で特徴的なことのひとつは、ネブカドネツァルとバビロニア人が、YHWHの依頼によって行動したというもので、それゆえ、帝国による侵攻は、神の裁きと同等なものとして賞賛された。結果は、エルサレムの破壊とともに、長い間約束の地を待ち望んでいた人々が、その時また土地を持たない状態になるというものだった。

　申命記には、旧約聖書における土地神学が明確に見出される。説教的な演説と戒めの数々は、土地所有に関する交渉の余地のない条件を主張するうえで重要であった。このような条件は政策や公的行為の形で表されたが、神学的にはYHWHの命令であると理解されていた。この土地倫理の中心にあるのは、申命記15:1-18における「解放の年」である。この「解放の年」は、共同体の貧しい民の負債を帳消しにし、それによって彼らが尊厳をもって公の場に復帰できるようにするというものである。これと同じ法的規定がレビ記25章でも、ヨベルの年の規定として、より大規模に記されている。解放の年とヨベルの年についてのこれらの律法は、市民共同体の需要と要求に従属する経済取引によって、野放図に拡大しかねない経済活動を、抑制しようという意図を持っている【「ヨベル」の項を見よ】。このように、契約の規定は、市場の力が全く抑制されることなく幅をきかせている現代社会にそのまま通用する、土地運営の理論を提供する。モーセと預言者の契約の伝統は次のことを知っている。搾取が可能な状況において、隣人の主張が尊重されない限り、どんな共同体でも、平和的かつ正当に土地を占有することを望むことはできないと。イスラエル自身の悲しい経験は、その見解の正しさを証言するものとして引き合いに出される。

　聖書の前半部の物語は、このように、土地を所有することへの期待から、土地の支配、そして最終的には土地喪失へと至る流れであり、「捕囚」として知られている、その土地からの追放と強制退去において頂点をなす。土地を重視するこのような伝統において、注目すべきことに、捕囚は、古代イスラエルを決定づける特徴的な出来事である。さらに、捕囚は、その中で土

地についての古代の約束が新しく繰り返される母胎となった。このように、イザヤ書40-55章、エレミヤ書30-31章、そしてエゼキエル書33-48章の大いなる預言的伝統はみな、追放されたイスラエルに対して次のことを断言する。神が先祖とその子孫にかつて土地を与えたように、それをもう一度、イスラエルに与えるだろうと（イザ 49:19-20; 51:2-3; エレ 31:12-14, 38-40; エゼ 37:13-14; 47:13-14 を見よ）。これらの発言とともに、土地を与えられる見込みが再び生じた。再び YHWH は保証し、再びイスラエルは、約束を信じ、贈り物を受け取ることになったのである。

　土地の実際の回復と、国外追放の後の、破壊されたエルサレムの町の再建は、実際、この数々の韻文のほのめかすところよりもはるかに控えめである。エルサレムへの最初の帰還は、神殿の再建を主眼とした（ハガ；ゼカ 1-8 章を見よ）。そして、エズラとネヘミヤのもと、前 5 世紀中頃には、控えめではあるが政治が再び執り行われるようになり、その土地での秩序ある生活が再開された。大いなる預言的約束をはるかに下回るものの、具体的な現実は、まだ実現されていない、完全で、よりよい回復への希望、誕生しつつあったユダヤ教に特徴的な希望を抱き続けていく土台を提供するのに十分だった。土地の約束から土地の支配、そして土地の喪失に至る、この長い歴史から、四つの結論が引き出される。

　1. イスラエルの希望は、神による地上の統治が完全に出現することを願うものである。その統治において、ユダヤ人の共同体は第一の受益者となる。つまり、神の約束の完全な結実が予想されているが、手中にはないということである。神の支配への、この決定的な期待は、「神の国」という言い回しを生み出した。この言い回しは、神の臨在が、遅かれ早かれ、地上において完全に実現され、それゆえすべてのものが平和に、そして安全に住むことができるようになるという希望である。

　2. 土地の約束は、ユダヤ教の現在に続く宗教活動において決定的に重要であり、ユダヤ教内の、甚だ政治的な運動であるシオニズムにとって特に重要である。これは、「約束の地」をユダヤ人の共同体のもとに完全に取り戻そうとする運動である。今、政治的課題に変形されたこの深い神学的約束は、かつての「約束の領域」を占拠し、「大イスラエル」の構想をはぐくむ、

イスラエルの現状を正当化する。かつて古代イスラエルは土地を獲得するためにカナン人に暴力を振るったが、現在もイスラエル国家のパレスチナ人に関する政策の中で同じことが繰り返されかねない。

3. 土地の約束は、もちろん、キリスト教の伝統において、異なる結果をもたらした。キリスト教の解釈では、土地の契約を精神的なものとして捉える傾向がある。それゆえ、そもそも土地の契約を「約束の地」の不動産に当てはめることはもはやない。確かに、初期の教会のレトリックにおける「相続人」の話は、先祖の約束を連想させる（ロマ 8:15-17; ガラ 4:1-7; ヘブ 6:17 を見よ）。しかしながら、そのレトリックは今や、領土よりも、神が代々限りなく約束を守ってくださる方であるということに関係するのが特徴である。さらに、キリスト教徒は、「御国が来ますように。御心が行われますように、天におけるように地の上にも」と祈る（マタ 6:10）。これは地上において神の統治が効果を十全に発揮し、目に見えるものとなるようにと願う祈りである。しかしながら、土地の約束のそのような精神化と宇宙的規模への拡大によっても、キリスト教は次のような感覚を失わなかった。つまり神の決定的な約束は、重要な意味でこの世における約束であり、それは地球が平和と正義で彩られるための約束であるという感覚である。このように、土地の約束の具体性は、キリスト教の期待の中で生き残ったが、イスラエルの特定の土地を特別扱いすることはほとんどない。

4. 最も大きな見方をすれば、土地についての聖書の視点は、土地に付随する安全、尊厳、そして幸福なしでは、誰も生きられないという認識である。さらに、聖書の神への信仰は、土地とその生産物、そして土地が保証してくれるものの公正な分配に携わることに関係する。消極的な側面から見ると、この伝統は、強大な力が、自身のものではない土地を占拠し、差し押さえるという、現代世界における植民地主義の大規模な企てへの重要な批判としても存在する。積極的側面から見ると、聖書の土地の約束は、土地を持たない恵まれない人々が、あまりにも長い間所有することのできなかった彼ら自身の土地を受け取る（取り戻す）という解放運動への包括的な是認である。最も広く、かつ伝承の詳細を否定することなく解釈すると、聖書の視点は次のように証言する。（a）保証された土地またはそれと社会経済的に同等なも

のなしでは、誰も、人間らしく生きられない、(b) 聖書の神が、まさに、そのような問題に関心を持っており、そしてそのような土地所有を保証し、または否定する権力関係と組織的実践に関心を持っている、と。神と土地のつながりは、聖書の伝統を、その社会的役割において、終わることなく改革していく。聖書を、彼岸的主題に閉じ込めようとするどんな試みも、まさに土地についてのこの強調ゆえに失敗するのである。〈訳：德田 亮〉

参考文献：

Berry, Wendell, *The Gift of Good Land: Further Essays Cultural and Agricultural* (San Francisco: North Point Press, 1981); Brueggemann, Walter, *The Land: Place as Gift, Promise, and Challenge in Biblical Faith* (OBT; Philadelphia: Fortress Press, 1977); Davies, W. D., *The Territorial Dimension of Judaism* (Berkeley: University of California Press, 1982)〔『ユダヤ教の国土観』、平野保訳、教文館、1992 年〕; Habel, Norman C., *The Land Is Mine: Six Biblical Land Ideologies* (OBT; Minneapolis: Fortress Press, 1995); O'Brien, Conor Cruise, *God Land: Reflections on Religion and Nationalism* (Cambridge: Harvard University Press, 1988); Stevenson, Kalinda Rose, *The Vision of Transformation: The Territorial Rhetoric of Ezekiel 40-48* (SBL Dissertation Series 154; Atlanta: Scholars Press, 1996).

知恵 (Wisdom)

　旧約聖書における「知恵」は、人生の特性や謎をめぐる洞察や省察から生み出された教えが蓄積されたものである。この教えは「下からの」神学的・倫理的省察であり、経験に依拠しているが、この経験そのものが一つの伝承を形成している。それは、よく知られた救済史伝承――神の驚くべき業に根差し、契約として表現された伝承――とは異なる、もう一つの伝承である。知恵の教えは、救済の驚くべき業や契約に基づく戒めをほとんど含まず、人生の賜物や必要についてじっくりと堅実に考えることだけを含む。

　イスラエルにおけるこの知恵の素材は、イスラエル以外の知恵の教えに類似した並行例があり、また部分的に他から借用したものである。知恵の神学はかなりの程度都市化した人々が追究する真理を代表しており、多くの場合、イスラエル人の信仰の原初的な特徴を欠いている。これらの教えは、後にイスラエルがたどり着くことになる科学的洞察や、また唯物論的神学と呼ばれるようになったものに限りなく接近する。知恵の素材は、科学と宗教に関する文化的な交流を説明するのに非常に役に立つ。

　この知恵の教えは常識に基づき、また高度の思慮深さを有する。つまり、知恵文学は「何が役に立つか」について問い、またどんなリスクがあるか、どんな現実認識が信頼しうるか、さらには、人間の選択と自由と責任はどこで行使できるかを問う。

　けれども、そのような知恵の思慮深さは、単なる現実主義(プラグマティズム)ではない。最も実際的な教えですら神学的に基礎づけられているからである。この現実主義的な方法は、神が有するほとんど隠された秩序を受け入れようとするのであり、この秩序こそは安定した人生を送るために唯一可能なコンテキストとして受け止められるべきなのである。神学的に権威づけられた隠された事実を主張する、この現実主義的・神学的な視点は、「愚か者」の傾向に対抗しようとする。その愚か者は人生が完全に開かれ、思い通りになり、気の向くままに扱いや操作ができると信じている。このように軽率に、あるいは傲慢に振る舞う愚か者は、自らに破壊をもたらし、共同体を混乱させるのが特徴で

ある。なぜならば、現実の隠された形は、このような自分ですべてを取り仕切るあり方に屈服することはないからである。このように、知恵の伝統は幸福のために共同体の形を維持しようとするのであり、また科学技術が留まるところを知らない気まぐれに利用されかねない現代文明の状況において極めて重要である。このような人間の能力や才能を前にして、知恵の伝統は過度の自己主張に対して神から与えられた人生の境界を、控えめに主張する。知恵の教えに表現された思慮深さは、神の現実と神の意志に深く根を下ろしている。

　もっと広く言えば、知恵の教えは創造神学であって、生きられた経験に基づいて人生の規則性を識別しようとする省察である。その人生の規則性は、創造主なる神が命じて保証する現実の秩序であると考えられる。このような規則性は、「高慢は没落を招く」（KJVの直訳、箴11:2）というような、単純な格言的言述で最も特徴的に表現される。この単純に見える格言は、しかしながら、実際には多くの実例に基づく鋭い見識であって、想像力に富んだ芸術的な仕方で表現されている。このような知恵の教えは経験の報告ではなく、経験を経た上で総括した賢く練られた省察である。それは、古い経験の省察から生じる蓄積された洞察から、次の世代が利益を得るためである。

　行為と結果の繰り返し見られるパターンを識別し、明快に表明することによって知恵の教師たちは神の世界が信頼できるものだと主張するが、その主張は啓示ではなく経験に由来している。これらの教師たちが見出した規則性は、既成事実、限界、行為と結果の連関、また規則性のただ中で時おり気づかされる恵みの瞬間などに関係する。その規則性は、共同体を自己破壊的な行為から遠ざけてその保持を可能にし、神のほとんど隠された目的に調和する共同体を形成する。蓄積された知恵の教えの言い伝えは、このように社会化の企てであり、また若者に倫理の教育と訓戒をほどこすプログラムである。それだけではなく、知恵の見方は旧約聖書の中で最も科学的思想に近い。というのも、知恵の教師は人間生活の社会的環境と同様に自然にも注意を向け、また自然（＝創造）の規則性について考えるからである。

　知恵の教えの「産地」については学者たちに一致した見解はなく、多くの背景を反映していると言えそうである。この知恵の教えの場について次の

三つが含まれると考えられる。(a) 家族や氏族（典型的には父から息子）。それは若者を養育し家族のしきたりを守らせることに専念する。(b) 王宮（典型的には王から後継者）。それは統治の本質、また権力の可能性と限界について熟考する。(c) 学校。それはエリート階級の子供たちを権力者に好都合なように養育する。以上三つの背景のいずれにおいても決定的な証拠はなく、我々は次のように結論してもよい。すなわち、古代イスラエルは多かれ少なかれ正規の教育を行い、共同体のために責任を担うべく子どもたちを社会に適合させたということである。

これらいくつかの可能な背景において、知恵の教えの異なった形式が形成されたが、それらすべては特徴として明敏であり芸術的である。知恵の教えには口伝のものや短文のものがあった一方で、「より洗練された」、最初から学問的に高度で文学的なものもあったようである。いずれにせよ、長期間にわたって様々な知恵の省察と教説がまとまって文書的な形に発展し、最終的に「文書」となったのである。

旧約の知恵文学は箴言、ヨブ記、コヘレトの言葉を含み、またカトリック教会の第二正典にはシラ書とソロモンの知恵〔新共同訳「知恵の書」〕も含まれる。箴言（シラ書も同様）は伝統的な教えの集成であって、それは確固とした共同体の一致と秩序に関して基本的に保守的である。この教えは、踏み越えれば苦難と死を招くことになる人間の行為の境界に、とりわけ関心を向けている。ヨブ記は箴言に似た教え（ヨブの「友人たち」に反映されている）を前提としているが、その教えにおいて経験の省察は硬直化していて、あらかじめ定められた道徳パターンに経験が従うことを要求する、教条主義的な信念となっている。従ってヨブ記は、新しい経験から学ぶ機会を閉ざしてしまった箴言などの結論に対して、抵抗する文学である。コヘレトの言葉は後期の知恵文学であって、抵抗ではなく、むしろ諦めの色彩を帯びている。コヘレトの言葉の基調となっている教えは、現実には秩序があるけれども、その秩序は隠され、人間の理解を超えているということである。コヘレトでは結果として、人間がなしうる最善のことは伝統的な行為でよしとすることである。

箴言、ヨブ記、コヘレトの言葉の間にある様々な相違点が示すのは、そ

れぞれがどれほど相違していても、知恵の伝承が絶えざる省察的対話であり、その内で異なった解釈者が異なった教示的判断を提示したということである。このような教示的判断は、ある程度可変性があり、絶え間ない経験に直面して改訂される用意があった。実際、新約聖書では、イエスがファリサイ派と議論する時に、イエスはこうした省察的対話を引き継ぎ、秩序ある生活が要求し認める事柄を、対話、というよりむしろ論争によって探り当てようとしている（マコ 12:13-37 に見られるように）。福音書の中でイエスが知恵の教師として示す範例はイエスが語るたとえ話に見られ、それは旧約の箴言の発展的な叙述である。経験に対して可変的であることによって知恵の教えは、絶対的な結論を示さないという特徴を維持する傾向にあるが、伝統が絶対的なものとなっており、もはや新しい経験についての一つの洞察ではなくなっている例もまた引用しうる。

　知恵の教えには思慮分別を尽くしたものが多いが、実用的な要素と並んで直接に神学的な要素があって、それは特に箴言 8:22-31 に見られる。この詩文において「知恵」は一人の人物（女性！）として語り、しかも自分は天地創造の過程において神と共に働いたと言っている。この驚くべき教えは神学的省察としてこれまでも重要であった。キリスト教の伝統では、箴言 8 章の主題は「創造のロゴス」として、ヨハネ福音書 1:1-18 において取り上げられる。それは、神の創造をもたらす、隠されてはいるが決定的な理性の働きであって、キリスト教の信仰告白においてはナザレのイエスに顕現されているものである。このように、イエスは知恵の教師であるのみならず、神の知恵の顕現であり、それは神の創造の首尾一貫性と可視化をもたらす。従って、パウロはイエスを「神の知恵」と表現することができ、そこには箴言 8 章の教えがこだましている（Ⅰコリ 1-2 章）。さらに、教会において引き続き哲学的な省察がなされ、この知恵—ロゴスはこの世における神の遍在という主題となって、三位一体の第二格として表現されることになった。これはただ単に歴史的イエスに関係することではなく、それより広大で深遠な神学的主張である。

　最近では、この箴言 8 章における知恵を、神の創造が有する生成力として神学的に特徴づけることが、フェミニスト神学において極めて重要な主題と

知恵

なっている。というのも、ヘブライ語で「知恵」(*hokmah*) は女性名詞であって、フェミニスト神学者の中には、神の被造物としての世界は、創造主である神を体現し表現する女性原理を、その推進力として有している、と考える者もいるからである。伝承において女性の姿で現れるこの知恵は、キリスト教的三位一体論が発展する素材を生み出した。三位一体論において、第二格（子）はふさわしくも創造のロゴス（＝理性）とされているのである。

　知恵の伝承は創造の秘義で満ちている。この知的、倫理的、神学的な取り組みは豊かな文学の形で表現されており、神学的な省察の重要な素材である。

　1. 啓示において授与された伝統的な戒めをめぐる考察は、この世界をしばしば一元的で決定的と見なすが、知恵の伝承は、神の世界の倫理的現実がそのようなものではないと主張する。解読されることを拒む世界においては、倫理は十分に確立しえない。

　2. 近代およびポストモダンの世界は情報を扱うことで満足し、情報を科学技術力に置き換えて「知識は力である」と主張する。だが、知恵の伝承が主張し続けるのは、人間生活の必要と可能性は、科学技術が想定するよりも豊かで複雑であって、またそれほど簡単に把握できるものではないということである。場合によっては、知ることは、解読できない秘義に従うことを要求する。

　3. 知恵の伝承が証言するのは、情報のすべてが必ずしも有効ではなく、またそれゆえに倫理的判断と結論は絶えず暫定的なものであって、改編される可能性に開かれているということである。

　知恵の教師の解釈的実践は書記たちに担われて、ユダヤ教に（また派生的にはキリスト教に）大いなる解釈上の生命力を与えた。その力は、持続的な識別、新鮮な想像力の表現、また古い合意事項に疑義を呈してそれを拒絶するかもしれない事柄をも受容すること、等々を必要とする困難な務めこそが人生の真理であると知っている。この知恵を次の世代に伝達する過程において、弟子を監督するという教育の規範が形成される。この地平において、教育とは情報の伝達ではなく、神の創造秩序の神学的現実に根差した倫理的な見解を持つに至るように、弟子たちを社会化することである。この解釈的伝

統のダイナミックな性質は、その最上の点において、神が測りがたくも決定的な支配を続けている被造世界に調和する。〈訳：小友 聡〉

参考文献：
Brown, William P., *Character in Crisis: A Fresh Approach to the Wisdom Literature of the Old Testament* (Grand Rapids: Eerdmans, 1996); idem, *The Ethos of the Cosmos: The Genesis of Moral Imagination in the Bible* (Grand Rapids: Eerdmans, 1999); Crenshaw, James L., *Education in Ancient Israel: Across the Deadening Silence* (New York: Doubleday, 1998); idem, *Old Testament Wisdom: An Introduction* (Louisville, Ky.: Westminster John Knox Press, 1998) 〔『知恵の招き──旧約聖書知恵文学入門』、中村健三訳、新教出版社、1987年。原著の第一版は1981年、第二版は1998年、邦訳は第一版の訳〕; idem, *Urgent Advice and Probing Questions: Collected Writings on Old Testament Wisdom* (Macon, Ga.: Mercer University Press, 1995); Gutiérrez, Gustavo, *On Job: God-Talk and the Suffering of the Innocent* (Maryknoll, N.Y.: Orbis Books, 1987) 〔『ヨブ記──神をめぐる論議と無垢の民の苦難』、山田経三訳、教文館、1990年〕; Murphy, Roland, *The Tree of Life: An Exploration of Biblical Wisdom Literature* (New York: Doubleday, 1990); Rad, Gerhard von, *Wisdom in Israel* (Nashville: Abingdon Press, 1972) 〔『イスラエルの知恵』、勝村弘也訳、日本キリスト教団出版局、1988年〕; Witherington, Ben, *Jesus the Sage: The Pilgrimage of Wisdom* (Minneapolis: Fortress Press, 1994); Yoder, Christine Roy, *Wisdom as a Woman of Substance: A Socioeconomic Reading of Proverbs 1-9 and 31:10-31* (BZAW 304; Berlin: Walter de Gruyter, 2001).

罪（Sin）

　旧約聖書の信仰は罪に関し、深遠かつ広大な理解を有しており、それは神についての全面的な確信と同等のものである。しかし神に関するその確信が、罪に対するいかなる考えにも先行する。すべての被造物を創造し、治め、またすべての被造物のために世界の幸福を望んでいる神が、罪に関するコンテキストを形成するのである。つまり罪とは、望ましい幸福な世界を創造しようとする神の意思に背くことである。

　旧約聖書における罪に関する語彙は、他の用法も存在するが、次の三つの単語に代表される。

  1. 不足、失敗、もしくは間違いとしての罪（ḥṭ'）
  2. 不十分と反逆としての罪（pš'）
  3. 道徳的違反としての罪（'wn）

　これらの単語はそれぞれ異なった語源を持つ。しかしながら、実際の用法においてはこれらの単語は、出エジプト記 34:7 のように、同義語として扱われる可能性もある。出エジプト記 34:7 では、これらの三つの単語が連続して引用されている。

　　幾千代にも及ぶ慈しみを守り、罪（'wn）と背き（pš'）と過ち（ḥṭ'）を赦す。しかし罰すべき者（nqh）を罰せずにはおかず、父祖の罪（'wn）を、子、孫に三代、四代までも問う

　これら三つの単語はそれぞれ特有のニュアンスを持っている可能性があるが、一般的にこれらの単語はすべて、神との適切な関係から人間が逸脱することに結び付く（知恵の教えにおいて、「愚かさ」は、確実に尊ぶべき創造の秩序を軽視する時に用いられる単語である。創造の秩序を重んじないということは箴 10:21; 12:15-16; 13:19-20 にあるように、不可避的な創造の秩序に対して抵抗す

る行為であるゆえに、恐ろしい結末を引き起こすのである）。

　旧約聖書における罪は、神を中心とする考えに深く根差している。その前提にあるのは、人間は神の被造物であり、また喜びをもって神への従順な応答に生きるよう神によって神のために造られたということである。罪とは、神に従い応答するのを拒むことを通して、被造性が有する適切な秩序を歪め、破壊することなのである。被造性そのものの内に罪の種子が宿っているのかもしれないが、旧約聖書は、罪が被造性から生じる不可避的な産物ではないということを確信している。旧約聖書のキリスト教的解釈における被造性と罪に関する特徴的な混乱は、キリスト教会の中で良く知られている灰の水曜日の「思い出しなさい、あなたは塵から造られ、また塵に帰ることを」という式文に反映している。「塵」についての言及は、被造性と有限性（詩103:14におけるように）とを認めているのだが、キリスト教会のレントにおいては、この式文は「思い出しなさい、あなたは罪人であるということを」という意味で受け止められることが多い。

　被造性を歪め、それに背くことは、基本的に神との関係を歪めること（神を喜び讃えたたえ、感謝し、従うという関係にあることへの拒絶）である。旧約聖書において、神との関係はトーラーの戒めによって、最も中心的には十戒によって厳格に秩序づけられ、導かれている。こうして罪は、トーラーの戒めに背くことへと移行したのであるが、このことによってクリスチャンは、旧約聖書を律法の宗教あるいは規則の宗教として捉える、ステレオタイプ的で歪められた理解をするようになったのである。しかし実際は、戒めは関係性を明確に表現したものであり、それゆえ、シナイの神の戒めと、創造主なる神によって結ばれた関係性との間にどんな分裂もないのである。戒めに対する背反は創造者との関係、また被造物に対する創造者の意思との関係が無秩序な状態になっていることを表す。

　大まかに言えば、トーラーの戒めは二つの関心事に集約され、これらの関心事が具体化される際に様々なヴァリエーションが現れる。まず、創造の神との関係は、聖性（純潔、清潔）への関心を引き起こす。

　　あなたたちは聖なる者となりなさい。あなたたちの神、主であるわたし

は聖なる者である。（レビ 19:2）

　他方で、トーラーの戒めは政治的・経済的側面での社会的正義の実践への関心を示している。と言うのも、「神の愛」は、隣人への関心、特に恵まれない環境にある隣人、もしくは貧しさの中にある隣人に関心を向けることを不可避的に命じているからである（箴 17:5; マコ 12:28-31 を見よ）。後者に従えば、隣人に対する罪（隣人と共に支え合い、隣人と連帯することへの背反）は、創造の神との関係を壊してしまうのである。

　旧約聖書において、罪とは深刻な事柄であり、それは深刻で実際的具体的な結果をもたらす。従順な生活は幸福へと導き、不従順は災いと死に導くという前提が、神との契約関係にある生活の基礎となっている（申 30:15-20 を見よ）。この前提は、聖書的かつ契約的な倫理のまぎれもない前提である。多くの場合、不義の結果は、まさしく背反の過程においてもたらされ、創造神の罰や激怒と関係がないのが特徴である。不遜な被造者の行為は、自分自身への制裁を引き起こすという結果に至るのである。

　しかしながらこの中核的確信は、すなわち道徳的な一貫性と人間の行為についての道徳的意義を保証するこの確信は、数えきれないほどの問題をも抱えている。ヨブの詩文において強調されているように、生きている人間の経験は、上記のような単純な因果応報的な道徳律によって割り切れるものではなく、また説明されるものではない。実際に、リンドストレーム（Lindström, 1994）は、困難や苦難を語る多くの詩編が、倫理的罪（sin）も法的罪（guilt）も前提しない（暗示さえも全くしない）ことを示した。このように、罪は深刻に捉えられている一方で、罪はあらゆる困難を完全に道徳的に説明するものとしては機能していないし、機能することもできないのである。

　従って、罪とは人間性の決定的な特徴でもなければ、神と共にある生活の決定的な特徴でもない。罪とはただ告白され、認められるべきものなのである。周知のように詩編 51 編は、罪を告白し、罪の赦しを求めている。詩編 32 編は、罪を否定することは不具合を引き起こし、肉体的な症状さえもたらすことを鋭く意図的に述べている（3-4 節）。しかしながら、罪を認めると、赦しと命の回復が実現する（5 節）。イスラエルは罪を真剣に捉えるのだ

が、その一方でイスラエルは神の受容性と寛容というリアリティが罪をはるかに超えて満ちあふれているということを知っている。そのため、罪はせいぜい二番目の価値しかなく、結局のところ神学的に重要なものではなく、神学的な関心さえ引き起こさない。まさに、旧約聖書における罪は神中心（神のリアリティに集中している）であるがゆえに、神は罪が被造世界においていかなるリアリティをも持たないようにするお方なのである。

　罪を効果的に制御する神の力は、旧約聖書ではよく知られた確かさである。一方で、神は主権的な行為によって恩赦を与え、赦しをもたらそうとする意思があり、またそれが可能であると語られる（エレ31:34）。他方で、神は祭司の制度を惜しげもなく与えている。この祭司の制度により、イスラエルの礼拝の行為は、赦しと回復のための具体的で実用的な制度的方法をもたらすのである（レビ1-7章のように）。イスラエルは、単純明快な赦しの明言と、回復に関する制度上の形態とのどちらか一つを選ぶということをしなかった。神はその両方に機会を与え、またその両方が罪責と離反という複雑な現実に対応するために必要なのである。

　キリスト教の旧約聖書の解釈の多くが創世記3章と、「原罪」（すなわち「本源的な罪」）の概念とに特権的影響力を行使している。創世記3章のこのような読み方は、初期ユダヤ教の中に現れ、さらにパウロからアウグスティヌス、ルターというキリスト教神学の軌道において発展した。しかしながら、創世記3章を慎重に解釈すると、原罪という不吉な読み方は引き出せず、規範となる声明として明言された根本的罪深さという概念は旧約聖書のどこにも見当たらないのである。そのような読み方は、旧約聖書に関する後付けの誇張であり、それはキリスト教の自己理解が展開していく中で作られたものである。そのようなテキストの過剰な読み込みから二つの不幸な結果がもたらされる。不幸な結果の一つは、多くの西方教会において、倫理的罪と法的罪が自己理解を神学的に支配していることである。もう一つは、ユダヤ人を律法主義者として見るキリスト教の固定観念がテキストに押しつけられていることである。実際には、旧約聖書は罪を真剣に考慮すると同時に、恵みに満ちた神の自己犠牲をより真剣に捉えており、その神の自己犠牲をより決定的に重要なものとするのである。従って、詩人たちは——例えば、罪

深さを宣言するためにしばしば引用される 130 編において——神のすばらしい赦しを称えることによって、まさしくそれとは逆の宣言をする。神の赦しは、罪を表現し、それが赦される文脈なのである。

主よ、あなたが罪をすべて心に留められるなら
主よ、誰が耐ええましょう。
しかし、赦しはあなたのもとにあり
人はあなたを畏れ敬うのです。（詩 130:3-4）

トーラーは、トーラー共同体の成員を罪の不具合から解き放ち、「新しい、義に満ちた生活」を送ることができるようにする。

わたしが今日あなたに命じるこの戒めは難しすぎるものでもなく、遠く及ばぬものでもない。それは天にあるものではないから、「だれかが天に昇り、わたしたちのためにそれを取って来て聞かせてくれれば、それを行うことができるのだが」と言うには及ばない。海のかなたにあるものでもないから、「だれかが海のかなたに渡り、わたしたちのためにそれを取って来て聞かせてくれれば、それを行うことができるのだが」と言うには及ばない。御言葉はあなたのごく近くにあり、あなたの口と心にあるのだから、それを行うことができる。（申 30:11-14）

〈訳：長谷川忠幸〉

参考文献：
Barth, Karl, *Church Dogmatics IV/1 The Doctrine of Reconciliation* (Edinburgh: T. & T. Clark, 1956), 423-32, 437-445, 453-58, 468-78〔『和解論 I/3』教会教義学 IV/1、井上良雄訳、新教出版社、1960 年、120-36, 146-59, 173-81, 200-16 頁〕; Koch, Klaus, "Is There a Doctrine of Retribution in the Old Testament?" in *Theodicy in the Old Testament*, ed. James L. Crenshaw (Philadelphia: Fortress Press, 1983), 57-87; Lindström, Fredrik, *God and the Origin of Evil: A Contextual Analysis of Alleged Monistic Evidence in the Old Testament* (Lund: Almqvist & Wiksell International, 1983); idem, *Suffering and Sin: Interpretations of Illness in the Individual Complaint Psalms* (Lund: Almqvist &

Wiksell International, 1994); Miller, Patrick D., Jr., *Sin and Judgment in the Prophets: A Stylistic and Theological Analysis* (Chico, Calif.: Scholars Press, 1982); Stendahl, Krister, "The Apostle Paul and the Introspective Conscience of the West," in *Paul among Jews and Gentiles* (Philadelphia: Fortress Press, 1976), 78-96.

天使（Angel）

　宗教一般において、「天使」という用語は翼を有し、頭に光輪をのせ、あらゆる種類の超自然的様相を呈する束の間の存在というイメージを想起させる。旧約聖書では、「天使」は多くの場合、「使者」を意味する。それは、天において支配的権威を有する YHWH から地上に、特に王たちや権威ある人物に、メッセージを伝える存在である。（時として天使たちは他の職務をも有する。特に注目すべきは戦闘的な姿になる場合で、「万軍の主」である YHWH が有する、天使たちの「軍勢」がそれである。）聖書では、天使たちを多神教的世界の背景において理解することができ、そこでは天の神（あるいは神々）の支配は地上の未来を動かす決定権を有する。支配権を有する者は天を統治する構成員として天使を地上に派遣し、天の政策を伝える【「天上の会議」の項を見よ】。旧約聖書が一神教へと移行していくにつれて、天使は YHWH の支配という天の法廷に従順な一員となり、また YHWH 自身の地上への関与を担い、あるいはその顕現を示す存在として見られるようになった。特に二つのテキスト——列王記上 22:19-23 とイザヤ書 6:1-8——がこの後者の働きを例証する。列王記上 22:19-23 では、YHWH の統治に関与する者たちが神の戦略の立案を助ける。イザヤ書 6:1-8 では、セラフィムが力強い賛美と称賛によって神が座する場所を満たす。（もちろん、旧約聖書は下位の神々［天使たち］も知っており、それらは詩 82 編によれば、YHWH の意志に抗って従おうとしない。）列王記上とイザヤ書における天使たちの働きは YHWH の支配を地上に及ぼすことである。天使たちは独立した主体である限り、「神の子ら」、「万軍の主」の「軍勢」、「ケルビム」、「セラフィム」など、様々に呼ばれる（詩 29:1; 82:1; イザ 6:1-7）。より風変わりで例外的な事例としては、サタン（代上 21:1; ヨブ 1-2 章）および天上の会議における他の構成員の働き（王上 22:19-23）、また創世記 6:1-4 の巨人〔ネフィリム〕がある。これら一連の呼称は、YHWH が多様な仕方で地上を支配していることを表現するリストである。

　使者たる者は自らの言葉を語るのではなく、「わたしをお遣わしになった方」すなわち YHWH の言葉を語る。使者は特徴的に使者の定式——「主は

こう言われる」——によって語り始める。これは、全権大使がそうであるように、その語る言葉が自らのものではなく、YHWH のものであることを示す。それゆえに天使の言葉は真剣に受け止められねばならない。そのメッセージは YHWH に由来する以上、使者の外見やその重要性にはるかに勝って、何が言われ、何が聞かれたかに特に強調点がある。まさしく使者の外見に注意が払われる場合でも、まず第一に、伝えられたメッセージがいかに重要かが強調されているのである。

たいていの場合、天使は旧約聖書の二つの部分に登場する。まず、創世記の中で比較的古い時代に由来する物語部分に見出される。すなわち、はっきりとした一神教への信仰がいまだ効力を有しない箇所である（創 16:7-11; 21:15-21; 22:11-12; 出 3:2-6; 23:20-23 を見よ）。さらにまた、天使は旧約の中で YHWH の独一性が極めて多様な仕方で表現される後期の諸文書にも見出される（ダニ 4:10-23; 7:10; 10:7-10, 20; 12:1; ゼカ 1:1-17; 6:1-8）。後代において、世界における YHWH の業は YHWH が直接かつ十全に関与することもなく生起し、YHWH はいよいよ超越性を強めてその業を天使的存在に与える。ここにもまた「天使論」の十分な発展が見られるが、それは旧約以後になって初めて、ユダヤ教と新約共同体の出現という環境において起こったことである。天使という成熟した概念はおそらく、比較的新しい様々な異教的諸要素がユダヤ教の信仰に入り込んだこと、また YHWH が人間すなわち歴史的経験からますます隔絶したことによって成立した。それによって、YHWH の内在性とその世界支配とを表現するために、媒介的存在がさらに重要となったのである。

旧約聖書の中期（おおよそ王国時代）において、天使はそれほど知られてはいない。なぜならば、YHWH 単独の支配権が特に強調されるからである。YHWH のみが権威と栄誉を有し、協力者や助言者を必要としないのである。イザヤ書 6 章では、セラフィムが賛美を繰り返して礼拝し、YHWH の権威を高めている。さらに、この時代には、預言者である人間が YHWH を代弁する声となった。預言者は自らに由来しない言葉を発し、「主はこう言われる」という使者の定式によって語った。この高度な一神教と預言者の介在というコンテキストにおいては、天使の働きが必要とされないのは明らかであ

る。しかし後期になると、イスラエルの伝統は、YHWHの支配の陣容が多くの代理や表現を要求した初期の伝統にすっかり立ち帰るのである。

　いずれにせよ、天使はYHWHの支配の代行者であって、YHWHが地上で決定的な支配権を有するという特別の確信を表明するために、イスラエルに姿を現す。イスラエルはYHWHが地上に関与している事実を明らかにするために多くの媒体を必要としたのであり、天使はその一つであった。天使は旧約聖書では自立した存在ではなく、YHWHとは不可分の権威を指し示している【「黙示思想」「天上の会議」「サタン」の項を見よ】。〈訳：小友 聡〉

参考文献：

Albertz, Rainer, *A History of Israelite Religion in the Old Testament Period*, vol. 2, *From the Exile to the Maccabees* (OTL; Louisville, Ky.: Westminster John Knox Press, 1994);
Jacob, Edmund, *Theology of the Old Testament* (New York: Harper and Brothers, 1958).

伝承 (Tradition)

伝承とは次の二つを意味する。（a）共同体の宝として蓄えられてきた言い伝えのことであり、それは様式化され、蓄えられ、次の世代へと伝えられる。（b）伝達の過程のことを言い、それによってひとつの世代がこの宝を次の世代へと託す。

旧約聖書における伝承の内容は、二通りに理解することができる。その第一は偉大な伝承（the Great Tradition）である。それは信仰についての物語のストーリー・ラインであって、ついには聖書正典のバックボーンとなった。この偉大な物語（the Great Story）は、一般に得られているコンセンサスによれば、順番に、創造物語（創 1-11 章）、族長物語（創 12-50 章）、出エジプト（出 1-15 章）、荒れ野滞在（出 16-18 章）、シナイ（出 19- 民 10 章）、荒れ野滞在（民 11-36 章）、シナイ再録（申命記）、土地取得（ヨシュ 1-12 章）である。この正典となる伝承が、天と地の創造者として、またイスラエルの契約のパートナーとしての YHWH の支配を証しするのである。さらにイスラエルは、このリアリティの記事の中にしっかりとはめ込まれており、YHWH の慈しみの第一の受け取り手である。それゆえ、それぞれ新しい世代に生きるすべてのイスラエル人は、この記事を彼あるいは彼女自身の人生についての、まことの記事として読むのである。この偉大な伝承は複数の仕方で生き延びて、保存されるのかもしれない。例えばフリードマン（Friedman）を参照してほしい。

第二に、この偉大な伝承と並んで、またそのただ中においても、たくさんのさらに小さな伝承があって、これらが、はるかに慎み深い主張をなし、また慎み深い範囲で働いているのであるが、それにもかかわらず聖書の中にひとつの場所を要求してきた。これらの中には例えば、エリヤ（王上 17-21 章）やエリシャ（王下 2-9 章）に関しての物語があり、また多くの同様の過去の事績があって、世界を形作り、その中にイスラエルの位置を与える助けとなったのであった。これら小さな物語がどのように偉大な伝承に関わるかについては、常に明瞭というわけではないが、これら小さな物語も自分たちに

伝承

も告げるべきことがあると主張し続けており、偉大な伝承の中に完全に吸収されてしまうことはなかった。偉大な物語と小さな物語との間で進行していく相互作用が、聖書の成立と使用においてかなりの重要性を持っているのである。

諸伝承（偉大な伝承と小さな物語）を伝える過程もまた「伝承過程」と呼ばれる。古代イスラエルにおけるこの過程が聖書正典成立に結実したが、それは大いに活気に満ちた、想像力に富む自由を有するものであった。我々はその伝達の、特定の過程も状況も知らないが、それらは家族や村（士 5:10-11 を見よ）、そしてイスラエルの正式な礼拝センター（出 12-13 章を見よ）を、そして後の時代には、書記の学校を含んでいたに違いない。これらの伝達を担ういくつかのセンターは、様々なパースペクティヴを持つ様々な担い手たちにより運営されたが、それらはまた豊かで多様なあり方に発展していった。

初期の伝達の多くは、口頭によるものであったと思われる。伝承の中から語られることに共同体が耳を傾け、おそらくそれを記憶したのであろう。「明確に説明する記憶」である伝承を、記憶し伝達した者は、物語や歌の中でそうしたのであり、それらが正典の一部となっていった。口頭で形作られた素材は、様々な機会に、巻物の中に書き記され、大切に保たれるようになった。口頭と文書両方の形において、イスラエルは時間をかけながら、過去に関する秩序づけられた記事を定めたのである。

明らかに若い世代が、伝承の、鍵となるターゲットであり受け取り手であった。その伝承が、YHWH の民としてのイスラエルのアイデンティティを形作るのである。教育的に意図された指示が残されている（出 12:26-27; 13:8-10, 14-16; 申 6:20-25; 26:5-10; ヨシュ 4:20-24）【「教育」の項を見よ】。確かに出エジプト記 10:1-2 は、ファラオに対して災いの過程を引き延ばす YHWH の目的が、教育的であることを示唆している。こうして祖父母たちは、YHWH の神秘とイスラエルの運命とを孫たちに伝えるための勝利の物語を、豊かに手に入れるだろう。

イスラエルの伝承者たちはさらに、イスラエルにアイデンティティと使命とを与える記憶を伝えることが、生きるか死ぬかの緊急性を有することをよくわきまえている。

> 子孫に隠さず、後の世代に語り継ごう
> 主への賛美、主の御力を
> 主が成し遂げられた驚くべき御業を。
> 主はヤコブの中に定めを与え
> イスラエルの中に教えを置き
> それを子孫に示すように
> わたしたちの先祖に命じられた。
> 子らが生まれ、後の世代が興るとき
> 彼らもそれを知り
> その子らに語り継がなければならない。
> 子らが神に信頼をおき
> 神の御業を決して忘れず
> その戒めを守るために
> 先祖のように
> 　　頑な反抗の世代とならないように
> 心が確かに定まらない世代
> 神に不忠実な霊の世代とならないように。（詩 78:4-8）

　伝承形成の過程は、未来の世代が「神に信頼をおく」ように意図的に営まれねばならない。反対に伝承形成過程の失敗は、忘れてしまい、そして忘れてしまえば、従うことをしない子ら（あるいは孫たち）の世代を生み出すことになる。すると次には不服従が、信仰深くなりえない「頑な反抗の世代」を生み出すことになる。伝承形成過程はこのように、直接的、実際的な意味で差し迫ったものとなる。なぜなら伝承がなければ、わがままを、すなわちトーラーの命令からの離反を引き起こすことになり、そうなればイスラエルそのものが無になってしまうからである。

　この伝承の緊急性は、その伝達の過程において、──もしかすると驚くべきことかもしれないが──想像力のはかりしれない自由と取り組むことになる。イスラエルを特徴づける記憶を受け継いでいく過程は、冷たく固定され

伝承

て作られていく過程ではない。むしろこの伝承は、ひとつひとつの世代において、人々を招く仕方で作り直されてきた。この伝承は決して過去のものではなく、常に現在のものであって、決して「意味した」ものでなく、常に「意味する」ものなのである。ひとつひとつの新しい世代が、この記憶を、自分自身の記憶として受け取り、そして受け入れる。つまり、ひとつひとつの新しい世代が、その物語や歌が言及する世代そのものである。この想像的に作り直す柔軟な能力こそが、聖書の伝承において、いやむしろ聖書そのものにおいて、顕著な特徴なのである。この能力がユダヤ教に、凍りついた、ものごとを平板化する原理主義と、伝承が要求するものに対するそっけない無関心との間の道を見出すことを可能にしたのであった。

　伝承形成過程における、この活力と自由とを高く評価することは、物語と歌の歴史的信頼性についての問いを必ずもたらすだろう。歴史的信頼性についての批判的判断は、時によって様々である。批判的研究は現在のところ、伝承が歴史について主張することを最小限に評価する傾向にある。時代の傾向というものは時の流れと共に満ち引きする。けれども明らかに、物語り、歌う共同体そのものは、史実性に関するそのような疑問を投げかけはしなかったのである。なぜなら伝承というものはまず第一に、いかなる場合にも、事実であるかどうかを問題にしながら継承されることはないからである。伝承というものは目を見開いて、驚き、感謝し、喜んでこれに従うような環境で示されるものだからである。家族間で伝承される言い伝えと同様に、原則として、それが事実であるかどうかとの問いは生じない。そのような問いかけをすることは、その伝承の主張と力とに対してアウトサイダーとなることを意味する。

　伝達の過程においてイスラエルが鍵とする洞察は、意図的な伝達が、賛美し服従する、自覚的共同体の維持のために不可欠だということである。そのような共同体は、時代性を無視した平板で権威主義的な定式化によっても、また伝承に対する懐疑的・否定的な疑問視によっても、維持することはできないのである。この生き生きとした意識が、解釈において、イスラエルの最高の想像力をかき立てるのであり、この意識が、賛美し服従する共同体である教会の未来について案じる人々を、確かに立ち止まらせるかもしれない。

西洋の教会は——自由主義的な教会も保守的な教会も——意図的な仕方で信仰の伝承の問題を克服しようとする啓蒙的意識の大きな影響を受けている。伝承に関して、より自由主義的な教会では伝承そのものを忘れてしまおうとする傾向があり、より保守的な教会は、規範的ではあるが活力のない平板化された伝承にしてしまう傾向がある。どちらのアプローチも、賛美し服従する生気にあふれた共同体を、さらに長く維持していくためには有効ではないのである。

　伝承形成の過程は確固たる意志を必要とする。そしてそれ以上に、この過程は伝承の主張——それは、この世界における独特の道筋を定め、権威づける主張である——に対して、自らが結び合わされており、それがよくわかっている大人たちを必要とする。伝承形成の担い手となる者たちは、伝達する者も、受け取り手も両方共に、次のように宣言した偉大な伝承者、モーセの伝承の中に立っているのである。

主はこの契約を我々の先祖と結ばれたのではなく、今ここに生きている我々すべてと結ばれた。（申 5:3）

〈訳：楠原博行〉

参考文献：

Brueggemann, Walter, *Abiding Astonishment: Psalms, Modernity, and the Making of History* (Louisville, Ky.: Westminster John Knox Press, 1991); idem, *The Creative Word: Canon as a Model for Biblical Education* (Philadelphia: Fortress Press, 1982); Fishbane, Michael, *Biblical Interpretation in Ancient Israel* (Oxford: Clarendon Press, 1985); Friedman, Richard E., *The Hidden Book of the Bible: The Discovery of the First Prose Masterpiece* (San Francisco: Harper, 1998); Niditch, Susan, *Oral World and Written Word: Ancient Israelite Literature* (Louisville, Ky.: Westminster John Knox Press, 1996); Rad, Gerhard von, *Old Testament Theology*, vol. 1 (San Francisco: Harper and Row, 1962)〔『旧約聖書神学Ⅰ』、荒井章三訳、日本キリスト教団出版局、1980 年〕; Toulmin, Stephen, *Cosmopolis: The Hidden Agenda of Modernity* (New York: The Free Press, 1990); Yerushalmi, Yosef Hayim, *Zakhor: Jewish History and Jewish Memory* (Seattle: University of Washington Press, 1982)〔『ユダヤ人の記憶　ユダヤ人の歴史』、木村光二訳、晶文社、1996 年〕．

天上の会議 (Divine Council)

　旧約聖書が発する神学的表明は、最終的に一神教、つまり唯一の神がいる、という表現に至った。しかしながら、このような信仰表現は、古代イスラエル宗教史においては後代になってようやくまとまったにすぎない。つけ加えるなら、イスラエルの信仰は多神教という文化世界において出現したのである。つまり、多くの神が存在するという信念と社会的慣習があったわけで、それぞれの神は異なる役目と個性をもち、また、相手によって神々の果たす責任も違う。イスラエルは、この多神教という文化的環境と一神教に対する後代の神学的な情熱との間を、神学的な語り方を巧みに使い分けながら切りぬけ、決着をつけなければならなかった。こうしたやり取りの結果、たとえ旧約聖書は断固として一神教を主張しているにしても、イスラエル独自の語りの中には多神教の残余があることは明らかである。

　多神教と一神教の対立の問題を切りぬける際の主要な方法は、学者が「天上の会議」と呼ぶようになる手段であった。すなわち、多くの神々——神の子ら、天使たち、他の聖なる存在——が生き生きと活動し、天に集合して世界に対して究極の決定を下していると、神話風に想像力をかきたてる仕方で証言するのである。イスラエルが取り入れたカナン的表象において、エルはいと高き神として神々の集会を主宰する。しかし、エルは年老いた神で、影響力が薄い。バアルは若い神であり、力強く、生命力に満ち、主導権を握っている。この表象をイスラエル人たちは別の形に作り変えた。すなわち、神々は秩序ある集団として整然と組織され、イスラエルの神であるYHWHが完全な疑問の余地のない主権をもって、その集団を支配する。エルのように、このYHWHは統治する神であり、またバアルのように、力強く生命力に満ちている。カナンの伝承においては区別されていた、様々な神々の特徴を兼ね備えているのがYHWHである。神々の問題をこのように詩的想像力を用いて解決することを通して、多くの神々の存在を許容し、また、天と地におけるYHWHの単独の支配権を確立したのである。

　「天上の会議」という概念をもっとも明瞭にそして劇的に証言するのが、

列王記上 22:19-23 の物語である。そこで報じられているのは、預言者に幻が与えられたことである——幻とは一般常識を超えた宗教的洞察であり、神が確かに存在することを物語そのものが真摯に取り上げる。預言者ミカヤが見たものは「主」(YHWH) が座長を務める会議に招集された「天の万軍」であり、その会議で主はイスラエル王アハブの支配を転覆させる計画をたて、「ラモト・ギレアドに攻め上らせて倒れさせる」(20 節)。王に死をもたらす企みについて神々が話し合うというこの描写は、確かに素朴である。この素朴さを認めるにしても、その神の集会のイメージは、神々による支配が人々の日常生活に現実的かつ決定的な影響を及ぼす世界をはっきりと描写する。

このイメージによって、例えば、創世記 1:26; 3:22; 11:7 とヨブ記 1-2 章で奇妙にも、神が複数形で語られている点を説明することができる。そこでは神々が人間世界の出来事をどのように管理するかについて政策決定をなしている。その上、預言者たちは、自分が天上の会議から権限を与えられて派遣され、地上で起こる出来事に関する天の裁定を告げ知らせるのだという信念を抱いて動いている——それゆえ彼らは、「主はこう言われる」という彼らに権能が付与されていることを示す定式で語り始める。そのような慣習が、イザヤ書 6:8 における神の複数形や、エレミヤ書 23:15-22 に現れる「天上の会議」に立つという考え方、そしてアモス書 3:7 に現れる「天上の会議」から派遣されるという考え方を解明することに役立つ。

イスラエルの頌栄に関する伝承には、下位の神々が支配者なる神 YHWH を礼拝するというイメージがあった。それゆえ、詩編 29:1 には「神の子ら」(「天の存在」) という表現があり、詩編 103:20-21 には「御使いたち……力ある勇士たち……主の万軍」という言い方がある。これらの聖書本文には、YHWH と下位の神々の間の調和が考えられている。しかし、詩編 82 編では、神は「天上の会議」に座り、下位の神々を裁き、厳しく責める YHWH として描かれる。寡婦や孤児のために正しい裁きをするという、いと高き神が必ず果たすと誓約する約束に、下位の神々が従わなかったからである。ということはおそらく、YHWH の支配下にあってその「集会」は調和的な場とも論争の場ともなっただろう。究極の論争が生みだしたのが、聖書後時代に現

れる、神の子らでありながらYHWHの支配を拒絶した、いわゆる「堕天使」かもしれない。

　以上の古代における〔天上の会議の〕イメージと、それよりかなり後に現れる三位一体というキリスト教の教義との間の直接的なつながりを辿ることは不可能である。それにもかかわらず、「神の集会」（divine assembly）という概念を通して、神が社会的な神であることが示されている。これはユルゲン・モルトマン（Jürgen Moltmann）とレオナルド・ボフ（Leonardo Boff）の研究によって、三位一体に関するキリスト教教義を理解する際に再浮上した概念である。両者とも、神をただひとり隔絶した存在であるとしか考えない人々の見解を大きく覆す。両者において、統治者たる神の力は、関係性によって決定的に特徴づけられている。〈訳：大串　肇〉

参考文献：
Boff, Leonardo, *Trinity and Society* (Maryknoll, N.Y.: Orbis Books, 1988); Clines, David J. A., "The Image of God in Man," *Tyndale Bulletin* 19 (1968): 53-103; Miller, Patrick D., "Cosmology and World Order in the Old Testament: The Divine Council as Cosmic-Political Symbol," *HBT* 9 (1987): 53-78; idem, *The Religion of Ancient Israel* (Louisville, Ky.: Westminster John Knox Press, 2000), 25-28; Moltmann, Jürgen, *The Trinity and the Kingdom: The Doctrine of God* (San Francisco: Harper and Row, 1981)〔『三位一体と神の国　神論』、土屋清訳、新教出版社、2001年〕; Mullen, E. Theodore, *The Assembly of the Gods: The Divine Council in Canaanite and Early Hebrew Literature* (Cambridge: Harvard University Press, 1980).

トーラー（Torah）

　この意味の広がりを持つヘブライ語の用語は、英語ではキリスト教の伝統において「律法」（law）と訳されており、ギリシア語新約聖書では「*nomos*」と翻訳されている。アウグスティヌスとルターにおいて酷評された「律法」が訳語とされたのは不幸であった。このヘブライ語の名詞は動詞ヤーラー（*yarah*）に由来しており、それは「投げる」「放つ」「示す」を意味している。そのような言葉が示す身振り（verbal gesture）から派生した名詞は、「命令」あるいは「指図」を意味するようになった。

　我々はまず第一にトーラー（指図、命令）をひとつの権威ある教えと理解するべきであり、それは両親からの教えのようなものである（箴 1:8; 6:20, 23 を見よ）。信仰の領域で考えれば、そのような権威ある教えは神の命令であると理解され、それは祭司（エレ 18:18）の、おそらくもっと正確にはレビ人（申 33:10-11）の業により取り次がれる。レビ人のこれらの教えは、犠牲や清浄のような、宗教的事柄の取り扱いについてのきわめて具体的な命令に関するものである。つまり意図せず不必要に神を侮辱することを避けるために、適切な命令が必要なのである。

　しかしながら旧約聖書の成立過程においてトーラーの概念は、そのような具体性を持つものから、共同体にとり一般的に権威あるものと見なされる命令の大きな集合体を指すものへと置き換えられた。旧約聖書の最終形態の中では、シナイで与えられたすべての命令が──豊かなヴァリエーションを持ってはいるが──シナイにおいて神の民となることに同意したイスラエルにとっての、ひとかたまりの義務と見なされている。このようにトーラーは契約の一つの機能であり、それを構成する一部分なのであって、トーラーの中で、契約に服従するイスラエルの生活が十分に説明されている。具体的な命令から教えの権威ある集合体へのこの置き換えは、長い時間をかけて、何世代にもわたる解釈の積み重ねを通して起きた。その命令の集合体は、イスラエルの生活のあらゆる局面が服従のもとに行われることを求めている。言い換えれば、おそらくこの練り上げられた主張の二つの大きなテーマは、ま

ず清浄であり、次に正義である。

　最終的に、「トーラー」という語が有する、二つの特徴的で重要な用法を認めることができるかもしれない。それらは両方ともYHWHの絶対的な意志——この意志は、巻物の中に明らかに見られる教えに今や記されている——を示している。第一にこの語は特に、申命記の中で「このトーラー」と告げる時に用いられる（申 1:5; 4:8, 44; 17:18; 27:3, 8, 26; 28:58; 29:19, 26; 30:10; 31:9-12, 24, 26)。そこでは自覚的に、申命記の伝承とともに、その命令を告げる巻物そのものをも指して言っている。トーラーの命令における申命記以外の重要な要素に数えられるのが、契約の書（出 21-23 章）、および部分集合的に神聖法典（レビ 17-26 章）を含む祭司伝承（出 25:1- 民 10:10）である。しかし申命記とそこから派生する伝承が、中心的場所を占めているのであって、新しい環境と出会うための解釈を通して発展し続ける、教えの伝承のダイナミックな過程を体現しているのである。ある意味で申命記の契約の伝承は、イスラエルはその生活のあらゆる局面においてYHWHに服従して応えなければならないとの確信を、声を限りに告げているのだと言える。

　第二に「トーラー」という語は、テキストの最終形態において、五書——聖書の最初の五巻、創世記から申命記まで——全体を指すようになる。最終的にこの全巻がユダヤ教にとって、そして派生的にはキリスト教にとっても、決定的な権威を持つテキストである。この用法でのトーラーは、ただ命令だけではなく物語も含んでいる。五書の法典の中の命令は、イスラエルに対する神の意志を明確に言い表す一連の定型表現を含んでおり、そのすべてがシナイの表題のもとに集められている。この多彩な集成は、長く複雑な伝承の過程を表しているが、しかしその過程全体は、その最終形態において、YHWHのイスラエルに対するただ一つの意志として理解されている。この集成の物語の部分には、創世記の天地創造と父祖たちの記事が、そして出エジプトと荒れ野の伝承が含まれている。おそらくこの物語は、命令を告げるための枠組みをなし、また文脈を与えているのかもしれないし、あるいはそれが最終的に告げられた時には、物語がまた命令にもなっていたのかもしれない。つまり、思い起こし、暗唱し、そして語り直す行為が、事実上「いかにイスラエルとなるか」についての指示になっているのである。なぜなら契

約共同体のその時点での特徴は、すでに将来を見越した伝承の中に与えられているからである。五書の最終形態は、要約すれば、ひとつの宣言なのである。それは、共同体の存在を、YHWH の行動と意志とを記述した記事の中に置くことの意味についての宣言である。この物語であり命令である文書資料は、単なる報告ではなく、むしろ信頼と服従による応答へと向かわせ、これを呼び起こす文学なのである。

　イスラエルを神の契約の民として形作り、また作り直し続けるという、この伝承のダイナミックな過程は、当時形成されつつあった伝承におけるトーラーの四つの用法の中に見ることができる。

　1．エズラの時代（おそらく前 450 年）までに五書——聖書の最初の五巻——は、おそらく「最終形態」のようなものになっていただろう【「エズラ」の項を見よ】。ネヘミヤ記 8 章は、ユダヤ教が築かれた出来事と普通理解されている事件について報告する。エズラと指導的な長老たちは、「神の律法の書を翻訳し、意味を明らかにしながら読み上げた」（8 節）のである。この報告は文書の完成した形について証言しているようであるが、より重要なのは、ユダヤ教において解釈が行われる特徴的な瞬間を報告していることである。なぜならこの瞬間にエズラの業を通して起きていることは、ユダヤ教が通例行っていることだからである。共同体は、物語の形で語られるイスラエル形成のための命令を再び聞く。つまり人々は、新しい環境の中で命令を実行可能にする解釈と共に命令を聞き、それによりその解釈を伴う命令はさらにまた、この権威が与えられまた権威を与えるテキストの中に置かれるのである。聞かれ、解釈されたテキストは共同体に、この世界における特別なアイデンティティと召命とを与える。トーラーはこのように、共同体であることを呼び覚まし、共同体を権威づけるものなのである。

　2．エズラ運動のしばらく後に完成された、詩編の最終形態において、詩編の編集と配置とはおそらく「トーラーの敬虔」（Torah piety）、すなわちより古いトーラーの巻物の中に言い表された敬虔に従ってなされたのであろう。トーラー詩編 1、19、119 編の巧みな配置は、これらの詩編が、喜んで、従順にトーラーの命令を受け入れることが幸福への道であることを確かめつつ、詩編を読み、歌う手がかりを与えることを示している。各連の行頭の文

字をつづるとアルファベットになる、長大な詩編 119 編に、特別な注意が払われるべきである。それはトーラーの敬虔についてまとめたものなのである。この詩編は、教育上の情熱を、芸術的感受性を、そしておそらくは典礼への関与を体現している。トーラーと詩編とが相互に作用を及ぼした結果、共同体はただ教えられるだけではなく、自ら歌うのであり、その結果、この敬虔がイスラエルの典礼的想像力を養い、形作るのである。

3. エズラ後の時代、ユダヤ教は書記たちのリーダーシップにより大部分が作り上げられた（ネヘ 8:1 を見よ）。彼らは過去のトーラーの巻物を、現在進行中の権威によって思慮深く扱う学者たちであった【「書記」の項を見よ】。これらの書記たちは「新しい教え」を告げる人々ではなかった。そうではなくて過去のトーラーの伝承を尊重し、解釈し、これを生き生きと保つ人々であった。新しく生まれ出たユダヤ教はこのように、過去の巻物から長い年月を経ているにもかかわらず、教え、解釈し続けることによって、権威を与える過去の文書に献身的であり続けたのである。その結果として、ユダヤ教の敬虔と想像力とが、次の確信の中で形作られた。それは、明らかにされ書き記された神の意志への服従が、ユダヤの生活の目的であり使命であるとの確信である。

4. 旧約聖書全体の中で最も広がりがあり、おそらく最も遅い時代の詩的な幻のひとつは、イザヤ書 2:2-4 ／ミカ書 4:1-4 の預言者の託宣であって、幸福を求めてすべての国々の民がエルサレムに来るという、やがて起こるさまを描いている。重要なのは、この幻の中の国々が、王の政治的権力に従うためにエルサレムに来るのではない、ということである。そうではなく彼らは、武装解除と平和と幸福を可能にする、「命令」（トーラー）を受けるために来るのである。これらのテキストは、トーラーがユダヤ教にとって決定的な命令であるだけでなく、あらゆる国々にとっての究極の命令であること（イザ 42:4 をも見よ。ここでは NRSV が〔新共同訳も〕トーラーを「教え」と訳している）を意識するよう求めている。このトーラーは、世界の幸福のための秘密——シナイで明らかにされたが、全被造物のために与えられた神の意志である秘密——を保持している教えの伝統として、大胆にも理解されているのである。

聖書が書かれた後にラビによるユダヤ教がたどった発展において、たとえ書き記されてはいなくても、よく知られ信頼された教えの、権威づけられた伝承である「口頭によるトーラー」（oral Torah）から、確信と実践とが生まれ出た。さらにトーラーは、重要な様々の仕方で、キリスト教がユダヤ教から生まれ出る母体となった。キリスト教のステレオタイプな思考が長く続く中で、ユダヤ教は不幸にも「律法主義」であると見なされ、またそう言い表されてきたのである。キリスト教の解釈は常々、ユダヤ教においては「魂を生き返らせ」（詩 19:8）るトーラーのポジティヴな創造力を、誤解し、ゆがめてきた。イエスが自分はトーラーを「完成する」ために来たと告げたのだから（マタ 5:17）、イエスの業はトーラーの命を与える力を表すものであると、我々は受け取って良いのである。キリスト教の解釈者たちが不幸なステレオタイプな考え方を乗り越えていく時、たとえ第 1 世紀のトーラーの解釈が非常に問題あるものであったとしても、新約の初代教会においてトーラーが重要な権威ある財産であり続けたことを我々は理解することができる。キリスト教徒も結局のところ、ユダヤ教徒と同じように、神の明らかにされた目的に喜んで従って、すべきことをする。トーラーは、信仰の未来を大きく左右する事柄について、そのように明らかにする、第一の文書資料なのである。〈訳：楠原博行〉

参考文献：

Crüsemann, Frank, *The Torah: Theology and Social History of Old Testament Law* (Edinburgh: T. & T. Clark, 1996); Miller, Patrick D., "Deuteronomy and Psalms: Evoking a Biblical Conversation," *JBL* 118 (1999): 3-18; Sanders, E. P., *Paul and Palestinian Judaism: A Comparison of Patterns of Religion* (Philadelphia: Fortress Press, 1977); Sanders, James A., "Torah and Christ," *Interpretation* 29 (1975): 372-90.

嘆き (The Lament)

　嘆きとは、大抵の場合詩的な、様式化された発話の形であり、イスラエルにおいて好まれた、独特の嘆願の祈りである。旧約聖書の至る所にそのような嘆きの祈りは出てくるが、詩編の三分の一は、疑いなく嘆きである。嘆きはイスラエルにとって、困窮の中で大胆に神に呼びかけ、神が断固としてそれに応えて欠乏を和らげるか打開してくださることを願う（または期待する、あるいは要求する）ものである。旧約聖書は通常、次のように考える。つまり、イスラエルの強硬な嘆願は、理にかなったふさわしい祈りの形態であり、イスラエルは神に対し執拗に願い求める権利と義務があると。さらに、神には祈りに応えるという契約上当然の義務があると考える。なぜなら神御自身の民は、互いの忠義と関与を約束する契約によって神と結ばれており、その民が祈りを捧げているからである。祈りが、あきらめの心持ちの悲しい嘆きとなることもまれにある。だが祈りは、神からのよい解決策を積極的に期待する異議申し立てや告訴であることのほうが多い。

　祈りのこの様式化された形は、しばしば個人の話者が口にする。この話者は、共同体の一員として祈るが、しかし同時に、神との個人的な親密な関係から発話するのである。そのような個人的祈り手は、病や社会的孤立、ことによると投獄を動機として神に嘆願するかもしれない。時々、祈り手は罪を告白して赦しを請うたりするが、それよりはるかに頻繁に、祈り手は、YHWHへの忠誠を声に出し、YHWHがそれに応えて忠誠を示してくださることを願い求める。

　そのような祈りとはやや異なった形だが、嘆きの祈りは、共同体全体が、戦争や干ばつなどの危機に巻き込まれた時に、共同体の声として捧げられることもあるかもしれない。とりわけ旧約聖書では、そのような共同体の嘆きは、バビロニア人の手による、前587年のエルサレムの神殿の破壊に関連している。この深刻な関心は、詩編74編と79編、そして嘆きの詩を集めた哀歌の中に表現されている。そのような詩は、喪失の悲しみ、破壊的な敵への当然の憤慨、そして、神が必ず自分たちのために執り成してくださるという

切なる思いを表現する。

祈りのこの形において最も興味深く、おそらく最も重要な繰り返し見られる特徴は、それが欠乏、悲しみ、そしてひどい苦境を特徴として始まるが、その同じ祈りが、賛美、祝賀、そして神が行動してくださった、もしくは行動してくださるだろうという確信を特徴として終わることである。この例として、詩編13:2-5の嘆願に対して、6節には賛美が置かれている。詩編22編において、2-22節の後には、23-32節の解決が続く。詩編39編と88編は、重要な例外である。これらの詩には前向きな解決部がないからである。これらの詩は、予定調和を排した神の行為として、つまり、神が自動的にではなく、その性質において祈りに応えてくださる方であることの確認として、詩編に含まれているのである。神への命令に満ちた、これらの要求の多い祈りが答えられたという事実は、解釈上の四つの重要なポイントを暗示する。

1. これらの祈りは、現実的な祈りで、話者が、欲求を口に出して表現することで「気が楽になる」といった、単なる精神浄化の精神的言動ではない。これらの祈りは、神に向けて真剣に語られ、神は答えることを期待されている。

2. 祈りは、それらの内のいくつかはその緊急性を猛烈に訴えるのだが、神がその言動を聞き、反応してくださるだろうという確信のもとに発せられる希望の言動である。この点は、大変重要である。伝統的なキリスト教徒の敬虔さは、そのような耳障りな神への語りかけを、品位ある信仰の威厳を欠く無礼なものと見なす傾向があるからである。これらの祈りは、深刻な欠乏状態において信仰が必要とするのは、神への礼儀正しさではなく、「いかなる秘密も隠しておけない」神に対し、必要なことを率直に表明することである、というイスラエルの自覚を反映している。

3. これらの祈りが、特徴として、喜ばしい解決に終わるという事実は、イスラエルの発話の地平において、それらがまさに、状況を変えるために介入してくださる神から、変革する力のある反応を常に喚起する、効果的な祈りであることを示している。つまりそのような祈りには、「現代の」信仰に挑戦する情熱的な現実主義(リアリズム)が存在するということである。現実の祈り手が、現実の希望のうちに、現実の答えを出してくださる現実の神へ祈るという、

その現実主義は、イスラエルがその祈りを、宗教にかこつけた自己満足ではなく、現実的なコミュニケーションとして理解していたことを暗示する。

4. 教会に広まった実践において、つまり典礼的な祈りと個人的な祈りにおいて、これらの祈りは、信仰の地平からほとんど消え去ってしまった。これは非常に重大な変化である。おそらくそれらが用いられずにいるのは、(a) それらが、「よいキリスト教徒」にとってあまりにも生々しく、遠慮がなく、耳障りであり、そして (b) 耳を傾けて、行動してくださる神を期待しない現代人にとって、それらの祈りに表されている希望があまりに頑強であるためだろう。祈りがトーンダウンし、あまり多くを要求しないものになった結果、多くの祈りにおいて現実主義、率直さ、たくましさが失われてしまった。

これらの詩編を学び用いることは、私たちに次のことを示唆する。イスラエルは独自の古くからの表現法において、12のステップのプログラムとして後に形を取ることになる相互作用のダイナミクスを表現してきたのだ、と〔「12のステップ」は現在、依存症回復などのプログラムに用いられている〕。このよく見られる型の祈りは、宗教的には大胆で多くを求めるものであるのと同時に、心理的には深い洞察を有している。これらの詩編は、生のあらゆる次元で神と関わりをもつことを考え抜いており、その神というのは、生のあらゆる次元に関心を向け、支配するお方なのである。〈訳：德田 亮〉

参考文献：

Anderson, Gary A., *A Time to Mourn, A Time to Dance: The Expression of Grief and Joy in Israelite Religion* (University Park: Pennsylvania State University Press, 1991); Brueggemann, Walter, *The Message of the Psalms: A Theological Commentary* (Minneapolis: Augsburg Publishing House, 1984), 51-121; idem, *The Psalms and the Life of Faith* (Minneapolis: Fortress Press, 1995), 33-111, 217-34, 258-82; Fisch, Harold, "Psalms: The Limits of Subjectivity," in *Poetry with a Purpose: Biblical Poetics and Interpretation* (Bloomington: Indiana University Press, 1988), 104-35; Miller, Patrick D., *They Cried to the Lord: The Form and Theology of Biblical Prayer* (Minneapolis: Fortress Press, 1994), 55-177; Westermann, Claus, *Praise and Lament in the Psalms* (Atlanta: John Knox Press, 1981).

残りの者 (Remnant)

「残りの者」とは大惨事の後の生存者を指している。その概念は旧約聖書にときどき見出されるが、たとえ文献の周縁にあるとしても非常に重要である。自然なものであるにせよ政治的軍事的なものであるにせよ、そのような大惨事はテキストの中では特徴的に神の怒りと審判に関係している。

災禍の後に残る者を予期することは、幸福や満足の文脈で述べられる場合には、不吉な脅威である。そのような用法では、現状が必ず YHWH の審判の下で容赦なく崩壊させられる。こうした「残りの者」の使われ方が意味するのは「残りの者だけ」が生き残るということであり、それ以上ではなくて、今生きていて幸福に暮らしている人が全員生き残るのではないということである。残りの者に関する最も強烈なイメージはアモス書 3:12 にあるが、そこではイスラエルの残りの者（そしてその首都）は獅子が襲った後の羊の残骸（二本の後足あるいは片耳）にたとえられていて、大して残らないという（アモ 5:3; 9:1-4 をも見よ）。情け容赦なくその数を減らされた場合、生き延びることのできた残りの者はほとんど無きに等しいし、未来に対する状況は全く良くないのである（王下 21:13-15; イザ 17:4-6; エレ 8:3; エゼ 15:1-8 を見よ）。

しかしながら、同じ言葉がまた肯定的な保証として機能することもある。つまり、審判の厳しさにもかかわらず、YHWH の憐れみと思いやりのゆえに、生き残る者がいるというわけである。神がその怒りを制限して、破局から保護した者がいるので、その破壊は完全なものとならないのである。その成り行きは残りの者に入れられた人々にとっては良い知らせになるが、同時に残りの者以外のすべての人々にとっては悪い知らせとなる。おそらく最もはっきりとした事例はノアの例であろう。彼は家族と共に洪水から救われた残りの者である（創 8:15-18; 9:8-17）。さらにイザヤ書 54:9 で詩人は前 6 世紀の捕囚を洪水にたとえている。捕囚のユダヤ人の残りの者が、洪水におけるノアのように捕囚の災いから守られるだろうというのである。

残りの者という概念の両側面、すなわち否定的な側面としての審判と肯定的な側面としての保証が明らかにするのは、この世における生は暫定的で不

安定であるということと、この世における生がよくなるか悪くなるかは神の意思に大いに依存しているということである。「残りの者」とは、すべての神の民の将来を最終的に決定する YHWH の審判や憐れみについて伝える手段なのである。

　従って、残りの者という概念は、神の民の将来を確実に神の支配の中に置くので、極めて強く神学的なものである。その用語には社会学的イデオロギー的な影響力もある。前 6 世紀と 5 世紀に捕囚から帰還した小さなグループは、自分たちのことを神に愛され命を助けられた残りの者であって、そのためにイスラエルの古い伝承の唯一の正統的な伝達者であると理解していた（ハガ 1:12-14; 2:2; ゼカ 8:6-12 を見よ）。イザヤ書中のいくつかの後代のテキストでは（イザ 1:25-26; 4:2-4）、エズラ記の伝承（エズ 9:8-15）と同様に、残りの者とはかなり特別な共同体のための自己理解や自己識別の手段である。この共同体は自らが、トーラーの命令に純真かつ厳格に従って生きるべき存在であることを知っている。このような民が、後に「敬虔なる者」〔ハシディーム〕として現れた人々、すなわち神の憐れみによって生き、喜んで従順に応答しようとする人々なのである。それと暗黙のうちに対比されるのは、そのような純粋さと従順を共有しない人々、そしてこの特別な共同体の明確な権威に従わない人々は、救われた残りの者には属さず、イスラエルに加わることがないということである。こうして、残りの者はイデオロギー的に排除の原理に転じうるのである（イザ 56:3-7 を見よ。さらに否定的な用法として王下 21:14 をも見よ）。〈訳：佐藤　泉〉

参考文献：
Campbell, J. C.,"God's People and the Remnant," *Scottish Journal of Theology* 3 (1950): 78-85; Hasel, George, *The Remnant* (Berrien Springs, Mich.: Andrews University Press, 1974).

バアル（Baal）

　バアルはカナンの神々の中で最もよく知られ、また傑出した神である。バアルは旧約聖書では攻撃の対象としてのみ知られていたが、1929年のウガリト碑文の発見によって、カナンの宗教の伝統的な祭儀的風習や神学的／神話的な主張を反映した数多くの資料が読めるようになった。これらの資料が重要なのは、この傑出したカナンの神をイスラエル人の論争を通してだけでなく、それを信奉する人々の目を通して我々に提示してくれるからである。

　バアルはこれらのテキストのいたるところで、嵐の神として現れる。それは雨を降らせる豊穣の神であり、また規則的な農事的循環において死の力を滅ぼし、新たな農業生産の循環を可能にする戦士なる神である。この多様なイメージが表しているのは、精力的な男性神であって、大地の豊穣を保証し、それゆえに大地の支配者であり、またその正統な主人なのである。カナン宗教に関する資料の中には、この神を説明するまとまった発展的記述を反映したものがあり、それによればこの神はカナンの祭儀的環境において生命の伝達者と見なされた。

　これらの性質ゆえに、バアルは旧約聖書においてYHWHの主要な敵対者として、またときにはYHWHの主張に対する脅威として現れる。旧約の強烈な一神教的思想、とりわけ申命記に関係する伝承によれば、バアル礼拝は非常に危険であり誘惑であって、イスラエルの改革的運動はそれを徹底的に、暴力的と言えるほどに浄化したのである。イスラエルの忠誠をめぐるバアルとYHWHの闘争は北王国イスラエルのオムリ王朝の時代（前876-842年）、とりわけアハブとイゼベルの統治の時代に最も強烈に表現された。カルメル山での対決はYHWHの優越性とバアルの敗北を決するための劇的な出来事であった（王上18章）。けれども、バアル礼拝に妥協しようとするイスラエルの傾向は繰り返し生起したと記され、それゆえにまた、絶えざる改革の努力によってバアル礼拝をイスラエルから一掃する必要があったのである（士6:25-32; 王下10章; 23:4-5）。

　20世紀半ばの旧約学はYHWHとバアルの大きな相違を強調した。バアル

は自然の営みの中で生殖能力を発揮する存在として理解されたのに対して、YHWH は対照的に、(a) 自然の営みの局外におり、倫理的な要求をもって自然の営みを支配する創造神であり、また、(b) この神が選び取る行動領域は自然という領域よりも、むしろ歴史であると理解された。両者の対照性に注目するこの主要な解釈上の観点は、宗教混交——異なった神学的洞察が融合したもの——をイスラエルの信仰への深刻な脅威と考える旧約聖書の見方に同意を示した。すなわち、旧約学は、バアル礼拝に対立するそのほとんど極端と言うほかはないテキストを支持したのである。カール・バルトによる「宗教」への不断の論争は、この旧約学の傾向に特別な刺激を与えた。カール・バルトの宗教批判は、ドイツのナチズムの宗教的イデオロギー「血と土」に対するキリスト者の闘争によって知られている。この解釈学的な姿勢は、古代イスラエルの信仰に対するバアルの脅威と、ヨーロッパの教会の信仰に対する宗教的イデオロギーとしてのナチズムの脅威との間に、並行関係があると見なしたのである。

　YHWH かバアルか、という二者択一の選択は旧約のテキストにおいて根強く通底しているが、旧約学の解釈学的傾向は最近数十年の間に変化し、旧約に表現される YHWH は事実上バアルに極めてよく似ており、バアルと同じ機能を多く有することが示された。すなわち、YHWH もまた嵐の神であり（詩 29 編に見られるように）、死の力に抗う強力な戦士であり（出 15 章に見られるように）、また大地に収穫をもたらす存在である（ホセ 2:16-25）。この収穫をもたらす神は、雨を降らせ、大地が生命と幸いの祝福をもたらすように耕地を豊穣にし、また自然に循環のリズムを与えて全被造物に成長する命を保証するのである（創 1:1-2:25; 8:22; 詩 104:27-28; 145:15-16; イザ 55:12）。

　YHWH（イスラエルの唯一神）とバアルの関係はこのように複雑であり、解釈は一つにまとまらない。異なった読み方は、異なったテキストの影響から生じる場合がある。しかしまた、異なった読み方は、異なった解釈的文脈から生じることもある——つまり、イスラエルの信仰は、脅威にさらされていて救済が必要な状況にあると理解するか、あるいはイスラエルの信仰は、自らを変えうる異質なものとの衝突に開かれていることができると見るか、その違いにより読み方が異なってくるのである。YHWH が「雄々しい」神

と理解される限りにおいて、YHWH は極端な雄々しさを特徴とするバアルと競合する。また、YHWH が祝福をもって植物に生長をもたらす「豊穣の神」と見られる時（フェミニスト的解釈において評価される洞察）、「豊穣」宗教に対する論争はある程度緩和されるのである。極端に言えば、この融和的な見方は、カナン宗教が創造主としてバアルに認めた、まさにその役割を果たす豊穣の神として、YHWH を認識することができる。YHWH の神的な力と性質の表現は、このように異なった文脈で異なったテキストにおいて、異なった意味を与えられる。YHWH に関する表現は決して無から生まれたのではなく、常に他の神々との関係性の中から生まれたのであって、その神々からイスラエルはしばしば借用し、またその神々に対してイスラエルはしばしば反論をしたのである。

　ところで、イザヤ書 62:4 では、土地は「夫を持つもの」と呼ばれ、ヘブライ語でそれは「ベウラの地」である。「ベウラ」とは「バアル」という語の受動分詞女性形であり、「豊穣化した」という意味である。この文脈においては土地は夫を得、すなわち YHWH によって「豊穣化した」ということになる。YHWH は、しばしばバアルに帰せられる豊穣の機能を果たすのである。創造主 YHWH は全地を「ベウラの地」にしようとしていた！

〈訳：小友 聡〉

参考文献：

Albertz, Rainer, *A History of Israelite Religion in the Old Testament Period*, vol. 1, *From the Beginnings to the End of the Monarchy* (OTL; Louisville, Ky.: Westminster John Knox Press, 1994); Cross, Frank Moore, *Canaanite Myth and Hebrew Epic: Essays in the History of the Religion of Israel* (Cambridge: Harvard University Press, 1973), sect. III〔『カナン神話とヘブライ叙事詩』、輿石勇訳、日本キリスト教団出版局、1997 年、第 III 部〕; Habel, Norman C., *Yahweh versus Baal: A Conflict of Religious Culture* (New York: Bookman Associates, 1964); Harrelson, Walter, *From Fertility Cult to Worship: A Reassessment for the Modern Church of the Worship of Ancient Israel* (Garden City, N.Y.: Doubleday, 1969); Smith, Mark S., *The Early History of God: Yahweh and Other Deities in Ancient Israel* (San Francisco: Harper and Row, 1990); Westermann, Claus, *What Does the Old Testament Say About God?* (Atlanta: John Knox Press, 1979), chap. 3.

バビロン

バビロン（Babylon）

　バビロン／バビロニアは、ある時期に近東世界の政治と貿易を支配した古代の恐るべき文明であった（現在のイラクに位置する）。その文明は科学や学問の分野で甚だしく発展し、また、イスラエルがバビロニアの知恵と法と祭儀から多くを借用し、また利用したことも疑いの余地はない。

　バビロニアの長年にわたる政治的文化的な力と旧約聖書が接触した決定的な時点は、前6世紀の短い期間である。前7世紀の終わりにアッシリア帝国が衰えると、その属国だったバビロニアはついに独立を宣言することができ、今日「新バビロニア帝国」と呼ばれる形で支配権を確立することになった。前625年にナボポラッサルは衰退するアッシリアから独立を宣言し、605年にはその息子ネブカドネツァルが実権を握った。ネブカドネツァルは恐るべき指導者であったが、旧約では誇張されて描かれている。ネブカドネツァルは562年に死去し、それから間もなく539年にバビロニアの権力は消滅し、この帝国は台頭するペルシアのキュロスの手に落ちた。

　かつてアッシリアがそうしたように、ネブカドネツァルも西と南に領土を拡張して、衰弱しかけているユダ王国に対峙することになった。前609年にヨシヤ王が死んだあと（王下23:29-30）、ユダ王国は事実上、独立権を喪失した。ダビデ王朝はエジプトやバビロニアによる外からの権力要求に屈して、かろうじて王権を保持した。しかし、ついにバビロニアがユダ王国を侵略し、598年にヨシヤの孫ヨヤキン王をバビロンに連行した。その地でヨヤキンは少なくとも前561年まで生き永らえたと報告されている（王下24:13-17; 25:27-30）。前587年、バビロンの軍隊はなお抵抗を続けるエルサレムに再び侵攻して、ユダ王国を滅亡させ、傀儡であったゼデキヤ王を連行した（王下25:7）。最終的にネブカドネツァルはエルサレムに三度侵攻して、第三回の捕囚をも行っている（エレ52:28-30）。こうして、ネブカドネツァルは三度の侵攻によってイスラエルの命脈を完全に絶ち、この契約共同体を消滅させ、希望もなく途方に暮れて過去を懐かしく回想するしかない挫折の捕囚民にしたのである。

ネブカドネツァルは、反抗的で手に負えない植民地をごく普通の帝国政策によって支配しようとした。けれども、イスラエルでは、その標準的な帝国政策は YHWH に基づいて神学的に解釈された。そう考えるならば、通常の国家政策として理解されてよいネブカドネツァルの破壊と捕囚は、後のユダヤ教を規定し、その規範となる神学的経験に変えられたのである。イスラエルは YHWH の現実性から離れてネブカドネツァルの政策を理解することはできない。それゆえに、破壊と捕囚という災いは二重の神学的解釈を与えられる。

　第一に、申命記主義的／預言者的な伝承が、その災いを YHWH による裁きと理解するゆえに、ネブカドネツァルは明らかに自ら進んで行動したわけではなく、YHWH の命令によって行動したのである。その意味ではネブカドネツァルは、YHWH の計画においては副次的な人物にすぎない。従ってエレミヤ書 25:9 と 27:6 で、YHWH はネブカドネツァルを「わが僕」と呼び、またイザヤ書 47:6 では、YHWH は怒って「わたしの民」をネブカドネツァルの暴虐に委ねた、と表現されている。

　しかし、第二の解釈学的主張がそのあとに続く。ネブカドネツァルは YHWH の委任を越えて、エルサレムに憐れみを示さなかった（イザ 47:6-7）。結局は YHWH の意志に反して、自分の意志で行動したのである。結果として、テキストにおける広義な解釈線上で、ネブカドネツァル（とバビロン）はイスラエルを侵略する自律的な勢力であるのみならず、バビロンを裁き、滅亡させようとする YHWH に激しく反抗する勢力として描かれる。そういうわけで、ネブカドネツァルを「わが僕」として見なすエレミヤ書は方向を転じ、YHWH の民に敵対したバビロンの傲慢に鉄拳を加える長大な詩的表現で（エレ 50-51 章）、また間もなく実現するバビロンの滅亡を預言する叙述で（エレ 51:64。イザ 13-14 章も見よ）、締め括っている。このエレミヤ書の伝承は、YHWH の道具であり従順な僕であるネブカドネツァルから、YHWH の意図を拒む御し難く自律的な行為者であるネブカドネツァルへの「展開」をたどっている。

　後者の役割において、ネブカドネツァル——とバビロン——はイスラエルの想像力において驚くべき創造的な役割を果たし、この世界で YHWH の

意志に背いて悪をなす傲慢で自律的な勢力の隠喩となった。とりわけ創世記1章はバビロンの神々に対するYHWHの力と権威を説得的に説明し、また創世記11:1-9にはうぬぼれるバビロニア人の傲慢さが確かに反映している。バビロンとネブカドネツァルの隠喩的な力の出現は全く驚くべきものである。というのも、バビロン以前のアッシリアも、それ以後のペルシアも、ユダヤ教が続けた解釈学的行為にこれほど象徴的な影響力を及ぼすことはなかったからである。

その隠喩的な力は特にダニエル書2-4章に明らかである。4章では、ネブカドネツァルは理性を失った傲慢な権力者として描かれており、YHWHの究極的支配に身を委ねて神をほめたたえる時に、理性と力を回復する（ダニ4:31-34）。今日の歴史批判的解釈によれば、このネブカドネツァルに関する用例は、前2世紀にユダヤ人を迫害したシリアの支配者アンティオコス4世を示しているとされる。従って、この隠喩は歴史的な位置づけを失い、別の具体的な政治的現実を説明している。これと並行して、ヨハネの黙示録18章は旧約を直接に暗示させる仕方でバビロンの来るべき滅亡について語るが、そこでのバビロンは初期の教会に敵対するローマ帝国として理解される。

聖書に見られるこれらの用例から、「バビロン」は神の意図を妨げるあらゆる勢力を示す隠喩的な手段となる。マルティン・ルターはローマ教会を批判する際に「教会のバビロン捕囚」という有名な表現を用いた。最近では、ウィートンとシャンク（Wheaton and Shank）が同様の比喩的表現を用いて、アメリカ合衆国の「グローバルな」勢力圏の中央アメリカへの展開をバビロン的権力として描いた。「バビロン」という隠喩は、聖書のテキストが解釈学的な想像力を生み出す最良の実例なのであって、その想像力は世界の現実を再記述する際に、テキストやそれが元々参照していた状況をも越えていくのである。〈訳：小友 聡〉

参考文献：
Bellis, Alice Ogden, *The Structure and Composition of Jeremiah 50:2-51:58* (Lewiston: Edwin Mellen Press, 1995); Hill, John, *Friend or Foe? The Figure of Babylon in the Book*

of Jeremiah MT (Leiden: Brill, 1999); Saggs, H. W. F., *The Greatness That Was Babylon* (London: 1988); Smith, Daniel L., *The Religion of the Landless: The Social Context of the Babylonian Exile* (Indianapolis: Meyer Stone, 1989); Wheaton, Philip, and Duane Shank, *Empire and Word: Prophetic Parallels between the Exile Experience and Central America's Crisis* (Washington: EPICA Task Force, 1988).

ハンナ (Hannah)

　旧約聖書は確かに父権的である。男性がこの文学のほとんどで、重要な役割を占めている。予想通りの結果として、女性は脇役であることが多く、ほとんどの部分について、現代の読者には、彼女らの存在と重要性の痕跡しか見出すことができない。しかしながら、ハガル、ルツ、そしてエステルの記述にあるように、いくつかの注目に値する例外もあり、最近のフェミニスト神学の研究者の研究は、伝統的な父権的解釈が見逃してきた、聖書における女性の役割の重要性に注意を払うよう呼びかけている。そうだとしても、聖書において父権的な記述が優位であることは、ほとんどの解釈が示すように明らかである。本書には、モーセ、ダビデ、エリヤ、そしてエズラの、四人の極めて重要な男性とともに、ミリアム、ハンナ、イゼベル、そしてフルダの四人の著名な女性についての解説を含めた。これらの男性それぞれが、伝承形成過程で、各々の実像を超える隠喩的重要性を担っているのではないだろうか。そして、ハンナ、ミリアム、イゼベル、さらにフルダもまた、伝承形成過程において過小評価を受け続けてきたにもかかわらず、隠喩的重要性を持っているのではないだろうか。これらいくつかの主題について、フェミニスト神学の研究者の視点から書かれた広範な文献は、父権的な伝承形成過程の成果とその過程で見過ごされてきたものを理解するために、極めて重要な示唆を含んでいる。

　その名前が「恵み」を意味するハンナは、サムエル記上1-2章でのみ知られている存在であり、それゆえに旧約聖書において周縁的な人物であると判断されるかもしれない。しかしながら、私は三つの理由で、代表的な女性像として彼女に焦点を当てる。

　第一に、ハンナは不妊の女であったにもかかわらず、神からの賜物としてサムエルを授かった。この役割において、ハンナはサラ（創11:30）、リベカ（創25:21）、ラケル（創29:31）、マノアの妻（士13:2）を含む、イスラエルに世継ぎと子どもを与えた不妊の女たちすべての代表と見なされて良いだろう。彼女をこれらの他の「イスラエルにおける母たち」という文脈の中に置

いて見ることは、妻たちの間の対抗意識や、年老いてから授かった息子を神に仕える者として捧げることという繰り返し現れる特徴を、ハンナの物語もまた含んでいると気づくことである。しかしながら、ハンナの場合は注目に値する。なぜなら彼女に息子が与えられたのは、彼女が敬虔さを絵に描いたような人物であったためであり、また神からの賜物を求めて、絶え間なく訴えるように祈ったためであると語られているからである。彼女は受動的に待ったのではなく、YHWHに強く訴えるような懇願を始めたのである。彼女はこうして力強い信仰者の模範となる。さらに、彼女の息子であるサムエルは、モーセに次いでイスラエルの「偉大な人物」となり、やがて偉大なダビデに焦点を当てることになる王制を権威づけ、発足させた（サム上16:1-13。エレ15:1を見よ）。サムエルは部族的イスラエルから王朝イスラエルに至る間の過渡的人物であるとはいえ、ハンナはその母であり、イスラエルの未来を切り開く息子を世に送り出すために、種々の予想のつかない変化を堪え忍ばねばならなかった。

　第二に、ハンナはサムエル記の開始点であり、物語はこの人物を通してイスラエルの生に新たな時代をひらく。我々はこの文献の真実にして唯一の主題はダビデであると考えても良い。しかしながら、ダビデを登場させるためにサムエルを欠かすことはできない。そしてサムエルを登場させるためには、その母であるハンナも物語に欠かすことができないのである。しかしながら、語り手が遡れるのはハンナまでであり、彼女の背後には彼女の不妊という事実以外の何も見出せない。そしてその不妊がこれから語られる王の激動の物語の母体を形成する。彼女は神の賜物を受け取る壊れやすい器であり、後に続く全物語を神の賜物として特徴づけるために存在する。こうして、彼女の名前「恵み」は神と王制の物語全体、すなわち「恵みのみ」の物語を特徴づけている。

　第三に、ハンナの物語全体は、沈黙の女性がいかにして活気と確信、感謝に満ちた有効な声を持った女性となるかという物語と見なすことができる。初めのうちハンナは語らず、「ふさぎ込んでいる」（サム上1:7-8）。彼女は次に「唇は動いていたが」（13節）沈黙の祈りを捧げる。妊娠すると、彼女は子どもの名前を口にして、彼女の誓いに応えるために喜んでエリに子どもを

献げる（20-28節）。物語が2章に進んで行くと、彼女は大胆にもYHWHへの賛美を歌う。これが「ハンナの歌」（2:1-10）である。彼女は今や、あふれんばかりの活気に満ちた賛美の声をYHWHに捧げる。その声は彼女の息子を通してイスラエルの未来に決定的な影響を与えるものであった。

　詩編113編に並行箇所があることからも証明されるように、ハンナの歌は明らかにイスラエルの賛美の歌の伝統的なレパートリーに属する。その歌は今はハンナの唇におかれているが、ハンナはダビデ物語の主題、つまり一番最後の者が最初になり最も低き者が高められる形で展開する物語の主題を歌っているのである。ハンナの唇にのぼったこの主題は「マグニフィカート」、すなわちマリアの歌で再び採り上げられ、ルカはその歌によって彼の福音書の最もラディカルな主題である神による社会変革の主題を導入している（ルカ1:46-55）。このようにしてハンナはイスラエルの最も革命的な歌の源泉、あるいはおそらくより適切にはその歌の仲介者としての役割を果たしている。ハンナはその歌において、ミリアムの勇敢な歌（出15:20-21）とデボラの歌（士5:1-31）に並ぶ、イスラエルの信仰の大胆な主張に参加している。さらにハンナの歌はキリスト教の典礼に採り上げられ、教会の礼拝生活において最も頻繁に用いられるものとなった。このようにして、ハンナは、傷つきやすく、希望を持てない不妊の女であったが、YHWHの恵みに満ちた大逆転の比喩であり徴となる。その大逆転は、イスラエルの生において、そしてマリアが予見したようにイエスの生において、不思議な形でもたらされたのである。イスラエルの最も危険な歌が彼女の唇にのぼったことは驚くにあたらない。ハンナはイスラエルの最も深い希望の声、教会の歌う信仰の中で繰り返される希望の声である。〈訳：重富勝己〉

参考文献：

Brueggemann, Walter, "1 Samuel ― A Sense of a Beginning," *ZAW* 102 (1990): 33-48; Klein, L. R., "Hannah: Marginalized Victim and Social Redeemer," in *A Feminist Companion to Samuel and Kings*, ed. A. Brenner (Sheffield: Sheffield Academic Press, 1994), 77-92; Meyers, Carol, "The Hannah Narrative in Feminist Perspective," in *Go to the Land I Will Show You*, ed. J. E. Colesin and V. H. Matthews (Winona Lake, Ind.: Eisenbrauns, 1996), 117-126; Miller, Patrick D., *They Cried to the Lord: The Form and*

Theology of Biblical Prayer (Minneapolis: Fortress Press, 1994), 237-39; O'Day, Gail R., "Singing Woman's Song: A Hermeneutic of Liberation," *Currents in Theology and Mission* 12/4 (August 1985): 203-6; Willis, John T., "The Song of Hannah and Psalm 113," *CBQ* 25 (1973), 139-54.

ヒゼキヤの改革（Reform of Hezekiah）

　ヒゼキヤ（前 715-687 年頃）は古代のユダにおいて最も名高く、称賛された王の一人であった。ヒゼキヤの名声は（a）エルサレムへのアッシリア軍の脅威に対する彼の大胆な抵抗（王下 18-19 章；イザ 36-37 章；しかし王下 18:13-17 を見よ）と（b）ユダの宗教的な習慣を浄化し清めた彼の改革（王下 18:4；代下 29:1-31:21）に因っている。ヒゼキヤについてはアッシリアの年代記にかなり報告されているが、その記事と聖書の物語とは細部にわたってことごとく一致してはいない。大体において研究者はアッシリアの記録をかなり本格的な史料と見なしている。

　ヒゼキヤの改革に関するテキスト上の証拠には問題がないわけではない。その改革は、通常、歴代誌よりも信頼できる史料と見なされている列王記には、ほんのわずか言及されるだけなのだが、他方、その歴史的信頼性がしばしば問題となってきた歴代誌下の中では大いに関心が払われているのである【「歴代誌史家」の項を見よ】。不確定要素を残しながらも、ヒゼキヤの事例に関して最近の研究では歴代誌史家の報告の信頼性を認めて、ヒゼキヤが前 8 世紀の終わりにエルサレムで実際に大改革を実行し、一世紀後の有名な彼の曾孫ヨシヤによる改革（王下 22-23 章）を先取りしたと判断している【「ヨシヤの改革」の項を見よ】。ヨシヤの改革は研究者から大いに注意を払われてきたのだが、それ以前のヒゼキヤの業績もユダの政治史と宗教史の中に重要な点を残しているというわけである。

　歴代誌史家はかなり様式化された神学的な修辞法で、その改革を報告している。その主な特徴の中から次の七つを挙げておこう。

　1. レビ人の姿がその改革にきわ立って現れ、その主な行為者となっている【「聖／聖性」の項を見よ】。レビ人は一般的にイスラエルの中で契約伝承の担い手としての自覚が最も高い人々として知られており、彼らは前 5 世紀のユダヤ教設立において大きな役割を果たした。歴代誌史家はその時期に書いたのであろう（ネヘ 8:7 を見よ）。従って、その改革はイスラエルの最も深い神学的な伝承に基礎があると言われている。

2. 神殿自体は、神殿の主である YHWH に反すると判断された習慣で汚された聖所となっていた（代下 29:16。後の神殿の堕落という極端な事例に関してはエゼ 8 章を見よ）。従って、その改革の基礎は我々がレビ記から知っている聖に関する古い規定だったかもしれない。

3. その改革の訴えは「立ち帰る」という言葉の中に特に表されていて、結局はそれが申命記神学のかなめ石となった【「申命記神学」「悔い改め」の項を見よ】。この意識的な用語の使用は、無関心や堕落の時代の後で YHWH の命令に再び従おうとする意向に関係している。あらゆる重大な神学的改革においてと同様に、この改革は、根本的かつ神学的な献身に立ち帰ることを主題とするのである。

4. その改革の焦点は契約の再締結である（代下 29:10）。ヒゼキヤは古いモーセの伝承を持ち出していて、その言葉の修辞法は典型的な契約文書である申命記の調子を反響させている。

5. 王国史においてはほとんど触れられていない過越祭は、契約へと立ち帰り、これを更新する大きな祝祭である（代下 30:1-9。申 16:1-8; 王下 23:21-23 を見よ）。過越祭の中でユダは、最も本質的な YHWH 主義者であるというそのアイデンティティを取り戻すのであるが、ヨシヤと同様に、ヒゼキヤはその祝祭をエルサレムに据え、アイデンティティを明確化するこの祝祭を直接に、王の監督下に置いている。

6. その改革は礼拝の中央集権化と王権の強化の手段となっている。〔改革によって〕ようやく正されたエルサレムの神殿も、かつては汚された礼拝の場であった。それと同じようにユダの町や村の聖所も、宗教活動の場所として価値がなく容認できないと見なされ、閉鎖されたり壊されたりしたのである【「聖なる高台」の項を見よ】。

7. この物語の記事に貫かれているのは繰り返し出てくる北王国への批判である。前 5 世紀（おそらく歴代誌史家が生きた年代）に、エルサレムの再建はバビロニアから帰還したユダヤ人によって指導されたのであるが、彼らは北のユダヤ人をユダヤ人の「資格がない」と見なし、彼らを絶えず批判した【「サマリア人」の項を見よ】。そのテキストは前 5 世紀になされた批判をおそらく幾分含んでいるが、北王国と南王国の絶え間ない緊張関係をも反映し

ている。北のユダヤ人（エフライム、マナセ、ゼブルン）は報告によればエルサレムにおける過越祭へのヒゼキヤの招集を嘲って、「ある人々が……来た」だけであった（代下 30:10-22。18 節を見よ）。しかしながら、ヒゼキヤは寛容であって、不従順な北の人々を進んで赦す気持ちを持っていた。

〔歴代誌史家の〕このような描き方に関して最も重要なのは、ヒゼキヤのかなり意図的な神学的修辞法であり、それはイスラエルの最も特徴的な契約上の義務を反映している。

> 先祖のように強情になってはならない。主に服従し、とこしえに聖別された主の聖所に来て、あなたたちの神、主に仕えよ。そうすれば、主の怒りの炎もあなたたちから離れるであろう。もしあなたたちが主に立ち帰るなら、あなたたちの兄弟や子供たちは、彼らを捕らえて行った者たちの憐れみを受け、この地に帰って来ることができるであろう。あなたたちの神、主は恵みと憐れみに満ちておられ、そのもとにあなたたちが立ち帰るなら、御顔を背けられることはない。（代下 30:8-9、傍点は著者による。19 節と 29:5-11 を見よ）

この引用は、政治的プロセス（前 8 世紀から記憶されてきたものか、あるいは前 5 世紀に再度主張されたもの）に神学的な感性が深く浸透している様子が見て取れるので、興味深い。ヒゼキヤはおそらく二つのかなり実際的な理由のために改革に着手したのであろう。第一に、そのような行為は古代世界では王の敬虔を特徴的に示すものであり、そのような敬虔さは、王が自分に神学的なことを語る資格があることを証明し、自分が王であることの正当性を高める手段であった。ヒゼキヤは疑いもなくそのような賛同を得ることを意図して、それを得たのであろう（代下 31:20-21）。第二に、ヒゼキヤの公生涯のすべてはアッシリアの絶え間ない軍事的な脅威によって左右されたものであった【「アッシリア」の項を見よ】。そこから我々が想像できるのは、その改革や北方への関心が、部分的にはアッシリアへの抵抗として企てられたということである。というのは、アッシリアは絶え間なくユダ側の独立性をことごとく粉砕しようとしていたからである。ヒゼキヤは北方に緩衝地帯を獲得

しようとしていたのかもしれない。

　このような改革の実利的な理由が認められるものの、我々は今や聖書となったこのテキストを、驚くべき神学的解決——政治的生がたどる公的なプロセスと政治権力の行使とを、契約の視点から説明し直すこと——を証しするものとして読むことができるだろう。テキストの現在の位置において、その改革の報告はあらゆる実利主義を素通りしてヒゼキヤを賞賛する。彼の信仰は、可視的で高い要求を行う公共政策に結実した、と。その物語は、深い信仰をもって宗教的象徴（神殿、過越祭）を扱うことは、公的な生が発展していく見通しに直接結びつくという確信を反映している。〈訳：佐藤 泉〉

参考文献：

Albertz, Rainer, *A History of Israelite Religion in the Old Testament Period*, vol. 1, *From the Beginnings to the End of the Monarchy* (OTL; Louisville, Ky.: Westminster John Knox Press, 1994), 180-86; Moriarty, F. L., "The Chronicler's Account of Hezekiah's Reform," *CBQ* 17 (1965): 399-406; Myers, Jacob M., "The Kerygma of the Chronicler: History and Theology in the Service of Religion," *Interpretation* 20 (1966): 259-73; Rad, Gerhard von, "The Levitical Sermons in 1 and 2 Chronicles," in idem, *The Problem of the Hexateuch and Other Essays* (New York: McGraw-Hill, 1966), 267-80; Rosenbaum, J., "Hezekiah's Reform and the Deuteronomistic Tradition," *HTR* 72 (1979): 23-43; Vaughn, Andrew, *Theology, History, and Archaeology in the Chronicler's Account of Hezekiah* (Archaeology and Biblical Studies 4; Atlanta: Scholars Press, 1999).

復讐 (Vengeance)

　復讐は旧約聖書の中では、不公正の是正あるいは、悪事に対する報復のために力が行使されることと言えるかもしれない。この文脈での復讐は、辱めとそれに対する応答との釣り合いを目指しており、それは、行為が法に沿った正当な要求に対応するという、司法の文脈で起きる。当然のことながらそのような是正、報復、強制は、公平さのぎりぎりの線にあり、たやすく残忍さへと陥ってしまう。そのように復讐は、辱め（あるいは辱めと感じたこと）に対する合法的な応答のぎりぎりの線にあり、公正さによる抑制を押し返そうとする傾向がある。

　旧約聖書最古の詩のひとつの中でレメクは、復讐は「七十七倍」（創 4:24。対照をなすマタ 18:22 を見よ）と誓っている。レメクが提案した応答は、いかなる釣り合いも飛び越えてしまっているのである。このような感情任せの、不公平で無制限の報復（おそらくどんな社会にも存在するであろう）が、古代イスラエルにおいて法の権威にとっての論点となったのであった。イスラエルの法の伝統はこのように、不偏、かつ釣り合いのとれた法による矯正を通して、正義への渇きを抑えるために働いた。そしてその成果は出エジプト記 21:25 の言葉に明らかである。

> もし、その他の損傷があるならば、命には命、目には目、歯には歯、手には手、足には足、やけどにはやけど、生傷には生傷、打ち傷には打ち傷をもって償わねばならない。

この命令は報復における釣り合いを定めようとするものであり、報復を是認はするが、同時に果てしなく復讐に渇く誘惑となる残忍さを抑制する。

　この「法による」平衡感覚は、神学的には、次の確信の中に現れている。それは、YHWH が秩序と安全を保つお方であり、そのような秩序のために統べ治めるという御自分の意志を踏みにじる人々を罰するお方であり、そのために必要な務めを遂行する主権者なのだという確信である。侮辱に関して

YHWHが法による平衡を支配していることを示す、最も明らかな例は、レビ記 26:14-39 と申命記 28:15-46 の契約における呪いであって、侮辱と罰との間の釣り合いを提唱する。申命記 28:47-68 の延々と続くネガティヴな展開においては——その記述の長さは、ポジティヴな祝福の記述の短さとは全く均衡が取れていない——、対称をなす罰は、罪を犯す者に対して容赦なく残忍なものになっていく。出所は全く異なるが、出エジプト記 7-11 章の災いは、ファラオに対する主権が行使される様子を描写していることを思い出してもよい。ファラオは YHWH の不従順な召使いであり、それゆえ厳しい罰を受ける必要がある。だから災いは、反抗的であったファラオに対して、YHWH が継続して主権を行使することを確証するための手段なのである。

　法により加減された手段を用いて、YHWH がその主権を法的に行使するとの考えは、復讐への渇きとの間で強い緊張の中にある。この渇きはレメクの歌の中に明らかであり、多くのイスラエルの祈りの中でも告げられている。復讐の叫びは多くの詩編の中でも明らかである。その顕著な例としては詩編 137:7-9 と 109:6-20 があり、そこでは語っている共同体が、語り手になされた残忍と中傷とに釣り合った、即座の厳しい報復を YHWH に対して願うのである。イスラエルの祈りは率直で抑制がない。なぜならこの神は、「いかなる秘密も隠すことができない」神だからである。同じ祈りが、イスラエルの典礼から借用されたに違いないが、エレミヤの口にのぼっている。

　　わたしを迫害する者が辱めを受け
　　わたしは辱めを受けないようにしてください。
　　彼らを恐れさせ
　　わたしを恐れさせないでください。
　　災いの日を彼らに臨ませ
　　彼らをどこまでも打ち砕いてください。（エレ 17:18。18:21-23 を見よ）

イスラエルが、自らに対して不釣り合いで不当な罰を与える YHWH に向き合うこともある。そのような場合イスラエルは、YHWH が適切な報復を執行するための規範を侵害したと主張する（詩 44:10-23 としばしばヨブ記におい

て)。

　復讐の問題は旧約聖書の中では大変深刻なものである。なぜなら屈辱と恥辱と激しい怒りとに駆られた抑制のない残忍さと、制限を受け、釣り合いの取れた裁きとの間の緊張が完全に解消されることは決してないからである。テキストがこの緊張の解消に最も近づくのは、復讐が全く神に属するものであり、人間個人に属するものでないことを認める時である（申 32:35）。復讐は、主権を行使する資格のある YHWH に属するのである。復讐への渇きを実行する自由は与えられないから、復讐は人間個人には属さない。神はこのように、復讐の法的よりどころであると同時に、人間の不法な復讐への抑制ともなる。注目すべき結果として、イスラエルの祈りの中では、その祈りはこんなにも憎しみに満ちているが、人間個人が実際に復讐を行うことについては、全く明らかにされていない。そうではなく復讐が必要であるということが、その執行者として期待される神に対して語られているのである。

　これに関する考察は、次の四点にまとめることができる。

　1. 人間は、イスラエルが知るところによると、確かに復讐に渇いている。そしてその渇き自体は決して非難されることはない。神学的に問われるのは、どのようにこの渇きを取り扱うかである。ある者はこの渇きを行動に移すかもしれない、ある者はこれを否定したり、あるいは祈りの中で YHWH に委ねるかもしれない。この最後の選択肢が、イスラエルがほとんど意図的に、実際行っていたことのようである。

　2. このような慣例の中で、たとえそれを願う者の特別な求めに応じてではなかったとしても、YHWH は復讐を実際に行うことができ、またそうする意志を持つことが知られている。ポジティヴな意味で、そのような主張は、YHWH が責任を果たすことのできる統治者であり、（責任を果たすことのできる親のように）ふさわしい判断をする意向を持ち、それを行うことができることを意味している。この大いに安堵させてくれる神学的結論は、しかしながら、少なからずゆさぶられてしまう。なぜなら、YHWH 自身の感情的なあり方が、時に法的な抑制を越えることがあり、それゆえこの旧約の神は、時に感情的な力により報復を行うことがあるということを、イスラエルは気づいているからである。

3．復讐を実行することは、何かに対しては何かを返す（quid-pro-quo）ことが重視される世界を推し進めようと企てることである。しかし何かに対しては何かを返す世界そのものは、必ずしもいつも存立可能ではない。イスラエルは、YHWHが惜しみない憐れみの行為によって、この、何かに対しては何かを返す行動様式を打ち破ることができるのだと考えうるのである。次のように。

    主はわたしたちを　罪に応じてあしらわれることなく
    わたしたちの悪に従って報いられることもない。（詩 103:10）

    主よ、あなたが罪をすべて心に留められるなら
    主よ、誰が耐ええましょう。
    しかし、赦しはあなたのもとにあり
    人はあなたを畏れ敬うのです。（詩 130:3-4）

4．不正の是正、報復、強制が、正当になされていることの確実性が疑問視される場合には、復讐は法の規則の外側で執行されているのかもしれない。神学的に言えば、神は法の規則を司り、神の民はそれを固く守る。神学的には神の信頼性について、あるいは社会学的には社会における正義の信頼性について疑いがあるところでは、復讐は直接的に、しかも抑制なく行われる可能性がある。旧約聖書はこの抑制について知っている。旧約聖書はさらに、抑制がなくなった、不気味な、止むことのない衝動も知っている。イスラエルにおいて、相手の不正を正す手続きが適切であるかどうかは決して、完全に明白ではない。明白さの欠落は時に、必死の執拗な申し立て、そして歯止めのきかない残忍さを助長するのである。〈訳：楠原博行〉

参考文献：
Brueggemann, Walter, "Vengeance — Human and Divine," in *Praying the Psalms* (Winona, Minn.: St. Mary's Press, 1982), 67-80; Jacoby, Susan, *Wild Justice: The Evolution of Revenge* (New York: Harper & Row, 1983), Mendenhall, George E., "The

'Vengeance' of Yahweh," in *The Tenth Generation: The Origins of the Biblical Tradition* (Baltimore: Johns Hopkins University Press, 1973), 69-104; Zenger, Erich, *A God of Vengeance? Understanding the Psalms of Divine Wrath* (Louisville, Ky.: Westminster John Knox Press, 1996).

復活（Resurrection）

　死者の復活に関する明確な証言は、旧約聖書に三箇所しか現れない（イザ 25:6-10a; 26:19; ダニ 12:2. 注目に値する他のテキストとして申 32:39; サム上 2:6; 王上 17:17-24; 王下 4:31-37; ホセ 6:1-3; 詩 49:15; 73:24 を考えてもよい。ミッチェル・ダフド［Mitchell Dahood, xli-lii］は研究者の間ではほとんど一人だけそのような信仰の証言を詩編の中にもっと多く見出しているが、他の解釈者は彼に従わない）。さらに、この三つの箇所は旧約聖書の形成においてかなり遅い時期のものであり、見たところイスラエル信仰の周縁に位置し、一般には黙示文学に帰せられるテキストに見出される。それらは神が自身の将来において死の力に打ち勝つという力強い希望の主張なのである。

　　……死を永久に滅ぼしてくださる。主なる神は、すべての顔から涙をぬぐい……。（イザ 25:7-8）
　　塵の中に住まう者よ、目を覚ませ、喜び歌え。（イザ 26:19）

ダニエル書 12:2 においてだけ、復活概念が審判に、すなわち、罰と祝福に密接に結びつけられている。

　　多くの者が地の塵の中の眠りから目覚める。
　　ある者は永遠の生命に入り
　　ある者は永久に続く恥と憎悪の的となる。

　これらの用例が共にほのめかしているのは、死者の復活がイスラエルの信仰の初期の定式では最大の関心事となる信仰の宣言ではなかったということである。しかし、後の発展段階において、そのような希望は、神が今存在するものも将来存在するものも、すべてを統治するという、その完全な支配権を主張する表現となった。さらに神の統治は最後の審判に関係する。神の統治は倫理と関わりがあり、荒れ野を新しい完全な統治の場にするにあたって

倫理的基準を決しておろそかにはしないことを、イスラエルは強く確信している。実際、神がトーラーの神であることを考えれば、未来の生は従順と不従順に対する神の応答——それはトーラーに基づく祝福と呪いと同じほど古くからの関心事であるが——に必然的に関わるのである。

おそらく復活（黙示思想の下位概念）は非イスラエル的な影響の結果として、後になってイスラエルの神学目録に入り込んだものなのであろう。もっとも、イスラエルの中には復活信仰の先触れとなる発言や確信がそれまでに存在していたので、イスラエル独自の信仰から復活信仰が類推されても驚くにはあたらない。我々はそのような先行するものを三つ認めることができよう。

1. イスラエルは「生（命）の神」（カナンではバアル、イスラエルではYHWH）が死の神モートを打ち破ったという古いカナン神話を受け継いだ【「死」の項を見よ】。死の力と戦って、勝利するというこの思想はホセア書13:14のあざけり（Ｉコリ15:54-55に反映されている）の中に明らかであり、イザヤ書25:6-10aの希望の中に表明されている。

2. イスラエルに最も特徴的な「嘆きの祈り」は、普通は敗北から勝利と賞賛へ、嘆願から賛美へと移行する。そのような動きはイスラエルにおいてYHWHがあらゆる否定的なものを打ち破る力を持っているという確信の現れである。イスラエルは生を否定するすべてのものを神が打ち破ることができるといつも確信している。従って、嘆きから賛美への特徴的な構造（詩30:12におけるように）からYHWHが「最終的な脅威」を打ち破れると主張することへ歩を進めるのは少しも大きな一歩ではない。嘆願から賛美へと移行する嘆きの詩の構造が死と復活の構造をもたらすのであり、この二組の言葉〔嘆願と賛美、死と復活〕はどちらも負の諸力を支配するYHWHの権威を中心に展開しているのである。

3. 古代イスラエルの経験と解釈は、捕囚というものを、この世において神に捨てられ神が不在となったという、人生のどん底として理解した。神がイスラエルを捕囚から回復するという希望（エレミヤ、エゼキエル、イザヤの中に表明されている）が、死人の復活に型と修辞を与えている。すなわち、捕囚がイスラエルの生の中に死のような崩壊状態を引き起こしたのであり、死と復活の関連性はエゼキエル書37:1-14に明確に述べられている。このテ

キストの重要な前例はホセア書 6:1-3 であり、これはキリスト者にとっても「三日目」の復活に関する重要な前例となったテキストである。

　イスラエルの信仰を定義づけるこれらの様々な前例から、復活はイスラエルのどこにおいても共有されている確信の、後になっての究極的な表現となっている。その確信とは、神の被造物における生を脅かすあらゆるものを YHWH が支配しうるということである。従って、復活は、イスラエルにとって、混沌からの創造、捕囚からの回復、罪の赦し、不妊からの誕生、隷属状態からの解放を含む、神の力のより広い秩序に属するのである。

　新約聖書の時代までに、死者の復活はユダヤ人の間で完全に通用する確信となっていた（マコ 12:18-27 を見よ）。とは言っても、最も不運なことには、批判的研究に基づかない現代のキリスト者の考え方において、復活はむしろ「自分の愛する者に再び会う」という、つまらない自己満足の信仰となってきている。死者の復活に関する聖書的な意味は、通俗的な考えとは対照的に、死という最大の否定を含むあらゆる否定をものともしない神の確かな力と誠実に焦点を合わせている。そのような確信の矮小化は、文化変容した居心地のよい教会において途方もない誘惑となる。というのも、そうした教会では信仰を合理化し、「当然な」ことは何であれ混乱させないように努めているからである。結局、神が死の力に勝利することに関して「当然な」ことは何もない。必ず勝利するだろうというそのような確信を抱くのは「当然な」ことではなく、神が将来を確実に支配するという確信の中でイスラエルが喜んで受け入れたものなのである。〈訳：佐藤　泉〉

参考文献：
Barr, James, *The Garden of Eden and the Hope of Immortality* (Minneapolis: Fortress Press, 1992); Collins, John, "The Root of Immortality: Death in the Context of Jewish Wisdom," *Harvard Theological Review* 71 (1978):177-92; Dahood, Mitchell, *Psalms III 101-150* (AB 17A; Garden City, N.Y.: Doubleday, 1970); Martin-Achard, R., *From Death to Life: A Study of the Development of the Doctrine of the Resurrection in the Old Testament* (Edinburgh: J. P. Smith, 1960); Schmidt, Werner H.,*The Faith of the Old Testament: A History* (Philadelphia: Westminster Press,1983), 268-77〔『歴史における旧約聖書の信仰』、山我哲雄訳、新地書房、1985 年、532-550 頁〕。

プリム（Purim）

　プリムとは、ユダヤ暦においてアダルの月の 14 日に挙行される春の祝祭である。この祝祭はその聖書的な根拠を与えているエステル記と密接に関連しており（エス 3:7; 9:18-28）、おそらく、ペルシア時代に生じたのであろう。エステルの物語の中で祝われている祝日としてプリムが再現するものは、ユダヤ人のアイデンティティとユダヤ人共同体に対する帝国の脅威、その帝国の脅威に対する勇ましくて巧妙な抵抗、ユダヤ人の驚くべき救出と名誉の回復である。プリム祭は、ユダヤ人の運命を決定した「くじ」〔ヘブライ語で *pur*〕を投げることからそう名付けられており、シナゴーグにおけるエステル記の朗読は当然なくてはならぬものとなっている。しかしながら、そのようなことを通り越して、この祝祭は解放されたユダヤ人のアイデンティティと自由を思う存分祝い喜ぶカーニバル気分を誘い、行為で表現する。その祭典に付き物なのは好き放題の飲食であり、さらには衣装、すなわち一方ではユダヤ人が受けた脅威、他方ではユダヤ人の名誉回復、ひいてはすべての脅威からの解放の両方を再演する衣装である。

　比較的後代にユダヤ暦に入れられたこの祝祭は、ペルシア時代にユダヤ教が直面した脅威を映し出しているが、より広い視野で見れば、それはユダヤ人共同体が絶えずさらされていた支配的文化の脅威を映し出している。従ってプリムとは、ユダヤ人のアイデンティティが完全に解放されてもう恐れる必要がなくなった現実を、十分かつ公に明らかにするべく定期的に祝われる祭典であり、ユダヤ人のアイデンティティを抑制し制限し黙らせることを拒絶し、慣例的な政治的要請や社会的期待に服従させられることを拒絶する祭典なのである。

　T. K. ビール（Beal）は、プリムの構成要素であるカーニバルの実行によって、社会的な「常態」が根本的に脱構築されることを非常によく理解している。

> エステル記は表面に見えるものと奥に潜むものとの境界線上を揺れ動いている。すなわち、明白な力と隠れた力、公的なものと私的なもの、一

致と相違、同じであることと異なること、確定していることと偶然的であること、明らかにされることと隠されていることなどの間を。これはまた、プリムが演じられる場所でもある。カーニバルの実行として、プリムは、エステル記を何よりもよく共同体的に具体化したものなのである。権威を覆し、しらふの状態を酔わせ、自己と他者の境界線を不鮮明にし、ぞっとするほど現実的な歴史的可能性に直面して笑うことによって。……プリムは、我々があまりにもしばしば抑圧したり隠そうとする自己の内部に存在する他者性を認めさせるし、それをたたえようとさえする。……このような意味でプリムとは真実が明らかになるパーティーなのである。プリムは境界線を越えて、同じことをするように他者を招く。(*The Book of Hiding*, 123-24)

それ［プリム］はよく知られていたものが未知のものになり、未知のものがよく知られたものになる時であり、自己と他者との区別が曖昧になり、普段は階級間の相違を保証している社会の階級制の基準が曖昧になる時なのである。(*Esther*, x)

　T. K. ビールは当初のユダヤ的文脈を越えて、脱構築という他の領域でこのテキストが持つ力について考察するのであるが、このカーニバルにおけるユダヤ的特性は強調されなければならない。この祝祭は、世界がいつもユダヤ人に課そうとしている「最終的解決」〔ナチス政権下のユダヤ人の全滅計画〕に抵抗する中に存在する、ユダヤ人の典礼と想像力が持っている強さを立証しているのである。〈訳：佐藤　泉〉

参考文献：
Beal, Timothy K., *The Book of Hiding: Gender, Ethnicity, Annihilation, and Esther* (New York: Routledge, 1997); idem, and Tod Linafelt, *Ruth, Esther* (Berit Olam; Studies in Hebrew Narrative & Poetry; Collegeville, Minn.: The Liturgical Press, 1999); Craig, Kenneth, *Reading Esther: A Case for the Literary Carnivalesque* (Louisville, Ky.: Westminster John Knox Press, 1995).

フルダ（Huldah）

　旧約聖書は確かに父権的である。男性がこの文学のほとんどで、重要な役割を占めている。予想通りの結果として、女性は脇役であることが多く、ほとんどの部分について、現代の読者には、彼女らの存在と重要性の痕跡しか見出すことができない。しかしながら、ハガル、ルツ、そしてエステルの記述にあるように、いくつかの注目に値する例外もあり、最近のフェミニスト神学の研究者の研究は、伝統的な父権的解釈が見逃してきた、聖書における女性の役割の重要性に注意を払うよう呼びかけている。そうだとしても、聖書において父権的な記述が優位であることは、ほとんどの解釈が示すように明らかである。本書には、モーセ、ダビデ、エリヤ、そしてエズラの、四人の極めて重要な男性とともに、ミリアム、ハンナ、イゼベル、そしてフルダの四人の著名な女性についての解説を含めた。これらの男性それぞれが、伝承形成過程で、各々の実像を超える隠喩的重要性を担っているのではないだろうか。そして、ハンナ、ミリアム、イゼベル、さらにフルダもまた、伝承形成過程において過小評価を受け続けてきたにもかかわらず、隠喩的重要性を持っているのではないだろうか。これらいくつかの主題について、フェミニスト神学の研究者の視点から書かれた広範な文献は、父権的な伝承形成過程の成果とその過程で見過ごされてきたものを理解するために、極めて重要な示唆を含んでいる。

　預言者フルダは、聖書で、列王記下 22:14-20 と、それと並行する聖書箇所である歴代誌下 34:22-28 の二箇所でしか言及されていない。彼女は、このように、伝統的には重要視されていない存在ではある。しかし、預言者として、たった一度の登場で彼女が果たした重要な役割ゆえに、私は彼女を、ミリアム、ハンナ、そしてイゼベルとともに、代表的な女性として挙げている。預言者とは、固有の権威を持ち、預言という託宣を通して述べられた神の意志と直接関わることのできる者である。古代イスラエルがそうであったような、父権制の強い社会では、この女性が神の言葉を預かる者として受け入れられたことは、決して些細なことではない（出 15:20 においてミリアムが

預言者として言及されていることに注意せよ。ネヘ 6:14 も見よ)。

　さらにフルダは、イスラエルの王国史を語る申命記史書の記事において大変重要な出来事とされ、ユダ王国の歴史を語る歴代誌の記事でも繰り返されている出来事に関わっている。その大変重要な出来事とは、申命記のひとつの版とされる巻物が神殿で発見され、それをきっかけにヨシヤ王の改革が始められたことである。この王によるこの出来事は、疑いなく、この伝承に示されているように、イスラエルの宗教史における決定的な出来事である。イスラエルの過去についてのこの神学的な再解釈において、ヨシヤが重要な王であることもまた疑う余地がない。この出来事が重要なこととして記憶されていることを考えると、列王記下 22:14 で、王にもっとも近しい助言者がその巻物についての預言者の意見を求めて、すぐに、そして直接フルダの元へ向かったことは、非常に重要である。フルダは、明らかに重要な、注目に値する人物で、さらには婚姻によって、王族に仕える者とつながっていたのだ。彼女は信頼のおける公的人物であり、ユダ王国王室の周辺において有名な存在である。

　その巻物の不吉な論調に対して彼女が提示した託宣は、申命記史家によって描かれたように、彼女が契約の伝統の核心を雄弁に語る代弁者であることを明らかにする（王下 22:16-20）。「彼女は王宮の一員で、彼女の重要性は、政府高官が公式に遣わされて彼女のもとへ質問しに来た事実から暗示されている。ヨシヤは彼女のことを、YHWH に働きかけることのできるモーセ的預言者として認識していたようである。モーセ的預言者の正しい役割に関する申命記史家の考えと一致して、彼女の託宣はその書が正当であることを確認し、古くからのエフライム人の宗教の伝統をよみがえらせ、そして申命記改革の動きを始動させる」(Wilson, 220)。

　その託宣は二つの部分から成り、権威ある神学的解説者としてのフルダの能力を映し出している。第一に、彼女は、王室の統率力が落ちたゆえに、ユダ王国が災難へと向かっているという、申命記史家の理解の核心についてあらためて表明する（16-17 節）。第二に、しかしながら彼女は、トーラーの守り手である善き王ヨシヤに語られた約束を提示する。

　フルダを有名にしたこのたったひとつの託宣は、申命記神学の観点から見

て予想できるものであり、申命記史家の伝統において、彼女は決して他と異なる際立った声ではないかもしれない。むしろ、歴史的、または文学的に、王家の方針とは対極にあるモーセの契約信仰に根ざす神学的伝統の代弁者にすぎないかもしれない。しかしながら、たとえそうだとしても、申命記史家たちは、伝承の極めて重要な決定を権威ある女性の口に託すことを、有益でそうせざるをえないことだと思ったのである。このようにフルダは、未来を決定づける神の言葉は、イスラエルの神の「主はこう言われる」というせりふを口にすることのできる権威ある女性によって伝えられ、語られても全く構わないとする、申命記史家たちのイスラエルにおける確信を体現している。「フルダ自身は、エフライム族の伝統を支える者とつながりがあったかもしれない。そうだとしたら、彼女の型通りの発言や行動は、彼女の支持集団からの期待を率直に反映しているのであり、完全に申命記史家たちの編集の結果とは言えない」（Wilson, 223）。〈訳：德田　亮〉

参考文献：

Wilson, Robert R., *Prophecy and Society in Ancient Israel* (Philadelphia: Fortress Press, 1980).

ペルシア（Persia）

　ペルシアは、近東の歴史と政治を支配した帝国である。その国民は、現在イランのあるところを占領した。彼らが支配した期間は、最初の偉大な指導者で、強国バビロニアを打ち負かしたキュロスの時代（前550-530年）から、前333年、アレクサンドロス大王に敗北するまでに至る。つまり、ペルシア帝国は二世紀にわたりこの地域の一大勢力であった。最近になるまで、古代イスラエルの地域社会に対するペルシアの影響はほとんど知られていなかったし、また、学者はそのことに十分に注意を払わなかった。しかしながら、最近の学者の見方によれば、ペルシアの覇権の下にあった時代は、ユダヤ教の発生の段階にあたる。その時代に、ユダヤ教が形成され、後に旧約聖書として正典化されることになる文書が編成されたのである。

　旧約聖書に関わりあるペルシアの政策として特徴的なのは、被征服民に対する新政策である。ペルシア人はアッシリアとバビロニアが課した圧政的な帝国の政策を逆転し、代わりに宗教と統治に関しその土地の自立性を促進した。そして、地域への統制はあくまでも徴税の要請と帝国の権益への服従に限定した。その上、地域の主権に関しこの幾分か穏やかな政策は、旧約聖書において極めて肯定的に描かれている。その急旋回において、残忍なバビロニアと情け深いペルシアの間の対照が多分に誇張されている。それは別にしても、ペルシア人は徐々に、バビロンにいたユダヤ人の捕囚民に、エルサレムへの帰還を容認する政策を取るようになった。

　ペルシア帝国の政権と新興のユダヤ教との接点について、三つの顕著な点が識別されるだろう。第一に、バビロニアに対するキュロスの最初の勝利は、捕囚期のイザヤ書の詩文において格別に祝賀されている。また、それはYHWHの命令に即した神の民の解放の偉大な行為として理解されている。例えば、イザヤ書44:28ではキュロスを「わたしの牧者」（すなわち、YHWHによって任命される「王」）として認定し、また45:1では驚くべきことにキュロスを「油を注がれた人」（＝メシア）と見なしている。これは、帝国の大変動についてのYHWH主義的解釈によるものである。そこでは、ペルシア

ペルシア

によるバビロニア勢力の駆逐が、YHWH の側の「力強い業」としてひとき
わ響く声で歌われている。当然ながら、このような解釈には、YHWH との
関連でその世界を再解釈しようとする古代イスラエルの姿勢が写し出されて
いる。実際、キュロスの新政策においては、捕囚民の帰還が許され、帰還し
た土地での自治権が多少とも行使できるようになった。

　第二に、キュロスの二番目の後継者、ダレイオス（前 522-486 年）は、バ
ビロニアが前 587 年に破壊したエルサレム神殿の再建を後押しした。再建
の権限を〔YHWH から〕与えられたことをかつてキュロスが認めていたので
（代下 36:23; エズ 1:2-4; 6:3-5）、ダレイオスが着手したのである。この第二神殿
の建設については、ハガイ書とゼカリヤ書 1-8 章の預言資料に書き留められ
ている。学者によれば、ペルシアの資金をもってその費用のまかなわれたエ
ルサレム神殿は、ユダヤ人の生活の中心として、またペルシア人のための行
政上および収税上の中心として二重の社会的な機能があったと見られる。ユ
ダヤ教は狭い自治領域を享受したが、それは完全にペルシア人の監視下にあ
り、制約されたものだった。

　第三に、アルタクセルクセスの下で、エズラやネヘミヤなどの人物に代表
されるユダヤ人の新しい指導体制が立ち上げられた。ただし、〔エルサレム
への〕派遣団の年代は不明である。というのは、アルタクセルクセス、つま
り、派遣を許可したペルシアの統治者が 1 世なのか 2 世なのかが不明だから
である。いずれにしても、前 5 世紀に書記官エズラと建築者ネヘミヤは、エ
ルサレムの町の再興とトーラーの民としてのユダヤ教の再編に取り組んだ。
ネヘミヤ記 8 章の出来事を典拠として、エズラはユダヤ教の伝統の中でユダ
ヤ教の創設者であり、またモーセ以降で最も重要な人物であると見なされて
いる。

　イスラエル人の信仰の適応力は、その後も続くペルシア帝国の勢力への順
応にいかんなく発揮された。それは、ユダヤ教の将来にとって重要性を持っ
ている。

　1. エズラとネヘミヤに代表される前 5 世紀に帰還した捕囚民について言
えば、彼らはユダヤ人の共同体の中でもエリートを自認する一集団を形成し
た。彼らは、ペルシア帝国の勢力と緊密な関係を持っていた。そこから透け

て見えてくることは、ユダヤ教の主流派の形成には、エルサレムの有力なエリートの声と利権とが反映されているということである。彼らは、解釈によって得る自分たちの利益をユダヤ教内の、いずれ競合することになるかもしれない声から擁護することに心を砕いていたのである。

2. 帝国の後援の下に従属する共同体としてのユダヤ教——すなわち多分、ジョエル・ワインバーグ（Joel P. Weinberg）が提唱しているように "citizen-temple community" としてのユダヤ教——は、ユダヤ教にとって重要な学習経験であった。ユダヤ教は当時、その信仰の主張などほとんど顧慮されないような政治的社会的環境の中に置かれていた。その状況においてユダヤ教は、自らが生き残ることと神への忠実を保つこととを学ぶための、型と象徴として機能したのである。つまり、ユダヤ教は政治的勢力と相対していく一種の実用主義（プラグマティズム）を学び、それがうまくいったのである。

3. この時期に、トーラー（モーセ五書）はその最終形態に到達した。実にトーラーは、帝国の現実の渦中でイスラエルの信仰を決定するために、もくろまれた文書と見なすことができる。こうして、ペルシア時代のユダヤ教は、旧約聖書に決定的な様式、すなわち、熱情的な信仰と政治的な現実主義の混合をもたらした。ペルシア時代は完成されたトーラーの母体である、と主張する学者が増えてきているが、裏を返せば、トーラーはまさにこの状況におけるユダヤ教に隷属しているという見解を容認しているのである。

〈訳：小河信一〉

参考文献：

Balentine, Samuel E., *The Torah's Vision of Worship* (OBT; Minneapolis: Fortress Press, 1999); Berquist, Jon L., *Judaism in Persia's Shadow: A Social and Historical Approach* (Minneapolis: Fortress Press, 1995); Grabbe, Lester L., *Judaism from Cyrus to Hadrian: Sources, History, Synthesis: The Persian and Greek Periods*, vol. 1 (Minneapolis: Fortress Press, 1991); McNutt, Paula, *Reconstructing the Society of Ancient Israel* (Louisville, Ky.: Westminster John Knox Press, 1999); Weinberg, J. P., *The Citizen-Temple Community* (Sheffield: Sheffield Academic Press, 1992).

ヘレム (Ḥerem)

　この Ḥerem というヘブライ語は、「根絶する」「滅ぼし尽くす」「捧げ尽くす」「殲滅する」など、様々に翻訳される。名詞としては、ヘレムは「追放、献納されたもの」と翻訳され、根絶された対象を意味する。この用語は、神が要求するゆえに取り分けておいたもののことで、語源的には、もっと有名な言葉「ハーレム」、すなわち支配者のために確保された妻たちや女性たちと結びつく。

　本書のような本にヘブライ語の項目が出てくるのは奇妙に思われるかもしれないが、この用語はイスラエルの極めて原初的な信仰が有する、問題をはらんだ側面を反映している。ヘブライ語においてヘレムは、よく用いられている訳語ではその特徴が十分に説明できないのだが、専門用語のようなものとして機能する。この用語は宗教的な要求を示すのであって、それはイスラエルが戦争で簒奪し獲得した物は、捕虜であれ戦利品であれ、「完全に破壊されたもの」として、焼き尽くすか何らかの方法で殺すという形でYHWHに捧げられなければならない、という要求である（これによって、YHWHを戦争の真の勝利者として認める）。イスラエルが戦争で獲得したものは、価値ある戦利品であろうと、生き残った人間であろうと、イスラエルはそれを所有してはならなかった。この実例は申命記20:16-18の教えに認められるが、それが興味深いのは、(a) トーラーがこの点についてはっきりと命令しているからであり、また (b) この遂行がイスラエルの神の名によって権威づけられているからである。

　敵の大量殺戮が是認されたことは、YHWH の支配権の主張と密接に結びついている。その結果、ヘレムは YHWH が全支配権を有し、統治者として征服されたものすべてを要求することを示す。この要求によれば、イスラエルの利益のために取っておかれるものは何であれ、イスラエルのために戦われた YHWH だけに勝利が属するという事実を損なうことになる（このヘレムの遂行は、後になって YHWH が次のように宣言する事柄を具体的かつ残虐なやり方で実演したものと考えうる。イザ48:11「わたしはわたしの栄光をほかの者に

は与えない」)。ヘレムが是認されているということは、イスラエルの信仰（とイスラエルの神）の次のような次元を反映する。つまり、徹底的な暴力を示す次元であり、その暴力は理性的な合法性を超えた統治権の主張に基づいている。シュワルツ（Schwartz）が示したとおり、排他的な神学的主張を暴力の正当な根拠として見る場合には、この教えの神学的な基盤は大きな問題をはらんでいる。

申命記の教えには合理的で実際的な説明がほとんどない。一方では征服した身近な敵に対してヘレムを命じ（申 20:16-17。なお、民 21:2-3; 申 2:34; 3:5-6; 7:2; ヨシュ 6:17-21 を見よ）、他方では征服した「遠く離れた」敵に対してはより人道的な対応がなされる（申 20:14-15）。このコントラストは実際的な根拠を示すと言ってよい。すなわち、実際の配慮として、どこにも明記されてはいないものの、身近な敵を生かしておくと神学的な衝動や誘惑となり、YHWH の民であるイスラエルのアイデンティティを失わせる可能性があったということである。けれども、旧約のどこにもそのような説明は見られず、この合理的な考え方は推測の域を出ない。

いずれにしても、ヘレムの教えと遂行は、イスラエルの政治的・思想的な発展の極めて初期の段階にしか当てはまらないように見える。その段階は、イスラエルの記憶によれば、周辺の敵対民族のただ中で生き残るために必死で戦うほかなかった時代である（ヨシュ 2:10; 10:28-40; 11:11-21）。イスラエルにおける政治的・軍事的実践が王国時代に国家的理由から合理化されるにつれ、この原始的な実践が〔合理的な実践に〕取って代わられたことは疑いがない。（このようなわけで、王上 20 章では、アハブ王が敵であるシリア王ベン・ハダドを生かしておいた。42 節ではヘレムが遂行されなかったゆえに、預言者によってアハブ王は「滅ぼし去られるべきもの」〔ヘレム〕と宣告されている。アハブ王は、張り合う敵対的国家に対してヘレムを遂行することは国家的理由から受け入れられないと理解したに違いない。）このヘレムの遂行は軍事的行動に関する旧約の記述全体に当てはまるわけではない。むしろ、ヘレムはイスラエルの伝統の一部にしか属さない。

ヘレムの遂行に関する最も詳細な物語はサムエル記上 15 章である。出エジプト記 17:8-16 と申命記 25:17-19 によれば、イスラエルの古い伝統はアマ

ヘレム

レク人を敵対者の典型と見なし、アマレクに対しては常に民族皆殺しに近い政策を遂行するよう、イスラエルは求められていた。サムエル記上15章の物語が示すのは、サウル王がアマレク人の王を殺さず、またサウルの言葉によれば、民の要求に従って戦利品の一部を取っておいたことによって、ヘレムの遂行を徹底しなかったことである。このような厳しい思想の影響を受けていない常識的判断では、サウルを含む一部の人々にとって、最上の家畜を滅ぼすのは不合理で経済的に愚かなことであったに違いない。物語によれば、その常識的判断は〔預言者としての〕権威を確立しているサムエルから、強い抗議を受けた。サムエルは、この場合、古い過激な伝統を代弁する存在であり、あらゆる戦利品を要求するというYHWHの独占的で暴力的でさえある主張を語るのである。

その古い思想的な義務に違反したという理由でサウル王が即座に断罪されたことは、疑いなく、伝承のより大きな目的に適うことであった。すなわちダビデが王となるためにサウルは席を譲ったのである。けれども、このヘレムの古い遂行は次の三つの点でアイロニーを示している。

1. サウルは、ヘレムに反して救済を促す「人々〔新共同訳「彼ら」〕の声に聞き従った」ゆえに非難された（サム上15:9, 24）。ところが、サムエル自身はかつて、王権について自らが示した明確な神学的指令に民衆が異を唱えた時、彼らの意見に従っている（サム上8:7, 22）。

2. サウルがアマレク人を殺さなかったゆえの罪の告白は拒絶されたのに（サム上15:24）、他方では、ダビデがウリヤの殺害を告白した時にダビデはただちに赦されている（サム下12:13）。

3. サウルはアマレク人の戦利品を取っておいたゆえに非難を受けるが（サム上15:14-15）、他方では、ダビデは同じことをしながら、その遂行は受け入れられ、否定的な判決もなければ、何の咎めもない（サム上30:18-20）。

サムエル記上15章の物語に例示されているヘレムの遂行は、明らかにイスラエルの自己認識の中で際立った思想的場を占めている。けれども、この思想的な主張は安定を欠き、状況とその都度の解釈学的要求に応じていくつもの解釈が可能である。

スターン（Stern）によれば、このような原始的な実践は古代イスラエルに

存在したかもしれないが、テキストの最終形態では、これを行うようにとの訴えは実際には暴力的破壊を目的としたのではなく、もっぱら神の支配権を示すための排他的な神学的主張としてなされた。その主張はあくまでも思想的なものであって、実際に遂行するようにと言っているわけではない。つまり、古い記憶から正典的な主張へと転換される時に、実際には行われなくなってからも残された、神学的主張の残滓だというのである。これらのテキストは現在、神学的にどのように理解されうるのか、という問いについてのこの説明は信じるに値する。けれども、このような解釈ができるからと言って、YHWHがすべてを支配しておられるという主張に基づくすさまじい暴力を見逃したり、正当化したりすることが許容されるわけではない。

〈訳：重富勝己〉

参考文献：
Gunn, David M., *The Fate of King Saul: An Interpretation of a Biblical Story* (JSOTSup 14; Sheffield: JSOT Press, 1980); Schwartz, Regina M., *The Curse of Cain: The Violent Legacy of Monotheism* (Chicago: University of Chicago Press, 1997); Stern, Philip D., *The Biblical Herem: A Window on Israel's Religious Experience* (Brown Judaic Studies; Atlanta: Scholars Press, 1991).

豊穣宗教

豊穣宗教 (Fertility Religion)

　「豊穣宗教」という用語はもちろん旧約聖書には出てこないのだが、旧約聖書学の注解書にはしばしば現れ、とりわけ「カナン人の豊穣宗教」という用語で頻出する。この用語をここで扱う理由は、(a) このテーマを適切に理解することが極めて重要であるからであり、また (b) 20 世紀の旧約聖書学では「豊穣宗教」の研究史が聖書解釈の上で影響力をもたらすからである。
　YHWH 宗教（イスラエル人の契約的信仰）とバアル宗教（カナン人の宗教）との強烈な対照は、カルメル山でのエリヤの闘争と同様に古い（王上 18 章）。1930 年代には次の二つの出来事が互いに働きかけ合い、20 世紀の旧約聖書学は YHWH 宗教とバアル宗教の抗争に強調点を置くことになった【「バアル」の項を見よ】。まず第一に、1929 年にフランス考古学者の探検隊がウガリトの古代都市（＝今日の廃墟、ラス・シャムラ）において後期青銅器時代に由来する粘土板の膨大な堆積物を発見した。これらの粘土板は、判読され翻訳された結果、カナン人の宗教を理解するための最も重要な資料であることがわかった。それはすなわち、イスラエルの王国成立以前と王国時代において、カナンの地を支配した文化によって実践された宗教である。バアルはこれらの粘土板において、豊穣神として特別な存在に描かれている。カナンでは、バアルは、春の回帰、作物の成長、乾期に十分な作物を産出する恵みの雨に責任を持つ神として崇拝された。学者たちはこれらの資料に「カナン人の豊穣宗教」が存在した根拠を求める。旧約聖書はその初期の時代において、バアルに対し絶えず反駁し続け、忠誠は YHWH にのみ示されるべきなのだから、バアル崇拝は偽りの傾倒だと主張している。
　第二に、ラス・シャムラの粘土板が翻訳され、1930 年代に学問的注目を得たまさしくその時代において、アーリア人至上主義に由来した「血と土」の宗教というヒトラーの好戦的イデオロギーが、ドイツの教会の前に立ちはだかった。国家社会主義のイデオロギーによれば、まさしくドイツの土がアーリア人の血と調和して、「支配者民族」を産み出したというのである。
　1930 年代における神学的解釈の創意あふれる大胆な雰囲気の中で、これ

らの粘土板を通して知られた「カナン人の豊穣宗教」とナチ的イデオロギー——それに直面した教会はすぐさまそれを危険視した——との間にある宗教的等価性を主張することは比較的容易であった（また、確かにそれは間違ってはいない）。ドイツのプロテスタント教会の深刻な危機は、旧約聖書学においてなされた YHWH 宗教とバアル宗教の解釈学的対照を拡大した。この解釈学的企ての中心人物はカール・バルトであって、彼はヒトラーに対する告白教会の抵抗において偉大な神学的力を行使した。バルトは「宗教」一般——彼は超越的次元と根本的倫理とを欠いた、意味の文化的実践をそう呼んだ——、とりわけ「自然神学」を弾劾し、「自然」が我々に神を啓示するという概念を批判しようとしたのである。バルトは、聖書に証しされた教会の信仰は「自然において」神を啓示せず、神は歴史の過程における特別な出来事によってのみ自らを啓示するのだ、と断言した。より若い旧約学者たち、とりわけゲルハルト・フォン・ラート（Gerhard von Rad）は、「自然宗教」（国家社会主義とカナン人の豊穣宗教に見られる）と、「旧約聖書の歴史的宗教」と呼ばれるようになったものとを対照させることにより、この論争においてバルトに与した。後者は、神は一度限りの特殊な歴史的出来事（すなわち、出エジプト）によって啓示されるのであって、季節的循環の恒常性や規則性においてではない、という主張である。「豊穣宗教」に対して、イスラエルの神、YHWH は「歴史の中で働く」神として知られていた。

　振り返ってみれば、この強烈ではっきりとした対照は、教会が深刻なイデオロギーの攻撃を受けながらも、国家社会主義の全体主義的体制の外側に立脚点を見出すことができたという点で、重要な解釈学的企てであった。豊穣の神と歴史の神というこの強烈な対照は、回顧すれば、誇張された対照であって、ドイツ告白教会の解釈学的要求という役割を十分に果たしたが、旧約聖書テキストの主張を十分に反映するものではなかった。

　旧約聖書学では、フォン・ラートの親しい仲間であるクラウス・ヴェスターマン（Claus Westermann）が、20 世紀半ばの旧約聖書学を支配したその対照性について、再評価を開始した。もちろん、ヴェスターマンは、イスラエルの神が具体的な歴史的出来事において救済をなす神であることには同意した。けれども、彼はその定着した主張を超えて、救済する神は祝福する

豊穣宗教

神でもあることを強調した【「祝福」の項を見よ】。創世記の創造論的テキストに関する浩瀚(こうかん)な研究において、ヴェスターマンが辿り着いたのは、「祝福」が創造神の果たす役割であり、また祝福という基本行為が極めて物質的な豊かさを権威づけ、鼓舞するものである、という結論であった。それは、すなわち、土地と民、植物と動物の再生産的生成である。従って、創世記 1:24 の「産み出せ」という命令は、創造神が豊穣を約束する祝福の典型的事例なのであって、その神は豊穣神であり、誤ってバアルのものとされているまさしくその豊穣を実現する神なのである。

20 世紀末までに、旧約聖書学は「歴史」にばかり関心を向ける状態から抜け出し、カナン人の宗教とイスラエル人の宗教との間の甚だしい対照性は緩和された。とはいえ、YHWH が「豊穣神」であるということにおいて、バアルに見出される卑賤な特徴のすべてをこの豊穣神に当てはめることは必要でもなければ、可能でもない。なぜならば、大地とその全生物に実りをもたらすこの神は超越的な支配者であって、バアルとは異なり、隣人への徹底的な従順へと導き、また約束を結び、それを歴史的過程において実現するからである。

振り返ってみるならば、YHWH を豊穣のあらゆる驚異から切り離すことは、この切り離しが旧約聖書学において創造の主題をないがしろにする結果になったゆえに、損失であった。その強烈な対照性を強調しようとするために、聖書解釈は、YHWH がまさしく創造神であってあらゆる生殖と繁栄を可能にするのだ、という主張を根拠づける豊富な証拠をないがしろにする傾向にあった。その証拠となるテキストには、以下のようなものがある。

> 創世記 8:22 は、YHWH による約束である。これは季節の循環が確かであり、保証されると主張している。
> 以下のイザヤ書 62:4 は、YHWH によるもう一つの約束であって、語調が強まる。これは土地が「夫を持つもの」となり、望まれ、実りをもたらすものとなる、としている。

> あなたは再び「捨てられた女」と呼ばれることなく

> あなたの土地は再び「荒廃」と呼ばれることはない。
> あなたは「望まれるもの」と呼ばれ
> あなたの土地は「夫を持つもの」と呼ばれる。

「夫を持つもの」と訳されている語は、原語では「ベウラの地」であり、「ベウラ」とは「バアル」〔「バアル」には「夫となる」という意味がある〕という語から発展した形である。従って、YHWHは土地を「バアル化した」、つまりそれを肥沃にしたのである。

抒情詩において、YHWHが食物を与えてくださる方であることが賛美されるが、それは祝福と豊穣の神に間違いなく関係している（詩104:27-28, 145:15-16, イザ55:10）。

とりわけ、ホセア書2章は、離婚と再婚というメタファーを用いて、YHWHを豊穣の主として描いている。この長い詩文の否定的な部分は（4-15節）、離婚になぞらえてまとめられているが、その部分ではYHWHは穀物、ぶどう酒、油、農産物の品々を与え（10節）、またイスラエルが背いたゆえに、YHWHは穀物、ぶどう酒、羊毛、麻を奪い取るだろう（11節）、と書かれている。YHWHは明らかに農業の過程の支配者であり、生命を保持する産物がいつ与えられ、いつ与えられないかを自由に決定する。詩文の後半部分では、再婚になぞらえてまとめられているが、過酷な状況が逆転し、YHWHがその土地でイスラエルの生活を喜んで回復しようとすることを示す（16-25節）。18-19節で、YHWHが「バアル」の名で呼ばれることを拒否するのは、イスラエルがYHWHを甚だしく誤解し、バアルが〔夫として〕扱われるような仕方で、YHWHを扱おうとしたからである。しかし、23-25節では、YHWHは土地を生き返らせ、穀物、ぶどう酒、油を完全な契約回復のしるしとして産出させる神である。

バルトの論争的な命題は極めて強力であり、1930年代の「教会闘争」において必要不可欠であった。だが今や、全く異なったコンテキストがあり、そこでは「自然」か「歴史」かの二者択一は、それほど有効な区別ではな

い。なぜならば、YHWH はイスラエルの証言において、自然の主であると同時に歴史の主でもあるからである。被造物に対する YHWH の支配のゆえに、地を祝福することはトーラーの要求への従順と密接に関係したものであって、もちろんバアル主義には由来しない。この結びつきは、ホセア書 4:1-3 に簡潔に記されており、そこでは、戒めの違反は（1-2 節「誠実さも慈しみも神を知ることもないからだ。呪い、欺き、人殺し、盗み、姦淫がはびこり、流血に流血が続いている」）不可避的に被造世界の破壊へとつながる。それは創世記 1 章の反転である（3 節「野の獣も空の鳥も海の魚までも一掃される」）。

不適切な意味における「豊穣宗教」の概念は、神を完全に繁殖の過程に内在化させ、現状維持を超えて進む変革的意志を持たないものとしてしまった。この事柄の再検討は、(a) 聖書の神が生命を支える母親的な役割を果たすというフェミニストの認識の所産の一部であり、(b) それが今度はフェミニスト解釈において、より広大な地平を開き、育んでいる。確かに、フェミニズムの中には、繁殖の過程に内在する神という側面ばかりを強調した、批判を要するものもある。しかしながら我々はフェミニスト解釈から学ぶことを、そうしたアプローチゆえに拒否してはならない。このフェミニスト解釈は、豊穣の神に注目すると同時に、歴史の主、またあらゆる要求とそれに付随する喜びをもって契約を執行する主に、注目するからである。〈訳：小友 聡〉

参考文献：

Barr, James, *Biblical Faith and Natural Theology: The Gifford Lectures for 1991* (Oxford: Clarendon Press, 1993); Brueggemann, Walter, "The Loss and Recovery of Creation in Old Testament Theology," *Theology Today* 53 (July 1996): 177-90; Habel, Norman C., *Yahweh Versus Baal: A Conflict of Religious Culture* (New York: Bookman Associates, 1964); Harrelson, Walter, *From Fertility Cult to Worship: A Reassessment for the Modern Church of the Worship of Ancient Israel* (Garden City, N.Y.: Doubleday, 1969); Rad, Gerhard von, "The Theological Problem of the Old Testament Doctrine of Creation," in idem, *The Problem of the Hexateuch and Other Essays* (New York: McGraw-Hill, 1966), 131-43〔「旧約における創造信仰の神学的問題」『旧約聖書の様式史的研究』、荒井章三訳、日本キリスト教団出版局、1969 年、149-168 頁〕; Westermann, Claus, *Blessing in the Bible and the Life of the Church* (OBT; Philadelphia: Fortress Press, 1978); idem, "Creation and History in the Old Testament," in *The Gospel and Human*

Destiny, ed. Vilmos Vajta (Minneapolis: Augsburg Publishing House, 1971), 11-38; idem, *What Does the Old Testament Say about God?* (Atlanta: John Knox Press, 1979); Wright, G. Ernest, *God Who Acts: Biblical Theology as Recital* (SBT 8; London: SCM Press, 1952)〔『歴史に働く神』、新屋徳治訳、日本基督教団出版部、1963年〕.

暴力（Violence）

　旧約聖書は暴力に満ちていて、市民組織やその抑制力についてはほとんど知らず、また公民権や人権という、より最近の概念に属するような抑制力については全く知らない。聖書の読者にとって最も重要な課題は、テキストの中に浸透している暴力の調子に臆せず立ち向かうこと、そしてこの暴力が、テキストを真剣に受け取る信仰共同体にとって、計り知れない神学的問題となるのを認めることである。

　テキストに暴力が存在している、もっとも明白な場所はヨシュア記の征服伝承である。他の箇所で「約束の地」が、神のイスラエルへの賜物と言われているのに対して、このテキストにおけるこの土地は、それ以前の占有者から奪われたものなのである。実際、それ以前の占有者は絶滅させられねばならず、生きるチャンスは与えられない【「カナン人」の項を見よ】。土地伝承はイスラエルの信仰告白と自己理解の中心にあるから、暴力の母体としての土地伝承が第一に重要である。

　暴力が行われたことを伝える物語と並んで、預言者たちが用いた暴力についてのレトリックにも注意が払われなければならない。不従順なイスラエル（あるいは反抗的な国々、また罪人であることが証明された者）に対する神の裁きと神学的に見なされる事柄は、実際は暴力的、虐待的処置である。さらに、我々がフェミニズムの立場の解釈者たちから学んだのは、次のことである。つまり比喩として機能している、夫―妻や親―子といったレトリックのほとんどは、女性や子への暴力というレトリックを構成している。それゆえそのようなことを実行する時、神はいつも、独断的な親、あるいは攻撃的な夫の役割を担うのである。

　イスラエルの祈りはしばしば、共同体の他のメンバーに対する暴力を望むことになる。望まれた暴力はもちろん、（いつもそうであるように）暴力に対する応答として理解され、行使されるが、やはり暴力の悪循環の一因となる（詩 3:8; 6:11; 7:13-14; 10:15 を見よ）。そのような祈りを口にする者は、屈辱と激しい怒りに充ち満ちており、その祈りが正当なものであると感じている。そ

う祈る者はさらに、YHWH がそのように希望された暴力を行うことが可能であること、そして確かにそのように行うことを疑わない。

　このような征服の強調、暴力のレトリックと祈りはすべて、旧約聖書のテキストにおいて、暴力が行われる際には YHWH が深く関与していることを気づかせる。神自身の生と歴史とには暴力が染み通っている。なぜならこの神は、時には粗野で無情な主権者であり、神の主権を邪魔する者には誰にでも、もっとも容赦ない仕方で、その意志を押し通すからである。神の暴力への傾きはさらに、その暴力にイスラエルが連帯することによって強められた。その祈りと行動とは「私の友の敵は私の敵」という仮定に基づいていたのである。その結果として詩人は、いかにも無邪気に、次のように祈ることができる。

　　主よ、あなたを憎む者をわたしも憎み
　　あなたに立ち向かう者を忌むべきものとし
　　激しい憎しみをもって彼らを憎み
　　彼らをわたしの敵とします。（詩 139:21-22）

これと同じ無邪気さに引き込まれるのは、神は自分たちの熱心と確信とを完全に共有してくれていると、無批判に考える人々であることが多い。

　神について、また神とともにある生について描写する際、この暴力の性質が、神学的解釈にとって計り知れない問題となる。聖書が首尾一貫して正義と憐れみについて証言するものであると考えるキリスト者やユダヤ教徒にとって、暴力は、神学的に問題となる。神を信じ、これが神の意志であると認識するものに基づいて行動する人々にとって、神が暴力をふるうことが、自分たちも暴力をふるってよいと考える正当な理由になるなら、暴力は二次的に問題となる。「好戦的な正義」の長い歴史は、暴力的な神に代わって行使する暴力を嫌悪したりはしない。ここで「宗教戦争」の長い歴史に言及するのもよいかもしれない。そこには合衆国が行ったベトナムにおいての、彼らを救うためと称した村々の破壊や、もっと最近では、妊娠中絶を行う診療所の爆破など〔2007 年 4 月テキサス州、2012 年 1 月フロリダ州、同 4 月ウィス

暴力

コンシン州など、それこそ長い歴史がある〕が含まれるが、これらはすべて神の意志に代わって行われたのである。

テキストにおけるこの問題を克服するため、一般に三つの方針が用いられている。

1. 信仰共同体において好んで取られる方針は、そのようなテキストは読み飛ばし、それらがそこにはなかったかのようにふるまうことである。

2. 用いうるもうひとつの方針は、神の意志と性格とのそのような表現は、イデオロギー的に誤りであると理解することである。それはつまりテキストを発展させてきた共同体が、実際には神のまことの性格を言い表していないような性質を、神に押しつけたのだという理解である。

3. より望ましい批判的な応答は、神を発達のレンズ（developmental lens）を通して扱うことである。それによって、初めは原始的、暴力的であった神が、イスラエルが宗教的に発達するに従って、時とともにますます憐れみ深く、情け深くなる。この考え方のもっとも注目すべき主張はルネ・ジラール（René Girard）のものである。彼は、キリストの福音の働きは、神に関する暴力という長年にわたる問題を克服するためのものであると主張する。そのような発達主義は、キリスト信仰の真理は「高貴さに劣る」ユダヤ教にまさっているという受け入れがたい交替主義の気配を内包している（Jack Miles も同様の「発達」をたどるが、交替主義を主張する傾向はないようである）。

これらの方針はそれぞれが長所を持っているが、また大きな問題もはらんでいる。結局、信仰共同体の暴力に反映される神の暴力は、たやすく説明しきれないのである。もし我々がテキストを神学的に真剣に捉えるなら、我々が受け入れざるをえないのは、神の歴史の中に深く、神の性格の中に深く、暴力が根強く残っていて、たやすくは克服できないという証言である。いくつかのキリスト教的解釈は、この神に基づく暴力は磔刑において究極的に表されたこと、そしてその暴力は聖金曜日にイエスに対して働いたのだと提言する。暴力と神との接点は、現代の「先進」世界でもっとも暴力的な社会である合衆国の信者によって熟慮されるべきである。この世界は暴力で飽和状態にあるから、もっとも劇的な出来事以外は、ほとんど気づかないほどである。広く行われ、受け入れられ、そして許されている暴力が、その背後に深

い神学的な根拠を持っていることをさらに示すためには、それほど大きな想像力を必要とはしない。〈訳：楠原博行〉

参考文献：

Brueggemann, Walter, "Texts That Linger, Not Yet Overcome," in *Shall Not the Judge of All the Earth Do What Is Right?: Studies on the Nature of God in Tribute to James L. Crenshaw*, ed. David Penshansky and Paul L. Redditt (Winona Lake, Minn.: Eisenbrauns, 2000), 21-41; Dempsey, Carol J., *The Prophets: A Liberation-Critical Reading* (Minneapolis: Fortress Press, 2000); Girard, René, *Violence and the Sacred* (Baltimore: Johns Hopkins University Press, 1977)〔『暴力と聖なるもの』、吉田幸男訳、法政大学出版局、1982年〕; Gunn, David M., "Colonialism and the Vagaries of Scripture: Te Kooti in Canaan (A Story of Bible and Dispossession in Aotearoa/New Zealand)," in *God in the Fray: A Tribute to Walter Brueggemann*, ed. Tod Linafelt and Timothy K. Beal (Minneapolis: Fortress Press, 1998), 127-42; Levenson, Jon D., "Is There a Counterpart in the Hebrew Bible to New Testament Antisemitism?" *Journal of Ecumenical Studies* 22/2 (1985): 242-60; Miles, Jack, *God: A Biography* (New York: Random House, 1997)〔『GOD　神の伝記』、秦剛平訳、青土社、1997年〕; Schwartz, Regina M., *The Curse of Cain: The Violent Legacy of Monotheism* (Chicago: University of Chicago Press, 1997); Suchocki, Marjorie H., *The Fall to Violence: Original Sin in Relational Theology* (New York: Continuum, 1995); Weems, Renita J., *Battered Love: Marriage, Sex, and Violence in the Hebrew Prophets* (OBT; Minneapolis: Fortress Press, 1995).

捕囚（Exile）

　征服し、支配した人々を国外へ強制移住させることは、古代近東諸国において珍しい出来事ではなかった。力で優位に立つ大国は、征服した国の影響力ある人々を異民族が支配する政治的環境へ移住させる政策をよくとったようである。征服した地に「影響力の少ない」人々を残したのは、支配に対して抵抗したり反乱を起こしたりする可能性が少ないからである。捕囚とは大国支配の政治的結末と理解することができ、それは、奪いとった国で新しい政治的・経済的秩序を確立するための政策であった。

　前8、7世紀に栄えたアッシリアは明らかにこのような政策を実行し、その結果、個人や家族はその身分ゆえに強制的に移住させられた（イザ36:17を見よ）。特に、列王記下17章は前722年に起きたそのような強制移住について述べる。その年、アッシリアの軍隊はイスラエルの北王国とその首都サマリアを攻め滅ぼし、その領土をアッシリア帝国の支配下に置いた。この聖書本文は、首都であった「サマリア」から住人が追放されただけでなく、各地から新しい移民が連れて来られてこの地の住人となったことを詳しく描写する。しかし、考えてみてほしい。この激しく論争を呼ぶ記述は、南王国からの視点によって書かれたもので、それゆえ、現実にあったこの出来事の実体からかけはなれ、かなり誇張されている可能性がある。

　しかし聖書にとって、前722年にあった北王国の強制移住は、ユダとエルサレムからの南王国の捕囚の前兆にすぎない。ユダの捕囚は1世紀を経て、バビロニア帝国の手によって行われた。ダビデ王朝は王朝末期の10年間、迷走し、国情も不安定だったため、ユダとバビロニアの関係も安定しなかった。その結果として、バビロニア人は三回に分けて、エルサレムに住む上層階級の人々を強制移住させ（エレ52:28-30）、故国から遠く離れたバビロンの地に住まわせた（詩137編を見よ）。ユダの歴史において、それ以上にイスラエルの信仰にとって、この破壊と強制移住という出来事がいかに決定的な重要性を持つか、どれほど強調しても足りない。

　かなり実際的にそして具体的に、三度あった強制移住と前587年に起きた

エルサレムの徹底的な破壊が意味するのは、人々が慣れ親しんでいた社会の完全なる喪失である。神殿は取り壊され、城壁は破壊され、ダビデ王朝は不名誉な滅亡を見るに至った。この破壊は、ユダの政治的な独自性の最後も意味し（マカバイ家の反乱による一時期を除いて）、国連が 1948 年に近代国家としてイスラエルの樹立を認めるまで、この状態が続いた。この危機における公的・政治的な損失は計り知れない。

　しかしながらそれ以上に、旧約聖書の思想において、破壊と強制移住の出来事は、YHWH の意志と目的に関連して、神学的に理解される必要がある。旧約聖書において捕囚が規範に従って解釈される場合、二つの中心的テーマがはっきりと浮かび上がる。一番目は、この危機は、神によるエルサレムの放棄とイスラエルに対する拒絶、その後に続いて起こる神の民に対する YHWH の不在のしるしである。二番目は、そのような放棄、拒絶、不在は、多くの場合、反抗的な共同体に下された、YHWH の容赦ない（正当な？）審判という理解である。つまり預言者たちが長い間、警告していた通りになったのである【「申命記神学」「応報」の項を見よ】。強制移住させられた者たちは「異教の地で、主のための歌を歌い」、目に見える支えがなくても生き残る信仰のあり方を学び、神不在のなか誠実に生きなければならなかった。そのため神学的な観点から見ると、捕囚は、イスラエルの生に独自性を与えたあらゆるものの死として旧約聖書では表現される。

　喪失感（哀歌で描写された）や罪の自認（列王記上下で概略された）と並んで、「捕囚」についてもっとも注目すべき事実は、この混乱期がイスラエルに神学をうみだすうえで主要な時代をもたらしたということである。イスラエルが喪失と罪の意識に沈んだ底から、一連の新しい、想像力に満ちた、詩人のような語り手が登場した（イザ 40-55 章; エレ 30-31 章; エゼ 33-48 章）。彼らこそ、喪失を深刻に捉えながらも、洞察力をもって古い信仰の諸伝承を再解釈し、捕囚の身にあるイスラエルを未来への希望へと向かわせた人々であった（例えばイザ 43:16-21; エレ 31:31-34; エゼ 37:1-14 を見よ）。この解釈を通して、捕囚の民イスラエルは快活な希望の共同体として描かれる。つまり、イスラエルの強制移住を望んだ神は、いずれ誠実にイスラエルを再興し、エルサレムとユダという彼らが本来いるべき土地の安全と幸福を実現させてく

> 捕囚

れる神だと信じ、信頼していた。

　帰郷と捕囚の終焉への期待は切実であった。しかしこれらの希望が実現したことについてはあまり明確に語られていない。エルサレムへの最初の帰還の手がかりが現れるのは前537年、ペルシア人による勅令がそのような帰還を公式に認めた直後のことであり（エズ1:2-11を見よ）、それは崩壊後50年を経た時のことであった。もう少し決定的な出来事は、預言者ハガイとゼカリヤが前520年に語っている帰還と小規模の再建である。それ以後、次世紀の半ば頃、エズラとネヘミヤによる活動が復興とユダヤ教の新興を決定づけた。

　しかし、帰郷が完全に達成されることはなかったので、ユダヤ人は散在し、流浪の共同体、「散在のユダヤ人（ディアスポラ）」という印を永らく刻まれることになった。復興が完全に行われなかったことで、現代のユダヤ教においてすら、捕囚のイメージは感慨深いものになっている。このことが母胎となって、一見したところ解決不可能な数々の問題が生じた。その一つに「聖地」地区の管理運営と配置の問題があり、他にも「エルサレムの平和」という、際立って解決困難な問題が存在する。捕囚のイメージがもつ影響力は、具体的な歴史的現実と密接に関係している。しかし同時に捕囚は、当時の歴史的事実そのものを超えて、強力に要求を突きつけながら広がっていく神学的象徴である。このようなわけで礼拝において想像力を発揮することを通して、ユダヤ教の信仰者たちは捕囚のことを想起し、現実のこととして受けとめ、深い感動に至るのである。

　「捕囚」という語が現代においても派生的に用いられる際、以下のような二つの点でその語は議論の的となっている。まず、世俗主義と多元主義の結果として、アメリカの教会は権力機構としての権威を失い、ある意味で流浪の、従って「捕囚された」共同体となっている。すなわち、無関心あるいは敵対的な環境の中で、固有の独自性をもった信仰共同体となっている。次に、捕囚という語は、歴史的、神学的にはエルサレムの破壊とユダヤ人の強制移住に密接に関連するものだが、現代においても「捕囚」はその深刻さを保持している。現代世界にも非常に多くの捕囚民——強制移住させられた人々、辺境に追いやられた人々、避難民——がいて、明らかにその数を増や

し続けているからである。このことは、野蛮な政治的・軍事的行動や、そこまで直接的な関係性はないものの無頓着な経済政策の実施の結果、起きている。こうした状況が、いとも簡単に希望のない孤立者を生むのである。2001年9月11日の出来事に照らし合わせてみると、怒り、当惑、激怒、誰にも共通する深い喪失感をともなった一般の人々の反応は、捕囚がもつ古代の感覚と響き合うものである。捕囚と関連したイメージが、解釈の想像力にとって非常に効果的であることは明白である。しかし、どのように結びつけて考えるにしても、その解釈を破壊と強制移住というユダヤ人固有の母胎と切り離すことは決してできない。捕囚の最中にあって、イスラエルは、YHWHこそ捕囚民を集めて家に帰還させる唯一の神であると確信できることに気づいた。

　追い散らされたイスラエルを集める方
　主なる神は言われる
　既に集められた者に、更に加えて集めよう、と。（イザ 56:8）

〈訳：大串 肇〉

参考文献：
Ackroyd, Peter R., *Exile and Restoration: A Study of Hebrew Thought of the Sixth Century B.C.* (OTL; Philadelphia: Westminster Press, 1968); Bayer, Charles, *The Babylonian Captivity of the Mainline Church* (St. Louis: Chalice Press, 1966); Brueggemann, Walter, *Cadences of Home: Preaching among Exiles* (Louisville, Ky.: Westminster John Knox Press, 1997); Klein, Ralph W., *Israel in Exile: A Theological Interpretation* (OBT; Philadelphia: Fortress Press, 1979) 〔『バビロン捕囚とイスラエル』、山我哲雄訳、リトン、1997 年〕; Neusner, Jacob, *Israel in Exile: A Too-Comfortable Exile?* (Boston: Beacon Press, 1985); Scott, James M., *Exile: Old Testament, Jewish and Christian Conceptions* (Leiden: Brill, 1997); Smith, Daniel L., *The Religion of the Landless: The Social Context of the Babylonian Exile* (Indianapolis: Meyer Stone, 1989).

ミリアム

ミリアム（Miriam）

　旧約聖書は確かに父権的である。男性がこの文学のほとんどで、重要な役割を占めている。予想通りの結果として、女性は脇役であることが多く、ほとんどの部分について、現代の読者には、彼女らの存在と重要性の痕跡しか見出すことができない。しかしながら、ハガル、ルツ、そしてエステルの記述にあるように、いくつかの注目に値する例外もあり、最近のフェミニスト神学の研究者の研究は、伝統的な父権的解釈が見逃してきた、聖書における女性の役割の重要性に注意を払うよう呼びかけている。そうだとしても、聖書において父権的な記述が優位であることは、ほとんどの解釈が示すように明らかである。本書には、モーセ、ダビデ、エリヤ、そしてエズラの、四人の極めて重要な男性とともに、ミリアム、ハンナ、イゼベル、そしてフルダの四人の著名な女性についての解説を含めた。これらの男性それぞれが、伝承形成過程で、各々の実像を超える隠喩的重要性を担っているのではないだろうか。そして、ハンナ、ミリアム、イゼベル、さらにフルダもまた、伝承形成過程において過小評価を受け続けてきたにもかかわらず、隠喩的重要性を持っているのではないだろうか。これらいくつかの主題について、フェミニスト神学の研究者の視点から書かれた広範な文献は、父権的な伝承形成過程の成果とその過程で見過ごされてきたものを理解するために、極めて重要な示唆を含んでいる。

　「ミリアムについてはかつてもっと多くのことが語られていたが、それは今ではすっかり失われてしまった」（182）というマルティン・ノート（Martin Noth）のような伝統的な学者の見解にたとえ留意するとしても、ミリアムは旧約聖書の中で、ほんのわずかのテキストにしか出てこない。私たちの議論はもちろん、長く複雑な伝承化の過程を生き延びてきたミリアムの記憶について、現在も残っているものに焦点を合わせなければならない。彼女はモーセとアロンの姉として記憶され、古代イスラエルにおける重要な指導的チームの一員として彼らに加えられている（ミカ 6:4）。このように名前が挙げられているのは、伝承においていくつかの点で彼女が卓越していることを示唆

している。

　ミリアムの卓越性の第一の証拠は、出エジプト記 15:20-21 にある。ここで彼女は、出エジプトにおいて YHWH がファラオに勝利したことについて、祝いの歌をうたっている。この短い詩は一般に出エジプトに関するイスラエルの最古の詩と見なされている。そして、この韻文は彼女を、イスラエルの原初の物語に関する信仰伝承の表現者として筆頭に位置づけている。その上、モーセに帰されているより長い出エジプト記 15:1-18 の詩は、男性指導者がこれまで彼女の主導権を奪取してきたことを暗示するかのように、ミリアムからの引用文で始まっている（イエスの復活についての男性の証言は、墓における女性たちの最初の証言［ヨハ 20:1-10］を裏付けたというが、実際にはそれを横取りしたという手法に、おそらくは似ている）。

　伝承におけるもう一つの非常に重大な要素は、民数記 12 章のモーセとの論争である。ミリアムはここでモーセの権威に盾突いたため、その罰として重い皮膚病にかかっている（申 24:9 を見よ）。この物語は、二つの可能性のうちの一つを示唆している。モーセの権威がまだ確立された事実になっていなかった時に、ミリアムはモーセにとって手強い相手であり、モーセの代わりに真の指導者となりうる資質を発揮していたのかもしれない。そしてその結果、モーセ・テキストの中で最終的、決定的に検閲された可能性がある。もう一つの解釈は、より後代の関心が彼女に投影されたほど十分に、とにかく彼女は重要だったというものである。いずれにしても彼女は、伝承の中でモーセが最終的に持つことになる権威に代わりうる選択肢なのである。

　文献研究は、ミリアムの歴史的重要性がどんなものであるにしても、彼女が、適切に彼女を取り扱わなかった伝承過程の気まぐれさに隷属させられていることを示唆している。最近のフェミニストの研究は、ミリアムがテキストの表層下で強大な力として作用し続けていることを明らかにしている。レナード・エンジェル（Leonard Angel）の最近の著作は、後代のミドラシュの伝承ならミリアムをこう描いたであろうと思われるような、想像力に富んだ作品である。ミリアムは自らの歴史的意味を超えて、明らかに生産的な隠喩になっており、継続していく解釈作業によって、安易に固定化された、いかなる父権的帰結をも取り除いていく。ミリアムは、人々を解釈に駆り立て、

沈黙させられることを拒み続ける、いつまでも色あせることのない存在なのである。〈訳：小河信一〉

参考文献：

Angel, Leonard, *The Book of Miriam* (Oakville, Ont.: Mosaic Press, 1997); Bach, Alice, "De-Doxifying Miriam," in *A Wise and Discerning Mind: Essays in Honor of Burke O. Long*, ed. Saul M. Olyan and Robert C. Culley (Providence, R.I.: Brown Judaic Studies, 2000), 1-10; idem, "With a Song in Her Heart: Listening to Scholars Listening for Miriam," in *A Feminist Companion to Exodus to Deuteronomy*, vol.6, *The Feminist Companion to the Bible*, ed. Athalya Brenner (Sheffield: Sheffield Academic Press, 1994), 243-55; Burns, Rita, *Has the Lord Indeed Spoken Only Through Moses? A Study of the Biblical Portrait of Miriam* (Atlanta: Scholars Press,1987); Noth, Martin, *A History of Pentateuchal Traditions* (Englewood Cliffs, N.J.: Prentice-Hall, 1972)〔『モーセ五書伝承史』、山我哲雄訳、日本キリスト教団出版局、1986年〕; Trible, Phyllis, "Bring Miriam Out of the Shadows," *Bible Review* 5/1 (February 1989): 13-25, 34.

メシア（Messiah）

「メシア」という名詞は「油を注ぐ／塗る」と翻訳されるヘブライ語の動詞 mšḥ に起源を持っている。油を注ぐ行為は、それにより特定の任務を果たすよう特別に神から指名されることであり、深い象徴的意味を持つ。「油注がれた者」（＝メシア）は、このようなサクラメントを通じ、神から与えられた特別の務めのために特別の力と権威をもって指名された者である。

より古い伝承においては、油注がれる、すなわち「メシア」であるという認識は、祭司（出 28:41; 29:7; 30:30）あるいは預言者（王上 19:16）を含む様々な務めと働きに関係していたと推測される。というのは、指名された人は皆、特別の権能の付与を必要とする、神から遣わされた務めに召し出されたからである。興味深い一つの事例としては、「僕(しもべ)」が義の業のために油を注がれたという、イザヤ書 61:1 の周知の断言がある。油を注がれた者が預言者の務めについているのか、あるいは国王の務めについているのかは明確ではないが、この事例における油注ぎと霊と職務との統合は典型的なものである。

油注ぎの行為と「メシア」という称号は、私たちにとって最大の関心事である。というのは、その行為と称号は、ダビデとその系譜に連なる後の王たちに関係があるからである【「ダビデ」「王権／王制」の項を見よ】。サムエル記上 16:12-13 にあるダビデの油の注ぎは、イスラエルの記憶の提示において格別の重要性がある。というのは、YHWH の霊が激しく降る中で権能を授ける行為は、決定的にイスラエルの未来を形作っているからである。ダビデ（彼に関してはサム上 16:21; サム下 19:22 も見よ）以降に関しては、ソロモン（王上 1:39）、ヨアシュ（王下 11:12）、そしてヨアハズ（王下 23:30）の王の塗油式を見よ。さらに、物語の中に言及されていないとしても、王朝の他の王たちもまた適切な儀式の挙行により油を注がれたと推定される。油注ぎは、国王の権能を典礼的に繰り返し認可し、正当化する行為だった。このように、この行為がダビデの家系の一員を任命したのであり、まず第一にはその時の王に関連するものであった。

メシア

　預言者の伝統においてようやく、そしてエルサレムが崩壊しダビデ王朝の歴史が終結して明らかに、イスラエルは、ダビデの王座の回復と「油注がれた者」メシアの到来を待望し始めた。メシアは世を立て直し、卑しめられ追放され見捨てられたイスラエルに繁栄をもたらす。来るべき王、メシアへの預言者的期待は、テキストの至る所に表明されている（イザ 7:10-17; 9:1-6; 11:1-9; エレ 23:5-6; 33:17-18; エゼ 34:23-24; アモ 9:11; ミカ 4:41-5:1; ゼカ 9:9-10）。

　捕囚後、ユダヤ教が新たに再編成されると、ダビデ王家の統治のもとでの政治の復興への期待が一筋の希望となり、明らかに可能性を帯びたものになった。これらの預言者的期待は、未来の内に刻まれた。共同体はトーラーへの服従に次第に心を奪われていったが、ユダヤ教は深い希望の民であることを止めはしなかった。その希望とは、人間的政治的主体が、YHWH の命令に基づいて統治権を再びふるうために来るという確信である。

　この希望は特定のテキストの伝承と歴史上の記憶に基づきながらも、その成就について様々な解釈を許容するものであった。そのような多様な解釈の一つを挙げる。イザヤ書 45:1 では、ペルシア人キュロスが、バビロンからイスラエルを解放するために来る YHWH のメシアと見なされている。すでに完全にダビデ王家のものとなっていたこの称号が今や異邦人の王に言及するのに利用されるのは、異例なことである。実際、一部の学者は、ダビデへの望みは今や、待望してきたペルシア人に託されたのだと考えている。

　この驚くべき用法のほかに、待望を形作る三つの側面を書き留めよう。

　1. 死海写本は来るべきメシアという表現を用い、その希望を分派主義的共同体の熱烈な待望と結び付けている。この写本の共同体は、様々な形で二人の異なるメシア、王と祭司を待望している。それは多分すでにエレミヤ書 33:19-22 に未完成な形で表現されている二重の希望である。

　2. ユダヤに対するローマの決定的な侵入の引き金となった後 135 年のバル・コクバの反乱は、メシア信仰の主張に根ざしていた。このメシア信仰を旗印とする集団は、類を見ないというものではなかった。というのは、将来の見込みの不確かな時代には、そのような主張を唱える者がよく現れるものだからである。

　3. より古い伝統との関連でイエスを理解し解釈しようとするキリスト者

は、イエスにおいてメシア待望の成就を見た。例えば、「来るべき方は、あなたでしょうか」（ルカ7:19-20）という問いにおいては、メシア待望の古くからの疑問が持ち出され、それがイエスに向けられている。ルカ福音書7:22に明らかなように、決して直接的な回答は与えられていない。イエスの現実の宣教活動は、具体的には旧来のメシア待望に一致していなかった。というのは、それはダビデ王朝の権力の回復と一体を成す、政治的・軍事的次元を欠いていたからである。キリスト者は、ユダヤ教のメシア待望は幅広く多様性があることを心に留めておいたほうがいい。メシアの概念には、ユダヤ人の間でも数多くの型がある。そして、古代にも現代にも、敬虔なユダヤ教徒であってもメシアを待望しない人は多数存在する。

しかしながら、「メシア」の標準的ギリシア語訳が「キリスト」（Christos）であると気づけば、マルコ福音書8:29のペトロの告白のような「イエスはキリストである」は、初代教会がイエスに対して行った、原初のメシア信仰的解釈であることが容易に明らかになる。そのイエスへの称号付与において、初代教会は（a）ユダヤ教に不可欠の待望という観点からイエスのためにその場を確保し、そして（b）ユダヤ教が「メシア」によって意味してきたものを根本的にまた必然性をもって再解釈している。イエスをメシアであると見なす考えは、ローマ人の手によるイエスのはりつけの根拠になった。というのは、ダビデの血筋の指導者としての「メシア」という理解は、ローマ人が黙認できない革命的で政治的な脅威だったからである。イエスと彼の宣教が、古くからのダビデ待望と結び付けられてある意味でイエスの本質を明確にしたが、その一方で、彼の宣教活動に大きな危険を招くことになった。後の多くの解釈の中で、メシア―キリストの認識は精神化され、彼岸的なものとなり、そして本来の政治的次元から遠ざかってしまった。しかしながら、政治的次元は未だかつてその称号から喪失されたことがない。というのは、「メシア」は常にユダヤ人の直面する公的な問題に心を配っているからである。そういうわけで、ルカ福音書（4:18-19）におけるイエスの最初の自己証言では、イザヤ書61:1-4が引用されている。そこには、メシア信仰への言及（「油を注がれた」）、すなわち聖霊の力および社会的な回復と解放の業への言及がある。

このようなイエスについての新約聖書的解釈は一貫して、来るべきメシアへのイスラエルの期待を元にしている。しかしながら、実際にはイエスの宣教活動は、メシアに特徴的に期待された社会的変革を完遂しなかったために、キリスト教的解釈においては、メシアの業を成し遂げるメシアの再臨を待つことが不可避になった。こうして、キリスト者はメシアの再臨を待っている。イエスをメシアとして認めないユダヤ人は、メシアの到来を待ち続けている。この相違は、ユダヤ人とキリスト者の間の根深くやっかいな問題ではあるが、それはまた共通性の一つの重要な基盤である。実際、ユダヤ人とキリスト者は共に、来るべきお方であるメシアを待っている。エリ・ヴィーゼル（Elie Wiesel）は、ユダヤ人の偉大な神学者マルティン・ブーバー（Martin Buber）がキリスト教の教職者たちと交わした会話を書き留めている。彼らはブーバーに、なぜユダヤ人はイエスをメシアとして受け入れなかったのかと尋ねた。ブーバーは答えた。

「ユダヤ教徒とキリスト教徒との違いですか。双方ともメシアを待望していますが、あなたがたにとっては、彼はすでに来て、立ち去ったのであり、わたしたちにとってはそうではありません。そこであなたがたに提案いたしますが、いっしょに彼を待望しようではありませんか。そして彼が姿を現したら、わたしどもは彼にこう尋ねることにいたします。ここへは以前に来られたことがおありですか、と。……そのときに、わたしは彼のそばにいて、耳もとにこう囁きかけたいものです。後生ですから、お答えにならないでください、と。」（Wiesel, 354-55〔『そしてすべての川は海へ』下、327-328頁〕）。

全くその通りである！〈訳：小河信一〉

参考文献：
Charlesworth, James H., *The Messiah: Developments in Earliest Judaism and Christianity* (Minneapolis: Fortress Press, 1992); Klausner, Joseph, *The Messianic in Israel, from Its Beginning to the Completion of the Mishnah* (New York: Macmillan, 1955); Mettinger, T.

N. D., *King and Messiah* (Lund: LiberLäromedel/Gleerup, 1976); Mowinckel, Sigmund, *He That Cometh* (Nashville: Abingdon Press, n.d.) 〔『来たるべき者』上下、広田勝一・北博訳、聖公会出版、1997-2001 年〕; Neusner, Jacob, *Messiah in Context* (Philadelphia: Fortress Press, 1984); Ringgren, Helmer, *The Messiah in the Old Testament* (SBT 18; Chicago: Alec R. Allenson, 1956); Wiesel, Elie, *Memoirs: All Rivers Run to the Sea* (New York: Knopf, 1995) 〔『そしてすべての川は海へ』上下、村上光彦訳、朝日新聞社、1995 年〕; Wise, Michael, *First Messiah: Investigating the Savior before Jesus* (San Francisco: Harper, 1998).

黙示思想

黙示思想（Apocalyptic Thought）

　　ギリシア語の動詞 apokalupto は「顕わにする」あるいは「啓示する」を意味し、また名詞 apokalupsis は「黙示」あるいは「啓示」と翻訳される。いずれの訳語も、姿を隠し覆われていたものが突然開示されることを示す。この用語は様々に用いられ、(a) 文学形態としての黙示文学、(b) 宗教的観点としての黙示的終末論、(c) 社会的イデオロギーとしての黙示思想、という類型を示す。「黙示的」という形容詞は、旧約時代の後期に出現した信仰の重要な基本要素である。この基本要素は、神による世界支配——また歴史的過程の支配——が人間の認識から隠されてはいるが、同時に人間は、この神の支配が徹頭徹尾確かであることを知っているということを示す。さらに、現在と将来に対する神の支配について隠されていることは、特別な人々に開示される。彼らは、隠されていたものを証言し、あるいはそれを書き留めること——啓示——ができる人々である。旧約ではダニエルがこの特別な啓示者であり、新約ではパトモスのヨハネが「ヨハネの黙示録」と呼ばれる書において啓示を記録する（黙 1:9-11）。神の支配の隠されている部分が啓示されていく過程は、啓示と見なされる巻物を生み出すに至った。その巻物は形の上では暗号化されているように見えるゆえに、啓示された内容は甚だしく隠されたままである。つまり、この黙示文学は修辞的な様式で慎重に書き記されたものであって、秘密を知る人々のみがこれを理解しうるのである。

　　「黙示的」とは、学問的に言えば、(1) この文学に共通する特徴を有すると確認できる巻物（書物）のリスト、および (2) この文学に特徴的な何かしらの希望を意味する。二つの聖書正典（旧約と新約）はほとんどの黙示文書を排除している。けれども、このような文書は、旧約ではイザヤ書 24-27 章、ダニエル書、ゼカリヤ書 9-14 章に残っており、新約ではヨハネの黙示録に代表されるが、マタイ福音書 24-25 章とマルコ福音書 13 章も参照してほしい。それにもかかわらず、「黙示的」と呼ばれるほとんどの文書は二つの正典のリストから除外された。それらは新約時代の前後に由来する様々な文書であり、エノク書、第 4 エズラ記、第 2 バルク書、ヨベル書、さらには

クムラン共同体に由来する死海文書からの文書が含まれる。聖書を学ぶ多くの人々にはなじみはないかもしれないが、これらの文書は比較的入手しやすく、また丁寧に取り組むことが可能である。聖書を理解するためにこれらが重要であるのは、聖書が形成され最初に伝えられた場である文化的宗教的な基盤を説明してくれるからである。

研究者はこれらの諸文書をまとめて「黙示的」と呼ぶが、それはこれらが共通する前提やイメージや期待を有するからである。多くの研究者はこれらの文書とその神学的思想に共通した徴表があることに同意を示す。ジョン・コリンズ（John Collins, *Apocalypse: The Morphology of a Genre*）は黙示思想の「根源的パラダイム」には四つの特徴があると指摘する。

1. 選ばれた人々に幻や書物、言語を通して特別な知識が伝達されるための、啓示の様式と方法。
2. 啓示の内容は、過去と現在について時間的な軸を有し、未来の大変動を強調する。
3. 啓示の内容は、空間的な軸を有し、この世界を超越した領域に関わる。
4. 啓示について隠され、あるいは公表されるべき事柄に関して、啓示の担い手に教示される。

確かなことは、黙示的とは宗教的な文学や表現の一つの様式であって、それは、聖書を真摯に受け取る制度化した中産階級の人々の教会に見られる、伝統的で宗教的な実践からは乖離しているということである。とりわけ、黙示的なものの二つの特徴が聖書信仰の伝統的な表現に対立する。第一に、一方で道徳性を強調する伝統的な信仰は、人間の従順および神の意志を行う責任の重さに強調を置く。他方、黙示文学では神の超越的な意志が決定的であって、人間の意図と行動はそれに少しも影響を与えない。極端に考えれば、信仰のこの黙示的様態は決定論にまた消極的態度に由来する。第二に、一方で伝統的な信仰は長期にわたる人間の従順を信じるのであって、それは幸いをもたらし、人間の状況を維持し繁栄させる。他方、黙示的なものは世

界の根源的変革が近づき、またそれは突然に起こると主張する。従って、現在の計画を長期に支える人間の努力は無益となり、来るべき神の将来には意味のないものとなる。黙示文学は、異質な文化的環境になすすべなく包囲されていると認識する共同体において有効となる（また共同体を強める）。このような危険の予感は身体的な恐怖という形で表れることもあれば、支配的文化の否定的な力による絶望的感覚という形でも表れる。信仰の共同体がなしうることは、せいぜい見つめそして待つことであり、また神による義と幸福の支配が到来することを待望し受け入れることである。それは、絶望と破局という現在の世界状況に鋭く対峙している。

　黙示文学は期待、知られざる予定表、幻想的信仰の産物としてのとっぴな比喩表現、というカテゴリーにおいて際立っている。当然のことだが、これらの特徴は、この文学が示す大胆な想像力の作用に我々が参与しようとするならば――せいぜいそれが我々にできることだが――、真剣に受け止められなければならない。しかしながら、黙示文学がこの世を超えた世界を描くという方法をとっているからと言って、確固たる真剣な信仰を伝え運ぶというその機能が覆い隠されてはならない。この黙示文学に表明される信仰は、世界は制御できないように見えるとしても、事実として神が支配者であって世界の歴史を完全に支配しているという確信である。それゆえに、この神への固着は、すぐにも起こるはずの神の最終結末が完全に信頼できることを確信し、待望し、希望することだと言ってよい。その決定的な確信は、制御できないかに見える世界において、それを通して、またそれを超えて、神の支配を信頼できるということである。

　さらに、この隠された支配が明らかになるのは、特別な幻視者を通してである。幻視者とは、特定の人々が集う選びの共同体に向けて、神がすぐにもなそうとすることの神秘を伝える人であり、その展望があればこそ、共同体の人々は試練の内にあっても希望をもって待つことを保証されているのである。神の支配を求める超越的な要求は、承知の上で従順に待つその共同体にこそふさわしいものである。この特殊な共同体は、このように、来るべき神の支配に特権的な仕方で結びついている。

　特殊な宗教的確信を有するこの黙示文学の主要部分は、多かれ少なかれ特

別な文脈で出現する。旧約聖書では、まず前6-5世紀の文書に黙示的なものが現れ、それは預言者伝承からの出現と考えられる。古代イスラエルの預言者がはっきり述べるのは、神の支配は国々の興亡の歴史的過程のただ中で起こるということである。けれども、その国家を超えた神支配の過程がイスラエルの希望から見失われていくにつれ、イスラエルの希望は歴史的過程を超えて、古い世界の終末と新たな世界の始まりという巨大な幻へと発展する。例えば、エレミヤ書51:59-64はバビロンの歴史上の滅亡を予告するが、それより後のテキストである25:8-29では、来るべき神の審判はバビロンの歴史を超えて全人類に対する宇宙論的な審判へと移行する。（さらに、黙17-18章では、バビロンは神の支配に抵抗するあらゆる勢力の黙示的な比喩表現における暗号となった。）

　この歴史を超越した希望への推移がなぜユダヤ教に力強く、また想像力豊かに現れたかははっきりしないが、いくつもの説明が可能である。ペルシアに由来する二元論のもたらしたカテゴリーによって、神の善意志が現在はびこる悪に打ち勝つというラディカルな叙述が、可能になったのかもしれない。もう一つの可能性は、ヘレニズム時代があまりにも知的で硬直した現実理解をもたらしたため、希望にあふれたユダヤ教はこのような知的な硬直性を打破するほかなく、大胆で想像力豊かな仕方でこれを貫徹したという説明である。いずれにしても、神の支配をめぐるユダヤ教の最も重要で根本的な希望は、世界そのものが望みを失い消滅の途上にあるかに見えるような無力、落胆、絶望という文化的状況において、大胆で生き生きとした声を必要としたのである。このような黙示的想像力は、自らを全く無力と感じる人々や、自分たちはこの世界ですべての可能性が閉ざされたと弱り果てている人々の中で生まれ、またそのような人々に強く訴えるのかもしれない。このような状況において、絶望に屈服しないしたたかな信仰は、無価値で空ろな世界に可能性を求めず、破綻し御し難い世界に決定的に勝利する全被造物の神にこそ可能性を見る。

　新約時代の状況において、このような希望の地平はクムラン（死海）共同体に顕著に現れている。この共同体はすでに望みのないエルサレムの状況から退いて、現在の誤った世界の歩みとは隔絶した、神の新たな支配を待望し

ていた。イエスの輝かしい福音の告知は、それと同じ絶望と希望の状況の中で始まった。新たな神支配を告げるイエスの最初の福音告知はラディカルなものであり（マコ 1:14-15 を見よ）、それは目を覚まして待っていなさい（マコ 13:23, 37）という招きに、また最終的には次のような頌栄に表現されている。

「この世の国は、我らの主と、
そのメシアのものとなった。
主は世々限りなく統治される。」（黙 11:15）

この頌栄は初期の教会の究極的な祈りに調和する。

アーメン、主イエスよ、来てください。（黙 22:20）

初期の教会のある部分は黙示的な切迫感を強く抱き、「メシア」によって始まる新たな神支配がメシアの再臨において完全に実現するはずだと信じた。この切迫感は、例えば、マルコ福音書 13 章やヨハネの黙示録に反映している。だが、（ルカ福音書および使徒言行録に見られる）初期の教会の他の部分は明らかに長い時間をかけて形成されていった。このように、新約において黙示文学は神学的な多様性の一つの要素である。その深い希望の熱意は、キリスト復活——つまり、到来する新たな時代のしるしであり、またその初穂——の感嘆に起因する。

黙示的信仰は極端な言い回しで表現されるラディカルな信頼として現れる。一方で、長期間にわたって西洋の文化的制度を形成してきた教会は、このような黙示的信仰とレトリックを抑制することに熱心であった。それは制度的教会が制御できないほどの困惑と動揺をもたらしたからである。他方で、このような制度的な検閲制度にもかかわらず、黙示的期待はあちらこちらで噴出し、それは止むことはなかった。無力な人々、現在の世界からもはや何も期待できない人々、それゆえにまた現在の世界を超えて、現実の状態にもかかわらず神に信頼する人々の間ではそうであった。無力な人々の中

にあるこのラディカルな希望は、この世界をなお信頼する人々にはばかげた希望に見える。この希望は、まさしくほかに希望の根拠を持たない人々が生み出したものである。黙示的なレトリックは結果として、ファンタジー（最近のハリウッド映画に見られるような終末映像）に近似した強烈な徹底性のゆえに、世界否定や現実逃避、さらには超世界的な期待と希望に無限に道を開く。聖書的信仰のこれらの要素に参与するにあたっては、黙示文学が有する極端さと歪みやすさ、および神にのみ希望を見出そうとする黙示文学の固い決意、の双方を認識することが、最も重要なのである。

今日の西欧キリスト教の状況において、現代という既存の世界の終焉が徐々に明らかになるにつれ、安定し自己満足化した教会で長い間ないがしろにされてきた黙示的なものが、今や重要な神学的源泉になるかもしれない。けれども、黙示的な信仰にきちんと応答することは容易ではない。一方で、黙示的信仰が活用される際に、黙示的なレトリックが過大に評価されて、その神学的な主張が無視されてしまう。他方では、黙示的なレトリックが悪しき信仰によって宗教的広告に利用され、未来の破局が声高に叫ばれるだけで、真の希望は食い物にされ否定されてしまう。この神学的伝統を真剣に考えることは、世界が脅威にさらされる時、終わりつつあるものについての奥底にある不安を取り除き、神に根差した回復へと招く深い確信となるだろう。この信仰を形作り、表明し、実践した人々は決して現実逃避や現実否定、あるいは巧妙な現実操作には参与せず、むしろ自分が生きている世界に真剣に向き合った。彼らは疑うどころか、心底から、しかもためらわずに、現実世界を復興してくださる神を信頼したのである。未来はあらゆる歴史的信仰に問題を提起し、またその問題は、広範で深刻な文化的苦悩の時代にはさらに先鋭化する。黙示は、深刻な不安という問題をもたらす未来を、必ずやそれを克服したもう神への賛美と従順の舞台に変えるのである。

〈訳：小友 聡〉

参考文献：
Charlesworth, J. H., ed., *The Old Testament Pseudepigrapha of the New Testament* (Cambridge: Cambridge University Press, 1985); Collins, John J., *The Apocalyptic*

Imagination: An Introduction to the Jewish Matrix of Christianity (New York: Crossroad, 1987); Collins, John J., ed., *Apocalypse: The Morphology of a Genre. Semeia* 14 (1979); Hanson, Paul D., *The Dawn of Apocalyptic: The Historical and Sociological Roots of Jewish Apocalyptic Eschatology* (Philadelphia: Fortress Press, 1975); Koch, Klaus, *The Rediscovery of Apocalyptic* (SBT, Second Series 22; London: SCM Press, 1972)〔『黙示文学の探求』、北博訳、日本キリスト教団出版局、1998 年〕; Nickelsburg, George W. E., *Jewish Literature Between the Bible and the Mishnah* (Philadelphia: Fortress Press, 1981); Stone, M. E., *Scriptures, Sects, and Visions* (Philadelphia: Fortress, 1980); VanderKam, James C., *An Introduction to Early Judaism* (Grand Rapids: Eerdmans, 2001); Vermes, G., *The Dead Sea Scrolls: Qumran in Perspective* (Philadelphia: Fortress, 1981)〔『解き明かされた死海文書』、守屋彰夫訳、青土社、2011 年〕.

モーセ（Moses）

　本書のような神学的主題を扱う書物の中で、人物を取り上げて語ることは少々奇妙に思えるかもしれない。しかし私は、伝承から四人の男性——モーセ、ダビデ、エリヤ、エズラ——を取り上げて語ることにする。なぜなら、それぞれの事例において、その個々人が旧約聖書の重要な神学的主張を体現しているからである。

　モーセの史実性に関する疑問は、文書自体の複雑さと、彼の「歴史的証拠」が欠如しているように見えるため、解明するのが非常に難しい。結局、批判的な学問においては今のところ、聖書文書それ自体を除き、モーセの存在と歴史を裏付ける確たる証拠はないということでほぼ合意に達している。従って、あくまでもここでは、聖書の伝承に証言されているモーセを取り扱う。

　モーセは、YHWHが派遣した仲保者である。モーセは、歴史の舞台においてイスラエルの基礎を据える奇跡物語の出来事を実演する。「人間である仲保者」と「奇跡的な出来事」の並置は驚くべきことである。というのは、旧来の解釈では、これらのモーセ主導の出来事（出エジプト、寄留、シナイ山）を神の出来事として読み取っているからである。しかし実際には、モーセは人間である仲保者として、イスラエルのこれらの記憶の正面に、そして真ん中に立っており、モーセの服従と勇気を通してそれらの記憶は、以下のように念入りに構成されているのである。

　　モーセは、出エジプトの執行人である。出エジプト記 3:7-9 では、YHWHはエジプトの奴隷状態からイスラエルを救済することを決心する。けれども、出エジプト記 3:10 で YHWH は、解放に向け直接的対決を遂行するようにモーセを派遣する。ついに、モーセはファラオと彼の軍勢に対する勝利を歌う（出 15:1-18）。伝承では、この歌の最初の節に、「ミリアムの歌」（出 15:21）を持ってきて、モーセの歌としている【「ミリアム」の項を見よ】。このように他人の歌がモーセの歌とされていることを

とから、伝承の中で多くのスペースが割かれているモーセがいかに重要な人物であるかを推し測ることができる。

モーセは、イスラエルの荒れ野放浪の責任者である。彼はイスラエルを支え、約束の地へイスラエルを導くために、その統率者を務めている（出 16-28 章；民 10-36 章；申 1-3 章）。

モーセは、シナイ山での YHWH との会見において主役を務めている。彼は YHWH の戒めがイスラエルに告げられる際に仲介している。従って、彼は神の啓示の仲保者である（出 19 章；民 10 章。より具体的には出 20:18-21 を見よ）。

モーセは決然とした仲裁者であり、イスラエルのために執り成して祈る。そして彼は大胆にも YHWH に異議を唱える（出 32:11-14; 民 11:11-15; 民 14:13-19; エレ 15:1 を見よ）。

それぞれのテキストは複数の伝承から成っているので大きな問題を含み、それ自体それぞれに莫大な研究領域となっている。それにもかかわらず、その要点はどれも容易に見て取れる。

この短い議論においては、私は少し異なる側面からモーセの記憶について、すなわち、申命記史書におけるモーセの役割について考察する。申命記史書は明らかにきっぱりとシナイ山から離れている。そして、申命記史書は、モーセによってシナイ山で命じられた戒めを、後の時代と場所のために、後になって表現し直したものとなっている。換言すれば、モーセの口による申命記は、シナイ山の戒めに関する最初の注解である（申 1:5 を見よ）。申命記は、微妙に修正されたシナイ山の十戒の反復から始まる（申 5:6-21）。それに引き続くのは、戒めの集成である。この申命記の集成は十戒についての整序された講解になっているゆえに、ゲオルク・ブラウリーク（Georg Braulik）とステファン・カウフマン（Stephen Kaufman）は十戒に従って整序されたものと見なしている。申命記 5:22-33 の陳述の仕方から、イスラエル

がシナイ山の戒めの第一の解釈者として、モーセの永続的な権威を受け入れていることがわかる。

　シナイ山から申命記への解釈上の飛躍的な移行過程は、モーセに関するイスラエルの記憶の中で最も重要な神学的局面であるという印象を、私は抱いている。シナイ山に根差してはいるが、シナイ山からはっきりと離れている申命記には、解釈の活力がみなぎっている。この解釈の活力は、イスラエルの記憶の中で密接に、モーセという人物に結び付いている。もちろん、モーセに帰されているすべての伝承は、どんな歴史上の人物をもはるかに越えて拡がっている、長く複雑な伝承化の過程の中で生成されたものである。それゆえ、モーセは解釈の過程全体のダイナミズムをひもとく鍵になった。シナイ山の最初のトーラーは、ユダヤ教がその権威ある根拠と、そこから敷衍して推定された事柄とを継続的に正典化していく、その過程の源となった。ユダヤ教に極めて特徴的なこのダイナミズムは、トーラーそれ自体において明白である。というのは、申命記のトーラーは、今なお継続している解釈の過程そのものだからである。モーセが引き続き権威を持っていることは、伝承の規範的な解釈者である律法学者とファリサイ派の人々を指して、のちに独占的に用いられるようになった「モーセの座」という呼称によって明らかである（マタ23:2）。

　モーセがトーラーそれ自体において実行していることに関しては、次の並行例がある。ファリサイ派の人々とラビ的ユダヤ教の後継者が、口伝律法として実行したこと、すなわち、書かれていることを越えて、権威ある伝承に内在するものを見極めるための継続的過程として実行したことである。キリスト教的解釈において同様の過程を持つ事例としては、「より完全な意味」(*sensus plenior*)〔カトリック教会の聖書解釈上の用語。聖書には直ちに判別できない意味も含まれていると考える〕と呼ばれているもの、すなわち、文書はさらなる解釈の上に常に「より完全な意味」を生じさせるという確信が挙げられる。例えば、古いピューリタンの格言に鋭く断言されているように「神はさらなる光を持っていて、それは彼の御言葉から輝き出す」という確信である。正典的領域における「さらなる光」は規範的・中心的な解釈者、モーセによって担われる。キリスト教的伝承の中では、イエスの語録「昔の人々は

……と言っていた。しかし、私はあなたがたに言う」（マタ 5:21, 27, 31, 33, 38, 43）において同様の過程が見られる。

　モーセが有する解釈上の機能は、歴史性に関するどんな問いをもはっきり超えて働いている。そしてその機能は、我々の理解を導いていくのである。物語と法の両領域に根を張り、完結することを知らない伝承の活力へと。五書の「文書性」についての古い歴史批判的仮説は、19 世紀のかなりしかつめらしい解釈ではあるものの、このダイナミズムを指し示そうとしたのであった。〈訳：小河信一〉

参考文献：
Braulik, Georg, *The Theology of Deuteronomy: Collected Essays of Georg Braulik* (vol. 2 of Bibal Collected Essays; trans. Ulrika Lindblad; N. Richland, Tex.: Bibal Press, 1977); Brown, Raymond E., *The Sensus Plenior of Sacred Scripture* (Baltimore: St. Mary's Seminary, 1955); Brueggemann, Walter, *Theology of the Old Testament: Testimony, Dispute, Advocacy* (Minneapolis: Fortress Press, 1997), 567-90; Buber, Martin, *Moses: The Revelation and the Covenant* (Atlantic Highlands, N.J.: Humanities Press International, 1988)〔『マルティン・ブーバー聖書著作集 1　モーセ』、荒井章三・早乙女禮子・山本邦子訳、日本キリスト教団出版局、2002 年〕; Coats, George W., *Moses: Heroic Man, Man of God* (JSOTSup 57; Sheffield: Sheffield Academic Press, 1988); Crüsemann, Frank, *The Torah: Theology and Social History of Old Testament Law* (Edinburgh: T. & T. Clark, 1996); Kaufman, Stephen, "The Structure of the Deuteronomic Law," MAARAV 1 (1979): 105-58; Levinson, Bernard M., *Deuteronomy and the Hermeneutics of Legal Innovation* (Oxford: Oxford University Press, 1997); Neusner, Jacob, *What, Exactly, Did the Rabbinic Sages Mean by "The Oral Torah"? An Inductive Answer to the Question of Rabbinic Judaism* (Atlanta: Scholars Press, 1998); Olson, Dennis T., *Deuteronomy and the Death of Moses: A Theological Reading* (OBT; Minneapolis: Fortress Press, 1994); Rad, Gerhard von, *Old Testament Theology*, vol. 1 (San Francisco: Harper and Row, 1962), 289-96〔『旧約聖書神学 I』、荒井章三訳、日本キリスト教団出版局、1980 年、390-400 頁〕.

約束 (Promise)

　イスラエルに対する YHWH の約束は、イスラエルの信仰や自己理解の大きな構成要素となっている。「神の約束」とは未来に関する普遍的な保証でも一般的な感情でもなく、YHWH の口からはっきりと発せられた言葉であり、それが聖書の中に伝えられているのである。そしてその約束によって YHWH は、現在から「自然に」発展した結果あるいは現状から推測されるものとしての未来ではなく、統治者 YHWH の意思による力の業としての確かな未来を実現させると、厳かにイスラエルに誓った。旧約聖書において信仰とは、YHWH の約束は確かであるとのイスラエルの確信として理解されている。その約束への応答として、たとえそれが現実とかけ離れているとしても、イスラエルは自分の未来をその約束に賭ける覚悟ができている。実際、イスラエルはただその約束に基づかなければ意味をなさない現在において、明確で現実的な一歩を精一杯踏み出す覚悟ができているのである（最初の例として創 15:6 を見よ）。

　創世記 12-50 章の族長物語は約束の主な根源であって、それはイスラエルを YHWH の未来へと無限に駆り立てる原動力と見なすこともできよう。その YHWH の未来は、イスラエルの視野や統制を優に越えてしまっている。族長たちに対する約束は、しかしながら、その前にノアに対する神の大きな約束を置いている（創 8:21-22; 9:8-17）。すでに洪水物語において YHWH は約束する者として現れているのである。YHWH のイスラエルに対する明確な約束は創世記 12:1-3 の中にあって、そこで YHWH はアブラハムとサラに新しい土地を約束している。そのような決定的な約束を支えるのは、その約束や祝福、そして偉大な名前を保持する次世代の相続者の保証である。イスラエル自体の生への関与を越えて、YHWH は創世記 3-11 章に描写されている呪われた世界が、イスラエルを通じて祝福を受けることをも約束している。

　YHWH による重要な約束の言葉は、その後に続くあらゆる聖書箇所を支配するモチーフになっている。その約束は世代が代わるたびに言い直され改めて設定されていることから、各新世代はその約束を信じ、それを未来に伝

える者と理解される（創 18:18; 22:18; 26:4; 28:13-15 を見よ）。ヨシュア記 21:43-45 の注目すべきテキストは約束の実現を断言していて、このように YHWH が約束を守るということと、YHWH が信頼できる実在の行為者であるということを確証している。

　全く異なる約束は――おそらく伝承の歴史の中で族長の約束に関係づけられたのであろう――ナタンを通してダビデに告げられた YHWH の約束である（サム下 7:1-16)。その約束――詩編 89 編でたたえられ、詩編 132 編では条件つきにされている――はイスラエルの君主制の背後で原動力となるものであり、申命記的歴史の歴史叙述にとっては鍵となるものである。その解釈の歴史において、ダビデに対する約束の言葉は、繰り返されるイスラエルの不忠実に対する YHWH の怒りが招く結果を制限しているのであるが、その制限は、エルサレムの秩序が無残にも崩壊する最後の瞬間には打ち破られるのである。その制限が破られたにもかかわらず、イスラエルはダビデに対する YHWH の驚くべき約束の中に、歴史内の新しい可能性の根拠を見出し続けた。たとえあらゆる歴史的な状況が、そのような歴史的可能性に逆らう証言をした場合であっても。

　前 6 世紀の捕囚とエルサレム陥落、神殿の崩壊、王の廃位の中で、イスラエルに対する YHWH の約束は無効にされたと思われた（哀 5:22 を見よ）。そのような文脈の中で、捕囚期の大預言者たち（イザ 40-55 章；エレ 29-33 章；エゼ 33-48 章）が約束のいかなる面とも相反するような歴史的状況において、YHWH からの新しい約束を主張しえたことは注目に値する。

　捕囚期以後、ユダヤ教は直面する状況に対処する共同体となったのだが、同時にユダヤ教は、YHWH がまだ果たしていない約束が実現することになる、新しい未来に深い関心を寄せていた。YHWH の永続的な約束に応じて、二つのユダヤ教の信仰の立場を図式的に識別することができる。第一に、YHWH の約束はメシア的なものである。すなわち、ダビデ家の新しい王が来るべき時に現れると考え、「来るべき方は、あなたでしょうか」（ルカ 7:19 を見よ）という〔新しい王に対する〕特徴的な質問を繰り返すというものである。このような約束はサムエル記下 7 章の古い託宣に根差しているが、〔ナタンが語った〕その後も引き続いて人々を力づけてきたのである（イザ 9:1-6;

11:1-9; エレ 23:5-6; 33:14-16; ハガ 2:6-7; 21-22; ゼカ 3:8; 4:14; 6:10-13; 9:1-10 に明らかなとおりである)。その約束はかなり具体的であって、未来について神が約束している豊かさは現世的な繁栄であり、神が任命した代理人によって実現されるだろう、ということをユダヤ人たちに保証する。

　第二はかなり独特な未来待望であり、黙示的な希望の形式を取っており、とりわけダニエル書に表現されている。このより根源的な希望が確信するのは、YHWH の信頼すべき新しさが、代理人に委託されたり、現在の歴史的状況の範囲内に制限されたりすることなく、YHWH 自身の判断による介入によって生じるであろうというものである。そのような待望に焦点を合わせたテキストはダニエル書 7:13-14 である。それは天的な存在である人の子が雲の上に乗って来て、代理人にはなしえず、現在の人間の歴史内では起こりえないことを行うという幻である。このような希望の神学的な核心は、未来が必ずや決定的に、ただ YHWH 自身の手の中にあり、YHWH 自身の意思によって実現するということである。

　メシア的、黙示的というこれらのカテゴリーは、あらゆる約束を言い尽くしてはいないし、含んでもいない。ここで言及されていないのは代理人なしにこの地上で実現する約束である（イザ 2:2-4; 58:8-9, 11-12; ミカ 4:1-4 を見よ）。

　このような深遠な未来観がユダヤ教の支えとなり続けてきた。概して、ラビたちは黙示的な希望を和らげ抑制しようと努めて、来るべきメシアを待望した。その一方で初期のキリスト者の活動は、それ自体が希望の行為であり、メシア的待望と黙示的待望がどちらも明確に表現されている。

　かなりの共通点を持っているユダヤ教とキリスト教の一対の待望を越えて、世俗化されゆがめられた形をした現代の進歩主義は、聖書の伝統から借用した希望の一形態ではある。しかしながら、そのような世俗化した形態では、開かれた良い未来は歴史過程それ自体に本来備わっていると見なされている。このあいまいな未来観は、マルクス主義や啓蒙資本主義にも、様々な形で見られる。

　YHWH の約束に基づく未来に賭けてみるという、信仰の持つこのような力がヘブライ人への手紙 11 章によく表されている。そこでは、YHWH の約束に従って生きた代々の信仰者たちが称賛されている。その驚くべき語りが

終わる39-40節では、現在の信仰者は現在の状況を受け入れることを拒否し、確実に神の手の中にある未来、すなわち個人や共同体、宇宙全体の幸福を約束するものとして期待される未来に賭けてみるべきだと述べられている。このような未来のヴィジョンはユダヤ人とキリスト者によって共有され、絶望に対する強力な防御手段となっている。それは神自身の厳粛な言葉に根差していて、それによって神自身は自らをイスラエルと世界の幸福という未来に関与させるのである。〈訳：佐藤 泉〉

参考文献：

Alt, Albrecht, "The God of the Fathers," in *Essays on Old Testament History and Religion* (Oxford: Blackwell, 1966), 1-77; Brueggemann, Walter, "Faith at the Nullpunkt," *The End of the World and the Ends of God: Science and Theology on Eschatology*, ed. John Polkinghorne and Michael Welker (Harrisburg, Pa.: Trinity Press International, 2000), 143-54; Gowan, Donald E., *Eschatology in the Old Testament* (Philadelphia: Fortress Press, 1986); Miller, Patrick D., "Syntax and Theology in Genesis 12.3a," in *Israelite Religion and Biblical Theology: Collected Essays*, ed. idem (JSOTSup 267; Sheffield: Sheffield Academic Press, 2000), 492-96; Mowinckel, Sigmund, *He That Cometh* (Nashville: Abingdon Press, n.d.)〔『来たるべき者』上下、広田勝一・北博訳、聖公会出版、1997-2001年〕; Rad, Gerhard von, *Old Testament Theology*, vol.2, *The Theology of Israel's Prophetic Traditions* (San Francisco: Harper and Row, 1965)〔『旧約聖書神学Ⅱ』、荒井章三訳、日本キリスト教団出版局、1982年〕; Westermann, Claus, *The Promises to the Fathers: Studies on the Patriarchal Narratives* (Philadelphia: Fortress Press, 1980); Wolff, Hans Walter, "The Kerygma of the Yahwist," *Interpretation* 20 (1966): 131-58.

寡婦（Widow）

　旧約聖書における倫理的立場のひとつに、弱者や寄る辺ない者へのYHWHの顧み、ひいてはイスラエルの顧慮がある。この人々の中に、しばしば孤児や寄留の外国人といった社会で最も弱い立場にある者たちと一括りにされて「寡婦」が登場する。父権制的権力によって組成された社会（そして、そのような社会構造を映し出すテキスト）において、寡婦や孤児、そして寄留の外国人は、明らかに社会的地位を持たない者たちである。女性と外国人は、男性により秩序づけられ支配されている社会の中では、彼らを保護し、彼らの利益を代表する男性擁護者に頼らざるをえない。

　もちろん寡婦とは、その夫を失った者のことであり、保護者なしでは極めて脆弱な立場にある。寡婦は、法的には彼女に対してなんら支援責任も保護責任も負う必要のない者たちの庇護に頼らねばならない。イスラエルはその特徴として、十戒の命令において、寡婦（と孤児と寄留者）に配慮し、共同体の成員に庇護を提供することが課せられている（出 21:21; 申 14:29; 16:11, 14; 24:17-21; 26:12; 27:19。イザ 1:17, 23; エレ 7:6 を見よ）。これらの命令はYHWHの意向によるものであり、強者の資源やエネルギーが、弱者や剝き出しにされた者たちにとっての安寧に用いられるような社会実践、すなわち福祉ネットワークの構築が期待されている。このような倫理的条項が繰り返し言及される背景には、イスラエルの賛歌の中でそれが語られているということがある。それは、（この上ない男性庇護者として）YHWHが寡婦の安寧に寄与しておられる、ということである。

　　神は聖なる宮にいます。
　　みなしごの父となり
　　やもめの訴えを取り上げてくださる。
　　神は孤独な人に身を寄せる家を与える（詩 68:6-7）

　　主は寄留の民を守り

みなしごとやもめを励まされる。

しかし主は、逆らう者の道をくつがえされる。（詩 146:9。申 10:18 を見よ）

このようにイスラエルにおいて命じられている社会的要求は、神学的主張と結び付けられており、またこれに基づくものである。実践的には、契約社会共同体を、互いの競争で成り立つものとしてではなく、自らを扶養しえない人々を支える隣人ネットワークとして想像しなおすのである。それゆえ、男性間の競争で成り立つ社会に対する明確な抑止となる。

申命記 25:5-10 は、亡夫の家族の中で寡婦の確固たる位置を保証し、寡婦を擁護する実際的な規定を含んでいる。ここでは擁護さえも、男性中心社会の現実に沿って定められているといえよう（同様の規定は、ルツ記物語においてボアズによって相応しい仕方で実行に移されている）。

旧約聖書は、タマル（創 38 章）、ルツ（ルツ記）、サレプタのやもめ（王上 17:8-24）、シュネムの女（王下 8:1-6）などの物語を含む、寡婦についての一連の示唆に富んだ物語を提供している。それぞれの物語で、勇気ある自立した行動が驚くべき結末を生むことが語られている。これらの物語で自らの声を見出してゆく様は、現代の著名な女性キャサリン・グラハム（Katherine Graham）〔ワシントンポスト紙の発行人で、ウォーターゲート事件を報じる英断を下した〕を彷彿とさせる。

庇護者と庇護とを欠く寡婦の置かれた社会的現実は、敗れた都を指す隠喩として用いられる。哀歌 1:1 で都エルサレムは今や一切の後ろ盾を失って、大いなる危険と恥辱にさらされている。対照的にイザヤ書 47:8 は、今度はバビロンが同様に無防備とされ、その脆弱さが露わにされることを予期している。

法や頌栄、または詩的隠喩に記される寡婦へのいたわりと擁護は、イスラエルが社会関係の現実をどのように考え、これらの現実を、社会的現実に堅く結び付けられた神学的響きへとどのように転化しているかを示している。その結果 YHWH は、社会関係において無防備な者を守るとともに、共同体内で同様の擁護を施すよう命じる中心的存在として証言されることになる。社会的文脈において寡婦に関する想像力に基づく解釈がなされる時、ほ

とんどの場合、異論なく男性支配の領域内に留まっている。しかしながらYHWHは、〔その解釈とは〕全く異なる御業を行い、弱く、剝き出しにされた女性の庇護者として出現するのである。〈訳：左近 豊〉

参考文献：
Fensham, Charles F., "Widow, Orphan, and the Poor in Ancient Near Eastern Legal and Wisdom Literature," *Journal of Near Eastern Studies* 21 (1962): 129-39; Hiebert, P. S., "'Whence Shall Help Come to Me?' The Biblical Widow," in *Gender and Difference in Ancient Israel*, ed. Peggy L. Day (Minneapolis: Fortress Press, 1989), 125-41; Jacobs, Mignon R., "Toward an Old Testament Theology of Concern for the Underprivileged," in *Reading the Hebrew Bible for a New Millennium: Form, Concept, and Theological Perspective* (Studies in Antiquity & Christianity I; Harrisburg: Trinity Press International, 2000), 205-29.

赦し（Forgiveness）

　イスラエルの罪に対する YHWH の赦しという主題は、旧約聖書の信仰にとって、複雑かつ重要な主題である。イスラエルは根深く逃れようのない罪の意識に押し潰されることはなかった——固定観念に囚われたクリスチャンは、いわゆる「律法主義」を引き合いに出して、しばしばそのように考えてしまうのだが。それにもかかわらず、イスラエルは YHWH との充実した有効な関係に強烈な関心を示し、罪がその充実した自由な関係を破壊すること、それゆえに罪に真剣に取り組まなければならないこと、への認識を有した。このような認識と状況が繰り返される中で、イスラエルが契約違反をした当の相手である YHWH は、罪を赦すことができ、また関係を回復してくださる唯一のお方であった。それゆえに、YHWH が赦すことができることは、イスラエルの将来にとって決定的なことである。YHWH の赦す力は型通りに理解されるべきではなく、多次元的な関係が有するありとあらゆる危険や複雑さや開放性のただ中に置かれなければならない。YHWH は情け容赦なく「厳しく不寛容だ」と理解されてはならず、また自動的な恵みの源泉だと理解されてもならない。むしろ、イスラエルとの真剣で持続的な関係において、YHWH は、道から外れた相手と交渉する際に常に有効な選択肢と代替案を有する熟練のパートナーなのである（ホセ 2 章を見よ）。YHWH とイスラエルとの間のオープンで複雑な関係にふさわしい様相として、次のようなことが指摘できる。

　1. 赦しは通常（常にというわけではない）、悔い改めに依存する。それは進む方向を逆にし、新たな従順をもって YHWH の支配に自らをふたたび委ねようとする決意である。列王記上 8:33-53 にあるソロモンの長い祈りは赦しを願い求めるが、いずれの場合においても悔い改めを前提にしている。(「立ち帰り」を強調している、エゼ 18 章をも見よ。)

　2. 罪あるイスラエルは、力ある執り成しによって大きな恵みを受ける。有力な指導者たちはイスラエルのために YHWH に強く訴え、彼らを赦すようにと YHWH を説得することによって執り成したのである。その最良の実

例はモーセの驚くべき祈りであって、それは出エジプト記 32:11-13, 32, 34:9 また民数記 14:13-20 に見られる。なお、執り成しの祈りが聞き入れられなかった実例はエレミヤ書 15:1 に見られる。

3. 赦しは、裁判官が赦しを宣告する場合のような法的な行為であると理解されるかもしれないが、他の文脈において赦しは祭司の活動や典礼的執行に依存する祭儀的な行為である（レビ 4:20, 26, 31, 35, 5:16, 18 を見よ）。これらの箇所は、説明されずに執行される和解の典礼的行為に対して完全な信頼を表現している。その究極は贖罪日であるヨーム・キップールであるが（レビ 16 章）、様々な箇所が示すのは、そのヨーム・キップールと並んで、祭司の執り成しによる通常の赦しの執行が存在したということである。

4. 赦しの問題は、イスラエルの共同体全体に関係するが、赦しはイスラエル共同体の個々のメンバーにとっても重要な宗教的な事柄である。赦しが有する公的意図は、前 6 世紀の捕囚において特にあてはまる。それはエルサレムの滅亡が罪に対する罰として理解された時であった。イスラエルに対する赦しの宣言は、イザヤ書 40:1-2 と特に 55:7 に見られるように、捕囚期イザヤの詩的叙述において重要な要素である。

赦しの個人的で私的な次元は、いわゆる悔い改めの詩編において特に語られており（詩 6; 32; 38; 51; 102; 130; 143 編）、そのうち 51 編は最もよく知られている。この詩編において、詩人は罪を十分に認識し、赦しを求めている。告白の祈りは明らかに、YHWH が赦すことができるし、また赦そうとしているという確信をもって、表明されている。YHWH の赦しの見通しは詩編 130:3-4 において確信の内に表明される。詩編 32 編は罪の破壊力への鋭い認識を示し（3-4 節）、また罪をすべて包み隠さず認めることにおいて、そしてそのことを通して赦しが生じるという確信を示す（5-6 節）。まさしくこれらの詩編は罪と赦しの理解を示すのであって、それは赦しがいかなる状況においても可能であるという今日の「癒し」の理解と同様、普遍的で洗練されている。

5. いくつかの箇所において、YHWH は罪を赦すことができず、また赦すことを欲しない（申 29:19; 王下 24:4; 哀 5:22 を見よ）。これらの箇所は、確かに極端であって、エルサレムにおける王政の失敗に関して申命記が下す裁

きに結びついている【「申命記神学」の項を見よ】。このエルサレムに関する厳しい解釈がもたらす裁きは、ある種の歴史哲学を構成しており、姦淫（申22:22）、殺人（申 19:11-13）、不従順（申 21:18-21）に関する厳しい裁きを下した古い判例法と大まかな連続性を有する。「赦されざる罪」の普遍的な原理はここには見られず、この契約関係においてイスラエルがこれ以上 YHWH に求めることができない限界が存在する、という認識だけが述べられている。この力学は、もちろん、旧約聖書においては契約——恵みではない——が信仰を規定するカテゴリーであって、恵みはその一部でしかないことを示す。

けれども、これらのテキストにおいて徹底的に非難されているエルサレムの罪は、預言者たちによれば二世代後に無条件で赦される罪と同じ罪である（イザ 40:1-2; 55:7; エレ 31:34; エゼ 36:22-33）。従って、YHWH による赦しの拒否は「定まった原理」ではなく、結果的に「いまだそうなってはいない」その都度の判決なのである。なぜならば、「愛するに時があり、憎むに時がある」からである（コヘ 3:8）。YHWH との関係において何がふさわしいかは、テキストに見られるように YHWH のタイミングの感覚に依存している。すなわち、YHWH は与えられた状況の中で、赦すかもしれないし、赦さないかもしれないのである（哀 3:42 を見よ）。

6. YHWH の宣告には無条件で無制限な赦しの主張があって、それは YHWH の寛容と恵み深さを十分に示している。おそらく最も劇的なのは、エレミヤ書 31:34 であろう。

> わたしは彼らの悪を赦し、再び彼らの罪に心を留めることはない。

捕囚の世代に対するこの赦しの行為は、イスラエルの信仰の範例である。この行為によってイスラエルは、YHWH の与える未来に期待し、新しい命を受け取ることが可能になる。

赦しの祭儀的・典礼的な理解は祭司の行為に依存し、また法的な規範は裁判官が告げる判決に依存するが、経済的な次元もまた赦しには存在する。すなわち、負債の赦しである。ミラー（Miller）が考察したのは、イザヤ書

61:1における「自由を告知する」（*drr*）という表現は、解放の年とヨベルの年がそうであるように、経済的な回復のことであって、負債の取り消しだということである（レビ 25:10; イザ 58:6; またルカ 4:18-19 にある引用を見よ）。この修辞表現において、赦しとは、負債（まず経済的だが、おそらく他の多くの種類の負債も含む）が赦される経済的な処理である。この用例は、教会が次のように祈る有名な主の祈りに反映されている。「わたしたちの負い目を赦してください、わたしたちも自分に負い目のある人を赦しましたように」（マタ 6:12）。

赦しが持つこの豊かな意味のニュアンスの数々が示すのは、この神のパートナーが恐れと罪悪感に陥る必要はなく、現状に満足して安価な恵みに手を伸ばす必要もない、ということである。赦しは相互信頼を回復する働きであり、それゆえに、赦しは特定の時と状況においてそれぞれ相手へと向かう双方の思いによって生じる。

旧約聖書における赦しという用語は、イスラエルが「あなたに、あなたのみにわたしは罪を犯し……ました」（詩 51:6）と告白するゆえに、赦してくださる YHWH に焦点を合わせている。けれども、この YHWH との関わりは、人間同士の赦しの規範ともなりうる。とりわけ強者が弱者を赦し、債権者が負債者を赦すという点に関して、そうである。疎外や敵意という悪循環を破壊することとして理解される時、赦しは現代の生活において疑いなく喫緊の公的問題となる。現代世界の最も解決困難な問題において——例えば、米国における白人と黒人、北アイルランドにおけるカトリックとプロテスタント、中近東におけるパレスチナとイスラエルの問題において——赦しの行為は極めて重要である。赦しは私的で個人的な問題に減じられるべきではなく、あるいは心理的—精神療法的な関心事がどれほど重要であろうとも、単純にそのような枠の中に押し込まれるべきでもない。

現代世界において、赦しについて二つの注目すべき行為がモデルとなりうる。一つは、南アフリカの真実和解委員会である。これは公的な再出発のための機構として大きな成功を収めた。この委員会の成功は真実を語れるかどうかにかかっていた。というのも、真理を語らずして未来へのどんな新たな道も現れることはないからである。もう一つのモデルは、「ジュビリー

2000」である。これは独占と貧困という有害な悪循環を断ち切るために、第三世界の抱える負債を帳消しにすることに関心を示した。

　YHWH の特質である赦しの神学的根源は、世界の生命のために計り知れない意味を有する。神が喜んで赦しを与えることは隣人を赦すという実践を可能にし、その根拠を与える。イスラエルは、赦してくださる神への愛と、赦されるべき隣人への愛との間に、裂け目を作ろうとはしないのである。

〈訳：小友 聡〉

参考文献：

Heyward, Carter, and Anne Gilson, eds., *Revolutionary Forgiveness: Feminist Reflections on Nicaragua*, Amanecida Collective (Maryknoll, N.Y.: Orbis Books, 1987); Jones, L. Gregory, *Embodying Forgiveness: A Theological Analysis* (Grand Rapids: Eerdmans, 1995); Miller, Patrick D., "Luke 4:16-21," *Interpretation* 29 (1975): 417-21; Patton, John, *Is Human Forgiveness Possible? A Pastoral Care Perspective* (Nashville: Abingdon Press, 1985); Ringe, Sharon, *Jesus, Liberation, and the Biblical Jubilee: Images for Ethics and Christology* (OBT; Philadelphia: Fortress Press, 1985); Sakenfeld, Katharine, "The Problem of Divine Forgiveness in Numbers 14," *CBQ* 37 (1975): 317-30.

預言者 (Prophets)

　旧約聖書にとって中心観念である預言とは古代近東の現象である。イスラエルの預言の特殊な点に取り組む前に、その問題をより広く考察してみるのは有益なことであろう。心理学的には、預言者とは他の人に隠されている神の意思や目的に関する事柄に、独特の方法で接近できる人たちである。人類学的には、古代イスラエルの預言者には他の社会の現象とかなり共通点があり、預言者が有している特別な知識は他の文化においてシャーマンが有していた知識と似ている。社会学的には、預言者は社会的権力の諸問題の中で現実的に据えられた存在であった。すなわち、神の意思や目的に一致していると言われる、多様な社会的利益の伝達者および擁護者として機能していたのである。イスラエルの預言者は、おそらく、より一般的な預言の現象に、人類学的、心理学的、社会学的に関与している。

　イスラエルの中で預言者は機会あるごとに現れるが、安定した社会的関係を持つ因習的な「ごく当たり前の世界」の外にいるようである。このような預言者はイスラエル社会において新しいことを実現し語るのであり、それは混乱として、また時に変革として経験されるのである。特別な洞察力や変革力の保有者として、彼らはより型にはまった秩序、能力、知識によって説明されたり、その中に組み込まれたりすることを拒んでいる。古代イスラエルの預言者の中には、「神の言葉」を「恍惚状態の時に」受け取る者がいる（サム上 10:9-13; 19:20-24）。ただし、結局は、そのような恍惚状態は、その人の生が規定し直されて神の目的に応じる状態にされるという「召命物語」に置き換えられるのではあるが（イザ 6:1-8; エレ 1:4-10; エゼ 1-3 章を見よ）。物語の中にはめ込まれた預言者もいるが（特にエリヤ［王上 17-21 章］とエリシャ［王下 2-9 章］）、そのような場合でさえも、彼らの口から発せられたことがいつも物語の中で決定的な要素となっている。

　これらの事例と並んで、しかしより後代になってから、何よりもまず「このように主は言われる」という定式をもって託宣を語り始めることで知られる預言者が存在する。この定式が意図するのは、王を含むあらゆる既存の権

威を超えた語り手の権威を確立することである。何世紀にもわたって、その種の様々な聖なる語り方がイスラエルの中で言葉に表された。彼らの言葉は異なる共同体の構成員によって大切に保存され、記憶され、集められた。そうして集められたものは編集され、ついには聖書の巻物（文書）となった。その結果、このような預言者は最もよく記憶されて、しばしば「古典的預言者」と呼ばれてきた。彼らは、それ以前の預言者、すなわち大衆の支持を受けたが偽りだと判断され、正典から除外された預言者たちと対照をなしている（申 13:2-6; 王上 18:40; エレ 23:9-22, 28:1-17; エゼ 13:1-19 を見よ）。

　このような預言者は、特別に神の言葉と神の霊が彼らを動かす時にのみ登場した。その後の伝承では、ばらばらで無秩序に処理されていたに違いない文章に、多かれ少なかれ秩序が付されたのである。

　1. 預言者なる人物は（年代が判明している限りにおいて）イスラエルにおける大きな国家的危機の時代に集中する傾向が見られる。

　　　前 8 世紀：アモス、イザヤ、ホセア、ミカ
　　　前 7 世紀：エレミヤ、ゼファニヤ、ナホム、ハバクク
　　　前 6 世紀：エレミヤの多くの部分、エゼキエル、後期イザヤ

我々が知っている限りでは、これらの預言者の口から発せられた言葉はかなり具体的な社会政治的な非常事態の文脈の中で理解されるべきである。

　2. このような語り手は非常に想像力に富み、生産的であるが、一方で彼らは次のようにかなり特徴的な預言の様式で語っている。

　　　神の命令に不忠実なイスラエルを告発し、イスラエルに契約の制裁規定に応じた罰を宣告する審判の言葉。

　　　悔い改めさせ、契約への服従に立ち帰らせる勧告。

　　　神の新たに与える幸いの約束。

繰り返し現れるこのような語りの諸形態の効果は、イスラエル―ユダのあらゆる生が YHWH の支配の面前にあり、神の民としての生のすべての局面が神の目的に適っていなければならないと、強く主張することである。預言者の言葉の詩的な形態は、この世における人間の生を、統治者にして親切な神の前に生きた生として、再描写し再解釈し再想像するためのものなのである。

　3. 従って、その語りの特徴的な形態は次のような、より広い普遍化を可能にする。つまり、その語り方の豊かさや多様性にもかかわらず、預言の言葉は審判と救済の主題を繰り返す傾向にある。頑なな民に対して告げられる審判は間違いなく災いに終わるであろう。救済は、審判の中で、それを通じ、それを越えて、歴史的に知覚される可能性を越えた新しさを、神がもたらすだろうという知らせである。その審判と救済の主題がそれだけで取り上げられると、単調で固定した方法において理解されかねない。しかし、この両主題を語るさなかにあって、預言者は大胆に神の内的な生を描いた。神の支配権は憐れみと熱情によって徹底的に制限されているので、単なる主従関係だったかもしれないものが、信頼性と相互性によって悩まされるもっとはるかに複雑な関係になっているのである。預言者によって語られた関係の複雑さは、その語り手の生産的な想像力と釣り合っているのである。

　預言の研究は、我々がその名前を知っている預言者の真正性に大いに関心を注いできた。本来の預言者に由来する資料が編集されて、正典的な文書となっていく編集過程にも、当然、注意を払っている。我々が聖書の中に持っているのは、よく言っても、記憶にとどめられた人物である。我々はその人物に直接近づくことはできず、ただ発言を知るのみであるが、その発言は今日に続く神学的な利用のために形成されてきたものなのである。

　人物から文書へと推移していくことになった大きな要因の一つは、間違いなく申命記史家による持続的な解釈の過程である。それが、最終的に後期ユダヤ教の律法学者の伝承にまで発展することとなった、旧約聖書の正典化の事業を方向づけたのは明らかである。申命記 18:15-22 は「あなた（モーセ）のような」預言者の出現を主張している。つまりその伝承は、続く預言者を期待しているのである。彼は、モーセがイスラエルのために行ってきた

ことを、将来イスラエルのためになしてくれるだろう。換言すれば、その伝承は、契約に対するイスラエルの忠誠を保証しているのである。エレミヤは伝承の中でモーセのような人物となる候補者であるが、列王記下 17:13 における同様の申命記的な解釈の伝承が前提しているのは（a）預言者が意図的に継承されたことであり、（b）彼らがみな「悔い改めよ」と語ったことである。このように解釈の中で提示された預言者は、イスラエルの中に現れた実際の人物からはかなりかけ離れている。すなわち彼らは今やより大きな神学上の課題に仕えるべく手を加えられてきたのである──つまり、あの預言者的信仰は、一連の語り手を通じて、イスラエルを YHWH の忠実な契約の民に形成し再形成するというモーセの機能を継続しているというわけである。

　この神学的な編集や解釈の過程において、「預言書」となった資料が、さらに特徴的に編集されて、その結果、審判と救済という一対の主題がテキストをおおよそ方向づけることになった。これらの主題は、特にエルサレムが陥落してイスラエルの主だった者たちが捕囚となった、前 587 年における古代イスラエルの歴史的な経験に関係している。エルサレムの崩壊が神の審判と理解され、その後の捕囚民のエルサレム帰還とユダヤ教の形成が神の救いと理解されたのである。しかしながらこの審判と救いについての記事は、例の特別な歴史的経験には結びつけられず、預言者の信仰をはっきりと規定する神学的な主題となってきている。どのような時と場所においても、人間の歴史は契約を結び、維持し、終わらせる神の支配の下にあるので、審判と滅亡は神の命令によって生じるのであり、さらには新しいことがその同じ神の寛容と忠実と憐れみによって、もたらされるのである。

　元来の預言者たちから正典的な巻物へと移行する過程は、ついに正典としてのヘブライ語聖書の三区分における第二番目の預言者というまとまりになって完結した。八つの「文書」が正典としての預言者を構成している。最初の四つ──ヨシュア記、士師記、サムエル記、列王記──はユダヤ教の伝統では「前の預言者」と見なされている。すなわち、この文献はキリスト者がそのように呼ぶのが常となっている「歴史」ではなく、「預言」であり、生ける神の現実に応じて、過去／現在／未来を再想像する行為なのである。正典としての預言者の他の四つの「文書」はイザヤ書、エレミヤ書、エゼキ

エル書、「十二」(小預言書)である。これらの諸文書は疑いなく元来の預言者たちによって種をまかれたものではあるが、それらは幾世代にもわたる長い解釈の過程の結果であり、その産物であって、解釈者はそれぞれの世代において神の現実とこの世における自らの生とを関連づけてきたのである。

「預言者なる存在」は多くのキリスト者の解釈において、不完全に戯画化されてきたが、このような戯画化は捨てられなければならない。一方で「正典預言者」は「わたしは預言者ではない」〔アモ 7:14〕という言い方のように、「先見者」と見なされることがあまりに多い。確かに、預言者は神がもたらす未来を予告するが、未来を知るというその能力が存在するのは、何らかの操作をして未来を占うやり方を知っているからではない。そのようなものは古代イスラエルが断固として拒絶している(申 18:9-14)。そうではなく、むしろ、預言者は深く根本的な仕方で神の性質について知るのであり、その結果、過去におけると同じように未来においても決定的である神の不変性を予告することができるのである。

他方で、「社会的な活動」を「預言者の務め」と等しいとするような特別に「リベラルな」誘惑にかられて、預言者を社会活動家と見なす向きもある。確かに、世の中に正義を確立しようとする社会的な活動は聖書的な根拠に基づいているが、それは「預言者的なもの」としてよりも「契約的なもの」として理解されるのがより適当である。事実、預言者たちが特定の問題について語ることは目立って少ないし、彼らが特別な行動を強く勧めるということもめったにないのである。何よりもまず彼らは安定した慣習の外に出て世の中に声をもたらす周縁の詩人なのである。未来は彼らが神の現実をはっきりと認めることの中にほのめかされているし、正義は彼らの口から発せられた特徴的な言葉に本来備わっているものであるが、彼らの言葉に関して最も重要な性質は、彼らがこの世界を神の信頼できる支配の舞台として再認識していることである。あの古代の共同体において、このような詩は特徴的に異議を唱えるものの声であり、大抵は歓迎されないし抵抗された。(このような主張がすべての場合にあてはまるわけではないことに注意せよ。Wilson は既存の組織において常に正統な立場に就いている「中央の仲介者」なる預言者の存在を認める。例えば、ナタンやイザヤ。しかしながら、このような預言者た

ちでさえも既存の体制に反対して語った者として記憶されているのである［サム下 12:1-15; イザ 5:1-7]。）聖なる書と見なされた正典預言者は今も絶えることのない異議の声であり、YHWH が共同体の生を決定的に変える主体であると考えられる時に、いかに別の仕方で生を生きるべきなのかを語る。その異議の声は、鈍くなった不従順な社会に到来する審判について知っているが、同様に、その詩は絶望によって麻痺した社会の救済について知っているのである。このような言葉の伝承は、傲慢や失敗の中に閉じ込められているあらゆる社会において、それとは別の可能性を生き生きと示し続けている。

〈訳：佐藤 泉〉

参考文献：
Barton, John, *Oracles of God: Perceptions of Ancient Prophecy in Israel after the Exile* (Oxford: Oxford University Press, 1986); Blenkinsopp, Joseph, *A History of Prophecy in Israel: From the Settlement in the Land to the Hellenistic Period* (Philadelphia: Westminster Press, 1983)［『旧約預言の歴史』、樋口進訳、教文館、1997 年］; Heschel, Abraham, *The Prophets* (New York: Harper and Row, 1962)［『イスラエル預言者』上下、森泉弘次訳、教文館、1992 年］; Koch, Klaus, *The Prophets: The Assyrian Period*, vol.1 (Philadelphia: Fortress Press, 1983)［『預言者Ⅰ』、荒井章三・木幡藤子訳、教文館、1990 年］; idem, *The Prophets: The Babylonian and Persian Periods*, vol.2 (Philadelphia: Westminster Press, 1984)［『預言者Ⅱ』、荒井章三訳、教文館、2009 年］; Overholt, Thomas W., *Channels of Prophecy: The Social Dynamics of Prophetic Activity* (Minneapolis: Fortress Press, 1989); Rad, Gerhard von, *The Message of the Prophets* (New York: Harper & Row, 1962, 1965); Steck, Odil Hannes, *The Prophetic Books and Their Theological Witness* (St. Louis: Chalice Press, 2000); Wilson, Robert R., *Prophecy and Society in Ancient Israel* (Philadelphia: Fortress Press, 1980).

ヨシヤの改革 (Reform of Josiah)

　この用語は列王記下22-23章（代下34-35章を見よ）に記憶された出来事を指し示しているが、そこでは王によるエルサレム神殿の修復中に、ある巻物が発見され、それによってヨシヤ王が王国の宗教的─政治的な大改革を開始したことが報告されている。確かに、そのような報告事項に言及するのは、本書のように神学的な諸主題を概観しようとする書においては、やや珍しいことである。しかしながら、この記憶された出来事は申命記的な歴史の極めて重要な解釈上のしるしであって、同様にそれは旧約聖書信仰の主要な神学的な提示なのである。従って、この記憶された出来事は、ユダヤ人にとってもキリスト者にとっても自らを明示するための信仰の明確な表明において、決定的なものである【「申命記神学」の項を見よ】。

　古代近東において王たちが神殿の修復に従事するのは通常のことだった。王が神殿に情熱を傾けることは、際立った敬虔さを表現するものと見なされていた。さらに神殿は君主制を正当化するのに説得力のある象徴であったので、その特質上、神殿への関心は何も下心のない行為というのではなく、少なくとも間接的な仕方で自分の利益を図るものだった。すでに言及したように列王記下22-23章は、前621年に神殿に収められた献金が神殿の修復のために用いられて、その修復中にあの巻物が発見されたということを報告している【「フルダ」の項を見よ】。それは直ちに重要なものとわかり、敬虔で、神に応答する信仰の人として描かれた王自身に対し声に出して読まれた。その巻物が読まれるのを聞いた時、ヨシヤ王はトーラーを守ることの重要さが強調されていることに気づいた。彼は敏感に反応し悔い改めのしるしとして「衣を裂いた」のであり、国家の宗教的な慣行に関する大改革を開始したのであるが、それはトーラーに対する不従順とYHWHに対する忠誠心を危うくするものとを王国から取り除くというものだった。列王記下23章はその改革を詳述して過越祭の中央集権化を報告している。その改革を理解するために、研究者たちの間で広く同意を得ている学説を考察する。それはあの巻物が実のところは何らかの形の申命記だったのであり、従ってその改革も

「申命記改革」と名付けられることになった学説である。改革におけるヨシヤの努力は、自らの王国を申命記——これは聖書の中で契約神学について最も明瞭に述べている書である——に記されたトーラーの要求に一致させるという努力である。その伝承は契約的な要求（トーラーの掟）と契約的な賞罰（祝福と呪い）の提示を含んでいる。このようにヨシヤの改革は、イスラエル社会の生をモーセによって権威づけられシナイに起源のあるトーラーの意図に従って再形成するという、劇的な効果を意図した努力なのである。

　この出来事の解釈史に関しては次に挙げる五つの点が重要である。

　1. 19世紀の学者たちは次のように結論を出した。すなわち、神殿で発見された巻物が、実際にはそれまで主張されていたような、かつて失われた古い巻物ではなく、善意の宗教家（おそらくレビ人）による捏造、つまり「敬虔なうそ〔pious fraud〕」だったのであり、彼らが、一世紀前にサマリアと北王国が陥落した後に、巻物を南王国に運んで来て、神殿に隠したのだ、と。長い期間広く支持されたその学問的な判断は、巻物の古さを否定したが、その巻物の神学的な重大さと、「うそ」を犯した人々の意図は疑わなかった。つまり、その「うそ」は歴史的な古さについての主張に関わるが、他方で巻物自体の重大さは疑われなかったのである。

　2. ヨシヤ王の統治の時代（前639-609年）は、近東における帝国の支配力の空白期間に現れた。アッシリアの長きにわたる支配力は完全に衰えたが、バビロニアはまだ支配力を持ちはじめたばかりで（王下23:28-30を見よ）、その空白期間に、ヨシヤはユダの独立を再び主張できたばかりではなく、長くアッシリアの支配下にあった自国の領土に、旧北王国の一部を再併合するための方策を講じることができたのである。従って、その宗教的な改革にはテキスト自体がほのめかしている以上に政治的な動機がある。

　3. 聖書研究における社会学的批評の興隆に伴って、ヨシヤの改革の再評価が可能になった。クラバーン（Claburn）が主張し、より十分にはナカノセ（Nakanose）が主張したのであるが、ヨシヤの改革は、中央集権化によって君主が都周辺の農耕社会から物品や産物を取り上げようとするものであったというのである。従って、過越祭のエルサレムへの移動は王の権力を象徴していて、その権力は、あらゆる重要な活動とそれゆえにあらゆる重要な財源

とを、国王や国王と親類関係にある都市の上流階級者の手の中とその裁量に委ねようとしたのである。このような意見は、「敬虔なうそ」が今や非常に異なった意味を帯びることをほのめかす。すなわち、表向きは宗教的な企てであるかのように見せかけながら、実は王が周縁の人々から金銭を巻き上げようとする、計算ずくめでシニカルな企てだったのではないか、というのである。この見方は私たちに、聖書のテキストとそれらが報告する出来事を無邪気に額面どおり受け取ってはならないという事実を気づかせてくれる。

4. 聖書の史実性を最小限しか認めない「最小限主義者(ミニマリスト)」の最近の隆盛に伴って、今やあの改革が実際には全く歴史的な出来事ではなくて、あるイデオロギーの主張を提示するために申命記史家によって作り出された文学的な創作だったと提唱する研究者もいる。この判断は古くからある「敬虔なうそ」の考えとは異なっている。なぜなら、あの古い考えでは出来事の史実性は疑わなかったからである。

　もし報告されている出来事が作り話であるならば、我々は作り話を提示する目的が何であったのかを問うたらよい。おそらくトーラーに背いて、それゆえにその王国を神の審判（王下 23:26-27 を見よ）の危険にさらした不従順な王たちについての朗読が長々と続いた後に、ヨシヤはそれとは正反対の人物、すなわちトーラーを遵守する誠実な王の一人として姿を現してくる。このような文学的な工夫は彼を他のすべての王たち（ヒゼキヤは除くことができるかもしれないが）と対比させ、悪い王たちの対極にある者として、さらにはその歴史の初めにおけるヨシュアに匹敵する者として、トーラーを守る良い王をその歴史の終わりに配置するのである。このことは、次の箇所に示されている。すなわち、申命記史家の物語の冒頭では〔ヨシュアに関して次のように述べられている通り〕トーラーとは約束の地における生のための唯一の要求である。

　　ただ、強く、大いに雄々しくあって、わたしの僕モーセが命じた律法をすべて忠実に守り、右にも左にもそれてはならない。そうすれば、あなたはどこに行っても成功する。この律法の書をあなたの口から離すことなく、昼も夜も口ずさみ、そこに書かれていることをすべて忠実に

守りなさい。そうすれば、あなたは、その行く先々で栄え、成功する。」……　彼らはヨシュアに答えた。「我々は、御命令を行います。遣わされる所にはどこへでも参ります。我々はモーセに従ったように、あなたに従います。どうか、あなたの神、主がモーセと共におられたように、あなたと共におられますように。……」（ヨシュ 1:7-8, 16-17）

〔その物語の〕最後では、ヨシヤに関して次のように述べられている。

彼のように全くモーセの律法に従って、心を尽くし、魂を尽くし、力を尽くして主に立ち帰った王は、彼の前にはなかった。彼の後にも、彼のような王が立つことはなかった。（王下 23:25）

　このようにヨシュアとヨシヤという二人の人物がトーラーを囲んでいるので、ユダとイスラエルの王国史の全体は、トーラーが有する最重要の求めと究極的な確かさの中に置かれる。テキストのそのような意図的で技巧的な配列においては、列王記下 23:26 の「しかし」はそれだけにかえって驚きである。というのも、トーラーに対する不従順（特にマナセによるもの）がトーラーを遵守する者たちの得たものを無効にしてしまうと主張されるからである。従って、それからすぐに起きるエルサレム陥落はトーラー違反の結果として示されている。ヨシヤに関する報告が創作かもしれないということは、そのような神学的な解釈を可能にする。

　5. ともかく、列王記下 22 章の巻物（エレ 36 章のエレミヤの巻物に匹敵する）がユダにおいて「巻物運動」を起こして、それが正典形成へと向かう過程となった。すなわち、その運動がユダヤ教を「巻物の民」として理解することを促進したのである。もしこの申命記史家のテキストが捕囚期の産物であるならば、トーラーの称賛と文献の正典化への期待とは、神殿と王政の両方を失ったことを考慮に入れて、イスラエルの信仰のための代替の基準点になったと理解されるかもしれない。

　ヨシヤ物語は様々な歴史的、文献的、神学的、思想的な判断を促すのだが、そのようなあらゆる判断のただ中にあって、そのテキストは、ユダヤ教

が巻物の共同体である古代イスラエルの記憶と解釈から現れることになった、そのプロセスを支える中心点となっているのである。〈訳：佐藤 泉〉

参考文献：
Brueggemann, Walter, *1 & 2 Kings* (Smyth & Helwys Bible Commentary; Macon, Ga.: Smyth & Helwys, 2000); Campbell, Antony F., and Mark A. O'Brien, *Unfolding the Deuteronomistic History: Origins, Upgrades, Present Text* (Minneapolis: Fortress Press, 2000); Cazelles, Henri, "Jeremiah and Deuteronomy," in *A Prophet to the Nations: Essays in Jeremiah Studies*, ed. Leo G. Perdue and Brian W. Kovacs (Winona Lake, Ind.: Eisenbrauns, 1984), 89-111; Claburn, W. Eugene, "The Fiscal Basis of Josiah's Reform," *JBL* 92 (1973): 11-22; Lohfink, Norbert, "Die Bundesurkunde des Königs Josias," in idem, *Studien Zum Deuteronomium und zur deuteronomistischen Literatur*, vol.1 (Stuttgarter biblische Aufsatzbände; Altes Testament 8; Stuttgart: Verlag Katholisches Bibelwerk, 1990), 99-165; Nakanose, Shigeyuki, *Josiah's Passover: Sociology and the Liberating Bible* (Maryknoll, N.Y.: Orbis Books, 1993); Nicholson, E. W., *Preaching to the Exiles: A Study of the Prose Tradition in the Book of Jeremiah* (Oxford: Blackwell, 1970).

ヨベル（Jubilee）

「ヨベル」は、レビ記25章のトーラーの教えにおいて、イスラエルに認められた、ラディカルな倫理的かつ経済的習慣である。「ヨベル」という用語自体は、ヘブライ語の*ybl*から派生し、ヨベルの際に、それを知らせるために吹かれる雄羊の角に関係があるようである。トーラーの教えは、49年（「負債免除の年」の「七を七倍にした年」については申15:1-18を見よ）ごとに、土地が、一般的な経済的危機の渦中で土地を失ったかもしれない、元来の所有者へ戻るべきだと定めている。その提案されている、命令された慣習は、それが、経済の通常の過程を混乱させ、阻止することを狙っているため、大いにラディカルである。いくつかの土地は、究極的に、伝統的な経済的取引に従って扱われるべきでなく、家族の相続というより基本的な主張によって最終的に定義されるべきだったのである。

ヨベルの年の社会学は、土地を、不可譲の家族の相続物として扱う、家族と土地の構造に根ざしている（このことについては王上21章を見よ）。その不可譲の家族の相続物は、一私人や「核家族」に属すのではなく、旧約聖書において「父の家」と呼ばれる、氏族の小集団に属す。その小さな経済的一単位は経済の変動や混乱には非常に不安定で、それゆえ土地は生き残りのために保証され、大規模な経済的取引の予想のつかない変化に対して、その小さな親族単位の幸福のために保護される。この理由のために、ナボトは、彼の相続した土地について、アハブと取引することを拒否するのである（王上21章）。

その慣習が部族の社会学に根ざす一方で、旧約聖書において、ヨベルは神学的に、YHWHの命令として理解されている。そのYHWHは、相続の約束をし、弱く、傷つきやすいものを、強く、強欲な力から守ることを意図する神なのである。このように、ヨベルは、現状を維持しようとする経済学と契約神学がひとつになったものである。契約の神が、このラディカルな経済的慣習を命じている。

研究者は、この祭りの史実性についてのある問いに答えるために、多大な

労力を費やしてきた。それは実施されたのか、という問いである。この特定の慣習に関する史実性についての問いは絶えず提起され続け、私の経験では、他のどの聖書の教えも、その史実性について、これほどには問われることがない。その問いが問われるのは次のような理由だと、私は信じている。つまり私たちが直観的に、YHWHのすべての命令の中でも、このトーラーの教えは、共同生活の機構について私たちがこれまで当然と考えてきた思い込みのすべてを覆し、むしばむことから、最も危険で、最も厳しい要求を突きつけてくるものであると認識しているがためであると。実際、歴史家は、おそらくネヘミヤ記5章におけるような、いくつかの手がかりは挙げられるものの、この祭りが古代イスラエルにおいて行われたかどうかを明らかにすることができない。もちろん、古代イスラエルの契約に関して想像力を働かせても、その史実性を証明することはできない。そうは言っても、ヨベルのような教えは、テキスト中に、その共同体の未来を変えうる倫理的想像力の大胆な実践として存在している。そのようなものとして、その史実性についての私たちの判断がいかなるものであろうとも、そのテキストは重要である。

　結局、重要なことは、トーラーには、YHWHの最も深い契約的関与に根差すと言われる、社会的想像力のこのラディカルな実践が保たれているということである。「歴史的」であろうとなかろうと、その命令は、イスラエルの契約の記憶の最も極端な倫理的幻として存在し、複雑化し脱工業化された経済においてさえ、絶えず再考を迫るものとなっている。

　リンジ（Ringe）は、イエスの宣教は——特にルカ福音書において——ヨベルを実行することであるとしている。ルカ福音書4:18-19は、イザヤ書61:1-4からの引用であり、その両方の文章において、「主の恵みの年」という言い回しは、ヨベルへの言及と見なされている。

　現代の脱工業化された経済に、ヨベルをどの程度、そしてどのように当てはめればよいかは、非常に大きな道徳的想像力を要求する。しかし、ヨベルによる援助が、経済的強欲を阻止するものとして理解されるならば、古いトーラーの教えを現代の経済的問題に置き換えることは難しくない。グローバル経済の力は現在、その力に対して脆弱な地域経済にとって、危険なほど

破壊的である。レビ記の古いテキストは、人間の社会構造を維持したり、高めたりするという関心の中で、経済的な力が制限されるべきか、という現代的な問いを提起する。第二の千年紀の変わり目である 2000 年という年に、第三世界の負債の取り消しを確実にするために広範囲にわたってイニシアティヴがとられたことは、大変興味深い。ジュビリー 2000 として知られる、そのイニシアティヴは、いくらかの重要な成功を収めた。それは、ある方法の目安と理解されるかもしれない。それは、神の命令として構成される古い氏族の慣習が、立ち遅れた経済──そこでは「近隣住民」〔である開発途上の周辺諸国〕が経済の力によって絶えず危険にさらされている──への注意深い気配りを求め続ける方法である。経済にとってのそのような選択肢は、神学的な情熱だけでなく、熱心で鋭い経済的分析もまた要求する。聖書本文自体、この信仰の共同体が神学的情熱と経済的分析の接点においてよく機能することを示している。〈訳：德田 亮〉

参考文献：

Daly, Herman E., and John B. Cobb Jr., *For the Common Good: Redirecting the Economy Toward Community, the Environment, and a Sustainable Future* (Boston: Beacon Press, 1994); Harris, Maria, *Proclaim Jubilee! A Spirituality for the Twenty-First Century* (Louisville, Ky.: Westminster John Knox Press, 1996); Kinsler, Ross, and Gloria Kinsler, *The Biblical Jubilee and the Struggle for Life* (Maryknoll, N.Y.: Orbis Books, 1999); Lowery, Richard H., *Sabbath and Jubilee* (St. Louis: Chalice Press, 2000); Meeks, M. Douglas, *God the Economist: The Doctrine of God and Political Economy* (Minneapolis: Fortress Press, 1989): Neal, Marie Augusta, *A Socio-Theology of Letting Go: The Role of a First World Church Facing Third World Peoples* (New York: Paulist Press, 1977); Ringe, Sharon H., *Jesus, Liberation, and the Biblical Jubilee: Images for Ethics and Christology* (OBT; Philadelphia: Fortress Press, 1985); Weinfeld, Moshe, *Social Justice in Ancient Israel and in the Ancient Near East* (Minneapolis: Fortress Press, 1995); Wright, Christopher J. H., *God's People in God's Land: Family, Land, and Property in the Old Testament* (Grand Rapids: Eerdmans, 1990); Yoder, John Howard, *The Politics of Jesus: Vicit Agnus Noster* (Grand Rapids: Eerdmans, 1972)〔『イエスの政治』、佐伯晴郎・矢口洋生訳、新教出版社、1992 年〕．

隣人 (Neighbor)

　「隣人」は、旧約聖書の倫理の最大の関心事である。最も知られているのはもちろん、レビ記 19:18 の命令「自分自身を愛するように隣人を愛しなさい」である。「隣人」(reʻ) という用語は、「兄弟」とも翻訳されうるものである。それは、社会経済的共同体もしくは民族的共同体の仲間を指し示している。その共同体内では、構成員は互いに他の構成員の利害に配慮することを誓約させられ、そして彼らを保護するように義務づけられている。

　「隣人」の概念は多分、部族、氏族、あるいは「父の家」のような小さい、顔と顔を突き合わせている共同体の中で発生した。そのような集団は親族に基礎を置くものだったかもしれない。あるいは、共通の社会的利益と理想によって結び合わされた集団であったかもしれない。その命令の神学的理解はレビ記 19:18 の結びの定式「わたしは主である」に明らかであるが、他方、「隣人」とは疑いなく、その人が政治的に、また経済的に付き合わなければならない身近な人である。その隣人が、どのような神学的熱情に根差しているかは問題ではないのである。

　その命令の動詞「愛する」は第一に、感情的な愛着にではなく、社会的・政治的・経済的義務に関係している。従ってこの命令は、共同体の団結と、共同体をかき乱す個人的権益に対する抑制とを強調するものである。さらに、レビ記 19:13-18 という大きな単元は、社会的に「対等の人」ではない共同体の構成員間の社会的義務について取り上げている。そこでは、耳の聞こえぬ者、目の見えぬ者、そして貧しい者との関係において、裕福で有力・有能な者は自分自身が必要とするものに配慮するのと同じく真摯に、弱い隣人が必要とするものに配慮しなければならないと義務づけている。

　「隣人」の概念は、かなり制約された仕方で定義することができる。すなわち、「隣人」の社会的範囲と社会的義務を、立法過程を統制する地主の仲間集団の内に制限するのである。そのような用法においては、隣人関係の範囲は限定されており、おそらく地所持ちの男性に限られていると理解されるだろう。例えば、出エジプト記 20:17 では、その命令は、隣人の財産、すな

隣人

わち、妻、家、奴隷、そして動物に対する保護を規定しているが、このことから隣人が、別の地所持ちの隣人男性を指していることは明らかである。

　隣人関係の範囲に関して言えば、旧約聖書の倫理において、それは際限なく修正され変更されている。確かに、排他的な傾向のある言説においては、選ばれた会衆とのみ隣人関係を持つように定めている（申 23:2-9 を見よ）。その上、人は、仲間内では食べることを禁じられている汚れた肉を外国人に売ってもよいし（申 14:21）、同様に、隣人関係のきまりによって保護されていない外国人には利子を付けてもよい（申 23:21）。しかし、それと異なる言説においては、隣人関係の範囲をはるかに広く開放して、去勢された者さえ含めている（イザ 56:3-7 を見よ）。この規定は、申命記 23:2 のより古いモーセの教えを否定している点で、注目される。レビ記 19:34 には、次のように命じられている。

> あなたたちのもとに寄留する者をあなたたちのうちの土地に生まれた者同様に扱い、自分自身のように愛しなさい。なぜなら、あなたたちもエジプトの国においては寄留者であったからである。わたしはあなたたちの神、主である。

「寄留者」と翻訳された用語は、*ger*（逗留する者）、すなわち、歓迎された部外者である。「寄留者」は、「外国人」（*nkr*）よりも喜んで受け入れられた人である（申 10:19 を見よ）。しかし、この「逗留する者」に関する主張においてさえ、最終的には「外国人」に対する開放性が暗示されている。

　ユダヤ教とキリスト教双方における現在進行中の解釈上の営みは、隣人関係の輪を拡大する闘いである。そのことは、律法の専門家の問いに対するイエスの答えに写し出されている（ルカ 10:29-37）。現代のキリスト教の解釈において、その営みは論争継続中であり激しい議論を巻き起こす。いずれにしても、その包括性は紛れもなく旧約聖書の倫理の核心になっている。そしてその倫理は、命令の結びにおいて「わたしは主である」という断言を下すお方によって永続するものとなったのである。契約的本質に基づく正義は、自己利益を超えて隣人の利益を見通す、よく訓練されたまなざしを要求する。

その隣人の利益は、自身のそれと同じほど正当かつ筋の通ったものなのである。〈訳：小河信一〉

参考文献：
Birch, Bruce C., *Let Justice Roll Down: The Old Testament, Ethics and the Christian Life* (Louisville, Ky.: Westminster John Knox Press, 1991); Douglas, Mary, "Justice as the Cornerstone: An Interpretation of Leviticus 18-20," *Interpretation* 53 (1999): 341-50〔「隅の礎石としての正義」、山我哲雄訳、『日本版インタープリテイション』57号、2000年〕; Gerstenberger, Erhard S., *Leviticus: A Commentary* (OTL; Louisville, Ky.: Westminster John Knox Press, 1996), 268-72; Malamat, Abraham, " 'You Shall Love Your Neighbor as Yourself' : A Case of Misinterpretation? " *Die Hebraische Bibel und ihre zweifache Nachgeschichte: Festschrift für Rolf Rendtorff zum 65. Gebürtstag*, ed. Erhard Blum et al. (Neukirchen-Vluyn: Neukirchener Verlag, 1990), 111-15; Mollenkott, Virginia, and Letha Scanzoni, *Is the Homosexual My Neighbor?* (San Fracisco: Harper & Row, 1978).

倫理 (Ethics)

　旧約聖書はもちろん、倫理に関係する文学であるが、その倫理的側面は非常に複雑であり、扱いやすい単純なものに変える試みによってしばしば真意が損なわれている。旧約聖書は、天地の造り主、イスラエルの契約相手であるYHWHに言及することで、世界を再描写しようと試みている。旧約聖書における倫理とは、YHWHの意志と目的に沿って、人間が責任ある行動をとるよう立て直そうとする試みである。しかし、世界の再描写と人間の行為の立て直しは、整然としたやり方でなされてはいない。そうではなくむしろ、物語や歌、詩や法の中に断片的に記述されているにすぎず、それらがつながりを持ち、様々に組み合わされている。さらに、YHWHの意志と目的に関する洞察は、実際の歴史的状況や社会的関心を通して濾過されている。それゆえ、旧約聖書を、明確で曖昧さのない倫理上の指針、あるいは倫理的な振る舞いに関する事例集と見なす試みに対しては、当初から警告がなされている。

　旧約聖書における倫理を、いくつかの主な構成概念を通して考えてみる。

　1. 旧約聖書には契約に基づいた倫理が示されている。それはすなわち、イスラエルがYHWHに束縛されていることを意味し、支配者であるYHWHにイスラエルは服従しなければならない。そのため、倫理を理解する重要な問題点はYHWHの属性と意志にあり、服従することを通して人はYHWHと調和して暮らすことができる。つまり、神学的観点から見ると、自律的な規範や実定法は存在しない。契約を結んだ主の意志のみがあり、イスラエルは責任をもって主の意志に応えなければならない。倫理の実践とは、この特徴ある〔YHWHとの〕関係に忠実に従う努力である。

　2. 旧約聖書では契約の主の意志はシナイの命令に現れ、この命令は二つの部分にわけて整理されているが、この二つは同等の立場にはない。その二つとは、十戒とそれ以外のトーラーである。最初の第一部、十戒とは出エジプト記20:1-17で述べられる十の戒めである【「十戒」の項を見よ】。シナイでの畏怖すべき神顕現の背景の下、YHWHはイスラエルの人々に直接、十の

戒めを公布した。この十戒が、聖書の倫理すべての根本となっている。十戒は以下の二つのことに関係する。(a) 偶像崇拝という間違った方向へ進まないようにYHWHを崇拝すること。そして (b) 隣人の生活を尊重し、可能な限り隣人と平和に暮らす社会を実現させるために実践すること、である。

　神学的な意味においては、残りのトーラーの指示は、シナイの十戒から派生し、解釈を加えたものだと言えるかもしれない。シナイの中心的教えに端を発し、今も続く解釈の伝統の目的とは、どのような状況下にあってもイスラエルの人々の生活のあらゆる側面に、YHWHによる支配の目的が行き渡ることを確実にすることである。そうすることでイスラエルは、イスラエルが生きることを可能にしてくれたYHWHに、喜びをもって応えながら生きることができるのである。

　解釈の伝統は、神への愛（聖性の実践）と隣人への愛（正義の実践）に注意深く関心を向ける。シナイに始まり、出エジプト記・レビ記・民数記・申命記で描写された、この長く続く解釈の題材は、非常に多様で、注意深く詳述されているが、シナイに始まる二つの究極的な展開に注意を向けることは有益かもしれない。神への愛についての解釈の軌道を辿ると、聖書本文は贖罪日に至る。それは聖なる神との交わりを熱望するイスラエルの究極の表現である。その祝祭において、イスラエルは贖罪によってそのような交わりをする資格が与えられる（レビ16章）。同じように、隣人愛の究極の表現が、ヨベルの年の祝祭ではっきりと示される。この祝祭では貧しい同胞にさえ無条件で資格を与える（レビ25章）。これら二つの祝祭によって、現実に対する根本的に新しい世界観が見えてくる。それは命令する神という基本的属性に起因する。

　3. 概して、前8-7世紀に登場する預言者による預言の伝承は、トーラーの契約の伝承に基づいて行われる倫理的な意見表明である。預言者たちの素性と社会的立場は様々だが、正典形態において、こうした詩文体で描かれている諸伝承は以下に挙げる三点に関心を向ける。すなわち、(a) YHWHによる契約履行の命令、(b) こうした命令に対するイスラエルの度重なる故意の契約違反、(c) イスラエルの不服従が招来する不可避の制裁である。〔審判や告発という形で〕否定的に語られることは多いが、こうした関心か

ら公共政策を構想する正義という見方が浮かび上がった。その公共政策はYHWHを信頼することを土台に、貧しく生計手段を持たない人々に対して分け与えられる正義として表現される。

4. 正典形態において、預言伝承に多くの情報を提供するシナイ伝承と並び立つのが、創造伝承である。それはよく知られた創造物語の中で語られ、またイスラエルの頌栄でもうたわれている。これらの伝承において、創造は被造物の関係を結ぶネットワークとして理解されており、その関係は、創造者の力と善意によって、首尾一貫した倫理的統一体を形成するために構成されている。YHWHは、被造物が、途方もない規模で生命と幸福を産み出す創造的有機体になるように望んでいる。しかしながら、YHWHからの満ちあふれるような賜物である創造に倫理形態が欠如しているわけではない。というのは、シナイの神はおよそ倫理に無関心な世界など創造するはずがないからである。創造伝承には、創造において他には譲渡のできない、倫理が「付与された」という感覚と、創造過程にはそもそも倫理的な制約が備わっているという独特な感覚がある。従って、二つの創造物語の中で、人間という被造物には無条件に権能が付与され（創 1:28; 2:15）、かつ自律性と死の原因をもたらす背反とを排除する禁令（創 2:17）が与えられているのである。

倫理上の一貫性として創造を表明するにあたって、イスラエルの頌栄伝承は、契約に関する問題に特に訴えてはいない。それにもかかわらず、創造そのものが、尊重されなければならない服従の命令を出している。これら命令のすべてが、創造あるいは被造物のもつ破壊的な自律性を抑制するように意図されている。この意図は、二つの偉大な創造賛歌の結びで明白に示されている。これらの賛歌は、創造の寛大さを祝しつつ、最後は厳しい警告で終わるのである。

  どうか、罪ある者がこの地からすべてうせ
  主に逆らう者がもはや跡を絶つように。（詩 104:35）

  主を愛する人は主に守られ
  主に逆らう者はことごとく滅ぼされます。（詩 145:20）

「主に逆らう者」〔＝邪悪な者〕が意味する内容は具体的に明記されていないが、シナイの十戒の内容に関連していることは間違いない。しかしその「邪悪さ」という表現を通して、創造そのものに本来備わっている要求に違反する考えに対して警告がなされた。その要求は後に環境上の危機を通して気づかれるようになった。

　創造に本来備わる要求という考えはバルト主義者の抵抗を受けた後、学者たちは「自然神学」を主張するようになった。それは、被造物そのものが、犯すことのできない神の意図を何かしら知っている、という見解である。バートン（Barton）は、アモス書 1-2 章にある諸国民に対する託宣を例に挙げ、それらの諸国民が行った反倫理的な実践を猛烈に非難していることに注意を払った。というのは、諸国民はシナイについて何も知らないが、彼らは被造物であるがゆえに、残忍さと凶暴さには制約があることを知っており、それを尊重することが期待されているからである。

　5. 契約と創造の伝承は、完全に一つのものである。それらがイスラエルの詩編に見事に収集されている。詩編はイスラエルに伝わる数々の多種多様な伝承を集めた、言わば混成作品の一種であり、創造における YHWH の惜しみない振る舞いと、契約における YHWH の連帯意識に対して喜んで応えるという主張でまとまっている。これらの伝承は、以下の二つの例が示しているように、イスラエルの賛歌の中に収集されている。

　(a) 詩編 19 編において、8-11 節はトーラーの戒めをほめたたえ、トーラーに服従することが生命と幸福の源であると主張する。しかし 2-7 節では、創造の驚異がたたえられている。詩編 19 編全体では、創造が基盤であり、トーラーの特性はその中にあるため、二つの伝承はともに、トーラーへの服従こそ、イスラエルが創造者から生命の賜物を享受する道であると主張するに至るのである。

　(b) 詩編 24 編の中で、イスラエルは以下のことを主張する。すなわち、世界は YHWH のものであり（1-2 節）、栄光に輝く王、天地の造り主がイスラエルの中心にいる（7-10 節）と。この二つの壮大な頌栄風の発言の間で、イスラエルは熟考して、〔YHWH の〕契約仲間としてふさわしい存在になる

という特殊な要請を受け入れる（3-6 節）。責任をもって行動する態勢は、「規則に基づいて」準備されるようなことではない。そのかわりにこれらいくつもの伝承からかなりはっきりと浮かび上がってくることは次の点である。すなわち、YHWH の寛大さと YHWH の誠実さに応えて、従順に、生産的に、喜びに満ちて生きることがどのようなものであるかである。

6. 創造に根差す倫理的な伝承は、箴言の知恵の教訓の中に詳細に、途絶えることなく明確に表明されている。箴言は「知恵」と「愚かさ」に言及するが、これらの用語は他ではあまり使われていない。現代の学者たちが一般的に認めているように、知恵の教訓とは本質的に創造について綿密に熟考するということである。その目的は、どのような行動が生活を向上させるのか、あるいは先細りにさせるのかを決定するためである。このように、「知恵」とは創造による秩序ある道筋と調和し、それゆえ生活を向上させる行為である。反対に、「愚かさ」とは創造に対する YHWH の意志に矛盾し、それゆえ生命を衰えさせ、最終的には死をもたらす行為である。さらに言えば、知恵を用いた倫理的考察は、広い視野をもつ国際的倫理観へとイスラエルを開放した。というのは、知恵の思想は文化の壁を越えて共有されるものだからである。このような思想的な開放性がより厳格で民族的なシナイ伝承と共存しつつ、イスラエルに広い視野を与え、世界的な視点をもたらしている。

7. 倫理に関するもう一つの聖書箇所は、特に興味深い。それは申命記である。特に 12-25 章で述べられる命令はシナイに関係するが、シナイで与えられたものではない。それらの命令は、後に「モアブ地方」（1:5）で語られたものである。時が経ち、場所も状況も違う中でシナイの倫理が新たに陳述されるのを見ると、申命記は聖書におけるダイナミックなプロセスの一例であることがわかる。このプロセスを通して、自由に新たな解釈を加えつつ、かつ全く新しい方向へ思いをはせながら、YHWH の要求が繰り返し再吟味されるのである。旧約聖書の倫理は排他的で、固定された、変化しない、確立された行動規範ではないということを申命記ははっきりと証言する。むしろ、旧約聖書の倫理は継続中の解釈の伝統であり、どのような特定の状況の下であれ、創造者の寛大さに対して、またシナイの神の期待に対して、いか

に喜びをもって応えるかを決定するように図られている。倫理的指針の大まかな道筋は、明らかに YHWH の属性に適合していると見なされている。しかし一方で、倫理的行為の具体性と特異性については状況に応じて理解されるべきである。

　聖書を倫理的考察の手本として使うのは容易でなく、そのように直接的な方法も示されていない。この問題について、二つの大きな誘惑があることは簡単に認めることができる。一番目の誘惑は、単純化である。すなわち、聖書本文から特定の言い回しを取り出して固定された絶対的な規則に置き換えてしまうことである。その場合、そのような聖書本文の言明のどれもが特定の状況の下で表現されたことを考慮に入れない。このような倫理の単純化は、特殊なものを絶対的なものにしてしまい、同時に、喜びと責任ある感謝の気持ちという重要な点を失ってしまう傾向がある。二番目の誘惑は、キリスト教徒が旧約聖書の「律法」に対して抱いている固定観念を考えれば、容易に陥ってしまいそうなものである。つまり、キリスト教の福音が、「旧約聖書の律法」の特殊な要求に取って代わることができる、あるいは旧約聖書の律法を時代遅れのものにすると考えることである。もちろん、そのような尊大な態度をとるのは、倫理的責任を果たすための多大な労苦を回避するのに非常に好都合だからである。

　三番目の選択肢が、単純化した律法主義と尊大な反律法主義に対して存在する。それは、批判的に解釈をする考察である。旧約聖書のもつ倫理的な力に責任をもって取り組むことは、新たに始めることでもなければ、他のことと無関係にできることでもない。ユダヤ教とキリスト教のどちらにおいても、倫理的教訓には長い解釈の伝統があり、継続して倫理的考察に取り組むための文脈を作り出す。このやり方は、倫理的諸伝承そのものが歪曲を行っているかもしれないことを否定するものではない。その歪曲の例は、ある種のユダヤ教の中に見られる厳格な父権制、あるいはある種のキリスト教の中に見られる奴隷制との結託である。しかし、この解釈の伝統は深く、長く生きながらえており、結局、それによって現代における服従のための安定と知恵とが与えられている。イスラエルの神は、服従を求めるこの民と長い歴史

を共有している。今の世代——ユダヤ教徒とキリスト教徒——がこの使命を引き継ぐ時、長く続く解釈の伝統が現在へと近づいてくる。独自に考察を行う必要性は少しも減っていないが、倫理的考察は服従と感謝を共有する共同体の内に深く根付いているのである。〈訳：大串 肇〉

参考文献：

Barton, John, *Amos's Oracles Against the Nations: A Study of Amos 1:3-2:5* (Cambridge: Cambridge University Press, 1980); idem, "Understanding Old Testament Ethics," *JSOT* 9 (1979): 44-64; Birch, Bruce C., *Let Justice Roll Down: The Old Testament, Ethics, and Christian Life* (Louisville, Ky.: Westminster John Knox Press, 1991); Childs, Brevard S., *Biblical Theology of the Old and New Testaments: Theological Reflection on the Christian Bible* (Minneapolis: Fortress Press, 1993), 658-716; Crüsemann, Frank, *The Torah: Theology and Social History of Old Testament Law* (Edinburgh: T. & T. Clark, 1996); Fohrer, Georg, "The Righteous Man in Job 31," in *Essays in Old Testament Ethics*, ed. James L. Crenshaw and John T. Willis (New York: KTAV Publishing House, 1974), 1-22; Janzen, Waldemar, *Old Testament Ethics: A Pragmatic Approach* (Louisville, Ky.: Westminster John Knox Press, 1994); Muilenburg, James, *The Way of Israel: Biblical Faith and Ethics* (New York: Harper & Brothers, 1961); Petersen, David, *The Roles of Israel's Prophets* (Sheffield: JSOT Press, 1981); Pleins, J. David, *The Social Visions of the Hebrew Bible* (Louisville, Ky.: Westminster John Knox Press, 2001); Rad, Gerhard von, *Wisdom in Israel* (Nashville: Abingdon Press, 1972)〔『イスラエルの知恵』、勝村弘也訳、日本キリスト教団出版局、1988年〕．

霊（Spirit）

　旧約聖書は、その周辺の文化と同じく、この世界には多くの「霊」が住まい、にぎやかなのだと考える。その霊がもたらす結果はこの世界で目に見ることができるが、しかし、霊とは人間には及ばない不完全なものである。つまり世界は空虚で、非宗教的、現世的なものと言うよりも、「おとぎばなしのような」ものであると言うのである。しかしながら我々の考えでは、「霊」とは YHWH に仕え、その使いとなるものであって、霊は YHWH のご意志と力とを代わりに行うものとして、YHWH が、この世界で確かに働いておられることを告げ、知らせる、ひとつのあり方であると考えるほうがふさわしい。「旧約聖書において霊は、まず第一に、大権を有する神の卓越性（kat' exochen）であり、また卓越した（par excellence）、顕現と行為のための神の道具である」（Jacob, 123）（ギリシア語の kat' exochen は par excellence と同義である）。

　「霊」と訳されるヘブライ語の言葉は rûaḥ であり、これはまた「息」あるいは「風」と訳すことができる。これらの言葉はどれも、YHWH に結びつく特別な力が、この世界の中へと放たれることを神学的に表現しようとするのであるが、それらは目に見えず、説明のつかない、逆らうことのできない力である。いくつかのテキストは、特に、これらの訳語のうちのひとつと結びつけることができる。例えば詩編 104:29-30 に出てくる rûaḥ は、NRSV では 30 節で「霊」と訳してはいるが、「息」を意味している〔新共同訳は「息」〕。この節は、吸い込み、また吐き出すという、生きていることの、もっとも本質的な活動についての、能力に関して言うのである（創 6:17; 民 16:22; コヘ 12:7 を見よ）。出エジプト記 14:21 と 15:8 でのこの語は、明らかに風について言っており、この力は見ることができなくても、水を押し返すことができると知られている力である。サムエル記上 16:14-16 でこの言葉は、神学的・心理学的特異性を有する力が襲いかかってくることを意味している。

　しかしながらこの語を、これらいくつかの種類に分けることができるにもかかわらず、たいていそのような別々の用法に分類することは誤りである。なぜならヘブライ語での rûaḥ は、これらのすべてを含む、より包括的

な意味を持つからである。*rûaḥ* は世に侵入してきて働く力である。それは YHWH の意志と目的に深く結びついて地上の現実を中断させ、変容させることができるのである。このように *rûaḥ* の「神性」が証言されているのは、最終的には神が、人間の能力の及ぶ範囲を超えて、よい現実であれ悪い現実であれ、人間が生きる現実を命じ、決定づけていることを主張するためである。

この不可解ではあるが、疑う余地のない神の力が天地創造において決定的な働きをした（創 1:2; 詩 33:6; 104:29-30）。霊とは代行機関であり、服従によって強められ変革する力を与えられた、代行者としての人間を派遣することができる（王下 2:9-18 を見よ）。この聖書箇所では、エリシャの上にのぞんだ霊は「エリヤの霊」と呼ばれるにもかかわらず、言及されているのは明らかに、エリヤの上にとどまる神の霊のことなのである。イザヤ書 42:1-4 では、霊によって力を受けた僕が正義をもたらすことを、イザヤ書 61:1-4 では、霊が派遣した代行者としての人間によって、社会的政策が変革されることが待ち望まれるのである。

その神の霊（この世における神の臨在と意志に伴う圧倒的な力）のことが、詩編 51:13 では神の「聖なる霊」と言われ、そこでは命を与える霊を意味している。またエゼキエル書 11:14-21 と 36:22-32 でのこの言葉は、冒瀆によっても汚されることなく、ゆがめられることもない、清い神の名を表している。またそれゆえに神御自身の、この世における命に対する決定的な力を表しているのである。

この語のとりわけ注目に値する用法がヨエル書 3:1-2（使 2:14-21 を見よ）にある。そこでは霊が、想像力あふれる自由をもたらす賜物となるだろうと語られている。その自由を通して、信仰共同体のすべての構成員は、イスラエルの現在の生活環境を超えて、来るべき未来について思いめぐらすことができる。ここにおいて霊はイスラエルを解き放ち、人間の失敗や絶望を超えた世界の中に置き、イスラエルを神の約束された幸福の中へと入れるのである。

「霊」は、イスラエルの次のような確信について語ろうと企てる。世界は YHWH が支配する競技場であり、それは人間の説明や支配の及ばない領域

なのだ、と。旧約聖書が霊について述べる定型表現は動的なものであって、「三位一体の第三位格」としての霊などでは全くない。「三位一体の第三位格」としての霊とは、聖書の信仰が、初代教会において、ヘレニズム哲学の重要なカテゴリーの中へと置換された、キリスト教の定型表現なのである。一般的に言って、三位一体のキリスト教神学は、霊について十分に発展した理解へとは至っていない。それはおそらく、霊の力がそのような思索的表現に向いていなかったからに違いない。

　一般的にペンテコステ派的な性格を持つ教会は霊を、命を与える力として直接的な仕方で体験し続けるが、より「主流」にある教会は、古典的なキリスト信仰の流れにおいて、この霊を、侵入してくる、命を与える力としてではなく、「第三位格」と表現してきた。いずれにしても旧約聖書において霊は、人間の支配や説明などをはるかに超えた、人間の生活を決定的に支配するような仕方で働くものであると言われるのである。〈訳：楠原博行〉

参考文献：
Jacob, Edmund, *Theology of the Old Testament* (New York: Harper and Brothers, 1958), 121-27; Moltmann, Jürgen, *The Spirit of Life: A Universal Affirmation* (Minneapolis: Fortress Press, 1992)〔『いのちの御霊――総体的聖霊論』、蓮見和男・沖野政弘訳、新教出版社、1994年〕．

礼拝（Worship）

　旧約における古代イスラエルの共同体は、特定の環境に根差したあらゆる歴史的共同体と同様、繰り返される人間の現実の世界に生きていた。すなわち、誕生と死という地域的、家族的現実、戦争や戦争の噂といった公的現実である。イスラエルの生きた環境は、すなわち礼拝の文脈であるが、その環境は決して例外的なものではなかった。私たちが礼拝をその日常の文脈の中で理解すべきならば、いくつかのアプローチのうちのひとつを採ることができる。

　私たちは、歴史的アプローチを考えることができる。アルベルツ（Albertz）やミラー（Miller）がしていることだが、祭り、犠牲、清浄の規定といった、イスラエルの宗教的慣例に注意する。

　私たちは、より神学的なアプローチを採ることができる。クラウス（Kraus）がそうしているが、裁きまた救うYHWHに、そしてイスラエルを、また諸国民を、さらに被造物全体を統治するYHWHに向けられた要求に注目する。

　本項で選ばれたアプローチだが、私たちは、礼拝の文化的象徴的、人類学的視点を考えることができる。サミュエル・バレンタイン（Samuel Balentine）の研究に例があるが、メアリー・ダグラス（Mary Douglas）、クリフォード・ギアーツ（Clifford Geertz）、そしてヴィクター・ターナー（Victor Turner）の人類学的観点から大いに教えられているアプローチである。このアプローチにおいて礼拝は、明らかに象徴を管理し、演じて、世界を新しい、異なった、作り変えられた仕方で再現し、再記述しようとするのである。このような理解は、礼拝の神学的「真剣さ」を減じるものではない。礼拝を導き、礼拝に参加した人々は、そこで演じられた象徴化を、明らかに現実的、本質的なものとして受け取ったのである。例えば、「出エジプトの神」は単なる象徴ではなく、エジプトの奴隷制からイスラエルを実際に解放した現実の主体と理解されている。こうして、イスラエルの礼拝において起こった現実の再記述とは、誕生と死の家族的世界と戦争や経済の公的世界をYHWHとの関連で述べることであって、YHWHは礼拝において、世界――それは礼拝の中で、

礼拝を通して浮かび上がった世界である――の主役と見られるのである。この礼拝する共同体は、あらゆる人間の共同体に共通している生活の情報を取り上げる一方、YHWHの「濃密さ」との全面的な関わりを通して示される現実の特別な表現は、次のことを意味する。つまり、このような礼拝の結果（および当然そこから引き出される仮定）が、他のいかなる礼拝または象徴の結果である世界に比して、極めて異なった世界だということである。礼拝において、イスラエルが再記述するのは、

> YHWHの創造として
> その全体をYHWHが有効な主権と
> 惜しみないよきみわざにおいて統括する世界。

> YHWHによって憐れみの
> そして恵みと正義の共同体となるように
> 呼び起こされ意志された
> 共同体としての人間の社会。

> 服従の共同体としての世界における
> その固有の生活。
> その共同体は、その固有の生活とその世界を
> YHWHの豊かさから受け取り、
> その生活を生きるように喜んで忠誠を誓った。
> 喜びをもってYHWHに帰る生活
> このために、広大なシナイ伝承は
> トーラーの中心にある。
> イスラエルに出会う神は命令し、
> 服従を求める方だからである。

　六つの実践が、天地の創造者にしてイスラエルと共に宿る方と、イスラエルとの、想像力に富んだ関わりにおける枢要な点である。

1. イスラエルの礼拝は、生き生きとした賛美の行為にある。詩編において証明されるように（例えば詩145-150編を見よ）。賛美は、抑えることのできない、喜んで生の全体をYHWHに譲り渡す、畏敬と驚嘆と感謝をもってする行為である。賛美は、YHWHの命と庇護を、他のすべての神々と他のあらゆる忠誠を犠牲にして増大させることを目的とする。

2. イスラエルの礼拝は、嘆きと訴えにある。詩編において明らかなように（例えば詩3-7編を見よ）。イスラエルは「この方においてはいかなる秘密も隠せない」神と関わらなければならない。それゆえイスラエルは、YHWHの前に洗いざらい自由にその失敗を語る。この強調点は、6世紀、捕囚におけるイスラエルの礼拝において先鋭化する。しかしこの主題は広く行き渡っている。このような祈りは特徴的に希望の行為であって、イスラエルは緊急の嘆願を発し、YHWHがそれに対し、積極的に介入してくださることを心から期待するのである。

3. イスラエルの礼拝は、純潔と聖性の要求への注意深さにある。イスラエルが礼拝する神は聖であって、その聖性は何ものも抑制することができないし、何かと比較することもできず、その純潔と高潔にしるしづけられている。礼拝におけるイスラエルは、YHWHのその性質に自らを一致させようとする。YHWHが共同体に現在しうるように。

4. イスラエルの礼拝は、隣人への注意深さにある。YHWHへの並外れた献身から派生し、それと同等に払われる注意深さである。こうして、イスラエルの祭りと犠牲は、時には貧しい隣人に食べさせる用意の時となり、そこから隣人に関する倫理が推し量られる。

5. イスラエルの礼拝は、YHWHの「力あるわざ」の力強い、訓練された想起にある。最も多いのは、YHWHの恵みの記念であるが（詩105; 136編におけると同様）、しかし、YHWHへのイスラエルのかたくなさの記憶であったりもする（ネヘ9章; 詩106編におけるように）。世界は、驚くほど変化に富んだ奇跡の舞台として再記述される。

6. イスラエルの礼拝は、未来についての力強い想像力の働きにある。それによって世界は、完全にYHWHの目的と意図に一致した仕方で構成される。

このような礼拝の過程を通して、イスラエルは自分たちの共同体と世界について、YHWHからすべてを与えられ、YHWHに応答するものとして、その輪郭を描いた。同時に、イスラエルにとってはこの過程を通してこそ、YHWH御自らの性質と目的が、より十分にまた明らかに理解できるようになるのである。このように、再記述を決然と繰り返すことは、聖なる神に関わる聖なる民の生成に決定的であった。

もちろん、イスラエルにおける礼拝は計り難いほど多様である。テキストは、多くの異なった礼拝実践を多くの異なった文書資料、時代、環境、観点から並べて見せる。それぞれが、詳細な注意を向けられて当然である。にもかかわらず、礼拝の本筋が示すのは、礼拝がイスラエルというYHWHの契約の相手がYHWHに思いを巡らすことである限り、礼拝は、周囲の支配的な前提に対抗する共同体を形成するものであり、その共同体の実践であるということだ。実践の歴史的特殊性は、注目に値するが、その特殊性は現在ある社会とは別の世界を組み立てる媒介、また手段として理解されるべきである。イスラエルにおける礼拝は、YHWHについての神学的確信を反映するだけでなく、生み出すものでもあった。神学的確信を抱けるかどうかは、生きたリアリティにつながり続けるために、持続的に典礼を演ずることと再記述することにかかっている。このように、礼拝は、イスラエルに対して、トーラーの中で知られたYHWHに喜んで服従する民であることを可能にした持続的活動なのである。

プロテスタント教会の伝統は——自由主義も保守主義も——まさに礼拝が、世界におけるもう一つ別の生のためにエネルギーと洞察と決断が生み出されるところだとはめったに認識していない。極めて個人的な要素がイスラエルの礼拝において明白である一方、そのような個人的表現は、共同体生成の過程に完全にとどまっている。詩編作者は、そういうわけで、最も個人的な、神への内心の渇望を表現することができる。

涸れた谷に鹿が水を求めるように
神よ、わたしの魂はあなたを求める（詩 42:2）

しかし同じ詩編作者が、共同体の礼拝に指定された場所で礼拝共同体に参加することは真の喜びであり、個人的な渇きを癒すものであることを知っているのである。

> あなたの光とまことを遣わしてください。
> 彼らはわたしを導き
> 聖なる山、あなたのいますところに
> 　　わたしを伴ってくれるでしょう。
> 神の祭壇にわたしは近づき
> わたしの神を喜び祝い
> 琴を奏でて感謝の歌をうたいます。
> 神よ、わたしの神よ。（詩 43:3-4）

〈訳：大住雄一〉

参考文献：
Albertz, Rainer, *A History of Israelite Religion in the Old Testament Period*, 2 vols. (OTL; Louisville, Ky.: Westminster John Knox Press, 1994); Anderson, Gary A., *A Time to Mourn, A Time to Dance: The Expression of Grief and Joy in Israelite Religion* (University Park, Pa.: Pennsylvania State University Press, 1991); Balentine, Samuel E., *The Torah's Vision of Worship* (OBT; Minneapolis: Fortress Press, 1999); Brueggemann, Walter, *Israel's Praise: Doxology Against Idolatry and Ideology* (Philadelphia: Fortress Press, 1988); Harrelson, Walter, *From Fertility Cult to Worship: A Reassessment for the Modern Church of the Worship of Ancient Israel* (Garden City, N.Y.: Doubleday, 1969); Kraus, Hans-Joachim, *Worship in Israel* (Richmond, Va.: John Knox Press, 1966); Miller, Patrick D., *The Religion of Ancient Israel* (Library of Ancient Israel; Louisville, Ky.: Westminster John Knox Press, 2000).

歴史 (History)

　旧約の民であるイスラエルは、歴史的条件の下に生きることを余儀なくされ、また歴史の気まぐれ、リスク、そして可能性にさらされてきた。更に旧約聖書の神は、イスラエルの歴史と世界史に影響力を持って決定的に関わられる方として描かれている。イスラエルの民とイスラエルの神の両者に言えることであるが、旧約聖書の信仰は歴史に深く結び付けられている。批判的学問としての旧約聖書学は必然的に歴史学的研究として長らく理解され続けてきた。

　「歴史」という用語が旧約聖書学において用いられる時には、それは非常に複雑であり、最終的には不明瞭で捉えどころのない概念である。実際に、旧約聖書学における「歴史」は、少なくとも以下の三つのかなり異なる意味を持ちうる。

　1. 記憶された歴史。「歴史」とは過去について記録され、書かれたもののことである。この歴史理解は、現代の批判的研究と関係しており、様々な立場の学者たちが、学識をもって古代イスラエルの過去を提示する時に必ず見られるものである。「記録され、書かれた」という概念は、旧約聖書それ自体の中の「歴史」とも関連するため、学者たちは（ヨシュア記、士師記、サムエル記、列王記からなる）「申命記的歴史」や、歴史家としての「歴代誌史家」（歴代誌上下を構成）というように「歴史」という語を用いる【「歴代誌史家」「申命記神学」の項を見よ】。確かなことは、現代の学問が、古代にはなかった批判的方法論を用いるゆえ、古代世界の考える過去と、現代の学問が考える過去は非常に異なっているということである。これら二種類の過去の提示は、それでも共通性を有している。なぜならそれらは「バージョン」であって、それを記録し、書いた人たちの視点と想像力によって形を取り、それらを通して選別された過去の表現だからである。過去に関する異なる「バージョン」（古代版もしくは現代版）が多かれ少なかれ「実際の過去」を示唆するものであっても、あらゆる「バージョン」は古代のものも現代のものも客観性や事実性への肉薄を主張することのできない、一つのバージョンなので

ある。構成力としての想像力が、過去に関する信頼できる語りへと諸々のデータをつなぎ合わせるのに必然的に働いている。

　2. **現実の歴史**。何が記録され、書かれたかということとは別に、「歴史」という用語は何が起こったかということにも言及する。この意味の側面は、特に聖書の証言が実際の出来事と合致することを主張することで聖書の信頼性を示そうとする時に注目される。そのような主張が往々にして想定しているのは、もし聖書に「歴史的信憑性」があると明らかにされれば、その神学的妥当性を確信をもって認めることができる、というものである。あるいは否定的に言うならば、その「歴史的信憑性」を崩すことが、聖書の神学的妥当性に疑問符をつける試みとなる、ということでもある。しばしば前提とされる、この関連性は、認識されている以上に問題をはらむものである。

　実際には、かつて起こったことは、私たちから隔たりがあり、大体において復元不可能なことである。なぜなら検証可能なデータと見なしうるものに私たちは到達しえないのだから。つい半世紀ほど前までは、批判的研究の研究者たちは聖書の基本的な物語の筋書きは、起こった事柄への正確な手引きであると考える傾向にあった。そのため、二つは互いに密接かつ信頼しうる仕方で関連づけられたのである。しかしながら、最近の二世代において現れた、新しい方法論、観点、問いの立て方は、聖書的根拠そのものは、起こった事柄への十分に信頼に足る手引きとはなりえないとの結論を学問的に強固にもたらした。というのも解釈上の意図と傾向が聖書的根拠を形作っており、それを信頼できないものとしているからである。

　批判的研究の間で共通の認識になりつつあるのは、起こった事柄を復元しようとするなら非聖書的根拠にまずあたるべきとする主張である。特に考古学的根拠と非聖書的文献の典拠に注意が払われ、それらのほとんどは古代イスラエルの外部に由来するものである。

　最近十年の間にある研究者たちを導いてきた方法によれば、旧約聖書に表明されているほとんどの事柄について歴史的に証明しうる根拠は存在せず、前7世紀、6世紀、あるいは5世紀以前に起こったと報告されていることについて信頼に足る歴史的根拠は明らかに欠落していると結論づけられる。ある研究者たちは、前2世紀にまで押し下げる。この、より最近の研究は、明

らかに「客観主義的」手続きと前提によって導かれており、非常に真剣に受け取られる必要がある。しかしながら、徹底的に客観性を求める主張、そしてデータについての慎重な評価にもかかわらず、この研究もまた「客観性」テストをパスできず、実のところ、データが考慮される以前にその前提が最小限主義者(ミニマリスト)なのである。結果として、このような研究もまた、過去のもう一つのバージョンにすぎない。イスラエルの過去に関する、この最小限主義者の考察のうち少なくとも次の三つの要素は新しい議論を生むのではないか。

　(a)〔最小限主義という〕そのプロジェクトは、啓蒙主義的認識論に基づいたものであり、そもそもの初めから、いかなる宗教的側面をも、起こったことについての考察から除外し続けてきた。たとえテキストそれ自体が強い宗教的側面を歴史叙述に含んでいたとしても、である。啓蒙主義的認識論は非常に問題がある。というのも起こった事柄を判断する基準は、現代の合理性に照らして信頼できるものであって、この合理性以外から生起したテキストには（もちろん聖書テキストの場合もそうであるが）、非寛容なのである。

　(b) 最小限主義の研究者たちの幾人かの観点は、かつて宗教権威主義を個人的に経験したことの影響を深く受けて形づくられている。いくつかの例において、聖書の歴史的主張を最小限に見積もることは、おそらく権威主義への反発である。その反発それ自体は、聖書についての主張のどこにも見出されないものの、容易にその中に入り込んで姿を隠すことができる。そのような連関がなされる時、たとえそれが隠され、意識されないとしても、「客観性」の主張は、そのような研究を正しく評価するために有効でないことは明らかである。懐疑主義が正当な学問的立脚点である時期、そしてそれが感情に駆り立てられたイデオロギー的立脚点にすり替わる時期を断定するのは簡単ではない。

　(c) 聖書の「歴史的主張」が、現代のイスラエルの「約束の地」に関する政治的主張にしばしば用いられることから、これらの主張の誤りを「学問的に」暴こうとする試みが時折見られる。それは、現代の政治的論争において聖書のテキストをイデオロギー的に用いることを抑制しようとする試みである。聖書の史実性を疑う今日の問いにおいて、このアプローチが主たる要素

であると示唆するつもりはない。ただ学問的解釈の内に利害関係がいかに働いているかを示す代表例として、少なくとも記しておく必要はあろう。

　3. 告白された歴史。これらとはかなり異なる歴史の概念が、次の主張の中に見られる。それは、聖書そのものに沿って聖書解釈者がなす、神が歴史の中において働かれるという主張である。この種の確固たる主張は、いまでは非常に問題があると見なされるものであるが、一世代前までの聖書解釈には強い影響を与えた。この言い回しによって学者が単純に意図していたのは、出エジプト（出 1-15 章）や土地の取得（ヨシュ 1-12 章）に関するイスラエルの聖書の語りは本当に起こった出来事として提示されているということであり、例えば物語られた出来事には、（この方なしには物語そのものが無意味となるような）行為者としての YHWH の決定的な働きが含まれている、ということである。すなわち、イスラエルで大切にされてきた出エジプトの出来事が、YHWH の決定的な働きを抜きにした出来事として想像することなど到底できない、ということである。

　最近の世代の研究者においては、YHWH を中核的な「歴史的存在」とする主張の問題性が認識されている。起こった事柄について非宗教的な記述を求める者たちだけでなく、「神・歴史」という「カテゴリー錯誤」〔対象に固有の属性を、その属性を持つことが不可能なものに帰すという誤り〕の困難を認識する真面目な神学者によっても、その問題性が認識されているのである。起こった事柄（それは、イスラエルの信仰生活を支える「救いの出来事」として記憶された事柄でもある）の神学的、「福音的」（evangelical）提示は、神が決定的に関わっておられない「歴史的出来事」にその根拠を求めることができないのである。そのような明確な神学的主張は、現代世界の合理的な知的前提に従って、彼ら自身とその子たちに信仰を知解しうるものにしようとする聖書の信仰者にとって、絶えず問題を突き付けるものである。

　このように「歴史」という用語は多方面にわたり、計り知れない曖昧性をはらんでいる。これら三つの用法の相互関連性は困難な問題ばかりではなく、現今の聖書解釈共同体にとって重要な働きをなすものとなりうる。科学的思考に基づく懐疑論者として、単純に第三の用法を括弧に入れ、現代の常

識の及ぶ範囲に従ってイスラエルの「歴史」を描くことはできるであろう。しかしながら、そのような地平は神学的に真剣な聖書解釈者を満足させることができないだけでなく、私たちがその過去を回復しようとしている共同体の証言から乖離した歴史を提示することになってしまう。つまり、そのただ中に神の現臨のないような過去の回復は、聖書物語を形づくり、維持してきた者たちに何の関心も引き起こさない過去であろう。

　(a) 記憶された歴史、(b)「現実の」歴史、そして (c) 告白された歴史、をどう裁定するかは今後の行方を見守らなければならない。研究はいまのところ「最小限主義者」の考え方が優勢である。しかしこの観点は、一世代前の「最大限主義者(マキシマリスト)」的姿勢に対する急激な反動であるという事実に鑑みれば、今の在り方は遅かれ早かれ他の仮説に道を譲ることを見越してよいだろう。問題は難しいものであり、誰しも容易に解決できると考えたり、感情的に切り捨てることによって問題を矮小化すべきではない。懐疑論が時代の風潮である一方、一時代前の信仰主義は学問的解釈者の間ではもはや選択肢とはなりえない。しかしながら、私見では、懐疑論は結局、本質的に秀でた立脚点とは言えない。ある特定の個人的歴史とその帰結たる知的前提をもつ何人かの解釈者にとっては、ほかよりも良いかもしれないが。これに代わる信仰主義——すすんで信じようとする態度——は、この件に関して、学界の懐疑主義に対抗するものとしてであっても、教会で、いかなる特権も主張はできない。

　しばしばそうであるように、聖書は私たちの説明のカテゴリーをすり抜けてゆく。起こった事柄をテキストの語り（記憶された歴史）に沿って、あるいは最高度の科学的思考に基づく再構築（現実の歴史）に沿って熟考した後、私たちは聖書そのものが、いかなる現代的意味での「歴史」をも主張せず、その中心にいます方を証しすることに断固たる立場を保持していることを見出すのである。「歴史・神」はおそらく「カテゴリー錯誤」かもしれないが、シナゴーグと教会が彼らの信仰を賭したカテゴリー錯誤なのである。興味深く危険なあらゆるものを説明しきるために「カテゴリー修正」の犠牲を払うことは、決して適切ではない。〈訳：左近 豊〉

参考文献：
Barth, Karl, "The Strange New World Within the Bible," in *The Word of God and the Word of Man* (New York: Harper & Brothers, 1957), 28-50; Buber, Martin, "The Man of Today and the Jewish Bible," *On the Bible: Eighteen Studies*, ed. N. N. Glatzer (New York: Schocken Books, 1968), 1-13; Davies, Philip R., *In Search of "Ancient Israel"* (Sheffield: JSOT Press, 1992); Dever, William G., *What Did the Biblical Writers Know and When Did They Know It?* (Grand Rapids: Eerdmans, 2001); Finkelstein, Israel, and Neil Asher Silberman, *The Bible Unearthed: Archeology's New Vision of Ancient Israel and the Origin of Its Sacred Texts* (New York: Free Press, 2001) 〔『発掘された聖書』、越後屋朗訳、教文館、2009 年〕; Halpern, Baruch, *The First Historians: The Hebrew Bible and History* (San Francisco: Harper & Row, 1988); Lemche, Niels Peter, *Ancient Israel: A New History of Israelite Society* (Sheffield: JSOT Press, 1988); idem, *The Israelites in History and Tradition* (Library of Ancient Israel; Louisville, Ky.: Westminster John Knox Press, 1998); Thompson, Thomas L., *Early History of the Israelite People: From the Written and Archaeological Sources* (Leiden: Brill, 1992); Van Seters, John, *Abraham in History and Tradition* (New Haven, Conn.: Yale University Press, 1975); idem, *Prologue to History: The Yahwist as Historian in Genesis* (Louisville, Ky.: Westminster John Knox Press, 1992); Whitelam, Keith W., *The Invention of Ancient Israel: The Silencing of Palestinian History* (New York: Routledge, 1996); Yerushalmi, Yosef Hayim, *Zakhor: Jewish History and Jewish Memory* (Seattle: University of Washington Press, 1982) 〔『ユダヤ人の記憶　ユダヤ人の歴史』、木村光二訳、晶文社、1996 年〕．

歴代誌史家（The Chronicler）

　「歴代誌史家」とは、『歴代誌上下』を生み出した個人、あるいは集団を指し、また〔英語のChronicler〕は伝承をも指して用いられる。研究者たちは久しくエズラ記とネヘミヤ記を歴代誌史家の手によるものと考えてきたが、今ではこれらの文書は歴代誌とは区別される別の著者によるものと見なされている。『歴代誌上下』においてのみ知りうる歴代誌史家は、前5世紀、もしくは4世紀のペルシア時代に、イスラエルの史的記憶を書き改め、解釈し直したのである。著者の意図は、バビロン捕囚からユダヤ人指導者らが帰還し、限定的な自治体制の中で存続しうる礼拝共同体を再建した後のペルシア時代のユダヤ教の実践と自己理解に、イスラエルの古来よりの記憶を結びつけ、生かすことにあった。

　歴代誌史家が古い資料を用い、これに手を加えたことに疑問の余地はない。具体的には、歴代誌史家は申命記史家【「申命記神学」の項を見よ】の業績に依拠し、それを援用したのである。しかしながら、それは徹底した編集作業を通して、用いられた資料が全く新しい語り口を持つようになる仕方で資料を用いたものである。申命記史家の伝承を用い、これを反映するものであるため、一般的には申命記的歴史そのものの方が、歴代誌史家のものよりも信頼できるとの前提が共有されている。そして実際のところ歴代誌は「史実」【「歴史」の項を見よ】に必ずしもとらわれない、ある種の宗教的幻を提示している、とされる。デ・ヴリーズ（De Vries）は、歴代誌史家の描写を「理想のイスラエル像」と呼ぶ。これを含めた様々な理由から、歴代誌は久しく研究史において研究の対象とされることが少なかった（もうひとつの理由として考えられるのは、この伝承には祭儀や典礼に関する事柄への強い関心がうかがわれ、これは旧約学界で多勢を占め、「歴史」への問いに魅了されてきたプロテスタント神学者たちの関心をほとんど惹かなかったためでもあろう）。歴史に無頓着なテキストは、歴史の問いにばかり目を向ける学者たちの関心をほとんど惹かなかったのである。

　しかしながら、最近になって歴代誌史書は決して、価値の低い、信頼でき

歴代誌史家

ない、申命記史書の二番煎じなどではなく、申命記には登場しない資料をも用いていると考える研究者が多くなってきている。その結果、歴代誌は今では、これまで考えられてきたよりも信頼しうる歴史資料と考えられるようになってきた。この見方の変化は、申命記も「良質な歴史」などではなく、歴代誌史家の歴史記述を言い表すのにしばしば用いられてきた、解釈における「偏り」(Tendenz) と無縁ではないとの認識から生じたものである。歴代誌は、昨今では信頼しうる歴史資料を含んだものと見なされるようになったが、ある資料がどのように扱われ、それらがどのように判断されるべきかについては十分に注意を払う必要がある。

歴代誌史書は、古来よりの記憶、伝承、そして文書を、解釈共同体の置かれた状況に結び付けるために、「解釈文化」の中で絶え間なく再形成するユダヤ教の弛みない歩みの一つの在り方を表すものとして特別な関心が寄せられている。「客観性」を重視する視点からは、すなわち近代合理主義の考え方からは、このような歩みは非常に疑念をもって見られざるをえない。けれども解釈というものを、比類なき神学的想像力をもってなされる真摯な信仰のダイナミックな過程と捉えるならば、これらの重視されてこなかったテキストは、ユダヤ教の信仰を理解するのにかけがえのない重要な資料となり、この「書物の宗教」にとって不可欠な解釈過程と取り組むための招きとなるのである。

歴代誌史書の解釈学的意義を評価するにあたって、最も興味深く、かつ重要な事柄は、そのテキストの決定的な特徴に注目することである（幸いにも、これと対照的な申命記があるが、歴代誌について論じる際、これまでの慣例のように申命記に特段の注意を払う必要はない）。歴代誌の特徴としては以下の六つが挙げられる。

1. 歴代誌は、アダムに遡る系図で始まり（代上 1:1）、サウルと、その子ヨナタン、そして孫のメリブ・バアルに関する最後の段落に至るまで続く長大な人名表を有する（代上 9:35-44）。このテキストには、そこに言及される祭司の家系についての歴史と、その家系を再構築させうる興味深いデータが含まれているものの、この単元の全体像を見失ってはならない。系図は（ルカ 3:23-38 と同様）、歴史の具体性と宇宙大の創造のドラマの間を堅固に結び付

け、イスラエルにおいて特に記憶されてきた名を世界史に直に結び付けるものなのである。

 2. 9:35-44 の簡略的な記述以外にサウルについては、ほんの一章分が割かれているに過ぎず（代上 10 章）、それも彼の死が報告されるだけである。10:13-14 の評価はサウルを非難するものであり、彼を表舞台から去らせてダビデの台頭に道を開くものとなる。この書き手はサムエル記上の物語に描かれたサウルとダビデの長く、そして葛藤に満ちた出会いを巧みに物語から省いている。この「歴史家」にとって語るべき物語はダビデに関するものであって、サウルは主役の登場の妨げにさえなっている。

 3. ダビデについての記述は歴代誌上 11-29 章全体を占めており、ソロモンの戴冠で頂点に達する。すべてはダビデに焦点が絞られている。けれども、このダビデは、サムエル記の描き出す良い面悪い面併せ持つ人物ではなく、神殿建築と、その正しく誠実な働きのために一身を献げる指導者である（サムエル記において際立った物語であるウリヤとバト・シェバの記憶は、ここでは一切顧慮されない）。

 このように歴代誌上下は、もはや政治的には何らの展望も描くことができず、礼拝共同体へと必然的に変わらざるをえなかったペルシア時代のエルサレムの小さな共同体において必要とされ、想起されたダビデ像を提示しているものと言えよう。そのような環境において、共同体の維持と繁栄は、正しい礼拝にかかっていた。適切に礼拝を導くために、活力にあふれた有能な指導者たちがいたことは確かである（レビ人、アサフの子らとコラの子らなど詩編の表題に言及されている集団に見られるような、かなりの力を持った合唱隊が想定される。詩 76; 77; 78; 84; 85 編を見よ）が、ダビデこそが、権威をもって共同体にこの重要な務めを付与する存在に他ならなかった。

 ダビデに関する記述が最高潮に達したところで、王は大いなる礼拝行為に及んでいる。すなわち感謝の祈りを献げ、そこで彼は成功のすべてをYHWH の恵みに帰するのである。

> わたしたちの父祖イスラエルの神、主よ、あなたは世々とこしえにほめたたえられますように。偉大さ、力、光輝、威光、栄光は、主よ、あな

> たのもの。まことに天と地にあるすべてのものはあなたのもの。主よ、国もあなたのもの。あなたはすべてのものの上に頭として高く立っておられる。富と栄光は御前にあり、あなたは万物を支配しておられる。勢いと力は御手の中にあり、またその御手をもっていかなるものでも大いなる者、力ある者となさることができる。わたしたちの神よ、今こそわたしたちはあなたに感謝し、輝かしい御名を賛美します。（代上 29:10-13）

ダビデの献身的敬虔は、彼自身の「退歩」を YHWH の「前進」となすところに極まる。

> このような寄進ができるとしても、わたしなど果たして何者でしょう、わたしの民など何者でしょう。すべてはあなたからいただいたもの、わたしたちは御手から受け取って、差し出したにすぎません。（14 節）

この結びの言葉は、多くの教会で献金の際に用いられ、なじみ深い言葉となっているもので、信仰生活の真の礎が、奉仕として表される感謝にあることを強調する。ここで語るダビデは、サムエル記における狡猾で利己的な人物像とは相容れないものである。

　4. 当然のことながら、神殿を建てたソロモンには相当なページが割かれてはいるものの、神殿に関するプロジェクト全体をまとめた父ほどではない（代下 1-9 章）。

　5. ソロモンの死（922 年）からエルサレム崩壊（587 年）までのエルサレムを舞台とする王家の歴史は、ダビデの家系を辿ることを通して物語られている（代下 10-36 章）。申命記史家とは異なって、歴代誌史家は北王国に対してほとんど関心を払わない。北王国の王たちは、南王国の歴史に関わる時だけ付随的に触れられるにすぎない（13:2-20; 16:1-6; 18:1-34 のように）。歴代誌史家は、過去を読むにあたって、それほど重要でない北の王については、その順序などにもあまり注意を払っていないようである。北王国の二人の預言者、ミカヤ（18:8-27）とエリヤ（21:12-15）には言及するものの、物語中での

彼らの役割は、列王記の物語を通して知っているものから見ればかなり限定的なものにとどまっている。物語の筋は、ヒゼキヤとヨシヤによる劇的な改革（29-31 章と 34-35 章）にもかかわらずエルサレム崩壊という結末（36:17-21）における告発へと一直線に進んでゆく。

　6. 何にもまして特別な関心は、歴代誌の終結部に向けられる（代下 36:22-23）。歴代誌は、申命記史書の謎めいた終結部（王下 25:27-30。エレ 52:31-34 を見よ）を含んでおらず、その歴史記述を超えて、ペルシアによる支配の招来をしっかりと見据えるものである。歴代誌の最後の段落は、その特徴を十分に言い表していると言えるかもしれない。歴代誌史家にとって最も重要な事柄は、長らくバビロニアに捕え移されていたユダヤ人を故郷に帰還させようというペルシア人キュロスの意向である（エズ 1-2 章も見よ）。キュロスの勅令は、帰還への扉を開き、エルサレムの復興とユダヤ教の再興となる道を開くものであった。キュロスは今や帰還を承認したのだから。この語りかけに誰が応答の第一歩を踏み出すのかは、まだわかっていない。

> あなたたちの中で主の民に属する者はだれでも、上って行くがよい。神なる主がその者と共にいてくださるように。（代下 36:23）

　おそらく歴代誌史家は、帰還に関する情報を記すことを差し控えている。おそらく歴代誌史家は、帰還が広範囲に及ぶ一大現象とはなりえなかったものの、再挑戦を試みようとするエリート指導者の大いなる勇気によっていたことを、読み手にわからせたいのであろう。いずれにせよ最後の段落は、ユダヤ教の新しい一歩に寄せられた深い希望と展望を如実に物語っている。

　この終結部は、ヘブライ語正典において歴代誌下が一番最後に置かれていることに注目する時、さらに感銘深いものとなる【「正典」の項を見よ】。つまりこれらの節は、ヘブライ語聖書の最後の節となるからである。一番最後に語られるのが、ユダヤ人の故郷への帰還なのである！　クリスチャンの読者にとって、この言葉は今日でさえ、離散のユダヤ人やイスラエル国家に考えを致し、その重みを十分に味わう必要がある。さらにユダヤ教正典の終結部と、マラキ書 3:23-24 で終結するキリスト教聖書を比較してみると、いか

に異なる仕方で正典が閉じられているかに思いを深めることにもなろう。

歴代誌の二つのテキスト（代上 4:9-10 と代下 7:14）が、現在北米で大衆受けしている宗教において関心を持たれている。歴代誌上 4:9-10 にある「ヤベツの祈り」は、物質的成功を求めるのに格好の簡潔な祈りとしてよく用いられ、重宝されている。歴代誌下 7:14 の方は、最も偏狭なナショナリズムの道徳的促しとして用いられる。この二つの現代的適用からは次のことが看て取れる。

(a) 歴代誌は、その告げていることがほとんど理解されていないゆえに解釈が歪曲されやすい。
(b) 現在、アメリカ合衆国で大衆受けする宗教における聖書理解と聖書の用い方は、全く無批判な物質至上主義とナショナリズムを標榜して、恥ずかしげもなくイデオロギー的であり、たじろぐほど好戦的で愛国主義的である。

歴代誌は神学的想像力の一つの実例である。歴史を厳格に捉えつつも、それが様々な仕方で語られうるものであることを示している。ここで採られている語り口は、信実の物語の筋と、不信実の物語の筋とを、ある具体的な歴史的時において現在化するものである。聖書の物語の筋は、それぞれの固有の時において現実となる。そのそれぞれの時が有する固有性は、創造の神の持続的なリアリティに結びついており、その神は異邦人キュロスにさえ御言葉を与えるお方なのである。〈訳：左近 豊〉

参考文献：
Braun, R. L., "Solomon, the Chosen Temple Builder: The Significance of I Chronicles 22, 28, 29 for the Theology of the Chronicler," *JBL* 95 (1976): 581-90; idem, "Solomonic Apologetic in Chronicles," *JBL* 92 (1973): 502-14; Brettler, Marc Zvi, *The Creation of History in Ancient Israel* (London: Routledge, 1998); De Vries, Simon J., *1 and 2 Chronicles* (The Forms of the Old Testament Literature XI; Grand Rapids: Eerdmans, 1989); Japhet, S., *I and II Chronicles: A Commentary* (OTL; Louisville, Ky.: Westminster John Knox Press, 1993); Jones, Gwilym H., *1 and 2 Chronicles* (Old Testament Guides; Sheffield: Sheffield Academic Press, 1993); Myers, Jacob M., "The Kerygma of the

Chronicler: History and Theology in the Service of Religion," *Interpretation* 20 (1966): 259-73; Newsome, J. D., "Toward a new Understanding of the Chronicler and His Purposes," *JBL* 94 (1975): 201-17: Rad, Gerhard von, *Old Testament Theology I* (San Francisco: Harper & Brothers, 1962), 347-54〔『旧約聖書神学I』、荒井章三訳、日本キリスト教団出版局、1980年、457-74頁〕; idem, "The Levitical Sermons in I and II Chronicles," in *The Problem of the Hexateuch and Other Essays* (New York: McGraw-Hill, 1966), 267-80; Throntveit, M. A., *When Kings Speak: Royal Speech and Royal Prayer in Chronicles* (Chico, Calif.: Scholars Press, 1987); Williamson, Hugh G., *Israel in the Books of Chronicles* (Cambridge: Cambridge University Press, 1977); idem, *1 and 2 Chronicles* (NCB; Grand Rapids: Eerdmans, 1982)〔『歴代誌上・下』、杉本智俊訳、日本キリスト教団出版局、2007年〕.

災い（Plague）

　一般的に、"plague" という用語は、特定の集団に蔓延する有害な伝染病を示唆するかもしれない。しかし、聖書ではそれはとりわけ、主権と審判の業として創造者によって引き起こされる環境の激変を指す。

　二つの特徴的な用法の中で、第一に知られているのは、出エジプト記 7-12 章において出エジプトの物語に描かれている「十の災い」である。これらのいくつかの厄災（蛙とぶよ、あぶとはれ物を含み、初子の死で頂点に達する）は、ファラオの国、すなわちファラオが自分自身をその主権者であると考えていた国における YHWH の力を主張し確かなものとするために引き起こされた。この一連の災いは、ファラオが出エジプト記 10:17 で驚くべき告白をしているように、ファラオが YHWH を服従しなければならない主権者として「知る」（＝承認する）ようにするためのものである。

　第二の用法は、繰り返し登場する「疫病、剣、飢え、捕囚」という四重のパターンである（エレ 15:2; 24:10; 32:24 を見よ）。それらの一群の脅威は、かたくなな民に対する支配権を、いかにも YHWH らしい激しさをもって発揮したものである。レビ記 26 章と申命記 28 章（また王上 8:31-53; アモ 4:6-11 も見よ）では、最も多く引き合いに出されるこれら四つの脅威は、より大きな範疇である呪いの内に位置づけられている。呪いは処罰として機能するのであり、主権者はこの処罰によって、すでに承認されている条約や契約を強化するのである。この四重のパターンが、後になってヨハネの黙示録の四人の騎士として登場しているのは、周知の通りである。来るべき主権者の恐るべき審判を予兆しているすべての用法は、一群の長い系譜の中でこのヨハネの黙示録の表象（黙 9:18）によって絶頂に達している。

　最も重要な点は、災いは神学的に、すなわち、YHWH との関連において理解されなければならないということである。災いを自然界の現象として説明しようとする、例えばグレタ・ホルト（Greta Hort）のような企てはこれまでにも為されてきた。しかし、この試みは役に立たない。というのは第一に、そこで必ず持ち出される因果関係の連鎖を用いた説明は、その信憑性が

疑わしいからである。第二に、たとえ自然研究者の説明がもっともらしくとも、それは聖書物語に特有の意図を見逃すだろう。その意図は、YHWHの支配に抵抗する被造物に対して、YHWHの主権を証言し実演するところにあるからである。

　テレンス・フレットハイム（Terence E. Fretheim）は、出エジプトの物語ではファラオへの処罰とイスラエルの解放のみならず、すべてのものの創造者であり統治者であるYHWHに対する賞賛へも関心が注がれていると提唱して、深い示唆を与えている。いくつかの災いには、敗北と解放をもたらすために、創造のあらゆる相を動員することのできるYHWHの力が提示されている。従ってそれらの災いは、「害のある奇跡」と見なすことができる。それは例えば、サムエル記上5-6章でペリシテ人の間に広がった「はれ物」のように、破壊的な方法でYHWHの力を立証する不思議な出来事なのである。

　こうした捉え方は、現代の読者に対して、イスラエルのレトリックの意図の内で災いを理解するように求めている。それは、これらの大混乱を「しるしと不思議」、つまりYHWHの統治のしるしと見なすようなレトリックなのである【「応報」の項を見よ】。次の二つのテキスト、出エジプト記10:1-2と詩編105編は明白にそれを立証している。出エジプト記の中の一連の災いはだんだん規模が大きくなっていくが、それは明らかに、YHWHが「ファラオの心をかたくなに」しているからである。これはファラオをいっそうかたくなにするためであり、その結果、YHWHの力がさらに発揮されるようにするためである。その物語は、ファラオの心を頑迷にすることによって一連の災いが拡大していく理由を、示しているのである。

> 「ファラオのもとに行きなさい。彼とその家臣の心を頑迷にしたのは、わたし自身である。それは、彼らのただ中でわたしがこれらのしるしを行うためであり、わたしがエジプト人をどのようにあしらったか、どのようなしるしを行ったかをあなたが子孫に語り伝え、わたしが主であることをあなたたちが知るためである。」（出 10:1-2）

子孫たちは、YHWHがファラオの道筋を定めていることに気づき、そして、

YHWHが完全な主権を持っていることを認めるだろう。
　詩編105編では、一連の災いを描くことによって、YHWHをたたえようとしていることが明らかである。

  彼らは人々に御言葉としるしを伝え
  ハムの地で奇跡を行い
  ……
  主は闇を送って、地を暗くされた。
  主が川の水を血に変えられたので、魚は死んだ。
  その地には蛙が群がり、王宮の奥に及んだ。
  主が命じられると、あぶが発生し
  ぶよが国中に満ちた。
  主は雨に代えて雹を降らせ
  燃える火を彼らの国に下された。
  主はぶどうといちじくを打ち
  国中の木を折られた。
  主が命じられると、いなごが発生し
  数えきれないいなごがはい回り
  ……
  主はこの国の初子をすべて撃ち
  彼らの力の最初の実りをことごとく撃たれた。
  （詩 105:27-36。詩 78:42-53 を見よ）

　一連の災いがおさまる時には、困窮したイスラエルと強情なエジプト双方が、反抗を黙認せず、また張り合う者を許さない、まことの主権者を知るようになる（＝認めるようになる）（出 8:6; 9:14; 11:7 を見よ）。〈訳：小河信一〉

　参考文献：
　Brueggemann, Walter, "Pharaoh as Vassal: A Study of a Political Metaphor," *CBQ* 57 (1995): 27-51; Fretheim, Terence E., "The Plagues as Ecological Signs of Historical

Disaster," *JBL* 110 (1991): 385-96; Hort, Greta, "The Plagues of Egypt," *ZAW* 69 (1957): 84-103, and *ZAW* 70 (1958): 48-59; McCarthy, Dennis J., "Plagues and the Sea of Reeds: Exodus 5-14," *JBL* 85 (1966):137-58.

YHWH（主）

　ヘブライ語のこれら四つの文字は、旧約の神の名を意味する。つまりその名は四つの子音で構成されているのであって、学者はこの語を「聖四文字」と呼んでいる。聖書のヘブライ語本文で、この四つの子音は発音されないことになっている。発音のために必要な母音を欠いているのである。この四子音の語は、イスラエルの神の固有名であるが、イスラエルの神についての他のよく知られた名称——神、主、エール・シャッダイ——は、神的なもの（聖書の世界には多くの神的なものがある）の一般名であるか、または、この神の属性を顧慮し、あるいは同定する称号である。聖書の英語訳の大部分において、「God」〔神〕は *Elohim* の訳であるが、他方「Lord」〔主〕は YHWH の訳であったり、*'Adon* の訳であったりする。どちらの場合も、「固有名」ではない。それゆえ四子音の呼称は、神のすべての呼称の中で特別であり、聖書の読者すべてを、イスラエルの神の計り知れないリアリティに、最も近く引き寄せるのである。

　この名の発音は、意図的に妨害されている。子音と組み合わされる母音が、伝統において与えられておらず、それゆえ、この名は発音されることを意図しておらず、そのようにして、名の神秘と名付けられた者の自由を保持しているかのようなのである。確かに、伝統的なヘブライ語本文において、標準的な書記の方法により、母音は子音文字の上と下に付されている。しかし、これらの母音（*e, o, a*）は、その子音に付いているはずのものではない。知識のある読者なら、これらの母音は、異なる子音に付くべきものだとわかる。それは読者には「理解される」が、本文には記されていない子音であって、つまり、「補塡された」子音によって、母音は *adonai* =「わが主」という語を生み出している。その語は、補塡された子音から生まれたものであり、YHWH という四つの子音とは関係しない。さらに、ある伝統的な食い違いは、四つの子音が本文の中の母音によって発音され、「エホバ」とする習慣によって生じている。しかしこの語は、全くの誤解であって、存在しない単語を生み出した。一緒になりえない母音と子音を結びつけてしまったの

である。この変則は、たぶん16世紀キリスト教徒がヘブライ語に無知であったことによって生じた誤解であって、その時から続いているのである。さらに、キリスト教徒の学者の間で憶測され、それが慣習となった説として、四つの子音に付すべき母音は、*a*と*e*であって「ヤーウェ」になるという説がある。この読み方は、多くの書物に見られる。しかし、キリスト教徒の学者たちのこの慣習は、往々にして正統派ユダヤ教徒への侮辱となる。というのは、ユダヤ人はこれをYHWHに対する近しさとか馴れ馴れしさと見なし、そうした態度は取るべきではない、あるいは冒瀆的であると考えるからである。いろいろな理由で明らかなのは、これらの慣習——アドナイ、エホバ、ヤーウェ——が、異なる理由で異なる利点があって用いられているのであるが、どれも、発音されないし発音されえないその名そのものの意味に迫るものではないことである。

　学者の間で共通した提案は、YHWHの名が*hyh*「ある」という動詞から出ているということである。その動詞は語頭に「y」を持つと、「あらしめる」といった使役の意味になりえ、そこから「創造する」の意味になる。フランク・ムーア・クロス（Frank Moore Cross）がパウル・ハウプト（Paul Haupt）からの線に沿って提案するのは、YHWHは「創造するかた」であるゆえに「YHWH」であり、動詞に直接目的語「万軍」をつけて完結させて、「万軍を創造するかた」であるゆえに「万軍のYHWH」であるという考え方である。（「万軍」は、天の軍隊を指したり、イスラエルの軍隊を指したりする。というのは、YHWHが「万軍の主」と同定される時、指し示されているのは、軍事的な指導性なのである。）いくつかの利点があり、最も説得力のある仮説を代表するものでありながら、この提案は、ただの説明の試みにとどまり、名指された神の神秘や、名を呼ぶことにこめられたイスラエルの意図は、理解されていない。

　「ある」（to be）という動詞から取られたということで、この名は、「私である」（I am）という言明との関連で理解されうる。この言明は、ハルナー（Harner）がイザヤ書の中で同定し、第四福音書におけるイエスの「私である」の言明との結びつきがあるとしたものである。この名は明らかに、イスラエルの用法において、単一の主権を証言する。この主張は、一神教の発

YHWH

生、神の集会や、この神の女性配偶者の問題【「アシェラ」「天上の会議」「一神教」の項を見よ】と複雑に関わっている。

　この神の名の起源、そしてこの神の起源は、その発音や意味と同様、不明瞭である。この神とこの名が、砂漠に起源を持つとほのめかす人もいるが、旧約には何の説明もない。本文に現れるかぎりの YHWH は、すでに認識されており、完全に機能していた神であって、起源の問いは問われていない。

　たぶん、我々の話題について最も重要なテキストは、出エジプト記 3:14 であろう。そこでは YHWH が、神の自らの名を、モーセに謎のように告知する。言明は、様々に翻訳されてきた。「わたしは、わたしであるというものである」（I AM WHO I AM）。あるいは、「わたしは、わたしであろう（になろう）とするものである」（I am what I will be[come]）、または、「わたしは、わたしであろう（になろう）とするものであろう」（I will be what I will be[come]）。この文章は、しかしながら、啓示しようと主張するものを、隠すのみである。物語テキストは、さらに、この神を次のような方として直ちに同定しようと動く。(a) 創世記の父祖の神（出 3:15-16）として、(b) 今やイスラエルを奴隷から新しい地へ解放すると約束する方として。（出 6:2 も YHWH の新しさが、モーセに、そしてモーセを通して、知られるようになることを認める。）つまり、モーセに顕された神は、YHWH がその中におられ、YHWH の意図、行動、属性について語る物語や歌によって知られるのである。この神は、イスラエルの頌栄の中で、創造を支配し、嵐と火の中に現れる方として知られる（出 19:16-25 を見よ）。同時に（これはテキストの開示に不可欠なことなのだが）、この神は第一にイスラエルの神として知られている。つまり契約によってイスラエルと結びつけられ、イスラエルの生活と歴史の中で演じられた「奇跡」において、またそれを通して知られる方として、知られている。こうしてこの神は、イスラエルにおいて、そしてイスラエルを通して、またそれゆえ、このテキストにおいて、このテキストを通してでなければ知られず、出会うことができない。天地の創造者にしてイスラエルの契約の相手、また救済者である YHWH の神学的証言のすべてが、解釈の、頌栄の過程によって、四つの子音の謎の中に注ぎ込まれている。発音できない名は、そういうわけで、この伝統全体の中で豊かに知られたひとりの方を示す。

ユダヤ人とキリスト者が、より真剣に対話に携わる時、発音の問題は深刻な問いである。というのは、慣習的なキリスト者の翻訳「ヤーウェ」は、前述のように、正統のユダヤ人には侮辱的だからである。さらに、ユダヤ教で慣習として用いられている「アドナイ」（主）は、フェミニスト的感覚からすると問題なしとしない。私たちは、その名そのもののかわりに *ha-shem*「名前」の語を用いるユダヤ教の神秘主義者たちの習慣に頼ってもよいかもしれない。私たちは今のところ、許容できる適切な方法で名前を発音することができない。もっともよいアプローチは「YHWH」と書いて、どのように口頭で表現されていたとしても、十分とは言えないことを認識することである。不十分であることこそ、まさに意図されているのである。というのも、私たちの言い表そうとしている事柄は、イスラエルの計り知れない聖なるお方の現臨の中にある。書かれた「YHWH」は、創造と救いの伝統全体の知識を四つの子音に持ち込む人にのみ意味がある。とは言うものの、物語と歌をよく知る人だけが、YHWH の名〔という難問〕に挑むべきである。余所者が近づきすぎると、YHWH を何か総称的なものに低め、私たちの理解を越えたものであり続けている名というものについて問題とされているあらゆるものを誤解し、汚してしまいかねない。YHWH の名のもととなったとされる動詞の「私である」は新約に対して開いているが、本書の扱う問いを超えたものである。〈訳：大住雄一〉

参考文献：

Cross, Frank Moore, *Canaanite Myth and Hebrew Epic: Essays in the History of the Religion of Israel* (Cambridge: Harvard University Press, 1973), chap. 3〔『カナン神話とヘブライ叙事詩』、輿石勇訳、日本キリスト教団出版局、1997 年、第三章〕; Harner, Philip B., *Grace and Law in Second Isaiah: "I Am the Lord"* (Lewiston, N.Y.: Edwin Mellen Press, 1988); McCarthy, Dennis, "Exod. 3:14: History, Philology, and Theology," *CBQ* 40 (1978): 311-21; Mettinger, Tryggve N. D., *In Search of God: The Meaning and Message of the Everlasting Names* (Philadelphia: Fortress Press, 1988), chap. 2; Miller, Patrick D., *The Religion of Ancient Israel* (Louisville, Ky.: Westminster John Knox Press, 2000), chap. 1; Seitz, Christopher, *Word Without End: The Old Testament As Abiding Theological Witness* (Grand Rapids: Eerdmans, 1998), chap. 17.

聖句索引

旧約聖書

創世記
1 章	117, 190, 312, 370, 404
1-2 章	278, 308
1-11 章	347
1:1-2	309
1:1-2:4a	201, 308
1:1-2:25	366
1:2	190, 470
1:22	229
1:24	402
1:26	353
1:26-28	116, 117, 118, 278, 279
1:28	229, 464
1:31	309
2:1-4a	31, 33, 95, 309
2:3	289
2:4	204
2:4b-25	309
2:7	217
2:15	464
2:17	464
2:18	278
2:22	278
2:23	278
2:24-25	278
3 章	117, 209, 279, 310, 319, 320, 341
3-11 章	316, 433
3:16-19	279
3:22	353
4 章	310
4:24	380
5:1	116, 117, 204
5:3	279
5:24	75
6-9 章	90, 191, 310
6:1-4	344
6:6	167
6:9	204
6:17	469
7:1-16	201
8:15-18	363
8:21-22	433
8:22	366, 402
9:6	116, 117, 118, 279
9:8-17	70, 181, 182, 191, 201, 363, 433
9:12	95
9:16	184
10:1	204
11:1-9	370
11:7	353
11:10	204
11:27	204
11:30	315, 372
11:31	99
12-24 章	314
12-36 章	146
12-50 章	347, 433
12:1	326
12:1-3	70, 146, 433
12:2	316
12:3	229
12:5	99
12:10-20	60, 160
13:12	99

13:18	314	29:31	372	7-11 章	191, 381
14:19	85	30:1	315	7-12 章	60, 490
15:6	132, 255, 315, 433	32:10-13	52	8:6	492
15:7	233	35:9-15	201	9:14	492
15:7-21	181, 183	36:1	204	10:1-2	348, 491
15:18	316	37-50 章	60, 314	10:17	490
15:18-21	326	37:2	204	11:7	492
16:3	99	38 章	280, 438	12-13 章	226, 348
16:7-11	345	38:8	21	12:26-27	150, 348
17 章	95, 201	39 章	39	12:32	230
17:2-21	316	46:1-47:12	160	12:38	156
17:7-19	184	47 章	60, 62	13:8-10	150, 348
18:18	229, 316, 434	47:7	230	13:13-15	22
18:19	67	47:13-26	60	13:14-15	150
18:22-32	52	48:8-20	230	13:14-16	348
18:25	131	49:29-33	218	14:4	57, 236
19 章	281	49:33	218	14:13-14	255, 303
21:15-19	53			14:17	57, 236
21:15-21	345	**出エジプト記**		14:21	469
22 章	299	1-15 章	233, 347, 480	15 章	191, 366
22:11-12	345	2:23-25	136, 233, 275	15:1-18	233, 415, 429
22:18	229, 316, 434	3:1-6	110	15:3	303
25-26 章	314	3:2-6	345	15:8	469
25-27 章	314	3:7	326	15:13	21
25-36 章	314	3:7-9	429	15:18	86
25:7-11	218	3:10	429	15:20	390
25:12	204	3:14	496	15:20-21	374, 415
25:19	204	3:15-16	496	15:21	213, 233, 429
25:21	315, 372	4:22	67	15:22-17:15	31
26:4	229, 316, 434	4:24-26	95	16 章	31, 33
26:21	207	6:2	496	16-18 章	347
27 章	230	6:2-9	201	16-28 章	430
28:10-22	314	6:6	274	16:2-3	31
28:13-15	146, 434	6:6-7	21	16:13-14	31
28:14	229, 316	6:12	96	16:16-18	31
		6:30	96	16:19-21	31

16:22-30	31	21:28-36	187	34:9	441
16:27-30	33	21:37-22:6	187	34:13	116
16:31-36	144	21:37-22:14	102	34:15	284
17:1-7	31	22:9-12	186	34:18-26	226
17:8-16	397	22:17-19	187	34:19-20	139
19 章	188, 430	22:20-26	186	34:20	22
19-24 章	156, 181, 188, 223	22:22-23	188	35-40 章	201, 202
		22:26	188	40:34-37	264
19- 民 10 章	347	22:28-29	139	40:34-38	56, 202
19:1	181	23:6-9	186		
19:5	67	23:10-11	187	レビ記	
19:6	86, 289	23:12-13	187	1-7 章	138, 195, 202, 263, 341
19:16-25	111, 113, 223, 496	23:14-17	187, 226		
		23:20-23	345	4 章	138
20:1-17	111, 181, 188, 223, 462	24 章	188	4:20	441
		24:3	182	4:26	441
20:2	223	24:3-8	188	4:31	441
20:2-3	44, 299	24:7	182, 186	4:35	441
20:3	28, 104	24:9-18	188	5 章	138
20:4-5	116	24:15-18	56, 202	5:16	441
20:5-6	20	25-31 章	33, 201, 202	5:18	441
20:6	18	25:1- 民 10:10	356	7:12-15	125, 139
20:8-11	33, 223	25:10-16	121	7:28-36	138
20:11	224	28:41	417	10:10	194
20:12	223	29:7	417	11-16 章	202
20:17	104, 279, 459	30:30	417	16 章	139, 202, 227, 247, 248, 441, 463
20:18-21	223, 430	31 章	33		
21-23 章	356	31:12-17	33	16:9	247
21:1	186	32 章	196, 197	17-26 章	202, 282, 287, 356
21:1-23:33	186	32:11-13	441		
21:15-17	186	32:11-14	52, 430	18 章	203, 282
21:18-21	187	32:25-29	196	18:22	282, 288
21:21	437	32:32	441	19 章	19, 203
21:22-25	187	33:19	71	19:2	203, 340
21:25	380	34:6-7	20, 255	19:13-18	459
21:26-27	187	34:7	338	19:18	18, 203, 459

19:19	287	22:22	208	7:7	17
19:33-34	203	22:32	208	7:8	23
19:34	19, 460	28-29 章	226	9:1	134
20 章	203, 282	33:1-37	31	9:4-7	67
20:10	280			9:26	23
20:13	282, 288	申命記		10:1-5	122
21:9	280	1-3 章	430	10:8	195
23 章	226	1-11 章	269	10:14-15	68
23:26-32	227	1:5	65, 268, 356,	10:15	17
25 章	103, 203, 456,		430, 466	10:16	96
	463	2:34	397	10:17	85
25:10	443	3:5-6	397	10:17-18	131
25:23	162	4:8	356	10:18	19, 103, 438
26 章	182, 219, 229,	4:9-14	111	10:19	160, 460
	490	4:29-31	164	11:8-32	271
26:3-13	146, 230	4:44	356	12-25 章	134, 189, 224,
26:14-39	91, 265, 381	5 章	33, 134		269, 466
26:41	96	5:1	134	12:2-12	299
		5:3	351	13:2-6	446
民数記		5:6-7	298, 299	13:5	270
1:1-10:10	201	5:6-21	224, 430	13:6	23
6:22-26	195	5:10	18	14:2	67
6:24-26	230	5:12-15	33, 224	14:21	460
10 章	430	5:14	34	14:22-29	139
10-36 章	430	5:21	279	14:24-26	139
10:10	181	5:22-33	430	14:29	161, 437
10:33-22:1	31	5:27	134	15:1-18	102, 186, 328,
10:35-36	57, 121	6:4	48, 134, 299		456
11-36 章	347	6:4-7	18	15:15	23, 103, 160
11:11-15	430	6:4-9	134, 298	16:1-8	377
12 章	415	6:5	134	16:1-17	187, 226
14:13-19	52, 430	6:7	152	16:11	161, 437
14:13-20	441	6:20-25	150, 348	16:14	161, 437
14:14	121	7:2	397	16:18-20	186
16:22	469	7:5	116	16:21	25
21:2-3	397	7:6-8	67	16:22	116

17:14-20	87, 271	26:16-19	269	1:16-17	454
17:16	61	27:3	356	2章	280
17:18	356	27:8	356	2:10	397
18:5	69	27:19	161, 437	2:12	19
18:9-14	449	27:26	356	4:20-24	348
18:15-22	447	28章	61, 182, 219,	4:21-24	150
18:18	74		229, 269, 490	4:23-24	234
19:4-6	21	28:1-14	146, 230	5:2-9	95
19:6	21	28:15-46	381	6:17	19
19:11-13	442	28:15-68	91, 265	6:17-21	397
20:14	279	28:47-68	381	10:28-40	397
20:14-15	397	28:58	356	11:11-21	397
20:16-17	397	28:68	61	12:7-24	72
20:16-18	396	29:19	356, 441	21:43-45	146, 434
21:8	23	29:26	356	24:1-28	156
21:18-21	442	30:1-3	164	24:26	158
22-23章	189	30:6	96		
22:13-21	279	30:10	356	士師記	
22:21	280	30:11-14	342	3:7-10	275
22:22	442	30:15-20	20, 91, 173, 251,	3:7-11	271
23:2	161, 460		269, 340	3:9	274
23:2-9	460	31:9-12	356	3:31	274
23:8	160	31:24	356	5:1-31	374
23:20-21	283	31:26	356	5:10	151
23:21	460	32:9-10	67	5:10-11	151, 348
24:1-4	284	32:35	382	5:11	131
24:1-5	279	32:39	85, 207, 252,	6:14	274
24:9	415		385	6:25-32	365
24:16	320	33:8	194	10:1	274
24:17-21	102, 161, 437	33:10	195	10:6-16	271
25:5-10	21, 438	33:10-11	355	11:29-40	139
25:17-19	397			13:2	372
26:5-10	348	ヨシュア記		14:3	95
26:8-9	326	1-4章	270	15:18	95
26:11-13	161	1-12章	347, 480	19章	281
26:12	437	1:7-8	454		

サムエル記上

1-2 章	53, 372
1:7-8	373
1:13	373
1:20-28	374
2 章	196, 374
2:1-10	213, 374
2:6	385
2:6-7	252
2:35	196
4-5 章	57
4:3	121
4:8	234
5 章	44
5-6 章	491
5:6	58
5:7	58
5:11	58
6:6	234
6:10-7:2	122
7-15 章	86
7:9	136
8:5	103, 289
8:7	398
8:8	136
8:10-17	86
8:20	103, 289
8:22	398
9:1-10:16	298
10:9-13	445
12:7	131
13-15 章	86
14:6	95
15 章	397, 398
15:9	398
15:14-15	398
15:24	398
16-王上 1 章	86
16:1-13	86, 373
16:12-13	417
16:14-16	469
16:21	18, 417
17:16	303
17:26	95
17:36	95
18:1	18
18:16	18
18:22	18
19:20-24	445
20:14-15	256
20:14-17	19
23:6-12	194
26:19	43
28:3-25	218
29:4	207
30:18-20	398
31:4	95

サムエル記下

5:5	78
5:6-10	78
5:19	302
6:1-19	122
7 章	324
7:1-16	181, 183, 271, 323, 434
7:1-17	86, 87, 327
7:4-7	260
7:6-7	265
7:11-16	20
7:18-29	53
8:1-12	302
9-20 章	322
9:1	19, 256
9:9-10	316
10:2	19, 256
11-12 章	322
11:14	243
12:1-15	450
12:13	398
15:29	196
19:22	417
19:23	207
24 章	208
24:1	208, 209
24:18-25	260

列王記上

1:7-8	196
1:39	417
2:27	196
3 章	280
3-11 章	61, 86
3:1	61
3:2-4	299
4:7-19	103
4:20-5:8	103
5-8 章	260
5:17	207
5:27-32	103
6:20-22	103
7:1-8	103
7:8	61
8 章	264, 265
8:1-4	264
8:1-8	122
8:1-13	264
8:4	264

聖句索引（旧約聖書）

8:9	122, 144, 265	16:30-31	38	3:2	38, 116
8:10	264	16:31-33	38	3:26-27	139
8:12-13	79, 122, 265	17-21 章	347, 445	4:1-7	144
8:27	265	17:8-16	74	4:8-37	144
8:30-53	265	17:8-24	438	4:31-37	385
8:31-53	53, 164, 490	17:17-24	74, 385	4:38-41	144
8:33-34	265	18 章	38, 39, 74, 75, 365, 400	4:42-44	144
8:33-53	440			8:1-6	438
8:35-36	265	18:17-40	99	8:4	144
8:37-40	265	18:19	25	9-10 章	38
8:46-53	265	18:21	38	9:30	39
8:56-61	265	18:26	136	9:30-37	39, 75
9:17-19	103	18:26-29	44	10 章	100, 365
9:20-22	103	18:37	136	10:15-17	157
9:24	61	18:40	446	10:26-27	116
9:26-28	103	19:11-18	110	11:12	417
10:14-22	103	19:12	111	11:18	116
11:1	61	19:16	417	12:2-17	262
11:1-8	38, 157, 271	20 章	397	15:17-22	28
11:1-25	104	20:42	397	16 章	28
11:14	207	21 章	38, 39, 74, 75, 456	16:7	28
11:23	207			17 章	212, 410
11:25	207	21:8	243	17:3-4	28
12 章	327	21:19-26	39	17:5-6	28, 210
12:1-19	157	21:20-24	75	17:5-23	27
12:25-33	122	21:25	39	17:7-8	28
14-王下25 章	86	22:19-23	344, 353	17:13	448
14:9-14	271	22:20	353	17:14	135
14:23	299	22:44	299	17:24-41	210
14:25	60	22:53	38	18-19 章	376
15:3	271			18-20 章	28
15:4-5	87	**列王記下**		18:4	299, 376
15:5	322	1:17	41	18:12	135
15:11-15	271	2-9 章	347, 445	18:13-17	376
15:13	25	2:9-12	75	18:22	299
15:14	299	2:9-18	470	19:4	136

19:32-34	29	4:9-10	488	34-35 章	451, 487
19:35-37	29	9:35-44	484, 485	34:22-28	390
21-25 章	87	10 章	485	36:17-21	487
21:3	25	10:13-14	485	36:22-23	487
21:13-15	363	11-29 章	322, 485	36:23	394, 487
21:14	364	21:1	207, 208, 209, 344		
22 章	268, 270, 272, 454	28:2	122	エズラ記	
22-23 章	266, 376, 451	29:10-13	486	1-2 章	260, 487
22:3-14	272	29:14	109, 486	1:2-4	394
22:8-13	158			1:2-11	412
22:14	391	歴代誌下		4 章	210
22:14-20	390	1-9 章	486	6:3-5	394
22:16-17	391	6 章	264	6:19-22	64
22:16-20	391	7:14	488	7:6	244
23 章	451	7:16	69	9 章	166
23:4	25	10-36 章	486	9:1-4	39, 64
23:4-5	365	13:2-20	486	9:8-15	364
23:5-9	299	16:1-6	486	9:15	166
23:21-23	377	18:1-34	486		
23:25	271, 454	18:8-27	486	ネヘミヤ記	
23:26	454	21:11	299	2:9-19	210
23:26-27	453	21:12-15	486	3:33-4:1	210
23:28-29	60	29-31 章	189, 487	5 章	457
23:28-30	452	29:1-31:21	376	6:1-14	210
23:29-30	368	29:5-11	378	6:14	391
23:30	417	29:10	377	8 章	64, 195, 273, 357, 394
24:4	441	29:16	377	8:1	358
24:13-17	368	30:1-9	377	8:1-8	158
25 章	270	30:8-9	378	8:7	376
25:1-21	260	30:10-22	378	8:7-8	64
25:7	368	30:18	378	8:8	357
25:27-30	87, 368, 487	30:19	378	9 章	166, 474
		31:1	299	9:29-31	166
歴代誌上		31:20-21	378	10-13 章	64
1:1	484	32:12	299		

13:23-27	39	8編	310	22:23-24	124
		8:6-9	117	22:23-32	361
エステル記		10編	129	22:24-27	125
3:7	227, 388	10:2	105	24編	128, 131, 465
9:18-28	388	10:3-4	130	24:1-2	465
9:20-32	227	10:8b-11	130	24:3-6	466
		10:15	406	24:7-10	122, 465
ヨブ記		11:7	79, 113	25:10	254
1-2章	207, 344, 353	12:6	106	27:1	147, 274
9:22	173	12:8-9	106	29編	310、366
19:25	22	13:2-4	51	29:1	344, 353
21:7	252	13:2-5	361	29:1-2	57
30:20	136	13:4	136	29:9	57
31章	92, 128, 178	13:6	361	30:2	124
31:35-37	178	15編	128, 131	30:5	125
38-41章	54, 178, 252	16:7	231	30:5-6	147
		17:15	79, 113	30:7-11	124
詩編		18編	323	30:10	218
1編	130, 357	18:5	191	30:12	124, 386
1:2	167	18:5-6	220	31:6	23
1:5	131	18:22	136	32編	174, 340, 441
1:6	164	19編	357, 465	32:3-4	340, 441
2編	86, 323	19:1	57	32:3-5	175
3-7編	474	19:2-7	465	32:5	340
3:2-3	52	19:8	359	32:5-6	441
3:5	136	19:8-11	465	33編	310
3:8	176, 275, 406	19:11	109	33:6	470
4:2	136	20編	323	33:19	220
6編	174, 441	20:2	136	34:2	231
6:5	275	21編	323	34:5	136
6:11	406	22編	361	34:7-9	275
7:2	275	22:2-22	361	35:17	51
7:7	176	22:4	85	35:22-23	51
7:7-9	52	22:4-6	52	37編	128
7:11-12	176	22:21	275	38編	174, 441
7:13-14	406	22:22	136	38:18-19	175

38:21	207	54:3	176	78:42-53	492
38:22-23	175	54:5	176	78:60	70
39編	361	55:3	136	78:67-71	70
39:13	162	55:5	191	78:68-71	79
40:2-3	53	55:16	220	79編	80, 263, 360
40:3-4	124	55:19	23	82編	344, 353
40:11	254	56:14	220	82:1	344
40:11-12	125	57:4	254	84編	80, 263, 485
42:2	475	60:7	136	85編	485
43:3-4	476	61:8	254	85:11	254
44編	257	63:5	231	87編	80, 263
44:10-17	257	66:1-4	125	87:4	62, 191
44:10-23	381	66:13-15	125	88編	54, 361
44:11-13	177	66:19	124	88:7-9a	177
44:13	23	67:4-6	214	88:11-13	218
44:18-19	257	68:6-7	437	89編	86, 323, 434
44:27	23, 257	69:17	136	89:2-18	183
45編	323	69:19	22	89:15	254
46編	79, 80, 263	71:12	51	89:39-52	87
46:2	80	71:13	207	89:47-50	54
46:3-4	191	72編	86, 87, 323	89:50	257
46:5-6	80	73:17	79	90:10	218
46:8	80	73:23-28	178	93編	79, 147, 152, 264
46:9-10	306	73:24	385	93:1	85
46:11	306	74編	80, 263, 360	96編	310
48編	80, 263	74:2	21	96-99編	79, 147, 152, 264
49編	108	76編	80, 485	96:4	57
49:13	108	77編	485	96:10	85
49:15	220, 385	77:8-10	51	96:11-13	147
49:21	108	77:15	21	97:1	85
50:2	56	77:20	191	97:6-7	57
51編	51, 174, 323, 340, 441	78編	32, 69, 151, 485	98:6	85
		78:4-8	349	99:1	85
51:6	443	78:5-7	151	99:4	19, 85
51:13	470	78:22	274		
51:18-19	140	78:35	21		

99:5	122	107:8	145	132編	86, 323, 434
101編	323	107:11-12	125	132:8-10	122
102編	175, 441	107:13	54	132:11-12	183
103編	254	107:13-16	275	132:13-14	122
103:1	231	107:15	145	134:1	231
103:1-2	217	107:17-18	125	135:15-18	44
103:2	231	107:19	54	135:17	136
103:4	22, 254, 255	107:19-22	275	136編	474
103:8	214, 254, 255	107:21	145	137編	80, 263, 410
103:8-14	132	107:23-27	125	137:1	80
103:10	383	107:28	54	137:7-9	381
103:11	254, 255	107:31	145	138:1-3	124
103:14	339	109:4	207	138:2	254
103:17	254, 255	109:6-20	381	138:4-6	124
103:20	231	109:20	207	139:8	218
103:20-21	353	109:29	207	139:21-22	407
103:21	231	110編	86, 323	140:7	136
103:22	231	112編	128	143編	175, 441
104編	311	112:4-9	128	143:7	136
104:1	231	113編	374	144編	323
104:24-27	192	115:1	254	145編	142
104:25-28	192	115:4-8	44	145-150編	213, 474
104:27-28	366, 403	115:6	136	145:1	231
104:29-30	469, 470	115:18	231	145:4-7	142
104:30	469	116:1-2	54	145:8-9	214
104:35	231, 464	116:3-4	124	145:15-16	366, 403
105編	32, 274, 474, 491, 492	116:8	124	145:20	464
		116:12-19	125	145:21	231
105:26	69	117:1	214	146:7-10	85
105:27-36	492	119編	357, 358	146:7c-9	214
106編	32, 274, 474	122:1	79	146:9	438
106:10	21	128:3-4	229		
107編	125, 145, 275	130編	175, 441	箴言	
107:2	22	130:3-4	132, 342, 383, 441	1:8	355
107:4-5	125			2:16	281
107:6	54	131編	53	5:3	281

5:20	281	**コヘレトの言葉**		10:5	29
6:20	355	3:8	442	11:1-9	88, 148, 418, 435
6:23	355	3:16-22	173	11:10	241
6:24	281	6:1-6	108	13-14 章	369
7:5	281	12:1-8	221	17:4-6	363
8 章	335	12:7	469	19 章	61
8:22-31	335			19:23-25	29, 62, 70, 241
8:35-36	173, 219	**イザヤ書**		24-27 章	422
10:2	129	1:9-10	281	24:21	240
10:4	107	1:17	105, 437	25:6-9	219
10:7	129	1:23	437	25:6-10a	385, 386
10:11	129	1:25-26	364	25:7-8	385
10:15	107	2:2-4	148, 358, 435	26:19	219, 385
10:21	338	2:3-4	82	30:7	62
11:2	333	2:4	306	30:30-33	139
11:5	129	2:12-22	240	32:7	105
11:6	129	3:9	281	36-37 章	303, 376
11:8	129	4:2-4	364	36-39 章	28
11:10	129	5:1-7	450	36:17	410
11:18	107	5:7	129	37:16-20	53
11:28	107	5:26-29	191	37:22-29	29
12:15-16	338	6 章	113, 345	37:22-38	80
12:24	107	6:1-7	344	38:16-19	218
13:19-20	338	6:1-8	288, 344, 445	40-55 章	147, 169, 311, 329, 411, 434
14:31	107	6:1-10	111	40:1-2	441, 442
16:1	92	6:3	288	40:9-11	277
16:2	92	6:8	353	40:12-31	311
16:9	92	6:9-10	135	41:8	317
17:5	107, 340	7:9	29, 255	41:8-9	169
19:14	92	7:10-17	418	41:8-10	69
19:21	92	8:17-22	218	41:14	22
20:24	92	9:1-6	88, 418, 434	41:17-20	311
21:30-31	92	9:3	241	42:1-4	169, 470
22:17-23:12	61	9:3-4	306	42:4	358
30:7-9	107	9:5	305		
		9:6	129		

42:5-9	169	49:6	70	59:1	303
42:6-7	70	49:19-20	329	60:17	129
42:8	58	49:25	274	61:1	417, 442
43:1	22, 69	49:26	274	61:1-4	419, 457, 470
43:3	274	50:2	23, 303	61:8	19, 85, 184
43:3-4	23	50:4-9	169	61:10-11	129
43:10	169	51:2	317	62:4	367, 402
43:10-13	46	51:2-3	329	63:9	274
43:11	43, 274	51:7	129	65:17-25	81, 266, 312
43:12	275	51:9-10	191	65:24-25	81
43:14	22	51:11	23	66:13	18
43:16-21	234, 411	52:7	274		
44:1-2	69, 169	52:7-8	277	**エレミヤ書**	
44:6	22	52:10	274	1:4-10	111, 445
44:21	169	52:13-53:12	169, 170, 171	1:5	69
44:22-24	22	53:4-5	178	2:2	284
44:26	169	53:5-6	170	2:4	134
44:28	393	54:5-6	284	2:21	32
45:1	88, 393, 418	54:7-8	184	3-4 章	164
45:4	169	54:9	191, 363	3:1-4:4	284
45:7	85, 207, 252	54:9-10	191	3:8	284
45:15	274	54:10	184	3:12	165
45:18-19	311	55:1-2	32	3:14	165
45:21	274	55:3	184	3:15-18	123
46:1-2	44	55:6-7	167	3:22	165
46:1-7	58	55:7	441, 442	4-6 章	191
47:4	22	55:10	403	4:1-2	165
47:6	369	55:12	366	4:2	129
47:6-7	369	56:3-7	34, 364, 460	4:4	96
47:8	438	56:3-8	161	4:23-26	192, 312
48:11	58, 396	56:8	413	5:8	280
48:12	43	57:3	284	5:21	135
48:12-19	311	58:6	443	5:26-29	105
48:20	169	58:8-9	435	5:27-28	129
49:1-6	169	58:11-12	435	6:10	96
49:5	69			7 章	266

7:6	437	25:8-29	425	45:1-2	243
7:9	224, 280	25:9	369	46 章	61
7:13	135	26:24	272	46:10	240
7:16	136	27:6	369	50-51 章	369
8:3	363	28:1-17	446	51:59-64	272, 425
8:8	246	29-33 章	434	51:64	369
9:1	280	29:23	280	52:28-30	260, 368, 410
9:24-25	96, 97	30-31 章	329, 411	52:31-34	487
10:5-7	45	30-33 章	147		
10:10	45	30:22	181	哀歌	
11:2	134	31:4-14	81	1:1	438
11:4	181	31:12-14	329	3:22-23	259
11:6	134	31:20	18, 179	3:40-57	93
12:1	252	31:29-30	320	3:42	442
12:1-4	132	31:31-34	184, 411	5:22	434, 441
13:10	135	31:33	181		
13:11	135	31:34	341, 442	エゼキエル書	
14:12	136	31:38-40	329	1-3 章	445
15:1	373, 430, 441	32:6-15	21	8 章	377
15:2	490	32:12-16	243	8-11 章	266
17:18	381	32:24	490	9-10 章	205
18:8	167	32:38	181	10:18-19	56
18:18	355	33:14-16	88, 435	11:14-21	470
18:21-23	381	33:15	129	11:20	181, 254
19:5	139	33:17-18	418	13:1-19	446
21:4-5	304	33:19-22	418	14:11	181, 254
21:5	234	35:1-11	157	15:1-8	363
23:5	129	36 章	158, 272, 454	16:32	280
23:5-6	88, 418, 435	36:4-32	243	16:40-43	17
23:9-22	446	36:10-12	272	16:41-42	44
23:14	281	39:14	272	16:46-56	281
23:15-22	353	40:5-11	272	18 章	440
24 章	65	41:2	272	18:1-4	320
24:5-7	165	43-44 章	61	18:32	166
24:7	181	43:6	272	20:5	69
24:10	490	45 章	272	22:26	194, 205, 287

23:27	280	7:10	345	4:9-10	306
23:37	284	7:13-14	435		
28:10	95	10:7-10	345	**アモス書**	
29-30 章	61	10:20	345	1-2 章	465
29:3	62	12:1	345	3:2	68
30-32 章	62	12:2	219, 385	3:7	353
31:18	95			3:12	363
32 章	61	**ホセア書**		3:14-15	90
32:19-32	95	2 章	403, 440	4:6-11	265, 490
32:31	62	2:4	284	5:3	363
33-48 章	147, 329, 411, 434	2:4-15	403	5:7	129
		2:10	126, 403	5:18-20	239
34 章	87	2:11	403	5:24	129
34:23-24	88, 418	2:16-22	32	6:12	129
36:22-32	205, 470	2:16-25	366, 403	7:10-17	29, 262
36:22-33	442	2:18-19	403	7:14	449
37:1-14	218, 219, 386, 411	2:21-22	18, 284	8:4-6	34
		2:23-25	403	8:4-8	105
37:13-14	329	3:1	280	9:1-4	363
37:26	184	4:1-2	404	9:7	70, 234, 236
38:19-20	191	4:1-3	404	9:11	418
40-48 章	205, 260	4:2	224	9:11-12	88
43-44 章	81	4:3	404	9:11-15	241
43:1-5	56	4:13-14	280		
44 章	197	6:1-3	385, 387	**ヨナ書**	
44:11	197	6:6	140, 255	3:10	167
44:15	197	10:12	129	4:1-2	132
47:13-14	329	11:1	234		
48:35	81	11:8-9	18, 179	**ミカ書**	
		11:9	289	2:1-3	91
ダニエル書		13:4	274	2:1-4	240
2-3 章	116	13:14	221, 386	4:1-4	82, 148, 358, 435
2-4 章	370				
4 章	370	**ヨエル書**		4:3	306
4:10-23	345	2:1-2	240	4:14-5:1	418
4:31-34	370	3:1-2	470	6:4	414

6:5   131
6:6-8   139, 140
6:8   256

ハバクク書
2:4   255
3:17-18 324

ゼファニヤ書
1:14-16 240
1:14-18 111

ハガイ書
1:12-14 364
2:2   364
2:6-7   435
2:10-14 205
2:21-22 435

ゼカリヤ書
1-8 章   81, 260, 394
1:1-17   345
1:14   81
3:1-2   207, 208
3:8   435
4:14   435
6:1-8   345
6:10-13 435
7:9-10   102
8:2-8   81
8:6-12   364
9 章   304
9-14 章 422
9:1-10   435
9:9-10   88, 418
14:12-14 240

マラキ書
3:23-24 75, 76, 487

外典

マカバイ記一
1:15   96

マカバイ記二
2:4-8   123
7:28   190, 309

シラ書
38:34-39:4 245
39:8-9   245

エズラ記（ラテン語）
4:12   320
4:38-39 320
7:118-120 320
7:124   320

偽典

**バルク書二
（シリア語バルク黙示録）**
6 章   123

新約聖書

マタイによる福音書
1:6	322
2:15	234
2:19-23	62
4:1-11	31
5:17	359
5:20	245
5:21	432
5:21-37	224
5:27	432
5:31	432
5:33	432
5:38	432
5:43	432
6:10	88, 324, 330
6:12	443
6:25	231
10:5	211
10:15	242
11:14	76
12:18-21	171
13:14-15	135
13:52	246
16:14	76
17:3	76
17:11-12	76
18:22	380
19:16-30	224
23 章	245
23:2	431
23:13	245
23:15	245
23:23	245
23:25	245
23:27	245
23:29	245
24-25 章	422
26:26-29	185
27:47-49	76

マルコによる福音書
1:14-15	426
1:15	168, 242
4:12	135
8:28	76
8:29	419
9:4-5	76
9:11-13	76
10:45	171
12:13-37	335
12:18-27	387
12:28-31	340
12:29	48
12:31	203
13 章	422, 426
13:23	426
13:37	426
14:24	171
14:41	171
15:35-36	76

ルカによる福音書
1:17	76
1:46-55	374
1:55	317
2:9-14	113
2:14	58
3:23-38	484
4:1-13	31
4:18-19	419, 443, 457
4:25-26	77
7:19	434
7:19-20	419
7:20	88
7:22	235, 419
8:10	135
9:8	76
9:19	76
9:30-33	76
9:31	234
9:51-52	211
10:25-27	211
10:29	19
10:29-37	460
13:16	317
17:11-19	211
18:14	132
19:9	317

ヨハネによる福音書
1:1	113
1:1-18	335
1:14	59, 113, 254
1:21-25	76
1:29	171
4:9	211
4:21-24	267
4:39-42	211
8:48	211

12:37-43	135	15:21-22	319	7-10章	205
14:9	118	15:42-49	219	8:8-13	185
20:1-10	415	15:45-49	319	9:23-10:18	140
		15:49	119	10:10	249

使徒言行録

		15:54-55	221, 386	11章	435
1:8	211			11:8-12	317
2:14-21	470			11:17-22	317

コリントの信徒への手紙二

8:25	211			11:39-40	436
8:27-39	171	4:4	118		
9:3-9	114	4:6	113	ヤコブの手紙	
28:26-27	135			5:17	77

ガラテヤの信徒への手紙

ローマの信徒への手紙

		3:6	132, 315	ペトロの手紙一	
2:5	242	3:6-18	317	2:22-25	171
2:25-29	97	3:8	316		
3:24	132	4:1-7	330	ヨハネの手紙一	
3:25	140	4:21-5:1	317	4:17	242
4:1-25	317	5:3	97		
5:12-21	319	5:6	97	ヨハネの黙示録	
5:19	171	6:15	97	1:9-11	422
8:15-17	330			2:20	40

エフェソの信徒への手紙

8:29	119	4:22-24	119	4:11	215
8:38-39	221	5:25	17	5:9-14	215
9-11章	71			6:17	242

フィリピの信徒への手紙

11:2-4	77			9:18	490
11:33	215	1:10	242	11:15	426
12:1-2	140			17-18章	425

コロサイの信徒への手紙

14:7-8	221			18章	370
		1:15	119	21:1-5	266

コリントの信徒への手紙一

		3:9-10	119	21:2-3	83
1-2章	335			22:20	426

テトスへの手紙

1:8	242				
5:7	234	3:7	132		
7:19	97				

ヘブライ人への手紙

11:7	119				
11:25	185	6:17	330		

人名索引

Abraham, William J. 296
Ackroyd, Peter 267, 413
Ahlstrom, Gosta W. 101
Albertz, Rainer 26, 159, 189, 228, 267, 300, 346, 367, 379, 472, 476
Albright, William F. 213
Alt, Albrecht 436
Alter, Robert 296
Anderson, Bernhard W. 133, 149, 185, 237, 313
Anderson, Gary A. 141, 362, 476
Angel, Leonard 415, 416
Anselm, Saint 141
Ash, Paul 62
Augustine, Saint 278, 319, 341, 355

Bach, Alice 416
Bailey, Lloyd R., Sr. 222
Balentine, Samuel E. 55, 395, 472, 476
Balthasar, Hans Urs von 59

Banks, Robert 48
Barr, James 119, 321, 387, 404
Barrick, W. Boyd 300
Barth, Karl 114, 193, 278, 321, 342, 366, 401, 403, 482
Barton, John 293, 296, 450, 465, 468
Bayer, Charles 413
Beal, Timothy K. 55, 388, 389, 409
Beker, J. Christiaan 180
Bellinger, William H. 171
Bellis, Alice Ogden 72, 370
Belo, Fernando 290
Bernard of Clairvaux 285
Berquist, Jon L. 395
Berry, Wendell 331
Brian, A. 324
Birch, Bruce C. 461, 468
Bird, Phyllis 120, 280, 281, 286
Blenkinsopp, Joseph 66, 154, 201, 206, 450

Bloom, Harold 292, 297
Blum, Erhard 461
Blumenthal, David R. 253
Boff, Leonardo 354
Borowitz, Eugene B. 109
Borresen, Kari E. 120
Boyce, R. N. 55
Braiterman, Zachary 253
Braulik, Georg 430, 432
Braun, R. L. 488
Brenner, Athalya 374, 416
Brettler, Marc Zvi 488
Brimlow, Robert W. 66
Brodie, Thomas L. 42
Brown, Raymond E. 432
Brown, William P. 154, 209, 337
Brueggemann, Walter 36, 47, 48, 59, 63, 66, 72, 77, 83, 94, 123, 145, 180, 197, 216, 225, 237, 267, 273, 277, 297, 313, 324, 331, 351, 362, 374,

383, 404, 409, 413, 432, 436, 455, 476, 492
Buber, Martin   50, 143, 145, 238, 420, 432, 482
Budde, Michael L.   66
Buechner, Frederick   318
Burns, Rita   416

Calvin, Jean   72, 185, 285
Camp, Claudia V.   42
Campbell, Antony F.   273, 455
Campbell, J. C.   364
Cazelles, Henri   455
Cerny, Ladislav   242
Charlesworth, James H.   420, 427
Childs, Brevard S.   170, 171, 193, 225, 295, 297, 324, 468
Claburn, W. Eugene   452, 455
Clements, R. E.   30, 55
Clines, David, J.   170, 171, 225, 318, 354
Coats, George W.   32, 189, 432
Cobb, John B.   458
Cody, Aelred   197
Coggins, R. J.   212
Cohen, Arthur   114, 115
Colesin, J. E.   374
Collins, John J.   387, 423, 427, 428
Coote, Robert B.   42
Craig, Kenneth   389
Crenshaw, James L.   94, 154, 253, 337, 342, 468
Croft, Steven J. L.   277
Cross, Frank Moore   49, 66, 196, 197, 213, 216, 261, 267, 297, 307, 367, 495, 497
Crown, A. D.   212
Crüsemann, Frank   189, 206, 225, 359, 432, 468
Culley, Robert C.   77, 145, 189, 416

Dahood, Mitchell   385, 387
Daly, Herman E.   458
Davies, Graham I.   31, 32
Davies, Philip R.   246, 482
Davies, W. D.   331
Davis, Ellen   62, 63
Dawn, Marva J.   36, 307
Day, John   26
Day, Peggy L.   209, 286, 439
De Vries, Simon J.   483, 488
Deane, S. W.   141
Dearman, J. Andrew   246
Dempsey, Carol J.   285, 286, 409
Dever, William G.   482

Donfried, Karl P.   321
Douglas, Mary   200, 203, 206, 290, 461, 472
Dozeman, Thomas B.   238
Durham, John I.   246

Edelman, D. V.   48
Eilberg-Schwartz, Howard   98
Emerton, John A.   300

Farmer, William   171
Fensham, Charles F.   439
Finkelstein, Israel   482
Fisch, Harold   362
Fishbane, Michael   137, 154, 193, 246, 351
Flanagan, James W.   324
Fohrer, Georg   468
Ford, David F.   216
Fox, Michael V.   98
Freedman, David Noel   101, 213, 216
Fretheim, Terence E.   63, 168, 180, 236, 238, 491, 492
Frick, Frank   89
Friedman, Richard E.   63, 347, 351
Fukuyama, Francis   235, 238

Gadamer, Hans-Georg   228
Gammie, John G.   155,

517

290
Geertz, Clifford 472
Gerstenberger, Erhard S. 180, 189, 461
Gilkey, Langdon 313
Gilson, Anne 444
Girard, René 408, 409
Glatzer, N. N. 482
Gottwald, Norman K. 101, 159
Gowan, Donald E. 107, 109, 149, 238, 436
Grabbe, Lester L. 66, 395
Graf, David Frank 101
Gray, John 89
Green, Garrett 296, 297
Greenberg, Moshe 55
Green-McCreight, Kathryn 63
Grimal, Nicolas 63
Gunn, David M. 324, 399, 409
Guthrie, Harvey H. 126, 127
Gutiérrez, Gustavo 337

Habel, Norman C. 331, 367, 404
Hadley, Judith 26
Halpern, Baruch 63, 89, 324, 482
Hanson, Paul D. 159, 189, 428

Haran, Menahem 123, 198, 206, 267
Hardy, Daniel W. 216
Harner, Philip B. 495, 497
Harrelson, Walter 225, 237, 367, 404, 476
Harris, Maria 458
Hasel, George 364
Haughey, John C. 109
Haupt, Paul 495
Hays, Richard B. 98
Heschel, Abraham J. 20, 36, 47, 48, 168, 180, 259, 450
Hess, Richard 84
Heyward, Carter 444
Hiebert, P. S. 439
Hiebert, Theodore 313
Hill, John 370
Hillers, Delbert R. 185
Holladay, William L. 168
Hoppe, Leslie J. 84
Hort, Greta 490, 493
Houston, Walter 291
Huffmon, H. B. 267
Hunter, A. Vanlier 168

Iersel, Bas von 238

Jacob, Edmund 346, 471
Jacobs, Mignon R. 439
Jacobson, Rolf 216
Jacoby, Susan 383

Jameson, A. Leland 36
Janzen, J. G. 137
Janzen, Waldemar 468
Japhet, Sara 488
Jenson, Philip Peter 290
Jobling, David 98, 325
Johnson, Aubrey R. 222
Johnson, William Stacy 48
Jones, Gwilym H. 488
Jones, L. Gregory 444

Kaminsky, Joel S. 72
Kant, Immanuel 114
Kaufman, Stephen 430, 432
Kearney, Peter J. 201, 206
Kinsler, Gloria 458
Kinsler, Ross 458
Klausner, Joseph 420
Klein, L. R. 374
Klein, Ralph W. 66, 413
Knierim, Rolf P. 133
Knight, Douglas A. 120, 189
Knohl, Israel 206, 249, 291
Koch, Klaus 94, 242, 342, 428, 450
Kovacs, Brian W. 455
Kraft, R. A. 212
Kraftchick, Steven J. 72, 84
Kraus, Hans-Joachim

325, 472, 476
Kuntz, Kenneth 115
Kuschke, Arnulf 84

LaCoque, André 286
Lang, Bernhard 109
Leiman, S. 297
Lemaire, André 154
Lemche, Niels Peter 101, 482
Levenson, Jon D. 24, 63, 72, 101, 139, 141, 193, 222, 238, 409
Levine, Baruch 141
Levinson, Bernard M. 432
Linafelt, Tod 55, 389, 409
Lindblad, Ulrika 432
Lindström, Fredrik 180, 222, 259, 340, 342
Lohfink, Norbert 185, 206, 455
Long, Burke O. 189
Lowery, Richard H. 36, 458
Lundquist, John M. 267
Luther, Martin 315, 319, 341, 355, 370

MacLeish, Archibald 250, 253
Malamat, Abraham 461
Marshall, J. W. 189
Martin-Achard, Robert 222, 387

Marx, Karl 104
Matthews, V. H. 374
McBride, S. Dean 137
McCarthy, Dennis J. 185, 273, 493, 497
McFague, Sallie 46, 49
McKenzie, Steven L. 185, 325
McLellan, David 109
McNutt, Paula 325, 395
Meeks, M. Douglas 458
Mendenhall, George E. 383
Mettinger, T. N. D. 170, 172, 420, 497
Meyers, Carol 162, 267, 374
Miles, Jack 49, 408, 409
Milgrom, Jacob 141, 202, 203, 206, 249
Miller, J. Maxwell 120
Miller, Patrick D. 26, 36, 53, 55, 73, 89, 94, 115, 116, 120, 123, 127, 137, 141, 162, 180, 198, 216, 225, 249, 267, 291, 301, 307, 343, 354, 359, 362, 374, 436, 442, 444, 472, 476, 497
Mitchell, C. W. 232
Moberly, R. W. L. 318
Mollenkott, Virginia 461
Moltmann, Jürgen 354, 471

Moran, William L. 18, 20, 307
Moriarty, F. L. 379
Mowinckel, Sigmund 172, 421, 436
Muilenburg, James 246, 468
Mullen, E. Theodore 354
Murphy, Roland 337
Myers, Ched 307
Myers, Jacob M. 379, 488

Nakanose, Shigeyuki 452, 455
Napier, B. Davie 77
Nash, Ogden 71
Naveh, J. 324
Neal, Marie Augusta 458
Nelson, Richard D. 198
Neusner, Jacob 98, 159, 226, 228, 413, 421, 432
Newman, Judith 55
Newsom, Carol A. 24, 42
Newsome, James D. 489
Nicholson, E. W. 185, 273, 455
Nickelsburg, George W. E. 212, 428
Niditch, Susan 307, 351
Nielsen, Eduard 225
North, Christopher 169, 172
Noth, Martin 270,

519

273, 414, 416
O'Brien, Conor Cruise 331
O'Brien, Mark A. 273, 455
O'Connor, Michael 162
O'Day, Gail R. 375
Ollenburger, Ben C. 84, 267, 307
Olson, Dennis T. 225, 273, 432
Olyan, Saul M. 189, 416
Oppenheim, A. L. 30
Orlinsky, Harry M. 172
Otto, Rudolf 114, 115
Overholt, Thomas 450

Patrick, Dale 189
Patton, John 444
Pedersen, Johannes 222
Peli, Pinchas H. 36
Penshansky, David 409
Perdue, Leo G. 24, 155, 455
Petersen, David L. 209, 468
Phillips, Anthony 225
Pixley, Jorge 238
Plastaras, James 238
Plaut, W. Gunther 36
Pleins, J. David 225, 468
Polkinghorne, John 313, 436
Polzin, Robert 273, 325
Porteous, Norman W. 84
Porter, J. R. 246
Pressler, Carolyn 279, 286
Purvis, J. 212

Rad, Gerhard von 56, 59, 84, 92, 94, 123, 133, 149, 206, 242, 255, 259, 273, 277, 307, 337, 351, 379, 401, 404, 432, 436, 450, 468, 489
Raitt, Thomas M. 168
Raschke, Carl A. 120
Raschke, Susan D. 120
Redditt, Paul L. 409
Redford, Donald B. 63
Reif, Stefan 55
Rendtorff, Rolf 185
Renteria, Tamis Hoover 42
Ricoeur, Paul 209, 321
Ringe, Sharon H. 42, 444, 457, 458
Ringgren, Helmer 421
Roberts, J. J. M. 84, 89, 123
Rofé, A. 42
Rosenbaum, J. 379
Rouner, Leroy 120
Rowley, H. H. 73

Rubenstein, Richard E. 94

Saebo, Magne 297
Saggs, H. W. F. 30, 371
Sakenfeld, Katharine Doob 20, 32, 259, 444
Sanders, E. P. 359
Sanders, James A. 49, 159, 295, 297, 359
Scarry, Elaine 180
Scanzoni, Letha 461
Schmid, H. H. 129, 133
Schmidt, Werner H. 387
Schrage, W. 180
Schwartz, Regina M. 49, 397, 399, 409
Scott, James M. 297, 413
Seitz, Christopher R. 30, 63, 497
Selinger, Suzanne 286
Seow, Choon-Leong 123
Shank, Duane 370, 371
Sider, Ronald J. 109
Silberman, Neil Asher 482
Simpson, Timothy F. 325
Smith, Daniel L. 371, 413
Smith, Mark S. 49, 367
Snaith, Norman H. 20,

259
Soelle, Dorothee 180
Spina, Frank Anthony 162
Sprinkle, J. M. 189
Steck, Odil Hannes 450
Stendahl, Krister 120, 321, 343
Stern, Philip 398, 399
Steussy, Marti J. 325
Stevenson, Kalinda Rose 267, 331
Stone, M. E. 428
Stroup, George W. 72, 237
Stuhlmacher, Peter 133
Stuhlmueller, Carroll 24, 313
Stulman, Louis 273
Suchocki, Marjorie H. 409

Terrien, Samuel 59, 115, 137, 267
Thompson, Thomas L. 101, 318, 482
Throntveit, M. A. 489
Tilley, Terence W. 253
Toorn, Karel van der 42
Toulmin, Stephen 351
Trible, Phyllis 40, 41, 42, 120, 278, 286, 416
Tsevat, Matitiahu 34, 35, 36

Tucker, Gene 120
Turner, Victor 472

Unterman, Jeremiah 24, 168

Vajta, Vilmos 405
Van Buren, Paul 73
Van Seters, John 318, 482
VanderKam, James C. 428
Vaughn, Andrew 379
Vaux, Roland de 123, 198, 228, 301
Vermes, Geza 428

Walzer, Michael 237, 238
Washington, Harold 279, 286
Weems, Renita J. 285, 286, 409
Weiler, Alton 238
Weinberg, Joel P. 159, 395
Weinfeld, Moshe 20, 272, 273, 318, 458
Welker, Michael 313, 436
Wells, Jo Bailey 291
Wenham, Gordon 84
Westermann, Claus 124, 127, 149, 180, 232, 277, 318, 362, 367, 401, 402, 404, 436

Wheaton, Philip 370, 371
Whitelam, Keith W. 89, 101, 482
Whybray R. Norman 106, 107, 109
Wiesel, Elie 420, 421
Williamson, Hugh G. 489
Willis, John T. 375, 468
Wilson, Robert R. 159, 391, 392, 449, 450
Wise, Michael 421
Wisse, Ruth R. 297
Witherington, Ben 337
Wolff, Hans Walter 149, 273, 436
Wright, Christopher J. H. 458
Wright, G. Ernest 307, 405
Wybrow, Cameron 313

Yerushalmi, Yosef Hayim 351, 482
Yoder, Christine Roy 281, 286, 337
Yoder, John Howard 458

Zenger, Erich 384
Zimmerli, Walther 149

日本語版監訳者　あとがき

　本書は Walter Brueggemann, *Reverberations of Faith. A Theological Handbook of Old Testament Themes*, Westminster John Knox Press, 2002. の全訳である。原著名（メインタイトル）は「響き合う信仰」であるが、本書の内容を日本の読者にきちんと知ってもらうために、サブタイトルである「旧約聖書神学用語辞典」の方を書名とした。

　著者ブルッゲマンについては改めて紹介する必要もないが、簡単に触れておこう。1933 年米国生まれで、現在 81 歳。ユニオン神学大学院でマイレンバーグ教授に師事し、1961 年に神学博士（Th.D）の学位を取得した。その後、イーデン神学大学院（1961-1986）、コロンビア神学大学院（1986-2003）で長く教鞭をとった。方法論として主に修辞批判的方法を用いるが、それは彼の創世記注解（『現代聖書注解』向井訳）やサムエル記注解（同、矢田訳）に明瞭に現れている。経歴としては神学教師として神学校で教えたのみならず、米国の United Church of Christ の牧師としても知られる。本書のまえがきでも紹介されているとおり、ブルッゲマンは現在、英語圏で最も「多産な」旧約聖書学者であり、旧約聖書学のあらゆる領域に精通した碩学である。本書の共同監訳者である左近豊氏は、留学中このブルッゲマンに学び、彼の神学の方法と意図を正確に理解している優れた研究者である。本訳書を刊行するにあたって、この最良の監訳者を得ることができたのは幸いである。

　現在日本語で読めるブルッゲマンの主な著作としては、下記を挙げることができる。『現代聖書注解　創世記』（向井考史訳、日本キリスト教団出版局、1986 年）、『古代イスラエルの礼拝』（大串 肇訳、教文館、2008 年）、『聖書は語りかける』（左近 豊訳、日本キリスト教団出版局、2011 年）、『預言者の想像力──現実を突き破る嘆きと希望』（鎌野直人訳、日本キリスト教団出版局、2014 年）、『叫び声は神に届いた──旧約聖書の 12 人の祈り』（福嶋裕子訳、日本キリスト教団出版局、2014 年）、『現代聖書注解　サムエル記下』（矢田洋子訳、日本キリスト教団出版局、2014 年）。

523

日本語版監訳者　あとがき

　本書は旧約聖書において重要な諸概念 105 項目を説明している。どの項目も聖書学的／神学的な関心から説明されており、現在の英語圏における旧約聖書学の知見と水準が保持されている。決して初心者向けの入門的な旧約用語辞典ではないが、著者は米国のみならずヨーロッパの教会、また現代世界に対して強い関心があって、しばしばそのパトスが論述の中に顔をのぞかせる。それは、この用語辞典が単に旧約研究者のための学術書ではないことをはっきりと示している。とにかく、この用語辞典は現在の日本において旧約聖書を学ぶ牧師、教師、神学生、さらに近年の旧約聖書学の知見を欲する教会の信徒の方々を大いに刺激し、知的興奮に誘う書である。英語圏の旧約聖書学の概括的知見を示す用語辞典としては類書が少ないだけに、本書は多くの読者を得るに違いない。

　原著の翻訳にあたり、監訳者として幾つかのことをコメントしておく。まず、本書では原著がそうであるように、ヘブライ語を用いておらず、イタリック体でこれを表記している。また、文献表も原著のまま記載し、日本語訳があるものについてはそれを示した。原著の文献表ではドイツ語文献の英訳が多く用いられ、日頃ドイツ語文献に親しんでいる研究者には二番煎じの如き印象を与えるかも知れない。用語名については、日本の旧約聖書学界で一般化している概念表記を用い、できる限り統一した。例えば、Divine Council は「神の会議」などとも訳せるが、「天上の会議」で統一した。Kingship については「王権」と訳すか、それとも「王制」あるいは「王政」と訳すかで判断は揺れたが、基本的に「王権」を採用した。ただし文脈上、意味が微妙な場合はその都度、訳し分けている。日本語で表記することが難しい用語、たとえば YHWH については「ヤハウェ」ではなく、「YHWH」で統一することにした。それは、この YHWH は発音されることが求められていない、と説明されているからであって、それに従った（本書 494-97 頁参照）。Torah は「律法」ではなく、「トーラー」で表記してある。これも著者自身の考えによるものである（本書 355 頁参照）。これらの表記にはひょっとして違和感を抱く読者もいるかも知れないが、できる限り原著の息吹を尊重して翻訳していることを申し述べておく。

　本書は共同の翻訳書である。かつて東京神学大学で学んだ、主として中堅

の研究者と牧師十名で翻訳を分担した。それぞれが伝道／牧会の現場で寸暇を惜しんで翻訳をし、協力してこの訳業をやり遂げたことを監訳者として誇りに思う。一年で終える予定が三年もかかったが、早くに原稿を出してくれた者、遅れた者、それぞれに事情があった。訳文には訳者それぞれの個性が滲み出て、統一がとれていない感もあるが、どうかご寛恕いただきたい。本書の刊行のために、忍耐しつつ、また丁寧に訳文に目を通し校正してくださった編集者の土肥研一氏には心からお礼を申し上げる。土肥氏の誠実さがなければ、本書の翻訳計画は途中で頓挫していたであろう。最後に、本書が日本の教会において真摯に旧約聖書の学びを続けている人たちに大いに役立つ本になるよう祈念して、筆を擱く。

2014年末　　小友 聡

訳者紹介 (50音順)

大串 肇 (おおぐし・はじめ)
1957年生まれ。1985年、東京神学大学大学院修士課程修了。1988-92年、ドイツ・ボン大学留学。神学博士。現在、ルーテル学院大学・日本ルーテル神学校教授、日本基督教団仙川教会牧師。

大住雄一 (おおすみ・ゆういち)
1955年生まれ。1983年、東京神学大学大学院修士課程修了。1985-89年、ドイツ・ベーテル神学大学留学（神学博士）。元・東京神学大学教授、同学長。2019年死去。

小河信一 (おがわ・しんいち)
1957年生まれ。1988年、東京神学大学大学院修士課程修了。現在、日本基督教団茅ヶ崎香川教会牧師。

楠原博行 (くすはら・ひろゆき)
1963年生まれ。1994年、東京神学大学大学院修士課程修了。1996-2003年、ドイツ・エルランゲン＝ニュルンベルク大学、アウグスタナ神学大学留学（神学博士）。現在、日本基督教団浦賀教会牧師。

佐藤 泉 (さとう・いずみ)
1968年生まれ。1998年、東京神学大学大学院修士課程修了。現在、日本基督教団泉町教会牧師、東京聖書学校非常勤講師、東京神学大学非常勤講師。

重富勝己 (しげとみ・かつみ)
1952年生まれ。1990年、東京神学大学大学院修士課程修了。現在、日本フリーメソジスト教団阪南キリスト教会牧師。

德田 亮 (とくた・まこと)
1957年生まれ。1987年、国際基督教大学卒業。1990年、東京神学大学大学院修士課程修了。現在、日本基督教団下石神井教会牧師。

長谷川忠幸 (はせがわ・ただゆき)
1973年生まれ。1999年、日本アッセンブリーズ・オブ・ゴッド教団中央聖書神学校卒業。2004年、東京神学大学大学院修士課程修了。2021年、同神学博士。現在、日本アッセンブリーズ・オブ・ゴッド教団境港キリスト教会牧師。

監訳者紹介

小友 聡 （おとも・さとし）
1956 年生まれ。1986 年、東京神学大学大学院修士課程修了。1994-99 年、ドイツ・ベーテル神学大学留学（神学博士）。現在、東京神学大学教授、日本基督教団中村町教会牧師。
著書：VTJ 旧約聖書注解『コヘレト書』、『コヘレトの言葉を読もう 「生きよ」と呼びかける書』（共に日本キリスト教団出版局）、Kohelet und die Apokalyptik 他。
訳書：現代聖書注解『出エジプト記』、現代聖書注解スタディ版『創世記』（共に日本キリスト教団出版局）他。

左近 豊 （さこん・とむ）
1968 年生まれ。1995 年、東京神学大学大学院修士課程修了。2011 年、米国プリンストン神学大学院修了（Ph.D）。現在、日本基督教団美竹教会牧師、青山学院大学国際政治経済学部教授。
著書：『エレミヤ書を読もう 悲嘆からいのちへ』、信仰生活の手引き『祈り』（共に日本キリスト教団出版局）、Fire Sent from Above: Reading Lamentations in the Shadow of Hiroshima/Nagasaki 他。
訳書：現代聖書注解『詩編』、現代聖書注解『哀歌』、『聖書は語りかける』（いずれも日本キリスト教団出版局）他。

W. ブルッゲマン

旧約聖書神学用語辞典　響き合う信仰

2015 年 3 月 20 日　初版発行
2021 年 5 月 20 日　再版発行

Ⓒ 小友 聡、左近 豊　2015

監訳　小友 聡、左近 豊
発行　日本キリスト教団出版局
〒 169-0051　東京都新宿区西早稲田 2-3-18
電話・営業 03(3204)0422、編集 03(3204)0424
https://bp-uccj.jp

印刷・製本　精興社

ISBN978-4-8184-0916-3 C3016　日キ販
Printed in Japan

日本キリスト教団出版局

聖書は語りかける

W. ブルッゲマン：著
左近 豊：訳

苦悩に満ちた現代社会にあって、かけがえのない宝であるはずの聖書は、本当の意味でキリスト者の生きる力になっているのか。聖書全体を貫いて示される力強い神の語りかけが、今の時代を生きる者の心に豊かな力となって響き渡る。2200 円

預言者の想像力
現実を突き破る嘆きと希望

W. ブルッゲマン：著
鎌野直人：訳

エジプトに君臨するファラオ。栄華を極めたソロモン。繁栄を享受する「王族意識」に対抗して、預言者のことばとイエスのわざは新しい世界を描き出す。現実と鋭く対峙する預言者に密着して、現代の教会と文化に楔を打ち込む。2800 円

叫び声は神に届いた
旧約聖書の 12 人の祈り

W. ブルッゲマン：著
福嶋裕子：訳

アブラハムからヨブまで、体裁をかなぐり捨てて心を注ぎ出す 12 人の祈る姿を描き出す。聞き苦しいほどに大胆に、神の愛と力があらわれ現実を打ち破ることを激しく求める祈りは、抑制され、薄められたような信仰を問いただす。2600 円

現代聖書注解
創世記

W. ブルッグマン：著
向井考史：訳

神は世界を御自分の世界として形成し（創世記 1-11 章）、ひとつの特別な共同体を御自分の証人として形成した（12-50 章）。創世記の主題をこの二つの形成として理解し、信仰共同体に向けて今語られる神の招きの声に耳を澄ます。9000 円

現代聖書注解
サムエル記 上

W. ブルッゲマン：著
中村信博：訳

政治的要因、英雄の台頭、神の多様な働きにより、古代イスラエルが部族連合から中央集権国家へと急激に変容した過程を描くサムエル記を文芸学的に考察・議論。テキストが表現する現実の奥行きと深み、超越的な神の働きを読み解く。6400 円

現代聖書注解
サムエル記 下

W. ブルッゲマン：著
矢田洋子：訳

古代イスラエルの急激な変容の時代。そこには、政治的・社会的現実主義、ダビデという独自の人物、主なる神の現臨という三つの要因があった。これらに注意しつつ物語を解釈することから、聖書の意図する読みへと迫る。5000 円

価格は本体価格。重版の際に定価が変わることがあります。